千年交子

与

中国货币金融

刘方健 罗天云 ———— 著

西南财经大学出版社
Southwestern University of Finance & Economics Press

中国·成都

图书在版编目（CIP）数据

千年交子与中国货币金融/刘方健,罗天云著.--成都:西南财经
大学出版社,2024.6
ISBN 978-7-5504-6220-5

Ⅰ.①千⋯　Ⅱ.①刘⋯②罗⋯　Ⅲ.①货币史—研究—中国
Ⅳ.①F822.9

中国国家版本馆 CIP 数据核字(2024)第 107102 号

千年交子与中国货币金融

QIANNIAN JIAOZI YU ZHONGGUO HUOBI JINRONG

刘方健　罗天云　著

出 版 人:冯卫东
总 策 划:徐　华
策划编辑:何春梅　陈进栩　徐文佳
责任编辑:李　才
责任校对:肖　翀
封面设计:南京咪果设计
责任印制:朱曼丽

出版发行	西南财经大学出版社(四川省成都市光华村街 55 号)
网　　址	http://cbs.swufe.edu.cn
电子邮件	bookcj@swufe.edu.cn
邮政编码	610074
电　　话	028-87353785
照　　排	四川胜翔数码印务设计有限公司
印　　刷	成都市金雅迪彩色印刷有限公司
成品尺寸	170 mm×240 mm
印　　张	32
字　　数	380 千字
版　　次	2024 年 6 月第 1 版
印　　次	2024 年 6 月第 1 次印刷
书　　号	ISBN 978-7-5504-6220-5
定　　价	98.00 元

本书学术指导

曾康霖	何　平	陈廷湘
谢元鲁	缪明杨	王庆跃
何志勇	方行明	王　擎

序　言

"货币革命"出川峡

何　平

中国人民大学财政金融学院教授

中国金融学会金融史专业委员会副主任委员

　　北宋仁宗天圣元年十一月戊午日（1024 年 1 月 12 日）益州交子务设置，开启官交子发行和流通进程，标志着人类最早纸币诞生。交子这种新型货币形态的诞生，在人类货币文明史上具有划时代的意义，从此，货币形态从商品货币和金属货币这种实体货币向纸币这种符号货币转化，货币的价值从依托自身自然材质所体现的价值保证，向依托技术和制度实现价值保证转换。货币形态从人类实物财富的一种，超脱实物财富成为对象化的价值符号，货币发行赖以实现的物质条件、流通中货币价值稳定维持的措施、货币发行和价值管理的手段以及货币的运行方式都相伴发生实质性飞跃。纸币时代一经到来，货币政策实施的形式和后果便发生相应的新的根本性变化。纸币形态的货币管理和价值维持的情况，不仅是专门的货币发行者对于经济问题敏感性及准确把握与有效行动的反映，也是同期当政者政治决断和国家治理能力的体现。纸币时代的到来，在货币治理上，实际上是对政策制定者在政治与经济问题上把握可能性的能力测试。

在交子诞生1000周年的今天，货币形态的演进已经发展到央行法定数字货币的新阶段。然而，人们对于数字货币的功能和边界，以及央行法定数字货币的特殊性，仍然存在认识上的不足。在实际生活中，对各种数字货币及其变种认识模糊，以致造成不必要的经济损失和对社会秩序的破坏。很明显，这源于人们对货币形态及货币本质缺乏合理的认识，当其面临新的货币形态时，感到迷惑以致行为异常。历史是最好的教科书。传统中国货币形态的发展演变，以及对其动因与功能的辨析，是正确把握今天数字货币的性质和功能进而做出合理的货币选择的一面不可替代的镜子。身处人类最早纸币"交子"的诞生地成都的学者，适时捕捉千年等一回的时机，在纪念纸币"交子"诞生千年之际，就中国货币与金融的演进与发展进行多方面的考察，具有特别重要的意义。

这里，笔者就这本著作相关的几个问题谈一些粗浅的意见，求教于学界同仁，以弘扬具有丰厚积淀的传统中国货币文化，并为今天的货币选择提供启示。

一、纸币"交子"货币革命何以最早出现在四川成都

关于纸币起源问题的论述，长期以来，一种看法是将虚价铸币及不足值劣质铸币看成纸币的"先驱"。这种认识的根源，在于两者都表现出相同的情形，即在货币面额和货币载体本身的价值之间存在不一致。然而，在铸币时代的虚价货币，也就是通常所说的"大钱"，实际上是非常情况下政府发行的特别货币，不是正常情况下的货币流通常态。而且，从其后果来看，铸币铜钱的流通，最后仍然服从格雷欣定律的支配，人们仍然根据铸币本身的质量和价值进行比例转换和折价使用。

这种情况明显地体现在"短陌"这个货币使用惯例和规则的创制上。"短陌"惯例，不足 100 个铜钱而当 100 个铜钱使用的规则，不仅仅是一个观念和认知问题。实际上，要真正得到落实，它事实上服务于存在两种不同质量的货币的货币流通环境，不足 100 钱的那类铜钱是足值货币，而在实际交易中承担流通职能可以实现标价 100 钱的商品的交易媒介由不足值的铸币充当。换句话说，标价货币和使交易实现的事实上的流通货币，实际已经是贬损了的低价值铸币。在以低价值货币为计价基准的情况下，完好的铜钱便会升值。以不足 100 钱而当 100 钱来使用，两者在铜钱计数上的差额，就是完好铜钱升值的幅度。正如马克思所说，铸币的规则化打上了统治者或官方权力的印记，它和黄金货币以自身的真实价值实现交易具有不同的性质，只是官方以国家权力确立的价格刻度。但是，在铜铸币实体流通的情况下，由于其承担货币职能的币材实体是真实的金属材质，它就必须服从作为实物财富在商品流通中的价值规律和市场原理。

铸币是铸币自身的物理价值和国家权威的信任保证两者相结合的产物。一旦国家确定铸币的大小、规格及币材价值，铸币本身的运行就要服从市场原理，所以我们绝不能将铸币流通时期的减重和虚价大额货币的减重看成纸币的起源。就铸币流通时代而言，在传统中国的一个王朝内部，劣质铸币和减重铸币通常是民间私人的作弊行为和王朝衰退时期的滥铸所致，都是铸币流通的非常态表现。而跨越朝代的铸币重量的官方合意调整，只要与当时的经济发展水平对于货币的需要相适应，我们就不宜将铸币的减重看成货币制度败坏的表现，尤其不能将其币材重量的大小看成铸币好坏的标准。也就是说，从古代中国铜铸币发展的三个阶段来看，重12铢的秦始皇统一中国使用的半两钱，汉武帝开始发行的5铢重的五铢钱，唐代前期发行的"开元通宝"重3克许，其重量越到后来越轻，我们却不能简单地认为唐代开始实行的通宝钱体制较之半两钱体制更为落后。恰恰相反，在特定的时间段，官方确定的铸币的这种价格刻度，一旦形成定制并始终得到遵从，同时保持铸造数量合理适度以及铸币重量始终如一，就是好的货币制度。我们看到的实际情况是，不是半两钱、五铢钱和通宝钱之间重量差异决定货币制度的好坏，而是半两钱、五铢钱和通宝钱在各自流通的时段和地域内，铸币在重量和成色上是否保持始终如一，偏离货币作为价值尺度所要求的唯一性（在空间上仅仅只有一种尺度，在时间上价值与重量同一），便引致这种铸币作为流通手段职能的丧失！

学者的既有研究已经表明，传统中国铜钱流通的规律，是它在时间上的一贯性和在空间上的跨国境性。也就是说，不同朝代的铜钱，可以跨越朝代获得相同的交易价值。而各种完好的铜铸币，在当时中国的周边国度，可以成为通用货币。这里，超脱了只有黄金才能成为一般等价物的货币载体最佳选择的经典论述。这是传统中国铜钱流通历史提供给我们的重要启示。

但是，任何本身具有特定使用价值的实体货币，作为自然物产，其天然的有限性难以克服。所以，在铜铸币流通的古代中国，除了民间的私铸铜钱劣币以外，就是劣质币材的替代。有趣的是，这种非常态的制度创制，也发端于川峡地区。在西汉与东汉之交，地方军阀"白帝"公孙述在今天的重庆白帝城奉节，铸造和发行铁钱。这是秦始皇统一中国以来地方政权发行铁钱的最早记载。这种在国家总体上使用铜钱的局面下进行地方创制的货币实践，一定有其特定的客观条件和制度塑造的动力。我们可以推测，除了四川地区富产铁矿之外，这种较之铜钱价值更低的铁钱铸币，必定要求地方性信任机制的耦合匹配。在传统农业占主导的时代，川峡地区地利优势和人民的勤劳促成的社会经济繁荣，对货币有强劲需要，而在政治上，因偏远得不到中原的重视，川峡地区相对封闭的自然环境，成为新型货币形态实验的温室，就可能为新型货币形态的创制提供动力和环境。铁钱的使用如此，交子的发明和创制，何尝不是如此。

关于交子的诞生，一般性的原因，是唐代中期以后中国进入第二次商品经济发展的高峰，经济发展水平提高、交易模式和内容的变化、造纸术和印刷术的技术飞跃性改进、川峡地区铁钱使用不便等带来的压力，这是交子产生的几个核心原因。实际上，其他几个地区诸如江南地区和福建地区当时也有相差不大的发展。这样，宋人特别是南宋人，就将交子看成川峡的地区性铁钱使用的必然产物。北宋四川以外的陕西、山西地区交子的滥用，与铁钱的使用一并发生。在南宋，淮南地区使用的"淮交"，也与铁钱的铸造使用匹配、组合起来。

然而，在我们看来，这种偏离北宋整体的铁钱使用以及在铁钱使用基础上的交子创制，充分体现了从政府的特殊规制到民间的自律创造在货币选择上的演进。人为因素的作用方式，在政府规制方面是权力和法律的体现，而在民间自发创制交子方面，则是四川地方"茶商集团"内部的信任机制。这一点，与川峡的地方性文化性格息息相关。正是在北有剑阁之险、东有夔州之雄的封闭地域范围内，改变铜钱铸币实体的劣质币材铁钱、超脱铸币实体的符号货币交子，得以首先出世。其关键在于，在相对有限的地域范围内，需要人的合意的信任机制，可以较清晰地识别作弊者和打白条现象。所以，我们要问何以世界最早的纸币诞生于四川成都，除了北宋中国其他地区同样具备的几个要素之外，尽管有铁钱使用的独特压力，更应当关注的是，那里的经济活动中存在茶商集团的信任机制这样的文化品质。这应当是当时的益州人傲视天下、今天的成都人引以为荣的地方。正是这种信任网络体现的文化特质，成就了中华民族在世界货币文明史上发明纸币的原创性贡献。

二、从"以纸取钱"到"以纸代钱"的转换与货币的中西分流

关于传统中国纸币的发展，清朝著名货币学家许楣在道光二十六年（1846年）刊行的《钞币论》里，将纸币的发展演变分为"以纸取钱"和"以纸代钱"两个时期——宋、金、元时期"以纸取钱"，而明朝"以纸代钱"。这两个时期，纸币发行的依据和出发点不同，其性质和弊端形成的原因也不同。许楣称："钞者，纸而已矣，以纸取钱，非以纸代钱也。以纸代钱，此宋、金、元沿流之弊，而非钞法之初意也……夫以纸取钱而至于负民之钱，此宋、金、元弊法之所有

也，以纸代钱而至欲尽易天下百姓之财，此宋、金、元弊法之所无有也。"[①]

我们知道，在北宋益州民间交子的使用阶段，交子发行和流通的机制是"收入人户现钱，便给交子"。交子相当于铁钱的"钱票"，使用者用真实的铁钱从交子铺那里换取，一手交与铁钱，一手获得交子。服务于大额交易和远距离交易的交子，其生命力取决于它可以随时换回原先交与交子铺的铁钱。发行数量取决于人户换取交子的数量，兑换安排是商业习惯，准备金是人户缴纳的铁钱。人户之所以敢于换取这张纸质符号货币，在于信任交子铺的可兑换安排和充足的现钱（准备金）保证，从程序上显得自然和简捷。在这个阶段，交子作为民间应对铁钱弊端的货币创新手段，依托的是生活在同一地域的使用者和发行者的共同体信任机制，所以它有地域通货和社区货币的性质。

本来民间交子的发行数量，由民间使用交子的客观需要决定，不存在超发的问题，然而，交子一旦进入社会流通领域，发行者"交子铺"本身是否保持收入现钱的完好储备并履行全额及时兑现的义务，就成为交子是否可持续的决定因素。事实表明，作为商业组织的兼营事业，无论交子铺，抑或十六家富商组成的交子联合体，都因滥用铁

---

① 许楣：《钞币论》，载《续修四库全书》第838册《史部政书类》，上海古籍出版社，2000，第653-674页。

钱准备以及自身事业经营失败的"生存约束"（民间经济组织都有生命时限，有破产歇业的一天），出现交子不能兑现的情况，进而酿成社会纠纷。要规避民间交子发行和流通弊端引发的纷扰，就必须取消民间交子，寻求新的信任保证机制。在经济发展和当地商业习惯的客观力量作用下，官方交子在仁宗天圣元年登场，开启了人类历史上的纸币时代。

北宋益州"交子务"开启官方交子时代以后，每一界的发行额规定为125.634万贯。这个数字确立的依据，自然是民间交子时代"收入人户现钱"发行投放交子的一个经验数据。但是，自从官方设定这个发行额度开始，交子发行就不是先前民间交子阶段"收入人户现钱便给交子"了。在发行程序上，事先设定本钱36万贯，作为人们以交子兑换铁钱时保证其价值的准备。这种比例准备的安排，事实上就使得交子脱离了"钱票"的兑换券性质，在某一特定时点上，超过36万贯的交子数额，实际上是交子务对交子持有者的负债。官方交子时代，交子使用有"界别"的规定，基本上两年为"一界"，一张纸币的使用时限只有两年，界满以旧换新。这样可保证交子纸张质量从而易于辨识，同时限定它的使用年限，也可以起到控制数量的作用，任何界别的交子总数均可以检测。

然而，就超出准备的发行而言，按照今天的金融理论，倘若超过准备的纸币投放，是用于替代民间固有的商业信用的"商业票据"，比如西方近代银行制度下的"银行券"，那么就成为内生于市场的信用货币。银行利用杠杆的货币创造满足经济发展对于货币的需求，是一个创新。倘若超过准备的投放，不是来自市场主体经济活动的需要，而是来自官方财政的压力，形成命令式发行的纸币，那就走上了国家纸币的道路。国家纸币的数量便失去了客观的制约，成为政治工具和权力欲望的体现。两者在形式和外观上都是"纸做的货币"，在性质上却完全不同。这两条道路，在15世纪后的近代转型过程中，形成中、西整体分流在货币制度上的不同表现。不凭借自身天然材质承担货币职能的纸币，是技术革新和观念变革条件下人为的制度塑造。

在纸币诞生之前的铜铸币流通时期，也存在着货币数量与商品物资在价值上的矛盾，主要表现为完好铜钱的通货紧缩。物价的上涨，通常与铜钱的减重和私铸劣币的充斥联系在一起，也就是说，物价上涨时候的标价货币已经不是完好铜钱。而纸币的优势在于在量上克服了实体货币的有限性，而问题在于纸币诞生的动力之一就是完好铜钱的不足导致的铁钱区低价值货币的存在。可以说，纸币诞生之初解决了大额支付的携带问题，同时就隐含着在实体货币之外扩大通货数量的可能性。实体货币的数量有物产能力的客观限制，而纸币的印制却是人为的。所以，官方纸币时代一经到来，它就与不适度的纸币"超

发"形影不离。

事实上，北宋神宗时期人们在观念上就将交子的发行与铁钱准备分离开来，认为官方的认可是货币价值得以保证的关键。交子的价值保证就从铁钱实体这种准备的充足，向官方政策安排或政府权力担保偏移。货币形态的本质特征和核心功能在于它的价值尺度和流通手段职能。一旦纸币难以购买物资和劳务，政治强力的意义就趋近于无了，又回到经济规律发挥作用的时候。南宋以后至元代的纸币历史，就是在经济力量担保和服务政府财政需要之间求平衡，其政策表现形式大都体现为纸币的数量控制。

在南宋时期，除了地区性的纸币"川引""淮交"和"湖会"，通过限定地域的使用来保证它的信用和担保责任之外，"会子"已经采用黄金白银等贵金属、海外进口的珍奇实物、"度牒"等证券的投放以及"钱会中半"的税收比例安排作为综合担保。在观念上，"会子"属于"轻赍"的工具，而不是货币"铜钱"本身，而实际的政策操作在于"会子"纸币的数量控制。南宋的"称提之政"，可以说是在传统政治治理的格局下，人类历史上对纸币价值从一般性货币政策工具、选择性货币政策工具、间接调控和直接调控四大政策工具的全面实验，可以作为今天"货币银行学"教科书的经典案例。

与南宋并行的北方金朝政权，在纸币制度上有所创新。尽管有

"交钞"从"七年一界"到"无界别"的技术改进，但交钞制度设定的倾向，仍然是盯住铜钱和白银以保证其价值。在前期主要观察流通中"交钞"和铜钱是否大致相等，在后期铜钱供给不足的情形下，希图利用高价值的白银作为"交钞"的定值依据。但是，在战争和财政压力下的财政性发行，出现了"以纸取钱而至于负民之钱"的弊端，万贯金朝交钞只能买一个饼！

元朝时期是中国历史上在全境之内普遍使用一元化纸币的时代，也就是说，在制度上元朝只有一种纸币形态。按照前揭许楣的说法，忽必烈建立元朝初始，"以纸取钱"的制度安排经历了从"丝绢"到"白银"的转换。稳定下来的"中通元宝交钞"，名义上是以白银为定值基准，事实上流通过程中并没有近代意义的白银自由兑换安排。在这个意义上，我们不能将元代的纸币制度称为银本位制度。正是因为元朝纸币制度以白银为基准，又没有实质性的兑换安排，有的学者将元代称为世界历史上第一个"纸币本位时代"。我们知道，本位的内涵，是指货币的价值基准，纸币以无价值的纸张为价值基准在经济上实不合理。揆诸本位内涵和语义，"纸币本位"的表达岂非同语反复?！历史表明，元朝纸币数额的扩大超过白银储备，同时更加重视制度安排。北方地区的"包银"和南方地区的"盐税"的征收，直接使用"中统钞"——这是元代纸币超越白银保证大规模投放的重要动力和价值保证。这里似展现出现代货币理论所申说的纸币发行的"税收驱动"政策意蕴。元朝的纸币发行，在后期也陷入"负民之钱"的严重超发困境。这不能不说是元朝灭亡的一大原因。可是，我们反过来看，元朝纸币的出发点在一定程度上是坚持"以钞取钱"的政策思路。鉴于纸钞作为符号货币，既可以是国家强制使用的"国家纸币"的载体，也可以承担信用货币的使命（银行券），那么，元朝纸币在多大程度上利用政治强力扩大了纸币的世界声誉，在多大程度上利用了"税收驱动货币"的机能成功保证了纸币的价值，又在多大程度上坚持了准备制度的基本精神，这是我们应当继续探讨的问题。

明代时传统中国在"国家纸币"道路上进行了最为彻底的实验。一句话，如同许楣所说："以纸代钱而至欲尽易天下百姓之财，此宋、金、元弊法之所无有也。"明朝覆灭前崇祯末年安徽桐城书生蒋臣的纸币方案，就是通过纸币发行来收罗民间白银，满足北方抵御满洲军事入侵之需。这是"以纸代钱"的抢钱计划。

清朝鉴于明朝的惨痛经历，视纸币发行使用为畏途。以纸币发行敛财的历史似乎又要重演，正是在西方利用鸦片贸易改变中国数百年来对西方贸易盈余的局势而出现白银外流的情况下，针对王鎏利用纸币发行的技术优势拯救清朝衰颓之势的建议，金属货币论者许楣提出了上述的愤世之论。清朝咸丰年间的"票钞"发行纯粹属于国家纸币的操作，是王朝面临生死存亡的一次货币冒险，最后也被迫退出历史舞台。

从结果来看，传统中国纸币演进和发展的历史于兴亡对错之间，体现着传统中国王朝国家治理的人类智慧。

三、今天的货币选择如何向历史学习

在纪念人类最早纸币"交子"诞生千年之际，我们从它的产生、发展和演进中能学到什么呢？

最为基本的认识，便是伴随纸币时代的到来，货币使用及其效果是思想、制度和政策互动的结果。与实体货币依靠自身材质的价值一次了结交换行为的货币形态完全不同，纸币是体系化的制度塑造。从中我们可以得到如下启示。

第一，民间私人纸币，只能服务于特定的社区和特定地域，它的生命力受到发行机构"交子铺"生存期限的约束，难以成为"永续"流通手段。这样，民间交子只能称为社区货币或地域性通货，不是一个政权或行政区域内具有无限法偿功能的流通手段，只有依靠中央政府的政策权力和法律的维持，才能成为法定货币。在今天，任何私人数字货币的功能边界，都不可能脱离特定的地域和发行者及相关方的业务范围。没有各主权政府的政策担保和法律维持，它都不可能成为真正意义上的货币。正因为如此，我们不再在交子作为最早货币的时间确认上犹豫，而将北宋仁宗天圣元年十一月二十八日（1024 年 1 月

12 日）益州交子务的成立日确定为人类纸币的诞生时间。而就今天而言，任何民间的私人数字货币，都不是真正的货币，只是和百货商店购物卡"积分点"类似的代用货币，其使用的范围不能超越发行者的业务范围。它们没有终极的货币购买力担保的法定保证。

第二，纸币凭借纸张符号的技术条件，解决了实体货币在数量供给上的有限性难题。它的这个优越性的发挥，靠的是信任机制。交子处于民间阶段时依赖的是共同体信任机制，成为官方交子之后，靠的是政府对于纸币发行和流通的政治强制干预能力和经济资源的动员能力。中国传统纸币的使用和改进，不是线性的发展，而是有曲折和反复。大体上，纸币的使用与王朝周期紧密地联系在一起。在王朝初期，讲求准备，讲求"以纸取钱"的机制和制度建设，讲求发行量的有效控制。在王朝后期，政治压力和军事需求促成了单纯的财政性发行。即使元朝及其以前的纸币时代，也已超越许楣的判断，王朝后期多已转换为"以纸代钱"，仅仅凭借纸币符号极易放大的方便，无限量投放纸币以"尽易天下百姓之财"，成为攫取民间财富的工具。实际上，自从纸币诞生，在中国传统的王朝周期内，便存在一个王朝从"以纸取钱"到"以纸当钱"的循环。这种情形，发展到现代，便有了 1948 年国民政府的"金圆券"改革。这里我们看到的是制度建设的重要性。

第三，技术只是纸币产生和有效使用的必要条件，而非充分条件。

今天比特币及类似的数字加密货币，在技术上解决了货币的特定功能和数量控制问题。但是，货币的重要性在于它的基本使命，也就是作为价值尺度的本质特征和作为流通手段的核心功能。发行者可以利用技术制定货币刻度，但是一个社会不可能有多种刻度同时存在，因为这与价值尺度的基本要求相矛盾。只有主权国家才能利用法律工具解决货币的统一问题，民间自发创造的算法共识（事实上存在着多种算法）无法实现。而数字货币作为流通手段的有效性，不在于货币的加密数字形态，而在于它与商品和劳务的关联。那种希望凭借一种单纯独立的数字货币来保证自身财富价值以及未来对各种实物资源不贬值的主张，只能是一种臆想。诚如传统经典《管子·八观》所称："时货不遂，金玉虽多，谓之贫国也。"货币的生命力体现在它与商品和劳务的关系之中，体现在它对商品和劳务的获取能力上。人类历史经验表明，只有主权政府才能承担起商品和劳务供给的终极责任。

纪念纸币诞生千年的意义，在于提示我们货币形态到了超越实物材质的时代，观念、技术和制度的耦合互补是新型货币形态成立的基本条件，而制度的建构居于首位。坚持央行法定数字货币的选择与现钞硬币及存款货币并行流通，是纸币千年史给我们最大的政策启示。

2024 年 1 月 12 日

前　言

　　货币是充当一般等价物的特殊商品。其本质属性是价值尺度，核心功能是交换媒介，根本保障是流通领域最高级别的信用保护。随着商品生产和商品交换的发展，一般等价物最终固定在其自然属性决定其最适合充当货币的贵金属物品上。

　　公元 1024 年，北宋地方政府在四川地区正式发行的官交子，摆脱了自古以来深受实物货币如粮食、布帛、铜铁铸币对商品交换的束缚，开启了人类历史上以官方信用为背书、以国家法令为保证，以纸为币、为价值符号，代替实物或金属货币作为交换媒介的信用货币时代，缓解了中国历史上经常性的"钱荒"对深入交换的制约，推动了人际交往关系的不断扩大、劳动分工的专业化与社会化。

　　作为价值符号的官交子，就其产生而言是由发达的商品交换经济推动的。它能在交换中被人接受，隐藏其背后的是以实物或金属货币作担保或政府提供信用。信用的建立与巩固，有一个漫长的历史过程。它不仅需要发达的商品交换经济为它提供坚实的物质基础，还需要有相对稳定的币值才能为社会所接受。官交子在产生之时，这两个基本条件还未完全具备。一是当时四川发达的商品交换经济就全国而言还是局部的，其商品流通的范围也还是区域性的，而此时全国大多数地区还在使用实物或金属铸币；二是以政府信用担保发行的官交子，本身就具有经济发行与财政发行的双重性。所谓"经济发行"是指根据当时社会对货币的需求量来发行，这对商品流通、交换经济的发展具有极大的促进作用，而它一旦被政府用于弥补财政亏空，就成为"财政发行"。这便注定了即或是在北宋时期的四川，虽然产生了人类历史上的第一张纸币，此后也还有继续使用者，但它一定还会历经一个曲折而漫长的过程，才能最后终结金属货币而进入今日之纸币、电子货币、数字货币的时代。诚如王永利先生所言：时至今日，货币已渗透到人类生产、生活和经济社会运行的方方面面，在经济社会中发挥着越来越重要的作用，货币是金融和经济的灵魂与基础，与所有人息息相关[1]。

在货币当作支付手段的条件下，货币成为社会财富的象征。将其用于放债取息之时，就产生了以借贷为主体的资金融通，即金融。在中国农耕时代，有着悠久历史的是维持社会简单再生产所需的官府与民间借贷，或在社会上以收取押物进行放贷的典当行业。自17世纪以

---

① 王永利：《货币大裂变：颠覆认知的信用货币》，中译出版社，2024。

来，海外贸易与殖民扩张对资本的需求，在西方催生了通过吸纳社会闲散货币并使之转化为生息资本，进行社会资源配置的近现代银行业，吸收个人贮藏用以规避风险的财富，使之在流通中增值，从而产生了近现代保险业，还产生了面向社会借债或集资的证券业——近现代西方资本主义由此产生。西方资本主义列强在1840年以武力叩开中国国门，为谋取超额利润对华进行资本输出，这也改变了中国传统的金融业。

在当代市场经济中，一切商品只有通过与货币交换，才能被证明是社会劳动产品、是价值物。一切货币在追逐利益最大化之时，又可通过票据、债券、证券，将别人的财富为我所用，或将本地财富用于外地，将当下财富用于未来收益，从而推动以货币为代表的社会财富跨越时空流动，由此产生了以票据承兑与贴现、基金管理、债券与有价证券买卖为内容的当代金融。它不仅渗透并深入到社会生产活动领域，而且与所有家庭或个人的生活消费乃至社会组织、国家职能都发生紧密的联系，在社会经济资源的流动与配置、提高全社会经济活动的质量与效率中发挥着重要的作用。

人类文明史距今已超过五千年，从货币的产生到债券的发明，无一不在昭示货币金融是人类文明的重要推手。西方货币金融的发展经历了由金银铸币到银行券、银圆券再到中央银行及国家发行法定货币

——本国纸币的过程。进入重商主义时代，出现了以量入为出为原则的债务经济，从而催生了近现代以借贷为主体的银行业、保险业、证券业。中国货币金融发展的演进，则是由贝壳进化为铜铁铸币、以称重计量的白银，再到以民间信用继而以政府信用为担保发行的纸币。农耕时代，无论是家庭还是社会或国家，都信奉量入为出的收支平衡理财原则。社会上虽然也产生了典当、钱庄、票号等旧式金融机构，但都不是以发展借贷融资为目的或主业，个体发财致富多依靠家庭或家族的历代财富积累，而不是面向社会的资本集中，故中国后来的工业化主要依靠国家推动。

官交子的诞生，意味着以信用为基础的货币金融时代的到来。本书以纪念官交子诞生千年为契机，不是抒发"思古之幽情"，而是将其拓展延伸至对中国自古以来货币金融发展历史的追根溯源，力求探讨并展示货币金融与个人、社会、经济、文化乃至国家政治之间的紧密联系，探寻如何在尊重传统的基础上走具有中国特色的货币金融发展道路，深刻理解党中央提出"金融强国"的重大意义。

刘方健

2024 年 2 月 18 日

目　录

上篇　交子的诞生、流通与意义

下篇　交子千年：货币、金融与经济

第七章　交子产生后的中国货币 ……………………… 195

上篇

交子的诞生、流通与意义

交子诞生于北宋前期的成都，是当时四川相对发达的商品经济以及特定历史环境下的产物。交子最初产生于民间，是人们将携带不便的铁钱寄存于铺户，交纳一定的手续费，即可换取随时可以兑换的凭证，即楮券。这种楮券可以转让，可以流通，因而解决了铁钱携带不便的困难。这种楮券，谓之交子；经营楮券存兑业务的金融铺户，又叫交子铺（户），多将其代为保管的铁钱用于放债取息。

随着交易中对货币需求的增加，交子作为交换的媒介，方便了交易，人们乐意使用。随着时间的推移，当铺户用于放债取息的本钱不能按时收回之时，一些实力不足的交子铺户难免会因出现挤兑而破产。由此地方政府介入以对交子铺户进行整顿，他们挑选出信誉好、实力强的十六富商连保经营。这时的交子，因相互拆借、相互监督、恪守信用，赢得了声誉。

交子凭钱请领，需现钱时再凭券换回。由于收兑不是在同一时间进行，因而只需留足供周转的库存，多出部分即可用于"广置邸店屋宇园田宝货"等投资活动。但遇不可抗力因素，即或是十六富商连保也有出现挤兑、信用受损的可能。宋真宗天禧四年（1020年）正月，利州、益州、梓州等地发生大旱，出现交子挤兑，朝廷下诏接收，将民间交子改由官办，将民间信用改为官府信用。知益州薛田等设计出发行方案，每两年发行一界，每界发行 125.634 万贯，备铁钱 36 万贯作为兑付准备金（准备金率约为 28.65%），界满换新，1 贯交纳 30 文工墨费。这种基于交子使用者不会同时兑现的准备金比例安排，客观上为后来无准备金发行提供了制度和技术上的支撑。自此，交子成为法定信用纸币。

交子的诞生，既解决了社会经济发展中金属货币供应不足以致交换领域难以扩大、交换难以深入进行的矛盾，又向弥补财政赤字的"铸币短缺"方向转化；交子从完全可兑现发展为"官司收受无难"，向不论远近行用的国家权威发展；交子用于税收缴纳的功能，使之成为"公私普适"的真正意义上的信用货币；交子还用于支付军费、缓解财政收支压力；等等。

交子走出了一条由国家强制发挥流通手段职能的"国家纸币"路线，开了人类历史上由金属货币转向信用纸币的先河，在中国及世界货币金融史上具有划时代的历史意义。

交子诞生背景：商业繁荣与信用发展

四川自先秦蜀郡太守李冰父子修建都江堰水利工程以来，至汉代已有"沃野千里""天府之国"之说，在唐代更是全国经济文化最发达的地区之一，时称"扬一益二"。由于唐末之乱，前、后蜀保境安民，这一地区相对安定，因此成就了成都等中心城市的繁荣，并带动市镇兴起。在此基础之上，北宋时期四川地区经济较之前更为兴盛。

　　北宋政治开明、科技发展、儒学复兴，推动了社会全面进步，开创了中国历史上经济文化繁荣的新时代。本章从宋代四川农业、手工业、交通运输业、商贸业等的发展，解读世界最早的纸币——交子为什么诞生在成都。

一、宋代四川先进的农业

川峡地区多山地和丘陵，江河纵横，农业发展极不平衡。除成都平原之外，在梓州路的遂宁府、利州路的汉中等盆周河谷地带也形成了若干冲积平原。加之这里人多地少，人口密度相对较大，通过精耕细作，这些地方"土植宜柘，茧丝织文纤丽者穷于天下，地狭而腴，民勤耕作，无寸土之旷，岁三四收"①，是全国最先进的农业生产地区，相当部分农产品朝着商业化方向发展。

（一）茶叶生产

四川适宜茶树生长，种茶历史悠久，在古代药书《神农本草》中就记载了四川地区谷道旁的野生茶树，其叶可以治病。汉代王褒在其《僮约》一书中有"武阳（今四川彭山）贩茶、往来市聚"的记载。

---

① 脱脱等：《宋史》卷八九《地理五》，中华书局，1985，第2230页。

隋唐以后，饮茶成为时尚，上自天子，下至庶民，皆喜饮茶。茶叶不仅被列为"开门七件事，柴米油盐酱醋茶"其中之一，成为人们日常生活的重要饮料，还因北方不出产而成为国内南北长距离贩运的重要商品。早在唐代，西川就是茶叶的重要产地，名山的蒙顶山茶，成为全国名茶，唐代大诗人白居易诗中的"琴里知闻唯渌水，茶中故旧是蒙山"正好说明了它的影响及价值。同时成都地区还出现了颇具规模的茶园，《太平广记》记载九陇（今四川彭州）人张守珪在"仙君山有茶园。每岁召采茶人力百余人，男女佣功者杂处园中"①。由此可知，这是私人种茶、制茶的专业茶场，同时也佐证了唐代茶叶种植和加工已经向专业化、商品化方向发展。

宋代四川茶叶种植面积扩大，四川四路产茶地区有：益州路的雅州、蜀州、邛州、嘉州、彭州、汉州、绵州、永康军、简州；利州路的利州、巴州、兴州、洋州、文州；梓州路的泸州、长宁军、合州；夔州路的夔州、忠州、达州等。范镇说："蜀之产茶凡八处：雅州之蒙顶，蜀州之昧江，邛州之火井，嘉州之中峰，彭州之堋口，汉州之杨村，绵州之兽目，利州之罗村。然蒙顶为最佳也。"② 苏辙《栾城集》也记载了北宋"益利路所在有茶，其间邛、蜀、彭、汉、绵、雅、洋等州，兴元府三泉县人户，以种茶为生"③。

北宋初年，政府制定了对四川茶叶的专卖和对百姓过度索取的政策，导致了王小波、李顺起义。宋太宗淳化年间起义平定后，朝廷取消了以茶叶为主的大宗物资专卖，允许商人自由买卖，激发了丘陵和山区农民种茶的积极性，四川茶叶产量大增。吕陶在《奏乞罢榷名山

---

① 李昉等：《太平广记》卷三十七《阳平谪仙》，人民文学出版社，1959，第 235 页。
② 范镇：《东斋记事》卷四，中华书局，1980，第 37 页。
③ 苏辙：《栾城集》卷三十六《论蜀茶五害状》，上海古籍出版社，1987，第 787 页。

等三处茶以广德泽亦不阙备边之费状》中说："蜀茶岁约三千万斤[①]，除和买五百万斤入熙河外，尚有二千五百万斤，皆属商贩流转。"李心传也说成都府路、利州路在南宋绍兴年间岁产茶二千一百万斤。

茶叶的生产和销售，成为四川地区重要的经济活动和财税来源。如"洋州西乡县茶，旧与熙河、秦凤路蕃汉为市，而商人私贩，南入巴、达州，东北入金州、永兴军、凤翔府"[②]。苏辙说："自后朝廷始因民间贩卖，量行收税，所取虽不甚多，而商贾流行，为利自广。"[③]商贾在贩茶的同时，还运输贩卖食盐、药材、瓷器、布匹、纱罗甚至牲畜等商品，促进了整个四川地区城镇经济商品交换的繁荣。

（二）麻种植业与蚕桑业

在棉花种植从海外传入之前，丝和麻是中国古代传统的纺织原料，古人以桑麻并称。丝多为达官贵族享用，民间则以消费麻织品为主，古人因此有锦衣（贵族）与布衣（平民）阶级之分。在宋代各地植麻和麻布生产持续发展的同时，川峡四路更以异军突起之势成为全国麻和麻布的重要产区。四川苎麻的生产集中于成都府路的成都府及邛、蜀、彭、汉诸州和永康军，仁宗天圣年间薛奎知成都府时，采取了与河北等路"和买"相类似的办法，"春给以钱，而秋令纳布""民初甚善之"[④]。这种办法叫"布估钱"，对扩大当地苎麻的种植和麻布生产起到了推动作用。除上述诸州，嘉州峨眉县"县出符文布，妇女人人

---

① 宋代1市斤为640克，相当于现在的1.28市斤。
② 李焘：《续资治通鉴长编》第二十一册卷二九七，中华书局，1985，第7206页。
③ 苏辙：《栾城集》卷三十六《论蜀茶五害状》，上海古籍出版社，1987，第786页。
④ 范镇：《东斋记事》卷三，中华书局，1980，第25页。

绩麻"①，当地所产符文布颇负盛名。

除麻种植业外，四川生产的蜀锦汉代已声名远扬，并成为三国时蜀国财政收入的重要来源。诸葛亮曾说："今民贫国虚，决敌之资，唯仰锦耳。"蜀锦的发展，为农户栽桑养蚕提供了新的空间，成都府路在宋代是全国最重要的蚕桑种养地区，形成了"土植宜柘，茧丝织文纤丽者穷于天下"②的局面。而与成都府路毗邻的梓州路，因蚕桑业蒸蒸日上，成为一个新的丝织业中心。丝织手工业在宋代各种纺织业中占据重要地位，由此推动了四川各地蚕桑业的发展。

（三）甘蔗种植与糖业

我国甘蔗产于长江流域，唐宋时期甘蔗种植得到发展，江、浙、闽、粤、湘、蜀州都是全国盛产甘蔗的地方。四川是全国最早种植甘蔗的地区，"唐大历间，西僧邹和尚游蜀中遂宁，始传其法。今蜀中种盛，亦自西域渐来也"③。到了宋代，四川广汉、遂宁等地已发展成为全国最著名的甘蔗种植地区。南宋著名文学家洪迈等所著《糖霜谱》载："甘蔗所在皆植，独福唐（今福建福清）、四明、番禺、广汉、遂宁有糖冰，而遂宁为冠。四郡所产其微，而颗碎、色浅、味薄，才比遂之最下者，亦皆起于近世。"④由此足见当时闽、粤、蜀制糖业的兴盛。

遂宁出产甘蔗，其糖霜在宋代特别有名。南宋遂宁名士王灼根据甘蔗的种植和糖霜的制作技术，并结合面积的扩大、产量的提升，把

---

① 范成大：《石湖居士诗集》卷十八《峨眉县》，上海涵芬楼，1936，第8页。
② 脱脱等：《宋史》卷八九《地理五》，中华书局，1985，第2230页。
③ 清华大学机械厂：《〈天工开物〉注释》（上），科学出版社，1976，第156页。
④ 顾宏义主编《糖霜谱（外九种）》，上海书店出版社，2018，第10页。

土地、种蔗和榨糖制霜三者结合起来，特撰写了一本介绍糖霜生产和制造工艺的科技专著《糖霜谱》。书中特别介绍了遂宁府甘蔗种植情况："伞山在小溪县涪江东二十里，孤秀可喜。山前后为蔗田者十之四，糖霜户十之三……糖霜成处，山下曰礼佛坝，五里曰干滩坝，十里曰石溪坝。江西与山对望曰风台镇。大率近三百余家，每家多者数十瓮，少者一二瓮。山左曰张村……亦近百家。然霜成皆中下品（张村属蓬溪县，风台镇属长江县）。并山一带曰白水镇，曰土桥。虽多蔗田，不能成霜，岁压糖水卖山前诸家。"[①] 可见，原料与制作相结合，既能发挥农户各自的优势，减少长途运输，又能降低生产成本，更重要的是能够抓住用甘蔗制糖的时节，提高了糖的产量和质量，推动了甘蔗种植面积的扩大及制糖业的发展。

（四）中药材生产

中草药大多是从野生植物中采集而来，也有许多品种来自人工栽培。社会需求的日益增长，刺激了药材生产，并且也使之进入商品流通中。

四川的气候与水土条件，使之成为全国大面积种植药材的重要地区。仁宗嘉祐六年（1061年），在苏颂主编的《本草图经》中，就记载了绵州彰明人工栽种和加工附子的情况。"彰明领乡二十，惟赤水、廉水、会昌、昌明宜附子。总四乡之地，为田五百二十顷有奇，然秔稻之田五，菽粟之田三，而附子之田止居其二焉（计104顷，合

---

① 王灼：《糖霜谱》，载于《王灼集校辑》，刘安遇、胡传淮校辑，巴蜀书社，1996，第4-5页。

10 400亩）。"① 对种植这么宽面积的药材，杨天惠的记载是最早的，说明当地农户早就开始种植附子了。

药材的种植需要上等好田。以附子为例，既要田好，又要精耕细作："凡上农夫，岁以善田代处，前期辄空田一再耕之。莳荞麦若巢糜其中。比苗稍壮，并根叶耨覆土下，复耕如初，乃布种。每亩用牛十耦，用粪五十斛，七寸为垄，五尺为符，终亩为符二十，为垄千二百……其用工力，比他田十倍，然其岁获亦倍称，或过之。"② 彰明县四乡共收干附子16万斤③，其中赤水所产最多。所以药材也是精耕细作耕作方式的产物。

收获的鲜附子，需要加工成干附子。"其酿法，用醯醅安密室，掩覆弥月乃发。以时爆凉，久乃干定。"④ 附子通过加工，既能防腐，又因部分乌头碱生成醋酸盐而溶失，降低了附子毒性，保证了药用功效和安全。

加工成的干附子，多售给外地商贾。"大率蜀人饵附子者少，惟陕辅、闽、浙宜之。陕辅之贾，才市其下者；闽浙之贾，才市其中者；其上品则皆士大夫求之，盖贵人金多喜奇，故非得大者不厌。"⑤ 这段文字记载了附子的销售市场，即陕西商人喜欢买下等品，福建、浙江商人喜欢买中等品，那些上等附子都被士大夫买去，因为他们钱多喜欢猎奇，故不厌其烦地非得大者不可。然而当地懂药人说："小者故

① 唐廷猷：《北宋杨天惠〈彰明附子记〉译评》，《中国现代中药》2016年第7期。
② 唐廷猷：《北宋杨天惠〈彰明附子记〉译评》，《中国现代中药》2016年第7期。
③ 彰明四乡每年种附子1万余亩，产干附子16万斤，每亩仅16斤，与现在亩产350余斤之比，不足1/20，有可能是史料传抄有误，当年产干附子应为100余万斤较符合实际。
④ 唐廷猷：《北宋杨天惠〈彰明附子记〉译评》，《中国现代中药》2016年第7期。
⑤ 唐廷猷：《北宋杨天惠〈彰明附子记〉译评》，《中国现代中药》2016年第7期。

难用，要之半两以上皆良，不必及两乃可。"[①] 就是说小的固然不好，只要重半两以上，都是优质品。

从彰明人工栽种、加工附子的史料可以看出，在 1 000 多年前的宋代，四川人就掌握了中药材的人工大面积栽培和炮制加工技术。

（五）花圃与花卉业

花圃历来是贵族、官僚、地主、文人墨客的雅好，是其庄园或家庭的附属物。到北宋时，因社会经济的发展、人民消费水平的提升，插花逐渐在民间普及并逐渐发展为商业性的产业。牡丹、芍药、菊花等历来是我国著名的花卉，到宋代其品种之多让人惊讶。欧阳修《洛阳牡丹记》称："欲作花品，此是牡丹名，凡九十余种，余时不暇读之。然余所经见，而今人多称者，才三十许种。"其中以"姚黄"为最，成为牡丹之王，旗下"魏花"或"魏红"为牡丹之后[②]。对于花卉的培育，自然条件重要，人工嫁接栽培技术亦不可缺少，更重要的是还必须有消费市场，因此多依托城市发展。唐宋时，洛阳牡丹被誉为"天下第一"。宋代四川彭州牡丹，则为之最。诗人汪元量说："彭州又曰牡丹乡，花月人称小洛阳。"南宋时流寓四川的陆游在《天彭牡丹谱·风俗记第三》中说，"花时，自太守而下，往往即花盛处张饮，帘幕车马，歌吹相属。最盛于清明寒食时……有弄花一年，看花十日之语"。彭州地处川西平原，位于成都北郊，每年牡丹盛开时节，地方官府根据当地百姓好游乐的习俗，举办商品交易会，供人们踏青赏花做生意，带动了地方经济的发展。

① 唐廷猷：《北宋杨天惠〈彰明附子记〉译评》，《中国现代中药》2016 年第 7 期。
② 欧阳修：《洛阳牡丹记》，载《花谱》，商务印书馆，2019，第 13 页。

唐代薛涛用芙蓉花汁作染料制作薛涛笺。到了宋代，随着人们审美水平的提升，彩色笺纸使用更为广泛；因彩色笺需用不同颜色的花卉作染料，这又带动了花卉业的发展。据有关史料记载，唐宋四川地区制作红色染料，所需花卉以红花为主。红花又名红蓝，蜀中历代是红花的产地。《新唐书·地理志》载，唐开元天宝时全国进贡红蓝的州有五个，而西川的蜀州和彭州就在其中。《食物本草》载："红蓝花即红花也。生梁汉及西域……今处处有之。人家场圃所种……其花暴干，以染真红，又作胭脂。"[1] 这些记载，均说明了宋代四川花卉业的种植情况。

（六）造纸、冶铁业带动林业发展

在宋代的四川，一些地区为缓解田少人多的矛盾，充分利用丘陵山地，开展多种经营，其中最重要的就是种植经济林木。楮树是一种速生林木，是制造特种高档纸的重要原料。宋代纸币之所以又被称为楮币，就是因为它是以楮树皮为原料的楮纸印制的。宋代楮纸，产于广都（今成都双流区），纸质细白光滑、坚韧耐用。宋代成都印刷业发达，对纸的需求量大，带动了林木产业发展。关于楮树林营造，农学家贾思勰在其所著《齐民要术》中说："移栽者，二月莳之。亦三年一斫。（三年不斫者，徒失钱无益也。）指地卖者，省功而利少。煮剥卖皮者，虽劳而利大。（其柴足以供燃。）自能造纸，其利又多。种三十亩者，岁斫十亩；三年一遍。岁收绢百匹。"[2] 可见营造楮树林在

---

① 姚可成汇辑《食物本草》，达美君、楼绍来点校，人民卫生出版社，1994，第1051-1052页。

② 贾思勰：《齐民要术译注》，缪启愉、缪桂龙译注，上海古籍出版社，2009，第298页。

古代已成为一项专业。到了宋代，簿书、契券、图籍、文牒等重要文书的印刷需用大量楮纸。因成都周边溪河纵横，土地湿润，很适宜大面积种植楮树，它既能增加农户经济收益，又解决了平坝地区农家做饭的柴火问题。宋代对楮树的经营，将种植与造纸联系，显示了其在造纸业中的重要作用。

带动川蜀地区林木产业发展的另一个重要因素是冶铁生产。铁是社会经济发展和人们生活不可或缺的重要物资。冶铁离不开煤炭，南方地区由于缺乏煤炭资源，在冶炼中采用了传统的伐木烧炭办法来替代，这就有了"北方多石炭，南方多木炭。而蜀又有竹炭，烧巨竹为之，易燃、无烟、耐久，亦奇物。邛州出铁，烹炼利于竹炭，皆用牛车载以入城，予亲见之"① 的记载。宋代四川冶铁业的发展，带动了对竹炭的需求，进而带动丘陵山地扩大竹木种植规模。

此外，宋代四川的漆树、竹等经济作物，因消费需求增加，其种植规模也在传统农业中占据了相当大的比重。

---

① 陆游：《老学庵笔记》卷一，中华书局，1979，第12页。

二、宋代四川发达的手工业

衣、食是人类生存的两大基本要求。宋代四川经济作物的广泛种植，促进了商业性农业的发展，为手工业的发展提供了丰富的原材料，成就了手工业的发达。

（一）织锦

巴蜀地区是中国最早的养蚕、制丝、织锦中心。在四川的丝织品中，留存最多也最著名的是蜀锦。锦是用彩色丝线并借助平纹或斜纹的多重或多层复杂技术织成的各种带有花纹的精美织品，是所有丝织品中织造水平最高、最华丽、最名贵的织品。东汉刘熙《释名》中说："锦，金也。作之用功重，其价如金，故惟尊者得服之。"古人说它与黄金等值。

早在 3 000 多年前，古蜀国已能生产丝织品"帛"了，而帛即为最初的锦。这表明蜀地早就有了织锦业。蜀郡盛产的美锦以其图案的生动、织纹的精致、色彩的艳丽而别具一格，被人们称为"蜀锦"。此后蜀锦成为四川各地（包括蜀郡、蜀州、绵州等地）生产的一切锦类的总称。

蜀锦还是四川丝绸文化的代表。蜀锦以其精美而生动的图案、艳丽而经久不褪的色彩、坚韧的质地以及精湛的手工技艺享誉天下。蜀锦具有古老的民族传统风格、浓郁的四川地方特色、厚重的历史文化底蕴，极大地影响了我国后起的云锦、宋锦和民族织锦。

宋代蜀锦兴盛，成都还专门将每年四月设为蜀锦交易月，谓之"锦市"。贡品生产有花式和标准，《宋史·舆服志》中介绍了各级官吏服装用锦的不同品种："中书门下、枢密、皇亲、大将军以上，天下乐晕锦；三司使、学士、中丞……诸司使、厢主以上，簇四盘雕细锦；三司副使、宫观判官，黄狮子大锦……凡七等。"其基本都是蜀锦。北宋的一段时期，人们流行在上元节穿"灯笼锦"，寓意五谷丰登，其用料也是蜀锦。相传仁宗的张贵妃穿上灯笼锦后，仁宗很喜欢，贵妃告诉仁宗说那是名臣文彦博设计的，仁宗十分高兴，就对文彦博进行提拔重用。从这个故事可以发现，在蜀锦生产中也蕴含了当时许多文人士大夫的审美风尚。后来宋代蜀锦的一些风格开始转变，最著名的就是"流水落花锦"——似乎来自李煜的"流水落花春去也"，其以梅花和桃花图案夹杂波浪纹为主，这种蜀锦一直到明代都盛行，而且其他各地锦缎都大量仿制。也是从宋代起，以蜀锦为标杆，在其他地区织锦开始兴起，尤其南宋时期杭州、苏州的纺织品，充分借鉴蜀锦的工艺，迅速成为宋朝织锦的代表。

成都府路和梓州路一带生产的蜀锦，自两汉以来，就一直是驰名中外的产品，到了宋代，其在产量、质量以及染色上都较前代有所进步。所谓"蜀中富饶，罗纨锦绮等物甲天下"①，"土植宜柘，茧丝织文纤丽者穷于天下"②，蜀之丝织品依然处于优越、领先的地位。特别是与成都相邻的梓州，到北宋时成为川峡四路新发展起来的丝织业中心，出现了与农业脱离的丝织业匠户——"本州机织户数千家"③，"梓州织八丈阔幅绢献宫禁。前世织工所未能为也"④。其产品质量跃居前列，著名的锦缎及许多高档丝织品便是这个地区的名牌产品。与梓州邻近的绵州，所产巴西纱子，具有细、密、轻、薄等特点，"一匹重二两，妇人制夏衣，甚轻妙"⑤，用该面料做的服饰光鲜靓丽、雍容华贵，成为当时畅销的名牌产品。

（二）井盐

四川井盐生产历史悠久，早在秦汉时期就有煮井卤为盐，而且开始利用火井（天然气）煮盐的记载。宋代四川地区的井盐更是快速发展，成为全国重要产区之一。"蜀中官盐，有隆州之仙井，邛州之蒲江，荣州之公井，大宁、富顺之井监，西和州之盐官，长宁军之淯井，皆大井也。若隆、荣等十七州，民间所煎则皆卓筒小井而已。"⑥ 宋初蜀中井盐产量约为一千万斤，此后经过对老盐井进行改造，开凿新井，产量达四千万斤。仁宗时期，四川盐业开采技术不断改进，出现了一种新型的盐井——卓筒井，使总产量一跃达到六千万斤以上。

卓筒井也叫筒井，那时人们用一种叫圜刃的特殊工具，将岩石开

---

① 脱脱等：《宋史》卷二七六《樊知古传》，中华书局，1985，第9396页。
② 脱脱等：《宋史》卷八九《地理四二》，中华书局，1985，第2230页。
③ 徐松：《宋会要辑稿》第一五六册《食货六四》，中华书局，1957，影印本，第6111页。
④ 张邦基：《墨庄漫录》卷二，孔凡礼点校，中华书局，2002，第61页。
⑤ 吴曾：《能改斋漫录》卷一五，上海古籍出版社，1960，第439页。
⑥ 李心传：《建炎以来朝野杂记》上册卷十四，中华书局，2000，第300页。

凿得如碗口大小，"深者数十丈，以巨竹去节，牝牡相衔为井，以隔横入淡水"，卤水流入竹筒中后，不停地从竹筒中涌上来。同时，"又以竹之差小者出入井中为桶，无底而窍其上，悬熟皮数寸，出入水中，气自呼吸而启闭，一筒致水数斗"[1]。这种创新，自宋仁宗"庆历以来，始因土人凿地植竹，谓之卓筒井。以取咸泉，鬻炼盐色。后来其民尽能此法，为者甚众，遂与官中略出少月课，乃倚之为奸"[2]。到南宋前期，川峡"四路产盐三十州，见管盐井二千三百七十五井，四百五场……"[3]

井盐业促进了社会商品经济的发展。生产和经营井盐的人，既是商品生产者，又是商品消费者。他们不耕不织，以盐易衣食。特别是专门从事井盐生产的大宁监等地，"民家子弟，壮则逐鱼盐之利，富有余赀，辄以奉祀鬼神，他则不暇知耳"[4]，"田赋不满六百石，藉商贾以为国"，"利走四方，吴蜀之货，咸萃于此"[5]。当地居民吃的、穿的全靠外地贩运而来。这就打破了为需要而生产的自给自足的框框，促进了农副产品以及地区之间农业经济的商品化，加速了商业资本的发展，并按市场的需要来决定生产什么和生产多少，出现了土地、资金和劳力等向商品需求量大、利润高的地方聚集的现象。因而宋代四川的富豪和地主，不仅把财富用于土地和粮食的买卖，也投资于井盐生产。苏轼在《蜀盐说》中就说，邛州蒲江县井，乃祥符中民王鸾所开，利入至厚。

---

① 苏轼：《东坡志林》卷六，《四库全书》第863册，上海古籍出版社，1987，第59页。
② 文同：《丹渊集》卷三四，《四库全书》第1096册，上海古籍出版社，1987，第758页。
③ 徐松：《宋会要辑稿》第一三五册《食货二八》，中华书局，1957，影印本，第5282页。
④ 曹学佺：《蜀中广记》一册，卷五七《已上重庆》，上海古籍出版社，1993，第761页。
⑤ 王象之：《舆地纪胜》卷一八一，李勇先校点，四川大学出版社，2005，第5264页。

宋代井盐产地往往是社会经济发达的地区。陵州产盐，致"家有盐泉之井"①，"郡之盐利，冒于两蜀"②，"国家亦殊仰其所利，以赡给诸郡，凡三载郊礼颁赏，军校一切皆于此取之"③。富顺监产盐，"掘地及泉，咸源遂涌，熬波出素，邦赋弥崇。人以是聚，国以是富"，"县有盐井，人获厚利。故曰富世"，"剑南盐井，惟此最大，百姓得其富饶。以其出盐最多，商旅辐凑"④。大宁监产盐，"一泉之利，足以奔走四方"⑤。因此，地处深山绝壁，乱石环绕，远在夔峡，土地所产不及他郡的夔州，成为川东最富之地。

井盐是人们日常生活必需的重要物产。四川井盐所创造的物质财富，按年产六千万斤，斗米斤盐计算，可折合六百万石米，解决了近百万人的吃饭问题。

（三）酿酒

唐末至五代时期，北方军阀连年混战，关中"斗米万钱"。而前、后蜀时期的四川却相对稳定，斗米三钱。丰富的粮食用以酿酒，造就了川蜀百姓喜好饮酒的习惯。入宋以后，四川酿酒业在前代的基础上更加兴盛，生产消费不逊于唐代。自王小波、李顺起义平定后，名臣张咏在太宗淳化年间和真宗景德年间两次治蜀，针对蜀中百姓喜爱宴饮的习俗，顺应民心，恢复了元宵节点灯狂欢、二月二游江等习俗，加大了对酒的消费。张咏在《悼蜀四十韵》中有"酒肆夜不扃，花市

---

① 王象之：《舆地纪胜》卷一五〇，李勇先校点，四川大学出版社，2005，第4471页。
② 王象之：《舆地纪胜》卷一五〇，李勇先校点，四川大学出版社，2005，第4472页。
③ 文同：《丹渊集》卷三四，《四库全书》第1096册，上海古籍出版社，1987，第753页。
④ 王象之：《舆地纪胜》卷一六七，李勇先校点，四川大学出版社，2005，第5047页。
⑤ 王象之：《舆地纪胜》卷一八一，李勇先校点，四川大学出版社，2005，第5264页。

春渐作"的记载，描述了当时酒市繁华喧嚣、夜不打烊而通宵达旦畅饮的场景。

蜀地不仅民间有饮酒的习惯，文人饮酒的风尚也不减前代，诗与酒的关系可谓"一曲新词酒一杯"。诗人因为酒，创作的情感喷薄而出，文人因为诗又使酒文化得到升华。最具代表性的人物要数苏轼，他写过《酒经》，也曾自酿药酒以健身益寿。他在《送张嘉州》和《寄黎眉州》中分别有"颇愿身为汉嘉守，载酒时作凌云游"和"且待渊明赋归去，共将诗酒趁流年"的描述，表达了难忘故乡美酒、愿回到家乡与友人一起饮酒作诗共度好时光的情怀。又如诗人黄庭坚，在谪守戎州（今四川宜宾）时，称"荔枝绿"为戎州第一，他在答谢友人廖致平赠送美酒和荔枝时写道："王公权家荔枝绿，廖致平家绿荔枝。试倾一杯重碧色，快剥千颗轻红肌。"南宋诗人陆游更是与川酒结下了不解之缘，他的诗集被命名为《剑南诗稿》，更自号"放翁"。他在《思蜀》诗中提到"郫筒酒"，在《梦蜀》诗中提到"郫县千筒酒"和"彭州百驮花"，在《南窗睡起》诗中提到"郫县香初压"和"彭州露尚滋"，在《蜀酒歌》诗中提到"汉州鹅黄酒"。他还在《感旧绝句》中写道："鹅黄酒边绿荔枝，摩诃池上纳凉时。"在《晚春感事》中他写道："酿成西蜀鹅雏酒，煮就东坡玉糁羹。"他在《文君井》诗中写道："落魄西州泥酒杯，酒酣几度上琴台。"

宋代酒属专卖品。官府设置酒务，管理酒的酿造、销售和课税收入。酒的酿造，分官酿和民酿两种。官酿即为官府自酿自卖；民酿则指官府征收酒税，允许买扑承包的酒户有开坊置铺、酿酒卖酒的专利权。南宋高宗建炎三年（1129年），赵开任川陕宣抚处置使司随军转运使，为筹集军费，罢去官府卖酒权，实行"隔槽酒法"。即官府只提供场所、酿具、酒曲，酿酒户向官府缴纳一定税赋，数量不限，销售自负。"先罢公使卖供给酒，即旧扑买坊场所置隔槽，设官主之，曲与酿具官悉自买，听酿户各以米赴官场自酿，凡一石米输三千，并头子杂用等二十二。其酿之多寡，惟钱是视，不限数也。"[①] 这道政令的颁布，给四川的酒业带来了发展机会。据宋代文献统计，熙宁十年（1077 年）以前，北宋王朝在全国各地共设酒务 1 839 务，仅川峡四路就有酒务 417 务，约占全国酒务总数的 23%；熙宁十年（1077 年），诸路酒课税 1 506 万余贯，川峡四路酒课税 220 万余贯，约占酒课税总数的 15%。由此可以看出当时四川酿酒业的发展状况。从川峡四路酿酒情况来看，人口最多、经济最富庶的成都府路酿酒业最发达，在熙宁十年（1077 年）以前有酒务 165 务，约占川峡四路酒务总数的 40%，酒课税 129 万余贯，约占川峡四路酒课税收入的 59%。其次是梓州路，熙宁十年（1077 年）以前有酒务 121 务，约占 29%；酒课税 59 万余贯，约占 27%[②]。这些数据说明，经济发达的成都府路和梓州路属川峡四路经济较发达地区，其酿酒业也最发达。

"隔槽酒法"先在成都实行，第二年便遍行川峡四路，并使四川的酒税很快递增至 690 万贯。酒税收入成为四川税收的主要来源，其在全国的酒税收入中也居于首位。据《宋代成都"十二月市"考》记载，南宋高宗末年，全国酒税收入 1 400 万贯，川峡四路酒税为 410 万至 690 万余贯，占全国酒税收入的 29%～49%，足见四川酒业的发达程度。

---

① 脱脱等：《宋史》卷三七四《列传一三三》，中华书局，1985，第 2598 页。
② 贾大全、陈世松主编《四川通史》，四川人民出版社，2010，第 293 页。

（四）造纸

造纸术起源于东汉，晋代传播到全国。到了唐代，四川成为全国造纸业中心。英国学者李约瑟在《中国科学技术史》一书中指出："四川从唐代起就是造纸中心。"宋以前，这里所产的麻纸就很有名，有玉屑、屑骨之号。南唐李后主在六合仿制玉屑纸，便是从四川学来的技术。"江南李后主善词章，能书画，皆臻妙绝。是时纸笔之类亦极精致，世传尤好玉屑笺。于蜀主求笺匠造之，惟六合水最宜于用，即其地制作，今本土所出麻纸无异玉屑，盖所造遗范也。"① 特别值得一提的是，著称于世而产自蜀川的薛涛笺，为彩色，纸上还有砑花："蜀人造十色笺，凡十幅为一榻。每幅之尾，必以竹夹夹之，和十色水逐榻以染……逮干，则光彩相宜，不可名也。然逐幅于方版之上砑之，则隐起花木麟鸾，千状万态。又以细布，先以面浆胶令劲挺，隐出其文者，谓之鱼子笺，又谓之罗笺。"② 到了宋代，蜀笺更为精美，受到人们的喜爱和称赞。蜀笺因为施加砑花、填粉、施胶、拖浆等多道工序，不仅美观，而且可以阻塞纸面纤维间过多的毛细管，所以运笔时不会晕染。这是宋纸的突出特点。苏轼等一些著名书法家喜欢使用它。蜀川这种彩色砑花笺制作技术传到了其他诸路。其他诸路的造纸技术也对蜀纸产生了影响，成都"近年又仿徽、池法，作胜池纸"，特别是徽、池竹纸轻细，"客贩至成都，每番视川笺价几三倍"。这说明不同地区的造纸技术相互影响、相互作用，从而使造纸业得到进一步发展。

---

① 高晦叟：《珍席放谈》卷下，清代线装本，天府人文艺术图书馆藏，第 6 页。
② 苏易简：《文房四谱》，江苏凤凰文艺出版社，2017，第 244 页。

因四川产的黄白麻纸是性能良好的书写纸，笺纸美观精致，不仅蜀中文士喜爱，也受京师公卿青睐。楮纸在成都创制并大量生产，促进了四川雕版印刷的诞生。

四川盛产蜀麻，自古通过长江水道与下游地区贸易。杜甫有吟咏蜀麻的诗句："蜀麻吴盐自古通，万斛之舟行若风。""蜀麻久不来，吴盐拥荆门。"蜀麻主要用于生产青布、葛布、筒布、赀布、弥牟布等各种麻布，每年进贡京师，远销南北。麻布生产过程中有大量不能纺织的乱麻，遂用以造纸。《笺纸谱》中说："今天下皆以木肤为纸而蜀中乃尽用蔡伦法。笺纸有玉版，有贡余，有经屑，有表光。玉版、贡余杂以旧布、破履、乱麻为之，惟经屑、表光非乱麻不用。"①

当时四川以外地区也用树皮造纸，而蜀纸的原料既有树皮，又有麻类。用各种旧布、破鞋、乱麻可做一般笺纸；上等书写纸经屑、表光只用乱麻，是标准的麻纸，质量上乘。正如苏轼所说："川纸，取布头、机余经不受纬者治作之，故名布头笺，此纸冠天下。"② 宋代蜀麻生产相当发达，"产麻六郡"（今成都、邛崃、崇州、彭州、广汉、都江堰）每年生产大量麻布。在纺织麻布时丢弃的布头、机余，韧性好，吸墨性、耐腐蚀性比其他植物纤维优越，可造出最佳书写用纸。

唐宋时期，成都府城之西南，"（锦）江旁凿臼为碓，上下相接，凡造纸之物，必杵之使烂，涤之使洁，然后随其广狭长短之制以造。研则为布纹，为绫绮，为人物、花木，为虫鸟，为鼎彝，虽多变，亦因时之宜"③。北宋时，谢公创制了精美的十色笺——"深红、粉红、

① 《岁华纪丽谱等九种校释·笺纸谱》，《巴蜀丛书》第一辑，谢元鲁校释，巴蜀书社，1988，第 156 页。

② 苏轼：《东坡志林》卷十一，《四库全书》第 863 册，上海古籍出版社，1987，第 91 页。

③ 《岁华纪丽谱等九种校释·笺纸谱》，《巴蜀丛书》第一辑，谢元鲁校释，巴蜀书社，1988，第 160 页。

杏红、明黄、深青、浅青、深绿、浅绿、铜绿、浅云，即十色也"[1]。这就是说，唐代能制造普通笺纸和单色笺纸，而到宋代则能制造有艺术性的十彩笺纸。成都纸每年外运数量很大，在东京汴梁被广泛使用。当时"四方例贵川笺，盖以其远，号难致"[2]。北宋文人韩溥《以蜀笺寄弟泊》诗赞："十样蛮笺出益州，寄来新自浣溪头。"文彦博《蜀笺》诗曰："素笺明润如温玉，新样翻传号冷金。"司马光诗云："西来万里浣花笺，舒卷云霞照手鲜。"

宋代另一主要纸种是皮纸。皮纸在魏晋时期就已经出现，隋唐时期流行，主要为楮、桑、青檀等树皮所制，质量较好，宋代宣州、徽州等地都出产以树皮为原料的佳纸。广都所造的纸"皆以楮皮为之"。《笺纸谱》载："广都纸有四色：一曰假山南，二曰假荣，三曰冉村，四曰竹丝，皆以楮皮为之。其视浣花笺纸最精洁，凡公私簿书、契券、图籍、文牒，皆取给于是。广幅无粉者，谓之假山南；狭幅有粉者，谓之假荣；造于冉村曰清水；造于龙溪乡曰竹丝……而竹丝之轻细似池纸，视上三色价稍贵。"[3] 可见，宋代造纸的地方和纸的品种很多，蜀纸因质量优、数量大、品种多，在全国独领风骚，是当时印制纸币的最好材料。两宋时期，不管是交子、钱引还是会子，其用纸大多为蜀纸。由于楮纸产量大，用于图书印刷，凡"蜀中经史子集，皆以此纸传印"[4]。

---

① 《岁华纪丽谱等九种校释·笺纸谱》，《巴蜀丛书》第一辑，谢元鲁校释，巴蜀书社，1988，第 169 页。

② 《岁华纪丽谱等九种校释·笺纸谱》，《巴蜀丛书》第一辑，谢元鲁校释，巴蜀书社，1988，第 178 页。

③ 《岁华纪丽谱等九种校释·笺纸谱》，《巴蜀丛书》第一辑，谢元鲁校释，巴蜀书社，1988，第 182 页。

④ 《岁华纪丽谱等九种校释·笺纸谱》，《巴蜀丛书》第一辑，谢元鲁校释，巴蜀书社，1988，第 182 页。

（五）雕版印刷

谈到"印刷"，唐代以前主要是抄书，晚唐五代开始有了雕版印刷，宋代则是雕版印刷的黄金时代。北宋初年，政府组织人力编纂了《太平御览》《册府元龟》《文苑英华》三部各上千卷的大型工具书，还编纂五百卷巨著《太平广记》。宋代在经学方面，非常注重对义理的研究，著名的理学家北宋有程颐、程颢，南宋有朱熹。历史学方面有司马光的《资治通鉴》、郑樵的《通志》等。金石考古方面的成就尤为突出，著名的有欧阳修的《集古录》、吕大临的《考古图》、赵明诚的《金石录》等。

宋代四川的著作特别丰富。据《四川通志》的不完全统计，蜀人著作的经史子集达八百多部。这些鸿篇巨制，主要靠雕版印刷来传播。宋人朱翌的《猗觉寮杂记》下卷说："雕印文字，唐以前无之，唐末益州始有墨版。"《艺文志》说："唐末益州始有墨版，多术数、字学小书。"

宋代四川的雕版印刷更加兴盛，刻版印书的方式大体上分三种。

第一种是政府即官方组织刻印。宋太祖开宝四年（971年），诏高品、张从信到成都刊刻《大藏经》，计一千零七十六部，五千零四十八卷，刻版达十三万块之多，历时十二年，至太平兴国八年（983年）才完成，世称《宋开宝蜀本大藏经》，简称《开宝藏》。此书当时流传到日本、高丽、越南等国。这是历史上第一部刻印的佛学大典，是有明确日期的北宋最早刻本。宋代官刻图书中《开宝藏》《太平御览》《册府元龟》《文苑英华》《太平广记》五部巨著刻印量最大，影响深远。

第二种是作坊刻本。这类作坊很多，几乎遍布全川，各州学、监司、书院都在刻印。成都的辛氏、樊赏、过家，西蜀崔氏，成都县龙池坊卞家、临邛韩醇、李叔仅，蒲江魏了翁，广都费氏进修堂、裴氏宅，眉山的万卷堂、书隐斋，等等，都是著名的刻书坊。

第三种是私家刻本。如北宋初年成都的彭乘，"聚书万余卷，皆手自刊校，蜀中所传书多出于乘"。其所刻《彭秘书集》、蜀本《元微之集》、《白氏长庆集》以及唐宋诗文集均为世珍。北宋末年，蜀医唐慎微的《经史证类备急本草》，眉山的程舍人等，则是著名的私刻本和刻书家。在宋代，成都已成为全国最大的书市，刻书以成都为中心，包括广都、眉山等地。蜀本书籍不仅品种全、数量多，而且刻工精湛，版式疏朗，校勘精审，颇具特色。《宋史·张咏传》说："宋时蜀刻甲天下。"蜀刻在宋代始终居于全国中心地位，如成都费氏所刻的龙爪本，时人称羡。成都刻本《鹤山大全集》、杜预的《春秋经传集解》尤其《春秋经传集解》三卷，刻印特精，字大如钱，墨黑似漆，被誉为宋刻大字本之代表作。

印制纸币不是使用一般木版，而是使用铸造雕刻的铜版。蜀中在五代和北宋时期就有铸造和雕刻铜印的技术。乾德三年（965 年），宋太祖认为原来使用的印鉴是五代时期所铸，篆刻都很不理想，诏令重铸中书、门下、枢密院及三司印鉴，广征天下刻艺精湛者。有人推荐四川铸印官祝温柔。祝氏自言其祖思言系唐礼部铸印官，僖宗时期随驾入蜀，世代习缪篆，技艺尤精。祝氏精湛的铜印铸造和雕刻技艺世代相传于蜀中，交子务中的雕工铸匠，很可能就是祝氏的传承者。印制交子的铜版铸造和雕刻工艺与铜印的铸造相差无几，只要能铸造官印，交子铜版的铸雕就不成问题。从费著《楮币谱》中我们可以发现，宋代成都印制的交子、会子分为黑、青、红三种颜色，六印皆饰以花纹、红团，背面则以故事为题材……其印制水平在当时处于领先地位。

宋代四川的雕刻艺术发展相当广泛。保留至今的除了雕版印刷的书籍外，还有大量的石雕、木雕艺术。这种传统艺术一直沿袭到现在。

三、宋代四川的交通运输

交通运输之于社会经济，如同经络血脉之于人体。有了方便的交通运输，才会有相应的人流、物流、资金流。四川盆地虽与外面交流不便，自古有"蜀道之难，难于上青天"之说法，但盆地内却有长江、岷江、沱江、嘉陵江、涪江及其众多支流纵横交错、贯通全境。宋代四川充分利用境内众多河流，努力与长江中下游建立联系，"通西蜀之宝货，转南土之泉谷。建帆高挂，则动越万艘；连樯直进，则候逾千里，为富国之资……"[①]

（一）川江航道

太宗淳化四年（993 年）二月，北宋王朝"废沿江榷货八务，听

---

① 苏德祥：《新修江渎庙碑记》，载《全蜀艺文志》卷三七，刘琳、王晓波点校，线装书局，2003，第 1042 页。

商人买贩"①。为确保长江沿线运输安全，宋太宗当年还"诏以内殿崇班杨允恭督江南水运，因捕寇党……自是江路无剽掠之患"②。这为长江水路运输安全提供了保障。四川每年向朝廷上贡数以万计的华丽丝织品，都通过长江航运抵达京城开封。如《续资治通鉴》所载："自乾德平蜀，每岁上供纨绮万计，籍里民部舟递运，沉覆殆半，多破产以偿。知节请择廷臣省吏二十人，凡舟二十艘为一纲，以二人主之，三岁一代而较其课，自是鲜有败者。"③ 由于江河滩险水急，一半的船只翻沉，损失惨重。真宗咸平年间，马知节治蜀期间请求挑选廷臣二十人负责，每二十艘船为一纲，由两人负责，三年一轮换。改变做法后，上贡物资运输安全得以保证。

北宋时期，四川地区经济快速发展，商贸活跃。商人也走出三峡，在长江中下游地区从事远程商贸活动。如资中人李处和，得人资助，"因贾于荆、襄、巴、夔之间，不十年而利其百倍"④。受此利好的影响，沿长江流域经商的蜀人不在少数。据陆游观察记载：南宋时，在湖北沙市，"堤上居者，大抵皆蜀人"⑤；在鄂州，"四方商贾所集，而蜀人为多"⑥；在蕲州的蕲口镇，"蜀舟泊岸下甚众"⑦。因将本地物资运往外地销售有利可图，四川很多物资被商人贩运到外地销售。如《益州交子务记》所载："想其负贩之夫、射利之辈、妇清之丹、卓郑所冶、重锦橦布、异物崛诡，四溢外区，邛杖传节于大夏，蒟酱流味

① 毕沅：《续资治通鉴》（文白对照全译），北京燕山出版社，2008，第377页。
② 毕沅：《续资治通鉴》（文白对照全译），北京燕山出版社，2008，第390页。
③ 毕沅：《续资治通鉴》（文白对照全译），北京燕山出版社，2008，第528页。
④ 曾枣庄、刘琳主编《全宋文》，上海辞书出版社、安徽教育出版社，2006，第229页。
⑤ 陆游：《入蜀记》，中华书局，1985，第46页。
⑥ 陆游：《入蜀记》，中华书局，1985，第42页。
⑦ 陆游：《入蜀记》，中华书局，1985，第35页。

于酱禺，捆载以往，垂囊而归……"① 虽然川峡地区航道险恶，但逐利的欲望，足以使商人克服风险，获取贩运的高回报。如宋人李复所言，"豪商竞利能争捷"。四川地区由于人口多，市场空间大，经商回报率高，吸引了来自全国各地的客商。如宋初的黄休复《益州名画录》，曾载入蜀的江浙吴姓商人购买成都人杜敬安所画的佛像②。真宗大中祥符年间，江西雩都商人也前来蜀地经商③。徽宗时期，泉州人苏氏从事长途贩运贸易，"往来成都，富巨万"④。

外来商人，尤其是沿海地区的商人来川经商，丰富了蜀地商品市场。如泉州、广州的商人从事进口转卖贸易，将海外诸国如三佛齐、大食、占城、阇婆等国的货物，通过长江水路贩运至四川⑤。由于物流要受交通工具的影响，因此价值高、重量轻的物品，如丝绸、香料便成为商人的首选之物。南宋孝宗淳熙年间，广西钦州的富商将产于东南亚一带的珍稀香料贩运至巴蜀，又将四川的名优产品——丝锦贩运到交趾（中国古代地名，位于今越南北部红河流域），在这一"进"一"出"的贸易中，动辄获利"数千缗"⑥。这些实例表明，宋代的海运贸易已向内陆深入，使川峡地区通过长江水道与外部市场联系在一起。

---

① 唐士耻：《益州交子务记》，《四库全书·别集类》，中华书局，2018，第 182 页。
② 黄休复：《益州名画录》卷中《杜敬安》，人民美术出版社，2004，第 44 页。
③ 洪迈：《夷坚志》，中华书局，2006，第 606 页。
④ 袁说友：《成都文类》卷四十《寺观五》，中华书局，2011，第 782 页。
⑤ 曾枣庄、刘琳主编《全宋文》，上海辞书出版社、安徽教育出版社，2006，第 421 页。
⑥ 周去非：《岭外代答》卷五《钦州博易场》，中华书局，1999，第 196 页。

（二）航运物资

宋代，四川通过长江水道运输出去的，一是政府所需的漕运（纲运）物资，二是商业流通中的物资。这些物资主要有以下几类。

1. 食盐

食盐是川峡地区所产之大宗生活用品。以夔州路而言，就有夔州、忠州、达州、万州、黔州、开州、云安军、涪州、渝州、大宁监共十地产井盐[①]。由于宋代食盐分区销售，川盐市场仅限于川峡地区，前期执行严格，中后期渐趋松懈[②]。

2. 药材

蜀中所产中药材闻名于世。北宋初年四川中药材作为朝廷专供之物，经长江转运至京城，至仁宗天圣年间已"不可胜纪"，作为商品外销的有益州路的郁金、大黄、川芎等。绵州彰明县的附子，年产量高达一百余万斤，除部分走陆路销往陕西外，大部分销往福建、浙江等沿海地区。还有一些地方，比如岳阳等地，甚至出现专售四川名贵中药材的药铺。

3. 木材

四川地区森林密布，多楠木、杉木等优质木材，这些木材是造船的好材料。《续资治通鉴长编》载，太宗太平兴国末年（984 年），宋王朝曾遣宦官令涪州运输"造船木"出川。徽宗政和年间，修建寿山、艮岳，来自四川的"异木之属，皆越海渡江"，运至都城开封[③]等

---

① 贾大泉：《宋代四川经济述论》，四川省社会科学院出版社，1985，第 131 页。
② 郭正忠：《宋代盐业经济史》，人民出版社，1990，第 291 页。
③ 曾枣庄、刘琳主编《全宋文》第 309 册，上海辞书出版社、安徽教育出版社，2006，第 231 页。

地。木材运输都走水道。

4. 纺织品

欧阳修说："蜀之丝枲织文之富，衣被于天下。"[1] 天圣七年（1029 年），三司说："两川四路物帛绫罗、锦绮、绢布、䌷绵，每日纲运甚多，递铺常有积压，其余药物更有水路纲运不可。"[2] 这些上贡给朝廷的货物，除一路走青泥岭、大散关外，另一路则沿长江出三峡[3]。至南宋，官营纺织业的中心除江浙外，就是四川[4]。宁宗庆元元年（1195 年），凤州通判郭遂"部潼川绢纲过鄂州"[5]，无疑也走的是长江水路。

5. 蔗糖

宋人洪迈《糖霜谱》载："甘蔗所在皆植，独福唐（今福建福清）、四明、番禺、广汉、遂宁有糖冰，而遂宁为冠。"[6] 这里所列之五个产地，四川就占其二。遂宁所产蔗糖无论是量还是质均胜一筹。这些蔗糖的外运，当经涪江、嘉陵江、长江出川后，再转运至其他地方。

6. 纸张

两宋时期，蜀地以造纸业名闻天下。日本人斯波义信经研究发现，成都府所产之纸繁复多样，品种多达 38 种。北宋时期，蜀地产的冷金笺通过商船走水路运往汴京，为司马光所珍藏[7]。南宋时的币纸，主要是蜀纸和徽纸。四川是纸张的输出地，蜀纸质地厚重，运往外地时

① 欧阳修：《欧阳修全集》卷三九《峡州至喜亭记》，中华书局，2001，第 564 页。
② 徐松：《宋会要辑稿》第一四二册《食货四二》，中华书局影印本，1957，第 5569 页。
③ 杨慎：《全蜀艺文志》，线装书局，2003，第 930 页。
④ 葛金芳：《两宋社会经济研究》，天津古籍出版社，2010，第 89 页。
⑤ 洪迈：《夷坚志》，中华书局，2006，第 1025 页。
⑥ 顾宏义主编《糖霜谱（外九种）》，上海书店出版社，2018，第 10 页。
⑦ 北京大学古文献研究所编《全宋诗》第 18 册，北京大学出版社，1995，第 6022 页。

必然首选江河船运。

7. 粮食

巴蜀地区的粮食生产，至两宋时已达到较高水平。北宋时期，陕西是抗击西夏的前线阵地，四川则成为宋夏战争的后方物资供给基地。生产的粮食除首先运送到西北前线做军粮外，也有部分粮食通过水路运输出川。绍兴初期，南宋政府就曾于夔州路"收籴米斛"，运至荆南府以做军粮[①]。

宋代川峡地区长江航运的发展，繁荣了沿途市镇经济，促进了农业剩余劳动力转移，更为重要的是长江航运带动了整个川峡地区木船运输业的发展，形成了水上交通网络。例如嘉陵江上游的利州，通过"走阆（阆中）、果（南充），由阆、果而去，适夔、峡焉"。

---

① 曾枣庄、刘琳主编《全宋文》第 174 册，上海辞书出版社、安徽教育出版社，2006，第277 页。

四、宋代四川繁荣的商品市场

　　唐宋时期，是中国传统社会经济转型的重要历史时期，市场正在经历重大变革。市场变革又是建立在农业、手工业生产发展的基础之上的。

　　宋代商业性农业和传统手工业的发展，为市场提供了超越前朝的商品品种与数量，使行铺稗贩、行商坐贾能从事各种规模的商贸活动，并且由此形成了各类交易市场。

　　川峡地区区域性市场以成都为核心。成都平原物产丰富，自秦汉以来就享有"天府之国"的美誉，唐人评价"扬一益二"，宋代则"吴蜀并称"，这无不代表了成都在历史各个时期全国最高的经济发展水平。宋代高度发达的社会经济，培育出了以成都、梓州和兴元府为中心的川峡诸路最为重要的商品集散地。

　　从市场类型而言，宋代四川的市场大致由草市、镇市、州县城市以及各种特殊集市构成。

（一）草市

草市也叫墟市，是交易活动的最古老形式，大多设立在乡村。对于草市，各地称呼不同：两广、福建等地称墟，四川等地称场，江西等地称圩，北方称集。

草市起源于东晋，当时京城建康（南京）城外就有草市，大都位于水陆交通要道或津渡及驿站所在地。草市为定期集市，有隔日一市者，也有隔二、三日为市者，还有隔五、七日为市者。集市间隔时间长短，反映了这个地区贸易、交换能力的强弱。

随着农村地区商品经济的发展，宋代以来川峡地区草市得到了长足的发展。川峡地区"夔州路的梁山军，北宋元丰年间尚无一市，但至南宋，即有永安军市、桂溪市、峡石市、扬市等四个草市。最为突出的莫过于梓州路的泸州，北宋神宗熙宁十年（1077 年）官府方准许'兴置草市'，至南宋末年，全州草市达 67 个之多。以这些草市与人口及村庄的比例看，泸州县户 22 480，村 71，草市 37，平均 607 户、2 个村即有一个草市；合江县户 12 370，村 48，草市 18，平均 687 户、3 个村有一个草市；江安县户 11 986，村庄 186，草市 12，平均 998 户、15 个村庄即有一个草市。这里，两三个村庄就拥有一个草市，可见草市的发展呈现一种蓬勃的景象"①。

（二）镇市

宋代高承《事物纪原》中称："民聚不成县而有税课者，则为镇，

---

① 吴擎华：《试论宋代四川市场》，《中华文化论坛》，2005 年第 4 期。

或以官监之。"① 镇市与草市的区别在于，镇市是已有了定居的工商业铺户、货物集散地，是贩运贸易的起点和终点。四川是以多山著称的古梁州之地，与东面诸路的交通极为困难，断金牛、塞剑门、扼三峡，使这里成为一个独立王国，在商品交换经济中，区域性也特别突出。在这个区域性的市场中，因农业和手工业发展不平衡，它们亦表现出不平衡性，由此催生了川峡诸路各地的镇市。入宋以后，在商品经济发展的推动之下，镇的经济地位大大提升，镇由此成为初级交易市场。川峡地区因江河纵横，在沿江河的"坝子"上，形成了如茶叶、药材等特色农产品贸易场所，在盐井较集中的地方也自然形成了以盐开采和交易为主的镇市。

镇市自北宋初年以来不断发展，到元丰年间，川峡四路镇市已发展到 713 个，约占全国 1 871 个的 38.1%。而镇市最多的是梓州路，有 351 个，成都府路有 163 个，利州路有 120 个，夔州路有 79 个②。这些镇市大多集中在成都、梓州、利州等地的河谷地区（如遂宁、汉中、果州、阆州、洋州、嘉州、戎州等），这里物产富饶，商品交换较发达。这些镇市的发展，有力支持了成都、汴京等都市经济及西北市场的发展。如文同说："惟剑南西川，原野演沃，氓庶丰伙，金缯纻絮，天洒地发，装馈日报，舟浮辇走，以给中府，以赡诸塞，号居大农所调之半，县官倚之。因以为宝薮珍藏云。"③

---

① 高承：《事物纪原》卷七，中华书局，1989，第 358 页。
② 漆侠：《宋代经济史》，中华书局，2009，第 953 页。
③ 文同：《丹渊集》卷二三《成都府运判厅宴思堂记》，上海涵芬楼，民国十八年（1929 年），第 8-9 页。

（三）城市

自古以来，中国传统社会的州县城市一直是政府实施统治的据点，许多州县城市也因人口聚集、相对集中而发展成为大宗商品交易的集散中心。在宋代四川诸多城市中，成都尤为典型。

成都地处川西平原，由于有丰富的物产作为经济基础，成为四川汉民族农业手工业经济与西部少数民族畜牧业经济交换的重要场所，并逐步确立了中国西部商业大都会的地位。成都由此形成了正月灯市，二月花市，三月蚕市，四月锦市，五月扇市，六月香市，七月宝市，八月桂市，九月药市，十月酒市，十一月梅市，十二月桃符市。宋代将唐末五代兴起的游乐之风，发展成为游乐兼商业贸易的定期集会。宋《岁华纪丽谱》记载："成都游赏之盛，甲于西蜀。盖地大物繁而俗好娱乐。凡太守岁时宴集，骑从杂沓，车服鲜华，倡优鼓吹，出入拥导，四方奇技幻怪百变，序进于前，以从民乐。岁率有期，谓之故事。及期则士女栉比，轻裘袨服，扶老携幼，阗道嬉游。或以坐具列于广庭，以待观者，谓之遨床，而谓太守为遨头。"[1] 这种成千上万官吏民众定期游乐的集会，招揽了一大批承办官务的商人和小商贩前来从事商业贸易。

（四）夜市

唐代商业的发展，逐渐突破了政府集中设市（坊市制）与限时交易（开市与闭市）的规定，根据交易的需要，既有沿街设市或流动摊

---

[1] 《岁华纪丽谱等九种校释·岁华纪丽谱》，《巴蜀丛书》第一辑，谢元鲁校释，巴蜀书社，1988，第99页。

贩，又有早市、日市、夜市甚至鬼市等，显示了宋代商业的繁荣。

成都在唐朝就出现了最早的夜市。到了宋朝，随着宵禁制的取消，商品交易区与居住区相对隔离的限制也被取消，使得集市与人们的生活更加融合、更加紧密。在夜市上，灯火通明，游人如织，什么东西都有。除吃的、穿的、用的、耍的、看的外，还有写文的、卖字的等，可谓热闹非凡。南宋祝穆《方舆胜览》卷五十一引《成都志》说"锦江夜市连三鼓，石室书斋彻五更"，形象地记述了历史上的成都夜市的盛况。成都作为全国重要的商品集散地，南来北往的客商云集于此。许多文人墨客和游客慕名而来，更增添了成都城市的生活色彩。当时的主要娱乐场所是瓦肆、瓦舍或是勾栏，可品茗聊天、饮酒、摆龙门阵、观戏、看杂耍，可谓"日日笙歌，夜夜酒欢"。成都的安逸生活，在逛夜市方面得到很好的体现，逛夜市由此成为当时成都人享受生活的一种时尚并延续至今。

（五）蚕市、药市等特殊集市

四川地区的蚕市、药市等集市为全国特有，颇具地方特色。蚕市兼售百货，是一种普通的定期商业市场，其规模大、市集多、时间长。田况的《成都遨乐诗二十一首·正月五日州南门蚕市》载："齐民聚百货，贸鬻贵及时。乘此耕桑前，以助农绩资。物品何其伙，碎璅皆不遗。……游人炫识赏，善贾求珍奇。予真徇俗者，行观亦忘疲。日暮宴觞罢，众皆云适宜。"[1] 可见蚕市已发展成为各行各业的物资交流集市。

---

[1] 田况：《成都遨乐诗二十一首·正月五日州南门蚕市》，转引自李奕仁主编《神州丝路行：中国蚕桑丝绸历史文化研究札记（上）》，上海科学技术出版社，2013，第123页。

宋代成都药市一年开办三次——二月八日、三月九日的"观街药市"和九月九日的"玉局观药市"，其中以重阳玉局观药市最盛。宋祁《九日药市作》云："阳九协嘉辰，期人始多暇。五药会广廛，游肩闹相驾。灵品罗贾区，仙芬冒闉舍。……西南岁多疹，卑湿连春夏。佳剂止刀圭，千金厚相谢。刺史主求瘼，万室系吾化。顾赖药石功，扪衿重惭惜。"[1] 药市在当时已成为一个大规模的商业集市。

① 宋祁：《九日药市作》，《全蜀艺文志》卷 17，转引自粟品孝等著、《成都通史》编纂委员会主编《五代（前后蜀）两宋时期》，四川人民出版社，2011，第 159 页。

五、信用发展对交子的影响

实物货币、金银条块、金属铸币、纸币、电子货币是人类历史上货币的五种主要形态。其中纸币是由国家法律规定强制流通、不以贵金属为基础的独立发挥货币职能的货币。信用货币是通过一定的信用程序发行、充当流通手段和支付手段的金融工具。信用货币存在的前提是以信用作为保证。

北宋时期，四川地区在唐代社会经济发展的基础之上，商品经济繁荣，城乡集市贸易发展达到新的高度。而此时被政府人为规定使用的值小体重的铁钱，严重地束缚和制约了商品交换，引发了尖锐的社会矛盾，因此必须寻求改革与创新。成都人正是从唐代"飞钱"中得到启示，发明了交子。

关于"飞钱"，《新唐书》卷五四《食货志》载："宪宗以钱少，复禁用铜器。时商贾至京师，委钱诸道进奏院及诸军、诸使、富家，以轻装趋四方，合券乃取之，号飞钱。"飞钱在唐代又称"便换"。尽管称呼不同，但其基本的运行方式是一致的。就是商人在异地经商之时，把收到的款项（金属货币）交给当地金融（便换）机构，该机构出具票证，然后持票证到该机构所属道（唐代地方设置道、州、县三级）的同业机构，核对凭据无误后，提取款项。

入宋以后，因商业繁荣，信用票据有钱引、茶引、盐引、矾引、香药引、犀象引、曲引、铁引、见钱交引等种类，这些都是对唐代"飞钱"汇兑业务功能的沿袭和完善。"太祖时，取唐朝飞钱故事，许民入钱京师，于诸州便换。其后，定外地闲慢州，乃许指射。自此之后，京师用度益多，诸州钱皆输送，其转易当给以钱者，或移用他物。先是，许商人入钱左藏库，以诸州钱给之，而商旅先经三司投牒，乃输于库，所由司计一缗私刻钱二十。开宝三年（970年），置便钱务，令商人入钱者诣务成牒，即日辇至左藏库，给以券，仍敕诸州。凡商人赍券至，当日给付，不得住滞，违者科罚。"[1] 从这段文献分析可知，宋初便换业务的经营方法与唐代"飞钱"相同，商人在京师入钱，由三司负责，并要收取每缗二十文的私刻钱（手续费），商人到诸州兑取。开宝三年（970年），宋朝政府专门设立了"便钱务"负责管理商人的入纳现钱，简化商人入钱的手续，使商人即日就可拿到兑换券，提高了货币汇兑效率。对于宋代使用的各种信用票据，在追溯其渊源之时，同唐代的"飞钱"联系在了一起，因而就有了"会子、交子之法，盖有取于唐之飞钱"[2] 的说法。

宋代信用票据名称很多，从其所包含的内容看，一类是期票类交引，另一类是汇票类金融兑换券。前一种是指商人入中茶、盐等重要

---

① 马端临：《文献通考》上册《卷九·钱币二》，中华书局，1986，第94页。
② 脱脱等：《宋史》卷一八一《食货志下三》，中华书局，1985，第4403页。

物资后，朝廷向商人出具的茶引、盐引、矾引、香药引、犀象引等信用票据，这些都由持票人先付出，后凭票取得报酬，是一种带有汇兑性质的提款票据。这种到异地兑取的款项，很多是用货物来折算的，因此称之为期票类交引。要取得第二种金融类兑换票据，首先必须交纳现钱，然后才能领取代表入纳现钱价值的票据。持票人根据需要，持票据到指定的地区和入纳地兑取现钱，其方式是以现钱兑取现钱，最终结果是解决入纳人在空间和时间上携带现钱不便的问题。这种方式具有汇兑性质，可纳入汇票类金融兑换券。宋代的交子、关子、会子等纸币，在产生之初，与便钱、见钱公据等金融票据有些相似。

据此可知，后来交子的兴起，正是受"交引"发展的影响；而"交引"的发展，又得益于唐代的"飞钱"。交子的创制，适应了经济发展及商品交换对货币的需求，顺应了人类社会发展的需要。

私交子诞生始末

北宋建立之初，为避免自唐代中后期藩镇割据导致的国家分裂，宋太祖通过"杯酒释兵权"，将功臣旧将养起来，使军人不得干政。养兵需要财力，由此制定了过度索取的财政税收政策，加剧了社会矛盾，造成北宋早期百姓揭竿起义。在镇压起义的过程中，北宋王朝意识到了过度索取的严重后果，遂改变治国方略，转向休养生息，让利于民，使其社会经济得以健康可持续发展。这是交子诞生并发展成为货币的另一社会历史背景。

一、北宋前期四川的经济政策

北宋平蜀之后，淳化四年（993 年）二月，西川发生王小波、李顺起义。他们提出"吾疾贫富不均，今为汝均之"的口号，得到响应，并且很快发展到数十万人，他们分兵攻下东至巫峡、北抵剑门的许多州县。北宋王朝一方面增派军队镇压，另一方面派出使者入川招抚，直到至道二年（996 年）五月才彻底平息这次起义。因此，我们需弄清楚这场起义的根源是什么、起义与交子诞生有什么联系。

（一）北宋初年的经济掠夺政策

唐末五代，中国呈现诸侯割据局面。由于地理条件特殊，川蜀相对安定。后蜀时期，以孟昶为首的统治者耽于享乐，百姓深受其苦。为防止北方后周势力侵扰，公元 958 年，"蜀主致书于帝请和，自称大蜀皇帝，帝怒其抗礼，不答。蜀主愈恐，聚兵粮于剑门、白帝，为守御之备，募兵既多，用度不足，始铸铁钱，榷境内铁器，民甚苦之"[1]。由于四川地区长时期处于备战状态，这更加重了百姓负担，使这一地区社会矛盾尖锐，直到后蜀灭亡。

北宋灭蜀后，为减轻百姓疾苦，连续几年对蜀地实行减免税赋政策，让民间休养生息。乾德三年（965年）初，太祖下诏"赦蜀管内，蠲乾德二年逋租，赐今年夏税之半，除无名科役及增益赋调，减盐价，赈乏食，还掳获生口"[2]。乾德四年（966年）二月，又"免西川今年夏租及诸征之半，田不能耕者尽除之"[3]。乾德五年（967年）春正月，又"赐西川来岁夏租之半"[4]。为减轻百姓疾苦，政府特将官盐每斤由后蜀时期的160文降至100文[5]，使蜀中百姓从中得到实惠。

北宋开国皇帝宋太祖原为后周皇帝周世宗的部下，因其掌握了兵权，在柴世宗死之后由其部下"黄袍加身"，夺取了皇位。为防范旧戏重演、军阀势力卷土重来，宋太祖在军队中推行"稍夺其权、制其钱谷、收其精兵"[6]的治国之策，并且取消了原来一些惠民政策，大量夺取民间的财富并交由中央集中掌控。

北宋前期，全国税额最高的地方集中在川峡地区，出现了"天下商税，四蜀独重"的现象。太平兴国七年（982年），宋太宗以首先保证军需供应下诏："川峡诸州匹帛丝绵绅布之类，堪备军装者，商人不得市取贩鬻。"限制商人私自贩卖丝织品。太宗淳化元年（990年），为夺取四川地区的财富，治蜀官吏"竞起功利，成都除常赋外，更置

---

① 司马光：《资治通鉴》卷二九二，中华书局，1956，第9531页。
② 毕沅：《续资治通鉴》（文白对照全译），北京燕山出版社，2008，第82页。
③ 毕沅：《续资治通鉴》（文白对照全译），北京燕山出版社，2008，第90页。
④ 毕沅：《续资治通鉴》（文白对照全译），北京燕山出版社，2008，第103页。
⑤ 漆侠：《宋代经济史》，中华书局，2009，第884页。
⑥ 其中"制其钱谷"就是大量夺取地方的财富，以充实中央朝廷。

博买务。诸郡课民织作，禁商旅不得私市布帛，日进上供又倍其常数，司计之吏，折及秋毫。蜀地狭民稠，耕稼不足以给，由是小民贫困，兼并者复籴贱贩贵以夺其利"①。将四川的布帛业、盐业、茶业等的主导产品全部纳入官府管制范围，限制商人私自贩卖，几乎禁止了四川丝织品的民间商业流通。为夺取更多财富，治蜀官吏于太宗太平兴国二年（977年），又将盐价由100文提高到150文1斤②。四川在宋代是全国最重要的产茶区，官府垄断了当地与少数民族地区之间的"边茶"贸易，茶农受到官府和地主豪绅的双重压榨，生活陷入绝境。由此导致了淳化四年（993年）二月西川青城县（今都江堰市岷江以西）王小波、李顺起义，响应者达数十万人。起义军先攻克青城县，接着攻打彭山县，将贪赃虐民的县令齐元振处死。后来又攻克蜀、邛二州，第二年五月攻破成都，建立大蜀农民政权。在北宋建立初期，西川爆发如此大规模的农民起义，在四川的历史上是少有的。

（二）农民起义后的经济发展政策

淳化五年（994年）五月，宋朝军队夺回成都，蜀地渐趋安定。北宋王朝也意识到了原国家治理中存在的问题，皇帝宋太宗在《罪己诏》中说："朕委任非当，烛理不明，致彼亲民之官，不以惠和为政，管榷之吏，惟用刻削为功，挠我蒸民，起为狂寇。念兹失德，是务责躬。改而更张，永鉴前弊，而今而后，庶或警予!"③ 对四川发生的这场动乱，宋太宗承认是因自己用人不当，观察事理不明；特别是地方

---

① 毕沅：《续资治通鉴》（文白对照全译），北京燕山出版社，2008，第377页。
② 漆侠：《宋代经济史》，中华书局，2009，第884页。
③ 毕沅：《续资治通鉴》（文白对照全译），北京燕山出版社，2008，第410-411页。

官员为政残暴，不是以仁慈之心来处理事务；管理专卖的官吏，一味剥夺侵害百姓利益，超过了老百姓的忍受极限，才导致官逼民反。考虑到在德行上的过失，其责任由他承担。

从此，北宋王朝朝着社会政治安定、人民生活富足、国家财力强盛的方向发展。宋太宗按照"治天下犹植树焉，所患根本未固，根本固则树干不足忧"① 的治国理念，颁布了一系列惠民政策。从有关文献记载来看，对蜀地的惠民政策主要表现在以下六方面。一是"废沿江榷货八务，听商人买贩"②。二是王小波、李顺起义平定后，撤销益州博买务。三是淳化五年（994年）九月，"罢各州榷酤"③。四是淳化五年（994年）九月，"张咏始至益州。先是陕西课民运粮以给蜀师者，相属于路，咏呕问城中所屯兵数，凡三万人，而无半月之食。咏访知民间旧苦盐贵，而私廪尚有余积，乃下盐价，听民得以米易盐。民争趋之，未逾月，得好米数十万斛，军士欢腾"④。五是至道元年（995年）六月，诏告"许民请佃诸州旷土，便为永业，仍蠲三岁租，三年外输三分之一"⑤。六是至道二年（996年）五月，太宗"诏西京作坊使、叙州刺史石普下御史府按问，坐为西川巡检，擅离本部入奏事故也……普因言：'蜀之乱，由赋敛急迫，使农民失业，不能自存，并入于贼。望一切蠲其租赋，令自为生，则不讨自平矣。'帝许之。普既还，揭榜告谕，蜀民无不感悦，部内以安"⑥。

至道三年（997年）五月，宋真宗继位后，对内勤于政事，继续

① 毕沅：《续资治通鉴》（文白对照全译），北京燕山出版社，2008，第348页。
② 毕沅：《续资治通鉴》（文白对照全译），北京燕山出版社，2008，第377页。
③ 毕沅：《续资治通鉴》（文白对照全译），北京燕山出版社，2008，第410页。
④ 毕沅：《续资治通鉴》（文白对照全译），北京燕山出版社，2008，第411页。
⑤ 毕沅：《续资治通鉴》（文白对照全译），北京燕山出版社，2008，第421页。
⑥ 毕沅：《续资治通鉴》（文白对照全译），北京燕山出版社，2008，第428-429页。

减免不合理税赋；对外缔结和平友好条约，特别是"澶渊之盟"，结束了宋、辽四十多年的敌对状态，边境设榷场，开展互市贸易，创造了一个相对持久的和平发展时机。在为政举措方面，真宗推行廉政治国理念，特别是颁布告诫百官的《文武七条》，要求官员遵守"清心""奉公""修德""务实""明察""勤课""革弊"七个方面的相关规定。在经济方面，铁制工具制作技术进步，使土地耕作面积增加，又引入暹罗良种水稻，农作物产量倍增；纺织、染色、造纸、制瓷等手工业、商业蓬勃发展；贸易盛况空前，使北宋进入经济繁荣期。由于清明的政治和日趋繁荣的经济，出现了"咸平之治"的小康局面。从此，成都又逐渐恢复到了唐代"扬一益二"的盛况，出现了"张咏来蜀，又专事与民休息，因之人民安定，物产益饶，成都城市更为发达。如园林花木之盛，商贾市集之繁，工艺技巧之精，文学著述之富，皆卓然有可述者"[①] 的欣欣向荣景象。

以上事例证明，在北宋江山社稷动荡不安之际，皇帝对过去的治国方略进行了深刻反思，对其得失进行了认真总结，调整治理策略，使生产关系适应了生产力发展。特别是真宗"咸平之治"，使社会安定，经济飞速发展，这为成都诞生信用纸币——交子提供了重要条件。

（三）北宋四川特殊的货币政策

四川东有巫山、北有大巴山阻隔。西部为游牧民族地区，南部为云贵高原，自古以来，与中原地区的联系，仅有陆路的剑门蜀道与长江三峡的川江航运。其独特的地理环境，造成对外交往困难，交易成本较高。但盆地内部江河纵横，有航运之利。因而，长期以来，盆地

---

① 四川省文史馆：《成都城坊古迹考》，四川人民出版社，1987，第 79 页。

内部诸如川东的铁、川南的盐与酒、川西的粮食、川北的纺织品等门类相对齐全，可以调剂互补，从而使盆地内部形成了自给自足、封闭的经济体系。尤其是唐末藩镇割据、中原地区大乱之时，前、后蜀割据的四川，实行保境安民政策，相对和平安宁，经济体系因此更加完善。到了宋代，北宋王朝对四川实行了两项特殊的经济政策：一是划定特定的钱币流通区域，二是禁榷。

四川的货币，自东汉建武年间公孙述在成都称帝铸造铁钱、三国刘备建立蜀汉政权铸直百钱以后，就形成了与外界不一样的货币体系，南北朝以来更为明显。这种情形，在五代以后加剧。公元 958 年，蜀主为防御中原来犯，"募兵既多，用度不足，始铸铁钱，榷境内铁器，民甚苦之"①。铁钱与铜钱在四川混合流通使用。北宋平蜀后，因全国性的"钱荒"，政府把四川地区划为铁钱流通区域，并禁止铜钱流入四川。"既平蜀，沈义伦等悉取铜钱上供，及增铸铁钱易民铜钱，益买金银装发，颇失裁制，物价滋长，寻又禁铜钱入川界，铁钱十乃直铜钱一。"②"禁铜钱入川"的政策给四川与外界的经济交流带来了极大的不便。"吴、蜀钱币不能相通，舍银帛无以致远。"③ 铜钱与铁钱的兑换比率也时常变化。"钱有铜、铁二等，而折二、折三、当五、折十，则随时立制……太平兴国四年（979 年），始开其禁，而铁钱不出境，令民输租及榷利，铁钱十纳铜钱一。时铜钱已竭，民甚苦之。商贾争以铜钱入川界与民互市，铜钱一得铁钱十四。"④ 铜钱与铁钱兑换比率的不稳定使钱币黑市出现，不法商人利用铜铁钱比价的波动牟

① 司马光：《资治通鉴》卷二九二，中华书局，1956，第 9531 页。
② 杨仲良：《续资治通鉴长编纪事本末》卷十一《钱议·蜀钱》，《续修四库全书》第 368 册，上海古籍出版社，2002，第 70 页。
③ 李心传：《建炎以来朝野杂记》甲集卷，中华书局，2020，第 353 页。
④ 脱脱等：《宋史》卷一八〇《食货下二》，中华书局，1985，第 4375-4376 页。

取暴利，造成人为的经济混乱。

铜钱流通区与铁钱流通区的形成，造成了货币的割据局面。铁钱由于自身价值低，又因较重不便携带，阻碍了四川地区的商业发展以及与其他地区之间的经济交流。"到了宋代，四川以铁钱为主，大的每千钱二十五斤，中等的（应系折二钱）十三斤。这对于商旅是一个很大的阻碍。而且铁钱的不便，不只在其每枚钱体积之大和分量之重，还在其每枚钱购买力之小。譬如宋初四川所行的铁钱，也有小平，每枚重一钱，可是它的购买力低，一匹罗卖到两万个钱，有一百三十斤重。所以纸币产生于四川，不是偶然的。"①

---

① 彭信威：《中国货币史》，上海人民出版社，2007，第314页。

二、私交子诞生时间考证

交子迄今尚无实物面世，文献史料上亦无明文记载，这给研究带来了困难。但若结合相关历史文献，在前人研究成果的基础上深入探索，也是可以得出结论的。

关于交子究竟诞生在什么年代，《续资治通鉴长编》载："先是，益、邛、嘉、眉等州（本志无眉州，有雅州）岁铸钱五十余万贯，自李顺作乱，遂罢铸，民间钱益少，私以交子为市，奸弊百出，狱讼滋多。"[①]

根据史料分析，王小波、李顺起义，因钱监罢铸，商品交换媒介缺乏，民间自发创立了私交子，并代替铁钱流通。慢慢地，其货币属性在实践中逐渐形成，才有了后来由官方接办、最终成为由国家信用背书的信用货币。

李埏先生在《北宋楮币史述论》中得出了"交子产生于何时，史

---

① 李焘：《续资治通鉴长编》卷五九，中华书局，1980，第1315页。

无明文。据杨仲良《通鉴长编纪事本末》卷十一淳化二年十一月己巳条所载，可知盖始于 10 世纪末叶"的结论。将早期民间交子的产生时间，定在淳化五年（994 年）之后到景德三年（1006 年）之前这段时期，是符合客观实际的。

既然将交子诞生时间锁定在王小波、李顺起义平定之后，我们就应把这期间四川所发生的与交子密切相关的特定事件联系起来，由此得出关于私交子诞生时间的李顺时期说、张咏时期说、患铁钱重说。下面对这三种说法进行分析。

（一）李顺时期说

"自李顺作乱，遂罢铸，民间钱益少，私以交子为市。"① 将交子的出现，归因于李顺肇事，钱监遭到破坏，停止新铸铁钱，可供社会交换的通货减少。

对王小波、李顺起义之前是否使用交子，我们应在历史文献中寻找答案。

"淳化二年（991 年）十一月己巳，宗正少卿赵安易言：'尝使蜀，见铁钱轻而物价踊，每市罗一匹，为钱二万。'"② 赵安易还奏请朝廷铸十当百大铁钱。在三省官议时，吏部尚书宋琪等认为："刘备时患钱少，因而改作；今安易之请，乃患钱多。若改制，必不能久。"③ 史料中清楚地记载了当时铁钱贱与物价踊的矛盾，当时交易媒介除铁钱外，不见有代替铁钱流通的其他媒介（如交子）。

---

① 李焘：《续资治通鉴长编》卷五九，中华书局，1980，第 1315 页。
② 杨仲良：《皇宋通鉴长编纪事本末》，李之亮校点，黑龙江人民出版社，2006，第 136 页。
③ 杨仲良：《皇宋通鉴长编记事本末》卷十一《钱议·蜀钱》，《续修四库全书》第 368 册，上海古籍出版社，2002，第 71 页。

因此，由于王小波、李顺起义这个特殊因素，原来的安定局面被打破，钱监罢铸而造成社会用度减少，影响到正常生活，急需一种代替铁钱流通的新媒介，以满足交易的需要。由于从钱监罢铸到新的交易媒介出现需要相应的时间，而王小波、李顺起义发生于淳化四年（993年）至至道二年（996年），因而"私以交子为市"的时间，应该在至道二年之后。

（二）张咏时期说

宋真宗景德年间，"会子、交子之法，盖有取于唐代飞钱。真宗时，张咏镇蜀，患蜀人铁钱重，不便贸易，设质剂之法，一交一缗，以三年为一界而换之"①。史学界和钱币学界有人认为，交子源于唐代飞钱，但飞钱并不能当作交换媒介在市场流通，与纸币之间也不是简单的直线演变。可影响交子形成货币的因素很多，并且交子形成货币需要经历漫长的过程。

张咏曾两次治蜀：第一次是太宗淳化五年（994年）至真宗咸平元年（998年）；第二次是真宗咸平六年（1003年）至景德三年（1006年）。

上面出自《宋史》的话，记载的是张咏两次治蜀发生的事。这时的交子由十六富商连保发行后，其信用已在原"私以交子为市"基础上提升了。说最早私交子的创立与张咏有关，完全混淆了"最早私交子"与"十六富商连保发行交子"的时间概念。

按"私以交子为市"理解，这时的私交子应该形成了规模。在张咏第一次治蜀期间，因钱监罢铸，民间钱益少，私交子开始代替铁钱

---

① 脱脱等：《宋史》卷一八一《食货下三》，中华书局，1985，第4403页。

流通，经过一段时间发展，出现了"私以交子为市"，时间应为淳化五年（994 年）以后、景德元年（1004 年）以前的这段时间。

（三）患铁钱重说

关于患铁钱重之说，史料较多，如"初，蜀民以铁钱重，私为券，谓之交子"[①]。为解决铁钱重的问题，景德二年（1005 年）铸大铁钱，"乃诏知益州张咏与转运使黄观同议，于嘉、邛二州铸景德大铁钱，如福州之制，每贯用铁三十斤，取二十五斤八两成，每钱直铜钱一，小铁钱十，相兼行用，民甚便之"[②]。这段文字仅能证明铜钱与铁钱之间的比价关系，不能证明铁钱重给交易带来了不便。

关于铁钱与铜钱的比价，学者普遍认为宋代铁钱体重价轻，兑换关系为十铁钱易一铜钱，但在北宋前期也不完全固定。这里引史料可证：一是太平兴国七年（982 年）"废东川转运使并属西川。其后西川转运使刘度请官以铁钱四百易铜钱一百"[③]。二是至道三年（997 年）"知益州张咏奏屯驻兵士所请钱，乞依元降宣旨，铜钱一文，与折支铁钱五文……帝令支铜钱一文，易给铁钱五文"[④]。由此可知，当时铁钱与铜钱之间的比价是四或五比一。可见，铁钱的比值在商品交易中引发的矛盾不是十分突出。

患铁钱重说除这几则史料，还有《玉海》《皇朝编年纲目备要》《隆平集》《宋史》《太平宝训政事纪年》《蜀中广记》等。问题是"蜀民以铁钱重"的认识最早（初）出现的时间，应为何时；铁钱重

① 马端临：《文献通考》上册《卷九·钱币二》，中华书局，1986，第 94 页。
② 李焘：《续资治通鉴长编》卷五九，中华书局，1980，第 1315 页。
③ 李焘：《续资治通鉴长编》卷二三，中华书局，1979，第 527 页。
④ 李焘：《续资治通鉴长编》卷四二，中华书局，1979，第 886-887 页。

到什么程度，才不得不"私为券"。关于"私为券"，《楮币谱》论述道："蜀民以钱重，难于转输，始制楮为券。表里印记，隐密题号，朱墨间错，私自参验，书缗钱之数，以便贸易，谓之交子。"[1] 这段话记录了产生交子的动因，即"铁钱重"。另《钱币谱》载："初，益、邛、嘉、眉等州岁铸五十余万贯，同两税课利收市物帛上供，因李顺乱罢铸。仅十年，又以兵火耗坏，至是铸大钱，民以为利。"[2] 这段文字表明因"李顺起义"，钱监罢铸，供流通的铁钱枯竭，官府通过铸大钱缓解了钱荒。

就"李顺乱罢铸。仅十年"这句话分析，自至道二年（996年）五月战乱被平定，四川社会经济逐渐恢复，交易不断增长，因战乱钱监铸币停止十年，市场需要流通的增量货币得不到补充，出现严重钱荒。为弥补交易媒介不足，产生了交子，出现"私为券"是完全可能的。如《续资治通鉴长编》卷五九"景德二年铸大铁钱，乃诏知益州张咏与转运使黄观同议，于嘉、邛二州铸景德大铁钱……每钱直铜钱一，小铁钱十，相兼行用，民甚便之"这段话，能证明最早私交子是诞生在景德二年（1005年）之前。

通过以上分析，私交子诞生的时间应为王小波、李顺起义之后、张咏二次镇蜀之前的某个时期，与著名经济史学家李埏先生"最早私交子始于十世纪末叶"的观点基本吻合，这应当是合理的。

---

① 《岁华纪丽谱等九种校释·楮币谱》，《巴蜀丛书》第一辑，谢元鲁校释，巴蜀书社，1988，第211页。

② 《岁华纪丽谱等九种校释·钱币谱》，《巴蜀丛书》第一辑，谢元鲁校释，巴蜀书社，1988，第300页。

三、交子产生的动因分析

作为交换的媒介并发挥其货币职能，交子应该在什么条件下产生？其产生的动因是什么？史料对此的记载各不相同，概括起来有以下五种说法。

一是源于飞钱说。

《宋史·食货志下三》会子条的开头说："会子、交子之法，盖有取于唐之飞钱……"[①] 刘厚滋认为飞钱是一种汇票，一曰飞子。其后买飞子者不复支钱，转相授受，飞子乃渐成一种习惯上的通用货币[②]。

二是源于契券发展说。

彭信威先生认为："大概在五代十国的时候，已经有纸币性质的流通手段。例如楚的马殷年间（907—930 年），在长沙铸乾封泉宝大铁钱，又大又重，使得市面上用契券指垛交易。这岂不是和纸币的性

---

① 脱脱等：《宋史》卷一八一《食货志下三》，中华书局，1985，第 4403 页。
② 刘厚滋：《宋金以来之钞币》，《中德学志》1944 年第 12 期。

质一样吗？当时使用铁钱的地方很多，而四川比湖南还更厉害。四川正是最先采用兑换券的地方。"①

三是源于柜坊说。

日本人日野开三郎认为："中唐以后，货币经济益形发达，经营金融业者之柜坊，益为社会所需要。其经济信用既渐增长，其票据的流通力遂亦愈大。同时商人皆感现钱交易之不便，竞以现钱存入柜坊而换用票据，于是票据乃与现钱同时流通于市面。而柜坊之性质，亦由财物保管者，进为票据发行者。柜坊初起于长安，后经五代及宋，渐次波及各地，而尤以益州为甚。此票据的流通，及金融机关的发达，乃交子的前提。交子的发达即票据流通的延长，而主发交子之铺（亦称交子户）盖即由柜坊性质而来者也。"②

四是因铁钱重，携带不便而产生交子说。

《续资治通鉴》载："初，蜀民以铁钱重，私为券，谓之交子，以便贸易，富民十六户主之……"③《宋史·食货志下三》载："……真宗时，张咏镇蜀，患蜀人铁钱重，不便贸易，设质剂之法，一交一缗，以三年为一界而换之。"④《楮币》载："然楮币则始于蜀也，真宗祥符中，张忠定公镇蜀，患铁钱之重，不可贸易，于是设质剂之法，一交一缗，以三年为一界而换之。"⑤《益州交子务记》载："铁钱重而券作，主户贫而券病。"⑥《楮币谱》载："蜀民以钱重，难于转输，始制

① 彭信威：《中国货币史》，上海人民出版社，2007，第314页。

② 朱契：《中国信用货币发展史》，中国文化服务社，1943，第16页。

③ 毕沅：《续资治通鉴》（文白对照全译），北京燕山出版社，2008，第820页。

④ 脱脱等：《宋史》卷一八一《食货志下三》，中华书局，1985，第4403页。

⑤ 林駉：《古今源流至论》续集卷四《楮币》，《四库全书》第942册，上海古籍出版社，1987，第408页。

⑥ 唐士耻：《益州交子务记》，《四库全书·别集类》，中华书局，2018，第181页。

楮为券……谓之交子。"①

因此，如货币史学家彭信威先生所说："到了宋代，四川以铁钱为主，大的每千钱二十五斤，中等的（应系折二钱）十三斤。这对于商旅是一个很大的阻碍。而且铁钱的不便，不只在其每枚钱体积之大和分量之重，还在其每枚钱购买力之小。譬如宋初四川所行的铁钱，也有小平，每枚重一钱，可是它的购买力低，一匹罗卖到两万个钱，有一百三十斤重。所以纸币产生于四川，不是偶然的。"②

五是交子产生于钱荒说。

《续资治通鉴长编》卷五十九，真宗景德二年（1005 年）二月庚辰条云："先是，益、邛、嘉、眉等州（本志无眉州，有雅州）岁铸钱五十余万贯，自李顺作乱，遂罢铸，民间钱益少，私以交子为市，奸弊百出，狱讼滋多。"③

从以上第一、二、三种观点来看，不论是飞钱、契券，还是柜坊，它们都与商品信用关系的发展有着密切的联系。因为它们都是货币持有者将钱存入金融机构后所获得的一种权利凭据。换句话说，就是从事金融经营的机构具备较高的社会公信力，出具的凭据能保证随时兑现，同时还具备了储存的功能。而交子就不同了，除兑现、储存功能外，还增加了在商品交换中的支付、流通功能。只能说交子的部分职能受了它们的影响，而它们不是产生交子的直接动力。

第四种观点认为铁钱重，携带不便而产生交子。这看似合乎情理，但仔细从铁钱与商品交换的需求来看，也是不妥的。因为也有史料作

---

① 《岁华纪丽谱等九种校释·楮币谱》，《巴蜀丛书》第一辑，谢元鲁校释，巴蜀书社，1988，第 211 页。
② 彭信威：《中国货币史》，上海人民出版社，2007，第 314 页。
③ 李焘：《续资治通鉴长编》卷五九，中华书局，1980，第 1315 页。

支撑，四川地区自后蜀广政八年（945 年）就开始使用铁钱了，到王小波、李顺起义被平定，铁钱作为商品交换的媒介，在川蜀地区流通已长达 50 年。特别是太平兴国四年（979 年），"时铜钱已竭，民甚苦之，商贾争以铜钱入川界，与民互市。每铜钱一，得铁钱十又四"[①]。这段时间铁钱与物价的关系是真正的"钱贱物贵"，十四贯铁钱的价值等于一贯铜钱的价值，其重量达九十一斤；其余时间是一铜钱兑十铁钱，十贯铁钱重量为六十五斤；而在王小波、李顺起义前后的铜铁钱兑换之比，是一铜钱兑五铁钱，五贯铁钱重量为三十二点五斤。如果说是因铁钱重而交易不便，那这种情况应该发生在宋太宗太平兴国年间。而交子恰恰不在这期间（976—984 年）产生。这说明当时货币流通量与商品需求量是相适应的，铁钱作为交换媒介在商品交换中的矛盾并不十分突出。其原因是，四川地区社会生产力受到北宋朝廷的压制，经济徘徊不前。前面对北宋前期四川社会经济状况的分析，充分说明铁钱作为交易媒介，对当时经济发展与交易需求没有形成大的阻碍。

第五种观点认为交子诞生于钱荒。为什么四川地区当时出现严重钱荒？我们有必要对它进行深入研究。宋代将四川地区划为铁钱区，铸造铁钱所耗用的材料是铁，铁又是朝廷专营物资，只要铸币需要，应该说铁的供应不是问题。但为什么朝廷不及时恢复被农民起义军破坏了的钱监，造成十余年间没有铸钱？难道说这十余年就不需要增加铁钱供应吗？其原因既有限制问题、铸造条件问题，也有原材料自身价值问题。

后蜀被宋灭后，四川地区被划为铁钱区，铁钱成为这里流通的主

---

① 李焘：《续资治通鉴长编》卷二三，中华书局，1979，第 525 页。

要货币，所以应该不是限制问题。关于铸钱的条件，包括工匠、场地等，只要原来有基础，恢复或扩大铸造量并不难。但若是铸币原材料缺乏，想增大铸币量就不容易了。因为王小波、李顺起义被平定后，经济快速恢复，特别是朝廷鼓励百姓垦荒和耕种荒废的土地，铁制农具等的用铁量大增，加之铁的生产涉及社会多个行业，想在第一时间增大供应量较为困难，它必然成为铸造铁钱的瓶颈。

从宋代制钱的质量考察，自北宋建国，朝廷十分重视制钱的质量，宋太祖赵匡胤于开宝元年（968 年）十二月丙辰，就颁布了"禁诸州轻小恶钱及铁镴钱。又命纰疏布帛毋鬻于市，及涂粉入药者，捕之置罪"[1] 的禁令，可见宋朝廷是严禁铸造和使用"细小劣质杂钱和掺杂有锡铅合金的铁钱的"。这就为流通货币足值提供了保障，使制钱在当时商品交换中充分发挥一般等价物和价值尺度的职能。由于铁钱严格按照形制、用料、重量等规定铸造，流通的铁钱实际价值大于名誉价值。"西川用景德新铸钱将十年，以铁重，民多镕为器，每一千得铁二十五斤，鬻之直二千。"[2] 这给我们抛出了铸钱的成本问题：铸造景德大铁钱一千枚，其名誉价值值一千（一贯），可铁的成本就值二千（这还不包括铸币的耗损和工费）。按北宋前期铜钱一兑换小铁钱十换算，十贯铁钱重量为六十五斤，按以上价值折算，十贯小铁钱成本就值四千；景德大铁钱每贯重二十五点八斤，重量仅为小铁钱的四成，铸币材料铁的价值就值一千六百文。

为防止毁钱铸器，大中祥符七年（1014 年），四川再铸大铁钱，"知益州凌策请减景德之制，别铸大铁钱，每一千重十二斤十两（中

---

① 毕沅：《续资治通鉴》（文白对照全译），北京燕山出版社，2008，第 103 页。
② 李焘：《续资治通鉴长编》卷八二，中华书局，1995，第 1865-1866 页。

国古时1市斤＝16两），仍一当十，其旧钱亦许兼用；且言铁轻则行者易赍，铁少则镕者鲜利。乙亥，诏从其请"[①]。从这段文献记载可以看出，当年知益州凌策将大铁钱铸造每贯减重到十二点六二五斤，仅为景德大铁钱重量的一半，而铁的价值仅值八百文，低于铁钱的名誉价值一千文。

从以上分析来看，由于景德之前铸造的小铁钱自身价值高出名誉价值很多，所以民间出现了毁钱铸器这种情况。虽然朝廷颁布了毁钱治罪的禁令，但毁铁钱铸造器物大有赚头，所以完全禁止是不可能的。由于四川地区铁钱的自身价值高，在货币流通这个蓄水池中，相当数量的铁钱随时都有退出流通的可能，而被沉淀在富商大贾及货币持有者的钱库里不用，这样必然使钱荒愈演愈烈。由于这些客观因素的存在，官府铸造铁钱越多必然亏损越大，这赔本买卖朝廷是不会做的。

综上所述，当时钱荒源于多个方面：一是王小波、李顺起义造成钱监被破坏，铁钱供应减少；二是朝廷治理转型后经济恢复，商品流通扩大后增量货币没有保证；三是当时铸钱的材料——铁供应短缺；四是铁钱实际价值大于名誉价值，当流通量不能保证时，民间沉淀增加，使流通的铁钱更趋于紧张；五是铁钱自身价值大于名誉价值，铸钱越多，亏损越大。当时，四川地区经济发展迅速，由于交换媒介供应不足，通货出现短缺，造成严重钱荒，社会急需新的媒介替代铁钱流通，进而推动了交子的诞生。

---

① 李焘：《续资治通鉴长编》卷八二，中华书局，1995，第1866页。

四、私交子到官交子的演变

由于北宋朝廷的治理转型，四川经济得到快速发展，但与之相匹配的交换媒介得不到保证，因此出现严重钱荒，进而催生了替代铁钱流通的交子。任何新事物的存在，总是要经历发生、发展、成熟的过程。交子也一样，从产生到成为法定信用货币，也需要经历发生、发展和不断完善的过程。根据文献分析，交子成为信用货币，主要经历了以下几个阶段。

（一）民间自发形成的私交子

北宋时期，传统的农业、手工业、商业、交通和城市面貌，都在唐代的基础上有了新的发展，特别是商品经济较唐代更为繁荣。在此背景下，货币流通和信用发展跨入了新的发展时期，在信用形式、信用主体、信用工具方面都呈现出新的特点。由于宋代货币流通形成的区域性割据，加上货币供给数量的有限性、货币币材的复杂性，以及大量流通的细碎铜、铁钱不便携带的特性，有必要对信用工具及货币工具进行改进，不然将会抑制经济的发展。为了解决这类问题，在高度发达的造纸术和印刷术的保障下，加上民间的自发效应及官方的助力推行，宋代社会陆续涌现出了诸如茶引、盐引、便钱、交子、钱引等大量新型纸质信用工具。

四川地区乃西南内地与西番、西南夷、西夏等西部地区的贸易集散地，长距离商品贩运非常发达。蜀锦、绢帛、药材、茶叶、书籍等大批蜀中传统特色商品，通过陆路和水路，运往四川各区域性市场实现交易。特别是以成都为中心的区域性市场，这里是以山多著称的古梁州之地，在与东方诸路交易极为困难的情况下，形成了一个独立的封闭贸易区。在河谷地带的"坝子"上形成了许多镇。这些镇依靠水路、陆路交通，成为商品交易的集散地。尤其是在成都府路、梓州路的遂宁、利州路的汉中等河谷地区，商品交换十分发达，它不但以其丰富的产品同川峡诸地贸易，而且有力地支援了汴京特别是西北市场[1]。王小波、李顺起义平定后，四川这个区域市场更加受到北宋朝廷的重视，朝廷特别鼓励耕种被荒废的土地，这使农业经济作物种植面积扩大，手工业得到发展，吸引了长途商贩来四川各地市场采购，为商贸繁荣奠定了基础，同时也使货币流通量剧增，带动了金融汇兑业发展。

受唐代飞钱的影响，宋初朝廷在部分地方设立"便钱务"，为商人异地采购及资金携带提供了方便。"开宝三年（970年），置便钱务，令商人入钱诣务陈牒，即辇致左藏库，给以券，仍敕诸州凡商人赍券至，当日给付，违者科罚。至道末，商人入便钱一百七十余万贯。天

---

① 漆侠：《宋代经济史》，中华书局，2009，第 959 页。

禧末增一百一十三万贯。至是，乃复增定加饶之数行焉。"[1] 朝廷在地方设立便钱务后，外地商人可随时将现钱存入，并携带开具的票据来到商品集散地的便钱务兑现，兑现的钱存入从事现钱保管业务的"金融铺户"，根据需要再携钱到各商品集散地（市场）采购商品。由于采购数量大，携带的铁钱往往需要用车辆装载，这既给商人携带巨款带来极大不便，还会增加因铁钱运输发生的费用。笨重的铁钱携带不便，这给精明的金融铺户提供了机会。金融铺户凭借自己的经验和实力，创制出了用楮纸制作的特别纸券，并加盖"铺户"的特别印记。这种特别纸券交与商人以作交换的凭据，时间久了得到社会的认可。这种纸质凭据凭借金融铺户的信用流通，被后人称为"楮券"（也称楮币）。

最初，外地商人来四川采购商品时，需先将带来的款项通过便钱务兑换成铁钱，再将铁钱存入信誉较好、随时能兑现的金融铺户（当时是否叫金融铺户，因无史料记载，无从知道），铺户按收到的铁钱出具盖有商号印记的"楮券"。楮券面额根据商户的需要，按一贯至十贯不等的金额填写。这样其既可作商品交换的媒介，又可用作取钱的凭证。这种楮券靠金融铺户的实力和信誉立足，持有人需要用现钱时，又可凭楮券随时到铺户兑换铁钱。

这种楮券由于能给商品交易带来方便，又能解决异地购物时因铁钱笨重携带不便的困难，逐步为大众所接受和使用，这种楮券便成为"无远近行用"的交换媒介。这样，原本仅作为存钱凭证的楮券，在商贸活动中就逐渐充当起货币支付的工具。这种信用工具诞生于"自

---

[1]　脱脱等：《宋史》一八〇《钱币下二》，中华书局，1985，第4385页。

李顺起义，遂罢铸，民间钱益少，私以交子为市"① 的这段时间。这楮券"表里印记，隐秘题号，朱墨间错，私自参验，书缗钱之数，以便贸易，谓之交子"②。这时期的楮券（交子），由铺户各自开出，无统一形制，券面金额也不是固定印刷，而是根据需要手书在楮券上面。

交子铺户均为民间金融铺户，出具的交子成为公共信用支付媒介，靠的是自己的经济实力和信用。他们开出的楮券既代替铁钱作为交换的媒介，得到社会的认可，同时还具备有价证券功能。它独立于铁钱流通，既便利了大额交易，也节省了铁钱的使用。这种楮券在使用过程中还发挥另一种职能，即支票的职能，能够做到随时取现。人们把暂时闲置的现钱存放在某交子铺户时，得到的是交子铺户开具的交子（即楮券）。它因有等量价值的铁钱作后盾，持有交子就等于持有铁钱，这就为纸币交子奠定了价值基础。当需要铁钱时，"凡遇出纳，本一贯取三十钱为息"③，作为铁钱保管及交子的工本费用补偿。早期交子"造于下，而行于下，故听于民之自便"④，在商品交换中发挥一般等价物作用，既可随时购买到需要的商品，又可以向发行者兑换铁钱，完成了由存钱凭据向信用货币的角色转换。于是，一种全新的商品交换媒介——交子，就诞生了。

作为信用纸币的交子，是因铁钱供应不足及携带不便而出现的。铁钱供应的短缺能借助轻便的交子予以弥补，而无实际价值但携带轻

---

① 李焘：《续资治通鉴长编》卷五九，中华书局，1980，第1315页。

② 《岁华纪丽谱等九种校释·楮币谱》，《巴蜀丛书》第一辑，谢元鲁校释，巴蜀书社，1988，第211页。

③ 《岁华纪丽谱等九种校释·楮币谱》，《巴蜀丛书》第一辑，谢元鲁校释，巴蜀书社，1988，第211页。

④ 林駉：《古今源流至论》续集卷四《楮币》，《四库全书》第942册，上海古籍出版社，1987，第407页。

便的交子又依赖铁钱而存在并广为流通。它们相互依赖、互为补充，共同谱写了宋代货币史中浓墨重彩的篇章。

（二）十六富商连保时期的交子

研究者认为，十六富商连保（商业行会）时期是交子向信用货币演变的第二阶段。交子的出现，适应了商品经济发展的需要，给商品交易带来了方便；不使用它已不可能，唯一的办法只能是利用、改造、完善它。

宋真宗景德年间，随着北宋治国策略的转变以及一系列富民政策的实施，四川经济步入健康发展的轨道，四川与外地的商贸交易更加频繁。交子能代替铁钱发挥其充当货币的主要职能，解决了铁钱供给不足和携带不便的问题，必然吸引社会广泛关注并参与使用。最早的私交子属于"听于民之自便"，铺户根据客户存入的现钱而发行，靠单个信用支撑，实力参差不齐。因没有官方介入，金融铺户行为不受约束，实践中个别交子铺户不能兑现，如遇到大的自然灾害，更是雪上加霜，发生挤兑便不可避免，整个行业都受到牵连。

宋真宗景德元年（1004 年）二月二十四日，四川地区的"益（州）、黎（州）、雅（州）地震"[①]。地震涉及面广，益州管辖地域涉及成都等地区，这里是四川最富庶之地，这次地震被记入史册，应该说地震带来的损失不小。交子铺户作为商人，在商言商，追求利益最大化系其自身性质决定，在正常情况下，不会对灾害、战乱等突发事件考虑得太多。受利益驱动，交子铺户平时会将闲置的资金（铁钱）做其他安排（如购买宝物、放贷等）；当大的自然灾害降临，出现集

---

① 毕沅：《续资治通鉴》（文白对照全译），北京燕山出版社，2008，第 539 页。

中兑付成为必然，交子铺户想在第一时间回笼资金是困难的，这必然造成库存的周转铁钱不足。交子作为信用支付工具，涉及社会方方面面，市面流通的交子一旦发生多起不能兑现的事件，行业被挤兑的"群羊效应"就会产生，一些交子铺户甚至关门躲避，"奸弊百出，狱讼滋多"等事件会不断出现。当时张咏知益州，受理诉讼后，对交子铺户进行了整顿。

此时是张咏第二次知益州，他与转运使都正为解决四川地区因经济发展，金属铸币（铁钱）供应不足，而出现的严重钱荒而犯愁。史料记载："乃诏知益州张咏与转运使黄观同议，于嘉、邛二州铸景德大铁钱……"[1] 突如其来的地震，导致交子铺户不能兑现引起了张咏的重视。张咏十余年间两次被朝廷派来知益州，了解四川的情况，知道交子的使用为解决四川钱荒并促进经济发展发挥的积极作用，因此对交子持扶持的态度。于是，官府介入，对分散的交子铺户进行全面清理和整顿，挑选具备经济实力和信誉良好的"富民十六户主之"[2]，获得成功。

十六富商连保时期的交子，在原基础上有所改进，即不再零散发行。发行人还统一了格式，建立了共同遵守的发行制度，官府亦承认其在四川地区商品交易中的偿付地位。

一是十六富商连保发行交子，要替官府承担一定的社会责任（如"每年与官中出夏秋仓盘量人夫，乃出修縻枣堰丁夫物料"），官府对交子的发行也给予一定的保护。发生挤兑时，官府会出面干预，虽然不是如数全部兑现，却也能兑现七八成。

---

① 李焘：《续资治通鉴长编》卷五九，中华书局，1980，第1315页。
② 脱脱等：《宋史》一八一《食货下三》，中华书局，1985，第4403页。

二是交子使用统一纸张、统一版式、统一图案，并都以红、黑两色套印，十六富商定期聚首议事，出现问题及时解决。

三是富商发行交子，各自在上面"隐密题号，朱墨间错，以为私记"。

四是富商凭"收入人户见钱"（交来铁钱）多少，以贯为单位临时填写面额，不限多少。

五是交子"无远近行用"，可在四川各地自由流通。持交子者叮以随时兑现，在兑付现钱时，每贯"割下"（收取）三十文作为发行手续费。

十六富商连保发行的交子，虽带有原始私交子的一些痕迹，但因有官方的介入——挑选出以王昌懿为首、具备经济实力的十六富商连保发行经营，其信用保证较早期的私交子增强了。

十六富商连保的交子，最重要的是运用了"连保"[1] 机制。连保制约机制在宋代运用较为广泛。如为防止科举考试中各道科考良莠混杂，消除夹带书册、请人代作等弊端，宋太宗在太平兴国七年（982年）下诏："所在贡举等州，自今长吏择官，考试合格，许荐送。仍令礼部，自今解贡举人，依吏部选人例，每十人为保，有行止逾违，他人所告者，同保连坐，不得赴举。"[2] 对十六富商经营交子实行连保，将各自的利益捆绑在了一起，如某交子铺户不能兑付，其余交子铺户要承担"连带"清偿责任，以此达到相互制约的目的。

从某种意义上说"十六富商连保"类似于今天的商业行会，该组织在官府的监督之下运作，发挥承上启下的作用。

---

① "连保"意同"连坐"（即一人违规，其他人一同受罚）。引自《词源》，商务印书馆，1983，第 3057 页。

② 毕沅：《续资治通鉴》（文白对照全译），北京燕山出版社，2008，第 261 页。

十六富商定期聚首，协商解决重大事宜，修改运行规则，对出现的问题及时解决。这一阶段的交子，在式样、票面大小、内容、手续费收取等方面都是统一的，信誉得到提升。发行交子的十六富商被称为交子铺或交子户，而且交子既能"远近行用"，根据需要又能随时兑现，所以除成都以外，各地还设有分铺。

因有官方的介入及支持，这一时期的交子比早期的交子规范，对纸张、版式、图案等进行了统一。虽然实行了连保，但仍由富商独自经营，发行中各自"隐密题号，朱墨间错，以为私记"，只要商贾向交子铺交纳现钱，便可得到等值的交子，这叫"纳钱请交"。人们用交子做交易媒介，比使用铁钱方便多了。商贾如需要现钱，也可持交子随时兑换铁钱，这叫"见交付钱"，但每贯需割三十文，作为交子发行的兑付手续费。更重要的是交子是以纳钱请交为前提，铺户收到多少贯现钱，便发行多少交子。当交子在市场正常流通时，存放在自己的钱库里的铁钱就暂时不动。富商开具出去的交子的数额与客户交来的铁钱是等额的。由于商户使用交子兑换铁钱不是在同一时点进行，铁钱自然就形成一定数量的沉淀。于是，精明的富商根据铁钱的进出规律，在保证日常兑付的前提下，将多余的钱用于"收买蓄积，广置邸店屋宇园田宝货"[1] 等投资周转，来赚取更大的收益。

知益州张咏在对原分散的交子铺户进行整顿后，将交子发行权交给被挑选出的十六富商，但前提条件是，他们必须承担"每年与官中出夏秋仓盘量人夫，乃出修糜枣堰丁夫物料"[2] 所需费用。在古代农耕社会，每年春季都要进行水利修复，夏秋之交都要进行农产品收储，

---

① 李攸：《宋朝事实》卷十五《财用》，中华书局，1955，第 232 页。
② 李攸：《宋朝事实》卷十五《财用》，中华书局，1955，第 232 页。

所以这两个时期正是税赋入库的淡季，为缓解官府财政压力，张咏要求十六富商额外发行交子，以满足旺季农产品收购和水利工程修复的资金需求。这额外发行交子的做法，很明显是交子铺户将自己的生财资金用于社会公益事业，是他们将自己的利益让渡于社会。这实际上就是古代商人在经营的同时，还需承担一些社会责任。这种回报社会的公益行为，展示了古代儒商立己达人、兼济天下的理想和追求。这种理想和追求是中国儒家理想主义和道家豁达思想融合的体现，也是我们今天所倡导并希望发扬光大的。

以十六富商连保为条件的交子的信用得到了提升。这种以"商业行会性质的抱团取暖"信用，较早期单个铺户发行交子的单个信用更有保证，更能发挥货币的价值尺度、支付手段、流通和储蓄的职能，更加便利商贸往来，解决了经济发展与货币供应不相匹配的矛盾，人们都乐于使用它。同时官府也对交子进行保护，"亦有诈伪者，兴行词讼不少。或人户众来要钱……以至聚众争闹，官为差官拦约"①。

（三）以朝廷权威作信用背书的官交子

交子由官府发行，是交子向信用货币发展的第三阶段。

私交子经官方整顿并改由十六富商连保发行后，其货币职能逐步完善，成为商品交易的媒介，在四川地区代铁钱流通。虽然这一时期的交子凭借十六富商的团体（商业行会）信誉，抗风险能力较"私以交子为市"时期的交子增强了许多，但是十六富商毕竟是商人，经营以利益最大化为宗旨，不会超越自身去考虑更多的社会问题。如遇到

---

① 《岁华纪丽谱等九种校释·楮币谱》，《巴蜀丛书》第一辑，谢元鲁校释，巴蜀书社，1988，第214页。

不可抗力因素（如战争、大的自然灾害等），交子作为信用货币反应特别敏感，持有交子者必然会在第一时间找富商兑现。交子出现挤兑，就会造成原正常周转的铁钱库存不足，这时就是将原来购置的邸店、房屋、园田、宝货等不动产变卖，一时想变现也是困难的，交子铺户的信誉必然会严重受损。对可能出现的这些问题朝廷官吏早有认知，在"大中祥符末（1016 年），薛公田为转运使，请官置交子务以权其出入，不报"[①]。这时，已是十六富商连保经营交子的第十一个年头，转运使薛田作为朝廷派来的大员，肩负掌管一路财赋及监察各州官吏，为朝廷聚财、生财之重任。他针对十六富商连保经营交子中存在的隐患，提出将交子纳入国家信用并由官府发行和管理的建议，并写成书面报告递交益州官府。因当时四川社会安定，交子运行正常，这一建议没有得到益州最高行政长官王曙的认同，报告被搁置下来。

宋真宗天禧四年（1020 年）正月，"丙寅，令利州路转运司赈贷贫民，旱故也"[②]。三月"乙亥，以益、梓州路物价翔踊，命知制诰吕夷简、引进副使曹仪乘传赈恤之。夷简等请所至劳问官吏将校，仍取系囚与长吏等原情从轻决遣，民愿出谷救饥民者，元诏第加酬奖，望给空名告敕付臣赍往，从之"[③]。当时益州、梓州、利州发生旱灾。因受灾地区属四川核心区域，物价飞涨，人心不稳，十六富商连保的交子遇这种境况也不能兑现，信誉受损不可避免。

因各交子铺户都是从具备相当实力的金融铺户中挑选出来的，最初也能遵守共同制定的规则，经营平稳，交子兑付没有出现问题。但

---

① 《岁华纪丽谱等九种校释·楮币谱》，《巴蜀丛书》第一辑、谢元鲁校释，巴蜀书社，1988，第 215 页。

② 李焘：《续资治通鉴长编》卷九五，中华书局，1995，第 2178 页。

③ 李焘：《续资治通鉴长编》卷九五，中华书局，1995，第 2185-2186 页。

时间久了，出现侥幸心理，他们尽量压低铁钱周转库存量，将多余的钱用于"收买蓄积，广置邸店屋宇园田宝货"等投资活动。这在无灾无难的年代，应该说不会出现大的问题。但商人在商言商，让收益最大化是他们的本能，这也无可厚非。可尝到甜头的交子铺户胆子越来越大，考虑不到会发生突如其来的旱灾，结果交子出现严重挤兑，酿成群体性事件，再次惊动了官府。天禧四年（1020年），担任益州路最高行政长官的赵稹任期到，朝廷派寇瑊接任。寇瑊上任后，面对益州交子挤兑、铺户闭门不出的境况，一气之下，发布命令，禁止十六富商经营交子。"臣到任，诱劝交子户王昌懿等，令收闭交子铺，封印卓，更不书放。直至今年春，方始支还人上钱了当。其余外县有交子户，并皆诉纳，将印卓毁弃讫。乞下益州今后民间更不得似日前置交子铺。"[①]

就这样，交子被禁三年，民间贸易受阻，造成市场萧条，民众反应强烈，引起朝廷关注。在这期间，因皇帝宋真宗病重，朝廷事务均由太后刘娥处理。成都是刘太后的家乡，她对四川地区交子停用而给贸易带来不便的事记挂在心。

天圣元年（1023年）寇瑊任期到，朝廷选派薛田接任（薛田曾在大中祥符年间任过益州路转运使，在景德年间还担任过梓州路中江县令）。薛田上任后通过对十六富商连保发行交子的情况进行调查分析，认为蜀地经济发展需要交子，寇瑊禁止交子的做法不可取，并上奏朝廷请求将交子收归官办。刘太后收到上奏后，"诏田与转运使张若谷度其利害。田、若谷议以废交子为非便，请为置务，禁民私造，条奏甚悉。又诏梓州路提刑王继明与田、若谷共议，田等议如初，诏从之，

---

① 李攸：《宋朝事实》卷十五《财用》，中华书局，1955，第232页。

始置益州交子务。时天圣元年十一月也"①。从诏书内容看，朝廷对请求恢复交子发行的建议是慎重的。

首先，朝廷根据薛田上奏，下诏薛田与转运使共议交子利弊。薛田、张若谷接诏后商议认为"废止交子不再使用，那么贸易就不方便，谨请求朝廷设置交子务，不允许民间私造"，将商议结果上奏朝廷。

其次，朝廷根据薛、张的上奏，进一步认识到交子的重要性。为稳妥起见，朝廷又下诏梓州路提刑官王继明，一道参与对交子发行利弊的再次商议。薛、张、王三人会商后的意见，与上次田、张商议结果完全相同，故再次上奏朝廷请求恢复交子，得到朝廷钦准。

最后，朝廷批准薛田等的上奏，同意设立"益州交子务"，诏书并于"天圣元年十一月二十八日到达本府（益州）……"②。

自此"益州交子务"成为交子发行的管理机构，代表朝廷行使管理职能。官交子的形制，大概与十六富商连保时期的交子差不多，因为薛田、张若谷在给朝廷的奏文中说："其交子一依自来百姓出给者阔狭大小，仍使本州铜印印记。若民间伪造，许人陈告，支小钱五百贯，犯人决讫，配铜钱界。"③庚即朝廷根据薛田、张若谷的上奏，"仍乞铸益州交子务铜印一面，降下益州，付本务行使，仍使益州观察使印记，仍起置簿历"④。这意味着交子被纳入朝廷管理，与金属货币一样，具有同等的法偿性地位。

<hr>

① 《岁华纪丽谱等九种校释·楮币谱》，《巴蜀丛书》第一辑，谢元鲁校释，巴蜀书社，1988，第215页。

② 李攸：《宋朝事实》卷十五《财用》，中华书局，1955，第233页。

③ 李攸：《宋朝事实》卷十五《财用》，中华书局，1955，第232-233页。

④ 李攸：《宋朝事实》卷十五《财用》，中华书局，1955，第233页。

作为私交子的载体，其纸张本身价值甚微，但它所代表的是购买力，其价值依赖于它背后的商业信用，这种信用使交子在购物时能为卖方所接受，也可以在需要时将其成功地兑回金属货币。相较于直接使用金银铁钱而言，这具有重大的历史意义。

朝廷设立益州交子务，规定交子由官方发行，其背后的商业信用也因此转变为政府信用，社会由此进入官交子阶段。正是由于以政府信用为背景，制定了一系列针对交子的管理制度，才有交子（包括钱引）持续使用200多年的历史。但交子发行权转移到政府手中后，交子也避免不了成为政府为解决财政困难而超发的工具。

第一，在对官交子的认可上，因有朝廷权威作保证，其在空间与时间上都跃升到一个全新阶段。最早的民间交子各自独立运行，自然形成割据的局面。十六富商连保时期的交子有官方的介入，相互实行连保，带有商业行会性质，虽然信用保证和使用范围较早期交子更进了一步，但也仅仅局限于作为商品交换的媒介。可官交子就不同了，因有国家的特别赋权，其使用范围及流通区域更加宽广，既是商品交换的媒介，又可用于官员的薪俸发放及税赋缴纳，所以发行以后在川峡四路（益州路、利州路、梓州路和夔州路）全境顺畅流通。

第二，官交子发行与金属货币一样，设立专门部门（益州交子务）代表朝廷行使管理职能，重大事宜需奏请朝廷得到批复后方能实施。其票面金额、准备金、发行数额、流通时间、兑付手续费等，均遵照朝廷颁布的管理制度实施。官方有关的货币发行管理规则促成了交子在技术特征和信用保证上的制度化，从根本上摆脱了民间交子残留下的金融票据支付特征。

第三，交子的价值保证在认识上发生了转变，从完全可兑现发展为"官司收受无难",且不论远近行用的朝廷专制权威。如南宋杨冠卿所说:"夫蜀之立法,则曰租税之输,茶盐酒酤之输,关市泽梁之输,皆许折纳,以惟民之便,此一法也。"[①] 官方交子具备的税收缴纳功能,如同现代货币理论的"税收驱动货币",使得交子成为"公私普适"的真正意义上的信用货币。

---

① 杨冠卿:《客亭类稿》卷九《重楮币说》,《四库全书》第 1165 册,上海古籍出版社,1987,第 500 页。

官交子诞生始末

天圣元年（1023 年），朝廷委任薛田为益州路（成都府路）最高行政长官。他上任后，针对前任知州寇瑊禁私交子三年而给贸易带来不便等问题，上奏朝廷请求恢复交子行用，并受朝廷之托与益州转运使张若谷等共同商议，最终实现交子由官方经营。他们认为"自来交子之法久为民便""自住交子，后来市肆经营买卖寥索""贸易非便"，因此提出"废私交子，官中置造，甚为稳便"。这年十一月戊午日（1024 年 1 月 12 日），北宋朝廷批准薛田等的奏请，设立益州交子务办理发行纸币等事宜的诏书到达成都，从此交子改由官办。天圣二年二月二十日（1024 年 4 月 1日），正式发行第一界官交子。

一、官交子制度的建立

交子在民间的行用，已积累许多经验，为交子改为官办奠定了基础。益州交子务行使交子管理职能，交子在原私交子基础上有了质的飞跃。交子由国家信用作背书，在商品流通中进一步发挥交换职能，标志着官方对交子管理制度的不断完善。

（1）交子凭借"符信"成为法定信用货币彰显了朝廷权威。根据薛田等的上奏，皇帝下诏成立益州交子务，行使朝廷对交子的管理职能，"仍乞铸益州交子务铜印一面，降下益州，付本务行使，仍使益州观察使印记……"①这两方印记，代表朝廷的权威，使交子法定地位得以确立，其公信力和价值也有了保证。正如苏轼所说："私铸之弊，始于钱轻，使钱之直若金之直，虽赏之不为也。今秦蜀之中，又裂纸以为币，符信一加，化土芥以为金玉。"②苏轼这段话告诉我们：

①　李攸：《宋朝事实》卷十五《财用》，中华书局，1955，第233页。
②　苏轼：《关陇游民私铸钱与江淮漕卒为盗之由》，《苏轼文集》第1册，中华书局，1986，第224页。

革除金属货币伪造之弊的关键，需做到名义价值与币材价值相等；纸币能够正常流通，凭借的是代表朝廷的符信（印章）的威力——赋予它法偿地位，只要不滥发，币值就稳定，其价值犹如金玉。

（2）官交子发行基本两年一界。首界"天圣二年二月始至三年二月终，实际发行125.634万贯"，以后每界均以次数为准，说明宋代朝廷对交子发行额度的管理是慎重的。

（3）交子以铁钱作为基准本位，并备"钞本"（即本钱）36万缗（贯），作为发行准备金，以应对挤兑。

（4）"起置簿历"。早期发行每一道交子，均需"上书出钱数，自一贯至十贯文。合用印过上簿，封押，遂旋纳监官处收掌"①。

（5）商贾使用交子，可凭铁钱请领，"不拘大小铁钱，依例准折，交纳置库收锁，据合同字号给付人户，取便行使"②。

（6）当客户需要铁钱时，可随时凭交子来置库兑现，但"每小铁钱一贯文，依例克下三十文入官"③。这就是说，交子务回纳交子，每贯要收"纸墨钱"三十文。至南宋，改为"贯头钱"（亦称贴头钱），每贯收钱六十四文，后增至八十文。

（7）"其回纳交子，逐旋毁抹合同簿历"④，将旧交子进行销毁。

（8）发行面额根据需求进行配置调整。交子务建立之初，第一界至第八界交子，发行面额分为一贯、二贯、三贯、四贯、五贯、六贯、七贯、八贯、九贯、十贯10种，面额人工书写在印好的交子上面。自宝元二年（1039年）第九界起，交子发行面额改五贯、十贯2种，五

---

① 李攸：《宋朝事实》卷十五《财用》，中华书局，1955，第233页。
② 李攸：《宋朝事实》卷十五《财用》，中华书局，1955，第233页。
③ 李攸：《宋朝事实》卷十五《财用》，中华书局，1955，第233页。
④ 李攸：《宋朝事实》卷十五《财用》，中华书局，1955，第233页。

贯的占总额的 20%，十贯的占 80%，面额固定印在票面上。进入熙宁年，受王安石变法的影响，小工小农与市场交换紧密，交子的使用范围更为广泛，发行面额被改小。"熙宁元年（1068 年），始以六分书造一贯，四分书造五百（一贯占 60%，五百文占 40%），重轻相权，易于流转。"[1] 交子面额改小，及发行比例合理，更方便了交易，说明纸币发行面额和票面搭配比例，更适合川峡四路商品流通的需求。自此以后，交子及钱引发行面额及票面发行比例，均以第二十三界交子为准，没有变化过。

（9）为防止内部管控疏漏，景祐三年（1036 年）起，实行置监官二员轮宿。

（10）为革除伪造之弊，熙宁元年（1068 年）起，监官戴蒙请置抄纸院，交子专门用纸改由官方制造。对纸张和造币两环节，分别设置监官进行严格管理。

（11）为防造假，朝廷颁布了相关刑律，并经历由轻到重的过程。早期为防"民间伪造，许人陈告，支小钱五百贯，犯人决讫，配铜钱界"[2]。"熙宁元年，始立伪造罪赏如官印文书法"[3]，对伪造交子者进行与伪造官方文书者同样的处罚。到宋徽宗年间，对伪造钞票的处罚更加严厉：凡制作伪钞者，流放三千里；制作并使用伪钞者，处斩。

（12）丰富了中国传统货币理论。为维护币值的稳定，我们祖先早已创立了货币本位与流通的"子母相权"理论。宋代交子产生后，"称提之术"成为纸币流通下又一重要理论，它是对传统货币理论的

---

① 《岁华纪丽谱等九种校释·楮币谱》，《巴蜀丛书》第一辑，谢元鲁校释，巴蜀书社，1988，第 219 页。
② 李攸：《宋朝事实》卷十五《财用》，中华书局，1955，第 233 页。
③ 马端临：《文献通考》上册《卷九·钱币二》，中华书局，1986，第 97 页。

继承和发展。宋代纸币是可兑换纸币，以金、银、铜、铁钱等作为准备金。《续资治通鉴长编》中哲宗元符二年（1099 年）七月癸卯条有了"称提铁钱轻重"之语；北宋末年，周行己《上皇帝书》中说："前日钞法交子之弊，不以钱出之，不以钱收之，所以不可行也。今以所收大钱，桩留诸路，若京师以称之，则交钞为有实，而可信于人，可行于天下。"① 南宋时期，纸币经常贬值，为维持与恢复纸币与铜、铁钱的比价，南宋朝廷用钱币、金银收兑纸币，或以限制纸币发行总额、规定流通期限等方法保持纸币的信用。所以《宋史》称："昔高宗因论四川交子，最善沈该称提之说，谓官中常有钱百万缗，如交子价减，官用钱买之，方得无弊。"② 南宋人戴埴说，"柳宗元言平衡曰：增之铢两则俯，反是则仰，此称提大术也"，进而指出"言楮（纸币）则曰称提，所以见有是楮，必有是钱以称提之也"③。宋代纸币的流通管理中出现的"称提"之法，使发行与需求达到对等、平衡，是对中国传统货币理论的继承和发展。

交子从诞生、发展演变，经过实践及不断完善，最终成为国家法定信用货币，它绝不是一蹴而就的，其经历了一个由小到大、由不完备到比较完善的发展过程，其形成的一套纸币管理制度，值得后世借鉴。

① 周行己：《浮沚集》卷一，《四库全书》第 1123 册，上海古籍出版社，1987，第 606 页。
② 脱脱等：《宋史》卷一八一《食货下三》，中华书局，1985，第 4410 页。
③ 戴埴：《鼠璞·楮币源流》，《四库全书》第 854 册，上海古籍出版社，1987，第 82 页。

二、官交子的发行与流通

官交子自天圣二年二月二十日（1024 年 4 月 1 日）正式发行，至大观元年（1107 年）五月改钱引，官交子流通了 83 年，共发行交子 43 界，基本为两年发行一界，详见表 3-1。

表 3-1　官交子发行一览表

界分	发行时间	发行数额/万贯	备注
第 1 界	天圣二年（1024 年）	125.634	①设祖额 188.634 万缗（贯）。②天圣二年二月始至三年二月终，发行交子 125.634 万贯，其后每界发行以此数为准。③第 1 界至第 8 界交子，手书面额。发行一贯、二贯、三贯、四贯、五贯、六贯、七贯、八贯、九贯、十贯 10 种。④景祐三年（1036 年）交子务官员二人轮宿
第 2 界至第 6 界	天圣三年（1025 年）至明道二年（1033 年）	125.634	
第 7 界	景祐二年（1035 年）	125.634	
第 8 界	景祐四年（1037 年）	125.634	
第 9 界至第 11 界	宝元二年（1039 年）至庆历三年（1043 年）	125.634	第 9 界起，发行十贯、五贯 2 种面额（十贯占八成，五贯占两成），面额印在交子上面

表3-1(续)

界分	发行时间	发行数额/万贯	备注
第12界	庆历五年(1045年)	155.634	庆历四年(1044年),秦州借益州交子30万贯,于秦州募人入中粮粟
第13界	庆历七年(1047年)	155.634	二月,己酉,诏取益州交子30万贯,于秦州募人入中粮粟
第14界	皇祐元年(1049年)	125.634	—
第15界	皇祐三年(1051年)	155.634	秦州两次借交子60万贯散在民间,转运司收积余钱拨还外,增30万贯兑换
第16界至第22界	皇祐五年(1053年)至治平二年(1065年)	125.634	—
第23界	治平四年(1067年)至熙宁元年(1068年)	125.634	第23界起,面额改一贯、五百文2种;一贯占六成,五百文占四成
第24界	熙宁二年(1069年)	125.634	—
第25界至第26界	熙宁四年(1071年)熙宁六年(1073年)	251.268	添造一界,两界行使(监官戴蒙之请)
第27界	熙宁八年(1075年)	125.634	—
第28界至第29界	熙宁十年(1077年)	251.268	兼放元丰元年(1078年)第29界交子125.634万贯
第30界至第35界	元丰二年(1079年)至元祐六年(1091年)	125.634	—
第36界至第37界	元祐八年(1093年)至绍圣二年(1095年)	140.634	交子入陕西,绍圣元年(1094年)增发15万贯
第38界至第39界	绍圣四年(1097年)至元符二年(1099年)	188.634	元符元年(1098年)增印48万贯(因交子入陕西,每界以祖额188.634万贯为准)
第40界	建中靖国元年(1101年)	388.634	崇宁元年(1102年)增印交子200万贯
第41界	崇宁二年(1103年)	1 531.634	崇宁二年(1103年)增印交子1 143万贯
第42界	崇宁四年(1105年)	2 101.634	崇宁四年(1105年)增印交子570万贯
第43界	大观元年(1107年)	2 655.634	大观元年(1107年)五月,改交子务为钱引务,增印交子554万贯,以至换界新引1当旧引4

资料来源:根据《楮币谱》有关数据整理(《岁华纪丽谱等九种校释·楮币谱》,《巴蜀丛书》第一辑,谢元鲁校释,巴蜀书社,1988,第211-243页)。

从表中数据可知，一至三十九界（1024—1099 年）交子运行基本良好，没有出现大的波动，币值基本稳定。交子在这七十余年里运行正常，得益于四十余年的北宋仁宗盛治（1022—1063 年），这期间政治稳定，经济繁荣；北宋鼎盛时期，占据了七十余年的三分之二，是交子诞生和正常运行的重要基础。交子的正常流通，也为川峡四路的经济、商品贸易带来了巨大的好处，为北宋朝廷国库增加了大笔收入。同时交子的流通，节省了铁钱的使用，使铸造量减少，节省了大笔费用。宋初川峡四路每年铸铁钱五十万贯，王小波、李顺起义平定后虽然恢复鼓铸，但数额逐年减少。从《宋史》等文献记载看，"大中祥符七年（1014 年），知益州凌策言：'钱轻则易赍，铁少则熔者鲜利。'于是诏减景德之制，其见使旧钱仍用如故。岁铸总二十一万贯，诸路钱岁输京师，四方由此钱重而货轻"[1]。"皇祐中（1049—1054 年），嘉、邛、兴三州铸大铁钱二十七万缗。"[2] 皇祐元年（1049 年），"方平还自益州，奏免横赋四十万贯匹，减兴、嘉、邛州铸钱十余万，蜀人便之"[3]。"（嘉祐）四年（1059 年），嘉、邛二州停铸十年，以休民力。至是，独兴州铸钱三万缗。"[4] "熙、丰间（1068—1085 年）铜铁钱尝并行，铜钱千易铁钱千五百，未闻轻重之弊。"[5] 因交子的使用，便利了商贸流通，所以铁钱不再是重要的交换媒介，朝廷由此节省了大笔铸币费用。

交子的成功运行，就管理来说，主要取决于以下方面。

---

① 脱脱等：《宋史》卷一八〇《食货下二》，中华书局，1985，第 4379 页。
② 脱脱等：《宋史》卷一八〇《食货下二》，中华书局，1985，第 4382 页。
③ 李焘：《续资治通鉴长编》卷一八三，中华书局，1995，第 4435–4436 页。
④ 脱脱等：《宋史》卷一八〇《食货下二》，中华书局，1985，第 4382 页。
⑤ 脱脱等：《宋史》卷一八〇《食货下二》，中华书局，1985，第 4385 页。

（一） 确定合理发行量，满足社会对货币的合理需求

从史料记载看，官府对交子的发行是慎重的。自知益州薛田、转运使张若谷等主张交子改由官办，交子的发行便得到朝廷的批准。在发行之初，没有纸币发行办法可供参考，也没有现成"作业"可抄，而是以"天圣二年二月始至三年二月终"的一年里商贾请领交子的实际数额（125.634 万贯），作为"其后每界视此数为准"① 的发行控制额。

对于《宋朝事实》卷十五《财用》中，关于"天圣元年十一月二十八日到本府，至二年二月二十日起首书旋，一周年共书放第二界三百八十八万四千六百贯"交子的记载，加藤繁在《中国经济史考证》中说："一周年间发行了第二界三百八十八万四千六百贯。第二界恐怕就是第一界之误……还有，三百八十八万四千六百贯的'三'字是衍文，应该是百八十八万四千六百贯。大约在天圣二年官交子开始发行的时候，私交子完全收回以后，要求者很多，因而发行了一百八十八万贯。"② 加藤繁的这一分析，特别指出《宋朝事实》卷十五《财用》中"第二界"是"第一界"之误，"三百八十八万"是"百八十八万之误"的观点，这有待深入分析和探讨。

根据加藤繁提出官交子发行之初，"一百八十八万余贯，是根据民间的需求而确定的数额"的观点，我们结合《楮币谱》中关于"所印之数，自元丰元年兼放两界之后，绍圣元年增一十五万，元符元年

---

① 《岁华纪丽谱等九种校释·楮币谱》，《巴蜀丛书》第一辑，谢元鲁校释，巴蜀书社，1988，第 217 页。
② 加藤繁：《中国经济史考证》二三《官营后益州的交子制度》，吴杰译，商务印书馆，1963，第 11 页。

增四十八万道。祖额，每界以一百八十八万六千三百四十为额……"①
分析，加藤繁先生所指的"一百八十八万余贯"的发行控制数额，与
《楮币谱》中的"祖额"数据十分吻合，因为都是从每界交子发行总
额的控制管理角度提出的。我们认为，加藤繁所指的"一百八十八万
余缗"发行控制额，实为《楮币谱》中的每界一百八十八万六千三百
四十贯的"祖额"。这"祖额"的确立，有可能参照了十六富商连保
时期的私交子发行数额（因官交子发行备"钞本"三十六万贯，与祖
额之比约为百分之二十）。因十六富商连保时期的私交子有官方介入，
虽然后来被禁，但商贾使用交子是凭铁钱请领，其交子实际流通量被
交子铺户记录在册，完全有可能作为制定官交子发行祖额的参考。可
官交子实际发行控制数，仍以"天圣二年二月至天圣三年二月"一年
中商贾请领交子实际数额（一百二十五万缗），作为每界书放额度，
这是经知益州薛田、转运使张若谷等慎重考虑后从稳健的角度设定的。

对于"祖额"概念，宋代朝廷的"税赋征收"及"货币调拨"
管理均有提及。《续资治通鉴长编》载，大中祥符六年（1013 年）七
月辛亥，诏："茶盐酒税及诸物场务，自今总一岁之课合为一，以祖
额较之，有亏损，则计分数。其知州军、通判，减监临官一等区断，
大臣及武臣知州军者，止罚通判以下。"② 这段文字记载了朝廷对地方
税赋征收情况，即通过核定"祖额"（定额）办法，对地方官吏完成
任务情况进行考核。同时宋代对榷货务货币（铜钱）周转库存也采取
核定"祖额"办法考核。《宋会要辑稿·食货》载：宋真宗天禧元年

---

① 《岁华纪丽谱等九种校释·楮币谱》，《巴蜀丛书》第一辑，谢元鲁校释，巴蜀书社，
1988，第 225-226 页。

② 李焘：《续资治通鉴长编》卷八一，中华书局，1995，第 1842 页。

（1017年）四月六日，"三司言：'榷货务入便钱物，取大中祥符七年（1014年）收钱二百六十一万余贯，立为祖额，每年比较申奏。如有亏少，干系官吏等依条科罚。'"① 这条史料记载了为保证地方上供财赋通过便钱输送，朝廷订立"祖额"对地方官吏勤惰进行考核的情况。不难看出，宋朝廷对文子发行管理是严厉的，一开始就确立"祖额"（定额），这无疑是对交子发行额度设置的一道屏障。

关于"祖额"管理问题，过去在对交子的研究中均无人提及，是因为它被隐藏在历史文献中没引起人们的注意。交子发行以一百二十五万贯为上限，这仅是日常控制数额，但不是最终控制发行数额。当遇特殊情况时，日常控制数是可以超额的，但是不能突破"祖额"这道红线。交子发行超过一百二十五万贯的情况，早在庆历年间就发生过。《续资治通鉴长编》卷一六〇载，庆历七年（1047年）二月己酉条："诏取益州交子三十万于秦州，募人入中粮草。时议者谓蜀商多至秦，方秦州乏军储，可使入中以交子给之。"② 《宋朝事实》卷十五《财用》引三司使田况奏折说："兼自秦州，两次借却交子六十万贯，并无现钱椿管，只是虚行印刷，发往秦州入中粮草……"③ 到宋哲宗时，为满足陕西沿边军费开支的需要，四川交子更是大量进入陕西。《文献通考》上册《卷九·钱币二》说："绍圣元年（1094年），成都路漕司言：'商人以交子通行于陕西，而本路乏用，请更印制。'诏一界率增造十五万缗。是岁通旧额书放百四十万六千三百四十缗。"④

---

① 徐松：《宋会要辑稿》第一三九册《食货三六》，中华书局影印本，1957，第5438页。
② 李焘：《续资治通鉴长编》卷一六〇，中华书局，1995，第3862页。
③ 李攸：《宋朝事实》卷十五《财用》，中华书局，1955，第233页。
④ 马端临：《文献通考》上册《卷九·钱币二》，中华书局，1986，第97页。

《楮币谱》也说：宋哲宗"元符元年（1098 年）增四十八万道"[1]。

以上所述的交子超额发行，都是经朝廷批准的，虽突破了 125 万贯的控制额度，但均在祖额（188 万贯）的上线控制额度之内（详情见表 3-1）。从官交子运行七十余年的情况看，中间虽然有超发（突破 125 万贯），但因控制得当，没有突破祖额这道防火墙，交子运行是平稳的，没有出现大的波动。这在某种意义上对经济发展起到了促进作用。

（二）交子分界及流通时间

1. 交子分界

从表 3-1 可知，官交子发行办法为二年一界。自天圣元年（1023 年）十一月建立"益州交子务"，到天圣二年（1024 年）二月正式发行官交子，再到天圣三年（1025 年）二月终，官交子发行仍沿袭私交子收入人户现钱的办法，实行的是无界制度。知益州薛田、益州路转运使张若谷将这一年中交子的实际发行数额（125.634 万贯）作为交子每界发行定额，并视其为川峡地区商品贸易及官府正常需要的交子投放量。此为第一界，天圣三年（1025 年）二月发行的交子称第二界，天圣五年（1027 年）二月发行的交子称第三界……

对于交子界份的设立，文献记载也不一样。有人说三年一界，从私交子就开始了。但仔细对文献进行分析便可发现，官交子设立界份，实际上是二年一界，即隔年一界。按界份发行的交子，通常称为第一界交子、第二界交子、第三界交子……（也可称为第一期交子、第二

---

① 《岁华纪丽谱等九种校释·楮币谱》，《巴蜀丛书》第一辑，谢元鲁校释，巴蜀书社，1988，第 226 页。

期交子、第三期交子……）。为保证交子币值基本稳定，杜绝出现假币，使流通顺畅，交子发行实行分界十分重要。同时为防止交子集中兑付，储备适量的本钱（铁钱），作为发行准备金，是交子币值稳定的关键。因此，官交子备本钱 36 万贯，为实际发行额的 28%（约为"祖额" 188 万贯的 20%）。官交子发行管理设立界份和准备金制度，比私交子进了一步。

2. 交子流通时间

交子投放市场后，流通时间究竟多长？文献记载不十分明确，观点不尽相同，值得探讨。这些观点概括起来有三种。

（1）交子每两年发行一界，流通时间也为两年。当新一界交子发行时，上界交子流通终止。正如《楮币谱》所说，"凡引一界满，纳旧易新"，持币人必须用旧交子兑换新交子，否则旧交子就成为废钞。

（2）交子发行每两年一界，流通时间为两年，在三年之内可凭上界交子兑换新一界交子。也就是说当每界交子自发行满两年后，必须持旧交子兑换新交子。即一界交子自发行满两年就停止流通，但有一年的兑换期，满三年没有兑换的交子才变为废钞。如《宋史·食货志》说："设质剂之法，一交一缗，以三年为一界而换之。"[①]

（3）交子每两年发行一界，实际可流通两界（即四年），为两界并行。就是说市场同时流通两界交子，每界交子可流通四年。当本界交子发行满四年，用发行的第三界兑换第一界，第四界兑换第二界，第五界兑换第三界……以此类推。正如《宋史·食货志》说："（熙宁）五年（1072 年），交子二十二界将易，而后界给用已多，诏更造二十五界者百二十五万（贯），以赏二十三界之数……"针对《宋史

---

① 脱脱等：《宋史》卷一八一《食货志下三》，中华书局，1985，第 4403 页。

这段话，日本加藤繁在《中国经济史考证》第二卷《北宋四川交子的界分》中说，应对这段史料做如下解读："熙宁五年，交子二十二界的期限已尽，成为应该调换新旧交子的时候。然而后界，即二十三界的交子已经发行了很多，必须把二十三界和二十二界一起调换。于是，除了新造二十四界交子调换二十二界以外，特别下诏，印造二十五界，用以调换二十三界交子。"[1]《宋史》的记载和日本加藤繁先生的分析，均证明交子为两年发行一界，并且是两界并行，流通时间为四年，超过此期限未兑换的交子才成为废钞。

根据官交子分界及流通时间分析，我们认为，交子发行办法为两年一界。但流通时间，早期交子为二年（实际三年有效，在这期间内没有兑换的，将成为废钞）；自二十五界起，交子为两界并行，流通时间为四年，超过四年没有兑换的交子，将成为废钞。自二十五界起，交子实际市场流通量增加了一倍（为250万贯），应该说这一阶段正是北宋王朝最后的辉煌时期，其社会经济发展仍处于上升时期。商品流通需要合理增加交易媒介，通过延长交子流通时间，实行两界并行，成为唯一选择，虽然交子两界并行增加了一倍流通量，但币值仍相对稳定。

（三）交子发行面额及各券种发行比例根据需要而变化

官交子发行额，是依据民间旺盛的商品交换需求确定的。而在私交子发行阶段，商贾凭现钱请交，无发行额度控制之说，面额为"一

---

① 加藤繁：《中国经济史考证》二三《北宋四川交子的界分》，吴杰译，商务印书馆，1963，第25页。

交一缗"。最早发行的官交子，面额为一贯至十贯 10 种，并且是在印好的卷面上用人工书写金额。宝元二年（1039 年），第九界官交子起用，发行面额改为十贯、五贯 2 种，其中十贯的占发行总额的八成，五贯的占二成。熙宁元年（1068 年），第二十三界官交子起用，发行面额改为一贯文、五百文两种，其中一贯义占总额的六成，五百文占四成。《宋朝事实》卷十五《财用》说："熙宁元年转运司奏：逐界交子，十分内，纽定六分，书造一贯文；四分书造五百文。重轻相权，易为流转。奉圣旨依行。"[①]

官交子发行面额，最初分为一贯到十贯 10 种。宝元二年（1039 年）后，面额为十贯的交子发行量达八成，面额为五贯的为二成。因发行大面额的交子使民间商业日常交易不方便，所以熙宁元年（1068 年）后又改为发行一贯和五百文两种。通过缩小官交子的面额，朝廷基本达到了预期目的。在官交子几十年的运行中，其票面金额不断变化，实现了货币流通的无形化和成本节约。因此，货币史学家彭信威说："北宋最初的一百三十年，即 10 世纪的 70 年代起到 11 世纪底，每石（米）平均约值三百四十六文，折成公石，则每石值五百二十文。在西夏战争前的六七十年间，每公石米只合二百五十三文……11 世纪后半期每公石合八百七十五文……北宋的岁赋，一部分用绢折纳……虽然也常有增减，可是长期看来，百多年间，涨跌并不大。北宋初年每匹大概是九百文或千文……（熙宁）末年四川每匹市价一千四五百文。元丰二年成都为一千三百文。元祐年间成都每匹一千七八百文。"[②] 另谢元鲁教授对《楮币谱》的校释考证指出："而北宋时的织

① 李攸：《宋朝事实》卷十五《财用》，中华书局，1955，第 233 页。
② 彭信威：《中国货币史》，上海人民出版社，2007，第 334—335 页。

锦工，搬运夫等民间工匠，每人每月收入米在一公石至三公石左右。由此可知，北宋民间日常生活中，经常的必需品交易所需货币面额并不太大，所以，熙宁元年以后把交子面额定为一贯和五百文，是合乎当时商业交易的客观情况的。"① 以上说明官交子票面变小，是有国家信用作背书的，其最早主要用于商贾的商品交易。官交子给人们生活带来便利，不断被大众接受后，逐步进入寻常百姓家，其货币的职能范围便更加广泛了。

（四）朝廷颁布刑律，为纸币（交子）运行保驾护航

宋代朝廷十分重视交子的安全运行，在交子发行之初，官府即规定禁止伪造。《续通典》卷十一《食货》载："仁宗时，转运使薛田张若谷请置益州交子务，以权其出入，私造者禁止。帝从其议，界以百二十五万六千三百四十缗为额。"② 《宋朝事实》卷十五《财用》载："若民间伪造，许人陈告，支小钱五百贯，犯人决讫，配铜钱界。"③但随着交子的大量发行，伪造的现象日益增加，宋代朝廷对伪造者给予严厉惩罚。《宋史》卷一八一《食货志下三·会子》载："神宗熙宁初，立伪造罪赏如官印文书法。"到徽宗崇宁三年（1104 年），又"置京西北路专切管干通行交子所，仿川峡路立伪造法。通情转用并邻人不告者，皆罪之；私造交子纸者，罪以徒配"。《宋刑统》卷二五规定：私造交子与伪写官方文书同罪，即"诈谓诡诳，欺谓诬罔，或

① 《岁华纪丽谱等九种校释·楮币谱》，《巴蜀丛书》第一辑，谢元鲁校释，巴蜀书社，1988，第 220 页。

② 嵇璜、刘墉等：《续通典》卷十一，《四库全书》第 639 册，上海古籍出版社，1987，第 139 页。

③ 李攸：《宋朝事实》卷十五《财用》，中华书局，1955，第 233 页。

官或私，以取财物者，一准盗法科罪，唯不在除免、倍赃、加役流之例，罪止流三千里。馀印，徒一年。即伪写前代官文书印，有所规求封用者，徒二年"[1]。

进入南宋时期，伪造钱引、会子等纸币的情况更为严重。但利之所在，严刑峻法并不能禁止，仍有伪造楮币的情况。绍兴三十二年（1162 年），政府又制定了更严厉的伪造会子法。《宋史》卷一八一《食货志下三·会子》载："犯人处斩，赏钱千贯，不愿受者补进义校尉。若徒中及庇匿者能告首，免罪受赏，愿补官者听。"《宋史》卷三七四《赵开传》载，南宋初，四川"宣司获伪引三十万，盗五十人，（张）浚欲从有司议当以死"。《宋会要辑稿·刑法二》也有记载："（嘉定）十六年正月五日臣僚言：年来伪楮日甚。丁卯旧楮缀补以为新者有之，蜀道楮纲潜易于中流者有之，小夫宴人之家，盗天子之权，私铸印文者亦有之。如一界之楮，为数若干，行之数年之间，耗于水火，耗于破损，耗于遐方，逾界而不易者，又不知其几也。及其界满而收也，其数常溢，则伪楮之多可知。"[2]

整个宋代，伪造楮币之风始终未曾停止，为保证纸币正常流通，举报者受赏优厚，对违法者的惩罚也是十分严厉的。

（五）交子流通区域不断扩大

交子作为社会发展进步的"科技产物"，在诞生之初，仅流通于川峡四路。随着货币功能的逐渐成熟，交子成为一种利国利民的商品交易新媒介，其流通区域也逐渐扩大。"熙宁二年河东苦于铁钱的运

---

[1]　窦仪等：《宋刑统》卷二五《诈伪律》，吴翊如点校，中华书局，1984，第 395 页。
[2]　徐松：《宋会要辑稿》第一六六册《刑法二》，中华书局影印本，1957，第 6568 页。

输不便，曾在潞州设置交子务，三年一度废罢；四年又行于陕西，九年又废罢。崇宁元年又行于陕西……后来的钱引，流通区域比较广，除四川外，还有京东、京西、淮南、京师等路。"[1]

庆历七年（1047年），陕西路开始借益州交子使用。"二月，己酉，诏取益州交子三十万于秦州，募人入中粮粟。"[2] 这时期陕西借益州交子用于驻西夏前线宋军收购四川商贾长途运送的粮草，两次共借交子六十万贯，与陕西的盐钞共同在民间流通，但是这批交子"并无见钱桩管，只是虚行印刷"，"散在民间，转用艰阻，已是坏却元法，为弊至深"[3]。到了神宗时期，陕西大力推行使用交子，并且废止了之前行用的盐钞。《续资治通鉴长编》载："（熙宁四年春正月）庚戌，诏陕西已行交子，其罢永兴军买盐钞场。"[4] 陕西的交子屡兴屡废，熙宁九年（1076年）正月甲申，"又诏陕西交子法更不行，官吏并罢。已支交子，委买盐官纳换"[5]。陕西交子被罢后，益州印刷的川交子仍然在陕西大量行用。崇宁元年（1102年），为弥补陕西用度不足，"复行陕西交子"[6]，发行交子三百万贯。《皇朝编年纲目备要》崇宁元年"陕西通行交子"条说："蔡京言：'茶马司将川交子通入陕西，民已取信。今欲造三百万贯，令陕西与见钱、盐钞兼行，仍拨成都常平司钱一百万贯充本。'从之。"[7]

在益州官交子影响下，铜、铁钱混用的河东路也开始发行交子。《续资治通鉴长编拾补》载："（熙宁二年闰十一月）条例司言：'西

① 彭信威：《中国货币史》，上海人民出版社，2007，第318页。
② 毕沅：《续资治通鉴》（文白对照全译），北京燕山出版社，2008，第1180页。
③ 李攸：《宋朝事实》卷十五《财用》，中华书局，1955，第233页。
④ 李焘：《续资治通鉴长编》卷二一九，中华书局，1986，第5329页。
⑤ 李焘：《续资治通鉴长编》卷二七二，中华书局，1986，第6668页。
⑥ 马端临：《文献通考》上册《卷九·钱币二》，中华书局，1986，第97页。
⑦ 陈均：《皇朝编年纲目备要》卷第二六，中华书局，2006，第666页。

京左藏库副使高遵裕等十一人各乞置交子务。本司详交子之法，用于成都府路，人以为便。今河东公私若运铁钱劳费，宜试如遵裕等议行交子之法，仍令转运司举官置务。'从之。"① 河东路使用交子仅半年，于熙宁三年（1070 年）七月，朝廷就下令"罢潞州交子务"，但是在北宋末年河东路又有使用会子的记载。会子始于南宋高宗绍兴年间，河东路北宋末年使用的会子或即交子、钱钞之类。

崇宁年间（1102—1106 年），除在陕西发行三百万贯交子外，朝廷也在京西北路、淮南路等地推行交子。《宋史·食货志》载："崇宁三年，置京西北路专切管干通行交子所，仿川峡路立伪造法。通情转用并邻人不告者，皆罪之。私造交子纸者，罪以徒配。"② 《皇朝编年纲目备要》载："（崇宁）四年四月，诏淮南许通用交子。六月，又诏交子并依旧法路分，兼通行诸路，惟不入京。"③

崇宁四年（1105 年）六月，朝廷又出台新的政策：诸路改用钱引，已经流通的交子用钱引兑回，而四川路仍然使用交子。《宋会要辑稿》载："（崇宁）四年六月二十三日，榷货务买钞所言：奉旨交子并依旧法路分，兼诸路通行，其在京及京畿行用等旨挥，更不施行。钱引依此印造。诸路用钱引，四川依旧施行。其已行交子，渐次以钱引兑换。官吏等并归买钞所，共为一局，合用'榷货务买钞所'朱记。所有旧交子务铜朱记一面乞下少府监毁弃。所有'在京提举交子官印'铸印一十面，今合改作'提举钱引之印'六字为文。'在京交子务交子记'八字铜朱记一十面，今改作'榷货务买钞所钱引记'九

① 李焘：《续资治通鉴长编拾补》第三册，卷六，北京文物出版社，1987，第 12 页。
② 脱脱等：《宋史》卷一八一《食货志下三》，中华书局，1985，第 4404 页。
③ 陈均：《皇朝编年纲目备要》卷二六，中华书局，2006，第 66 页。

字为文。乞下本监改铸降下。从之。"①

宋徽宗崇宁以后，特别是进入南宋以后，宋朝廷处于内忧外患之中，通货膨胀严重，铜铁资源更加短缺，金属货币供应日益减少，出现严重钱荒。在此困窘的情况之下，宋朝廷只有采取发行纸币的办法来解决通货问题。于是以前行于川峡一隅的交子，就"顺流而东"，席卷整个东南地区，出现关子、会子、淮交、湖会等信用纸币。

交子是以铁钱为基准的信用纸币，自天圣二年（1024 年）官府发行之后到宋神宗时期一直没有发生重大变化。其间，宋仁宗庆历七年（1047 年）和皇祐三年（1051 年）因西北边防吃紧，商人入中粮草需加支付，许可商人"陕府西转运司勘会辖下秦州所入纳粮草，取客稳便指射，赴永兴、凤翔、河中府及西川嘉、邛等州请领钱数"②，因而交子前后有 60 万贯挪到秦州借支。其中有的到熙宁年间尚未收兑。这样，交子第一次超越了它的使用范围和印付数字。

到熙宁年间，因对西北用兵，朝廷打算把四川交子向西北推行，借以解决财政困难，熙宁二年（1069 年）置潞州交子务，继而于熙宁四年（1071 年）陕西开始使用交子，然都因当地不具备成规模地使用交子的条件，不久作罢。但到熙宁七年（1074 年），朝廷又向陕西推行交子，试图以"交子与钱行用无异，即可救缓急，及免多出盐钞、虚抬边籴之弊"③。事实上交子缺乏准备金，多发行"空券"，就只能加重陕西财政的困难。因此，是否在陕西推行交子，在朝廷上意见极

① 徐松：《宋会要辑稿》第七十四册《职官二七》，中华书局，1957，第 2945 页。
② 徐松：《宋会要辑稿》第一三九册《食货三六》，中华书局影印本，1957，第 5440—5441 页。
③ 李焘：《续资治通鉴长编》卷二五四，中华书局，1995，第 6214 页。

不一致。王安石就不赞成在陕西推行交子，认为"（交子）到了妨盐钞"①；而吕惠卿追随宋神宗，一意把交子推行到陕西路，结果"时以交子出多，而钱不足给，致价贱亏官故也"②，而盐钞也因交子的推行，"又深害钞价"，只是便宜了那些贪贩交子、倒卖证券的商人。最后，官交子不得不停止在陕西通行。

此外，熙宁年间朝廷对四川交子制度又做了一些变动，即：制定有关防止和惩处伪造交子的法令；熙宁二年（1069 年）改为发行面额较小的两种交子——五百文交子和一贯文交子；熙宁五年（1072 年）"续添造一界，其数如前，作两界行使"；同时还延长了交子"交界"时间，从原来的二月延至七月。

自天圣二年（1024 年）到宋神宗年间，川峡四路的交子改为官办后，大体上是稳定的。川峡诸路除夔州路外，交子的发行量都是不断增长的，这个区域市场颇为活跃。就政府的货币政策来看，天圣二年（1024 年）开始发行时发行量为 125.634 万贯，通货不算多，甚至可以说是紧俏的。到宋神宗时期改为两界并行，即通货增加了一倍。这是按商品流通的需要发行的，就是说交子的发行量是适中的。交子的发行量既然得到朝廷法律上的认可，国家就应重视它，并根据社会的需要不断地对其进行改进。南宋的杨冠卿称：交子不但是市场上的通货，而且"租税之输，茶、盐、酒酤之输，关市津梁之输，皆许折纳"。这样，社会各阶层当然乐于使用交子。不仅如此，由于准备金充足，"贱则官出金以收之，而不使常贱；贵则官散之，而示其称提，

---

① 李焘：《续资治通鉴长编》卷二七二，中华书局，1995，第 6668 页。
② 李焘：《续资治通鉴长编》卷二七〇，中华书局，1995，第 6623 页。

使之势常平，而无比重彼轻之弊"①。值得指出的是，官交子开创时面值为一贯至十贯 10 种，其后宋仁宗宝元二年（1039 年）改作五贯和十贯 2 种，而十贯的发行额占 80%。这时期交子面值偏大，只能在中等以上商贾、官僚士大夫和有钱的财主们当中行使，对市场贸易来说并不有利。宋神宗熙宁二年（1069 年）改为五百文和一贯 2 种（分别占 40% 和 60%），面值小得多了，这就更能促进商品的流通和交换，加强了小农小工与市场的联系。在王安石变法期间，青苗钱的借贷、免役钱的征收，同农民特别是自耕农民的货币关系更加紧密了，发行面值小的交子，显然是与客观要求相适应的。由于这个时期朝廷的货币政策合理，"西州之楮币，其便用亦东州之楮币也；东州之铜钱，其流通亦西州之铁钱也，何西州用之百年而无弊？贸百金之货，走千里之途，卷而怀之，皆曰铁不如楮便也"②。因交子在人们的心目中具有很好的信用，"旧日蜀人利交子之轻便，一贯有卖一贯一百者"③。即使在熙宁十年（1077 年）以后，交子稍为贬值，彭州"第二十七界交子卖九百六十，茶场司指挥作一贯文支用；第二十六界交子卖九百四十，茶场司指挥作九百六十文用"④，仅贬值 4%～6%。其实，通货稍微膨胀和贬值，对一般小农小工来说，并没有造成多大伤害。在今天看来，可以说是适度（轻微）的通货膨胀，对促进生产、流通及扩大社会需求是有利的。

① 杨冠卿：《客亭类稿》卷九《重楮币说》，《四库全书》第 1165 册，上海古籍出版社，1987，第 500 页。
② 杨冠卿：《客亭类稿》卷九《重楮币说》，《四库全书》第 1165 册，上海古籍出版社，1987，第 409～500 页。
③ 苏辙：《栾城集》卷三六《论蜀茶五害状》，上海古籍出版社，1987，第 789 页。
④ 吕陶：《净德集》卷一，《四库全书》第 1098 册，上海古籍出版社，1987，第 14 页。

三、官交子的消亡

　　交子自宋仁宗天圣二年（1024 年）二月正式发行，到宋徽宗大观元年（1107 年）交子改钱引前夕，80 余年共发行 42 界。其中自天圣二年（1024 年）至宋哲宗元符二年（1099 年）的这 75 年中，第 1 界至第 39 界交子运行比较正常，其中有 31 界交子发行量均在控制额度以内，占近八成。其间因与西夏的战事需要，朝廷 8 次从益州借交子付陕西前线入中粮草，造成第 12、13、15、25、28、36、38、39 界交子超发，但因数额控制得当，均没有突破祖额 188 万贯，其运行也是良好的，交子的币值没有出现大的波动。

（一）宋夏战争造成交子超量发行，币值大跌

　　北宋时期，宋仁宗、宋神宗和宋徽宗三代皇帝，先后发动了对西夏的大规模战争。几十年中，战争断断续续，对双方社会、政治和经济都产生了巨大影响。到崇宁元年（1102 年），即宋徽宗即位后的第

二年，北宋便发动对西夏的战争。在宋徽宗的战略部署下，宋军连战连捷。崇宁二年（1103年），童贯、王厚攻克湟州（今青海乐都）；崇宁三年（1104年）王厚接连攻下鄯州（今青海西宁）、廓州（今青海贵德）。为攻打西夏，北宋朝廷多次增发交子以作军费，使交子发行量达到每界限额的20余倍，结果造成严重的通货膨胀。

宋夏战争军费支出庞大，使四川交子发生了重大变化——从以前的相对稳定逆转为不稳定。本来自宋哲宗元祐年间，交子贬值幅度已达到10%，但该问题不仅没有得到及时解决，反而为解决陕西沿边籴买问题又扩大了交子的发行量，使发行失控。从建中靖国元年（1101年）到大观元年（1107年），交子务改钱引务之前，七年中发行的四界交子，超发额度特别严重（其中第40界增印200万贯，第41界增印1 143万贯，第42界增印570万贯，第43界增印554万贯），使大观元年（1107年）的第43界交子发行额高达2 655万余贯，为天圣年间发行量的21倍。这巨大的超量发行，使交子流通制度遭受破坏，导致纸币严重贬值，"及更界年，新交子一乃当旧者之四……又诏陕西、河东数路引直五千至七千，而成都才直二三百，豪右规利害法，转运司觉捕煽惑之人，准法以行。民间贸易十千以上，令钱与引半用"[1]。

由于第43界交子发行达到了天量，"较天圣一界逾二十倍"，两界并用则逾40倍。通货膨胀如此严重，一个显而易见的恶果便是通货贬值。宋哲宗元祐时期，交子每贯"近岁止卖九百以上"[2]，已经贬值10%。而宋徽宗时期，"自朝廷取湟、廓、西宁籍其法，以助兵费，较天圣一界逾二十倍。而价愈损，及更界年，新交子一乃当旧者之

① 马端临：《文献通考》上册《卷九·钱币二》，中华书局，1986，第97页。
② 苏辙：《栾城集》卷三六《论蜀茶五害状》，上海古籍出版社，1987，第789页。

四"①，即贬值75%。在通货贬值的情况下，商人乘机活动起来，"（大观）二年，而陕西、河东皆以旧钱引入成都换易，故四川有壅遏之弊，河、陕有道途之艰，豪家因得以损直敛取"②。在陕西、河东等路钱引币值 5 000~7 000 的，在成都才值 200~300；即使是益州管辖的威州（今汶川），"知威州张特奏：'钱引元价一贯（1 000 文），今每道止直百文'"③，贬值90%。"大凡旧岁造一界备本钱三十六万缗，新旧相因，大观中不蓄本钱而增造无艺，至引一缗当钱十数。"④ 在宋徽宗时期，蔡京集团单靠印刷纸币来解决财政困难，最终导致通货膨胀、币值大跌，使北宋朝廷信用尽失。

（二）宋徽宗诏令"交子"改"钱引"

北宋攻打西夏后不久，为挽回交子的信誉，宋徽宗于大观元年（1107 年）五月，诏令将"交子务"更名为"钱引务"，用"钱引"代替"交子"。"务"指各路经济管理机构，除四川、福建、浙江等地纸币仍沿用"交子"名称外，其他诸路均使用"钱引"，这样做的目的是提高纸币的信用等级。因"交子"容易使人认为其仅限于交换媒介，而"钱引"既可作交换媒介，又可以用作提取现钱的凭证，加之当时还有"盐引"和"茶引"流通（它们分别有官方仓库的食盐和茶叶作保障，"盐引"和"茶引"实为物权凭证，在人们心目中信用度极高），朝廷将"交子"改为"钱引"，意为背后有铁钱作支撑，这有利于增强人们对纸币流通价值的信任。

① 马端临：《文献通考》上册《卷九·钱币二》，中华书局，1986，第 97 页。
② 脱脱等：《宋史》卷一八一《食货志下三》，中华书局，1985，第 4404-4405 页。
③ 马端临：《文献通考》上册《卷九·钱币二》，中华书局，1986，第 97 页。
④ 马端临：《文献通考》上册《卷九·钱币二》，中华书局，1986，第 97 页。

虽然交子管理机构由"交子务"更名为"钱引务"，但这也仅仅是名称叫法不同。由于不能从根本上遏制发行量，币值不稳，仍然是"新壶装老酒"。"大观中，不蓄本钱而增造无艺，至引一缗而当钱十数。"① 由于纸币继续贬值，一缗钱引，只能兑换十余枚现钱。

"自用兵取湟、廓、西宁，藉其法以助边费，较天圣一界逾二十倍，而价愈损。及更界年，新交子一当旧者四，故更张之。"② 大观二年（1108年）八月，知威州张持奏："本路引一千者今仅直十之一，若出入无弊，可直八百，流通用之，官吏奉旧并用引，请稍给钱便用。"③ 朝廷在无奈的情况下，宣布对散落在民间的交子不予兑付，使之成为废纸。大观三年（1109年），四川发行的纸币（交子）正式更名为"钱引"，使纸币名称与发行机构"钱引务"一致。

四川钱引印刷及发行沿袭的仍是交子制度，两者无大的区别：仍使用铁钱为货币本位；发行仍为二年一界；发行界序接续交子顺序；面额为一贯、五百文两种；每界书放总额一百二十五万贯，并备铁钱五十万贯作发行准备金；等等。

大观四年（1110年），张商英代替蔡京为相，宋徽宗诏令恢复纸币的发行限额。政和四年（1114年），童贯被任命为陕西经略使，总领六路军事，再次讨伐西夏。政和六年（1116年），童贯的部将刘法在古骨龙斩首西夏军三千人；种师道攻克臧底城。长期的战争，使社会正常经济活动遭受重大冲击，也消耗了大量的人力和社会财力，使人民生活日益贫困，朝廷的财赋日益枯竭。朝廷为集中财力，只好在盐和茶等专卖物资的交易上加税，与私盐贩、私茶贩夺利。到宣和二

① 脱脱等：《宋史》卷一八一《食货志下三》，中华书局，1985，第4405-4406页。
② 脱脱等：《宋史》卷一八一《食货志下三》，中华书局，1985，第4404页。
③ 脱脱等：《宋史》卷一八一《食货志下三》，中华书局，1985，第4405页。

年（1120 年），宋朝与金国订立"宋金宣和海上之盟"，约定联合灭辽。此后，经过努力，到宣和年间（1119—1125 年），钱引的价值和信誉逐渐得到恢复，"大凡旧岁造一界，备本钱三十六万缗，新旧相因。大观中期，不蓄本钱而增造无艺，至引一缗当钱十数。及张商英秉政，奉诏复循旧法。宣和中期，商英录奏当时所行，以为自旧法之用，至今引价复平"①。宣和四年（1122 年），宋徽宗派童贯率军攻打辽国燕京。童贯久攻不下，便派使者至金朝请兵协助。金军到来，辽国不战而降。金军进入燕京，大肆抢掠之后，便将燕京移交给宋朝管理。根据双方约定，宋朝将往年交付辽国的每年银绢五十万两匹转向金国交纳，并付金国燕京代税钱一百万贯，犒军费银绢二十万两匹。宣和五年（1123 年），金太祖阿骨打去世，他的弟弟吴乞买即位，立刻整兵备战，南下攻宋。面对强敌，宋徽宗无奈下诏罪己，取消花石纲，不再收藏奇花异石，但仍挡不住金军的南下，只好禅位给他的儿子宋钦宗。靖康二年（公元 1127 年），金兵攻入开封，虏宋徽宗、宋钦宗北去，北宋灭亡。

（三）钱引流通及终结——南宋"会子"取代钱引

由于南宋的统治区域包括四川，所以钱引仍在铁钱区的川峡四路（益州路、梓州路、利州路、夔州路）流通。大观三年（1109 年）钱引正式发行，并续接交子界份，钱引起界为第 44 界（北宋四川发行的纸币，第 43 界以前叫交子，第 44 界以后叫钱引）。为增强钱引的信用保障，铁钱准备金由原来的 36 万贯增至 50 万贯（后来增至 70 万贯），增幅达四成。每界发行数额，仍控制在 125 万贯。

---

① 脱脱等：《宋史》卷一八一《食货志下三》，中华书局，1985，第 4405-4406 页。

第 44 界钱引自大观三年（1109 年）开始书放，至建炎元年（1127 年）第 53 界钱引书放前，运行基本正常。18 年间，共书放 9 界，均为两年一界，发行额均控制在 125 万余贯内，书放及兑付时间基本做到了准时（详见表 3-2）。

进入南宋，四川地区成为抵抗金兵入侵的前线，朝廷在这里驻扎重兵防守。由于军队数量众多，官员冗滥，赏赐频繁，军费开支巨大。其时南宋朝廷财赋收入困难，希望通过增发钱引的办法来增加军费。随着战争规模的不断扩大，钱引发行也不断突破原定的限额，超发屡禁不止。从第 53 界钱引起，因受战争影响，朝廷通过滥发钱引来筹措军费，造成严重的通货膨胀，使钱引信用受损。《建炎以来朝野杂记》甲集卷十六"四川钱引"条载："建炎初，靳博文为益漕，以军食不继，始以便宜增印钱引六十三万缗。其后张忠献、卢立之、席大光相继为帅，率增印矣。绍兴七年夏，诏四川不得泛印钱引。然边备空虚，泛印卒如故。"① 《建炎以来系年要录》卷二九"建炎三年（1129 年）十一月乙酉"条载："宣抚处置使张浚以便宜增印钱引一百万缗，以助军食。其余八年间，累增二千五十四万缗。浚又置钱引务于秦州，以佐边用。"② 绍兴年间，四川钱引增发更多。《宋史》卷三七四《李迨传》引四川都转运使李迨的奏书说，南宋时四川地区"自来遇岁计有阙，即添支钱引补助。绍兴四年，添印五百七十六万道。五年，添印二百万道。六年，添印六百万道。见今泛料太多，引价顿落，缘此未曾添印"③。钱引的滥发，引起其进一步贬值，造成恶性循环。关于

① 李心传：《建炎以来朝野杂记》甲集卷《四川钱引》，徐规点校，中华书局，2000，第 365 页。

② 李心传：《建炎以来系年要录》卷二九，中华书局，1956，第 571 页。

③ 脱脱等：《宋史》卷三七四《李迨传》，中华书局，1977，第 11594 页。

当时川陕地区军费的开支情况，李迨奏书又说，唐代宗时刘晏理财，"是时天下岁入缗钱千二百万，而管榷居其半。今四川榷盐、榷酒岁入一千九十一万，过于晏所榷多矣，诸窠名钱已三倍刘晏岁入之数。彼以一千二百万赡中原之军有余，今以三千六百万赡川、陕一军而不足。又如折估及正色米一项，通计二百六十五万石。止以绍兴六年朝廷取会官兵数，计六万八千四百四十九人，决无一年用二百六十五万石米之理。数内官员一万一千七员，军兵五万七百四十九人，官员之数比军兵之数约计六分之一。军兵请给钱比官员请给不及十分之一，即是冗滥在官员，不在军兵也。计司虽知冗滥，力不能裁节之，虽是宽剩，亦未敢除减，此朝廷不可不知也"[①]。《建炎以来系年要录》卷一九八"绍兴三十二年（1162 年）三月"条载："王之望遗宰执书言：'见今三帅分头征讨，官军义士与招降之众，几十二万人。前此用兵，无如今日，犒赐激赏，籴博粮草之费，已一千余万引。自休兵以来，二十年间，纤微积累之数，及累次朝廷支降钱物，皆以费用，所存无几耳。'"[②] 可见，川峡地区庞大的军费开支和官吏的冗滥奢侈是滥发钱引的主要原因，而钱引的滥发又引起严重的通货膨胀。

表 3-2　第 44 至第 70 界钱引发行一览表

界分	发行时间	发行数额/万贯	备注
第 44 界	大观三年（1109 年）	125.634	大观四年（1110 年），四川提举诸司封桩钱 50 万缗，为钱引发行准备金
第 45 界	政和元年（1111 年）		43 界引满勿换，45 界勿印
第 46 界	政和三年（1113 年）	125.634	—

① 脱脱等：《宋史》卷三七四《李迨传》，中华书局，1977，第 11594~11595 页。

② 李心传：《建炎以来系年要录》卷一九八，中华书局，1956，第 3352~3353 页。

表3-2（续）

界分	发行时间	发行数额/万贯	备注
第 47 界	政和五年（1115 年）	125.634	—
第 48 界	政和七年（1117 年）	125.634	—
第 49 界	宣和元年（1119 年）	125.634	—
第 50 界	宣和三年（1121 年）	125.634	—
第 51 界	宣和五年（1123 年）	125.634	—
第 52 界	宣和七年（1125 年）	125.634	—
第 53 界	建炎元年（1127 年）	188.634	复用元符年祖额 188.634 万贯，增 63 万贯
第 54 界	建炎三年（1129 年）	288.634	建炎二年（1128 年）增印 100 万贯
第 55 界	绍兴元年（1131 年）	348.634	绍兴元年（1131 年）增印 60 万贯
第 56 界	绍兴三年（1133 年）	988.634	绍兴二年（1132 年）增印 140 万贯，绍兴三年（1133 年）增印 500 万贯
第 57 界	绍兴五年（1135 年）	1 758.634	绍兴四年（1134 年）增印 570 万贯，绍兴五年（1135 年）增印 200 万贯
第 58 界	绍兴七年（1137 年）	2 358.634	绍兴六年（1136 年）增印 600 万贯
第 59 界	绍兴九年（1139 年）	2 858.634	绍兴八年（1138 年）增印 300 万贯，绍兴九年（1139 年）增印 200 万贯
第 60 界	绍兴十一年（1141 年）	3 358.634	绍兴十年（1140 年）增印 500 万贯
第 61 界	绍兴十三年（1143 年）	3 758.634	绍兴十三年（1143 年）增印 400 万贯
第 62 界	绍兴十五年（1145 年）	3 758.634	—
第 63 界	绍兴十七年（1147 年）	3 758.634	—
第 64 界	绍兴十九年（1149 年）	3 758.634	—
第 65 界	绍兴二十一年（1151 年）	3 758.634	—

表3-2(续)

界分	发行时间	发行数额/万贯	备注
第66界	绍兴二十三年（1153年）	3 758.634	—
第67界	绍兴二十五年（1155年）	3 758.634	—
第68界	绍兴二十七年（1157年）	3 758.634	—
第69界	绍兴三十年（1160年）	4 098.634	绍兴二十九年（1159年）增印170万贯，绍兴三十年（1160年）增印170万贯
第70界	绍兴三十二年（1162年）	4 498.634	绍兴三十一年（1161年）增印100万贯，绍兴三十二年（1162年）增印300万贯

资料来源：根据《楮币谱》有关数据整理（《岁华纪丽谱等九种校释·楮币谱》，《巴蜀丛书》第一辑，谢元鲁校释，巴蜀书社，1988，第211-243页）。

庞大的军费支出，造成钱引发行额剧增。《楮币谱》载，自"建炎二年，罢铸钱，复用元符所增之额（祖额一百八十八万贯，较平常增发六十三万贯）。三年，增一百万。绍兴元年，增六十万。二年，增一百四十万。三年，增五百万。四年，增五百七十万。五年，增二百万。六年，增六百万"[1]。八年增三百万，九年增两百万，十年增五百万，十三年增四百万，二十九年增一百七十万。"至后累增五百余万，凡两界共为钱引四千六百四十七万二千六百八十。绍熙二年，有旨将八十三界钱引展一界行使。增印一百九十万，以偿总领所兑引贯头、水火不到钱数。庆元三年（1197年），总领所奏，以成都、潼川、利州三路旱伤，制置司减免民间租赋，乞增印钱引，以备对补，有余

---

① 《岁华纪丽谱等九种校释·楮币谱》，《巴蜀丛书》第一辑，谢元鲁校释，巴蜀书社，1988，第229页。

以充赈济。诏增一百万。逮今合四千九百三十七万二千六百八十道矣。"①

自建炎元年（1127年）第53界钱引启用元符年祖额188万贯，增印63万贯起，到绍兴十三年（1143年）第61界钱引止，这期间书放频率高，16个年份计发行钱引9界，其中有12个年份增发，累计增发3633万贯，将发行数额推高到3758万贯（参见表3-2），为早期发行额的30倍。与北宋崇宁、大观年间增发相比，有过之而无不及。

绍兴十一年（1141年）宋、金达成和议后，四川钱引虽没有继续增大发行量，但仍处于高位运行。到绍兴末年，随着宋、金关系的再次紧张，钱引发行量又开始增加。绍兴二十九年（1159年）、三十年（1160年）各增印170万贯，三十一年（1161年）增印100万贯，绍兴三十二年（1162年）增印300万贯。此后，南宋钱引发行的数量逐年增多，到了庆元三年（1197年），前后两界共书放4900万贯。后来将两界并行改为三界并行，到嘉泰末年（1204年），两界钱引已达到5300余万贯，三界加起来将近8000万贯。《建炎以来朝野杂记》载："建炎初，张魏公浚出使复以便宜增印。自后因仍不已，至嘉泰末，两界书放凡五千三百余万缗（贯），通三界所书放视天圣祖额至六十四倍。逮嘉定初，每缗止直铁钱四百以下。议者患之。"② 为维持纸币与铜、铁钱的比价，南宋朝廷实行"称提"，用钱币、金银收兑纸币，或以限制纸币发行总额、规定流通期限等方法保持纸币的信用。嘉定

---

① 《岁华纪丽谱等九种校释·楮币谱》，《巴蜀丛书》第一辑，谢元鲁校释，巴蜀书社，1988，第232-234页。

② 李心传：《建炎以来朝野杂记》乙集卷，《四川收九十界钱引本末》，徐规点校，中华书局，2000，第790页。

元年（1208年）十一月，当市面流通的钱引数额大增时，朝廷收兑第90界钱引。"总领财赋陈逢孺乃与僚属议出库管金、银、度牒与民，收回半界（钱引）。金每两直六十缗，银每两直六缗二百，度牒每道一千二百缗，度库管所藏可直一千三百万。"① "嘉定三年春，制、总司收兑九十一界，二千九百余万缗，其千二百万缗，以茶马司羡余钱及制司空名官告，总所桩管金银、度牒对凿，余以九十三界钱引收兑。又造九十四界钱引五百余万缗，以收前宣抚程松所增之数，应民间输纳者，每引百帖八千。其金银品搭，率用新引七分，金银三分，其金银品色官称，不无少亏，每旧引百，帖纳二十引。盖自元年、三年两收旧引，而引直遂复如故。"②

为使币值稳定，并用"称提"办法来维持或提高纸币的购买力，南宋高宗在论四川交子时，"最善沈该称提之说，谓官中尝有钱百万缗，如交子价减，即官用钱自买，方得无弊"③。南宋孝宗时，纸币的发行量不是很大，又经常用金银、铜、铁钱等兑换回收，所以通货膨胀还不太厉害。每当钱引与铁钱的比值下跌太多时，官府便进行称提。宁宗嘉定初，因九十一界钱引贬值过多，四川总领所决定收兑称提，《建炎以来朝野杂记》载："卒兑九十一界二千九百余万缗。其一千二百万缗，以茶马司羡余、大使司空名官告、总所桩管度牒、金银对凿，余以九十三界收兑，又创造九十四界钱引五百万缗，以收程东老所增之数……然总所收兑旧引，皆以金银品搭，率用新引七分，金银三分……盖自嘉定元年（1208年）三月两收旧引，凡二千五百万缗有

---

① 李心传：《建炎以来朝野杂记》乙集卷，《四川收九十界钱引本末》，徐规点校，中华书局，2000，第790页。
② 马端临：《文献通考》上册《卷九·钱币二》，中华书局，1986，第100页。
③ 马端临：《文献通考》上册《卷九·钱币二》，中华书局，1986，第100页。

奇，而引直遂复如故。"①

钱引收兑虽然在嘉定初年取得成效，但这时南宋朝廷已日渐衰落，处于内忧外患中，军费等支出庞大，不得不靠继续用超发纸币的简单办法来维持。到端平元年（1234 年），四川钱引发行量已经达到一亿七千万缗，为天圣年交子发行量的一百三十六倍。即使与嘉定元年（1208 年）相比，数额也增加一倍多。

钱引接续交子界份，到绍定六年（1233 年）已书放九十九界。这一时期钱引自北宋天圣二年（1024 年）官交子发行，"请于朝，创用楮币，约以百界。尝见蜀老儒辈言，谓此是世数所关，七八年前已及九十九界，蜀阃建议，虚百界不造，而更造所谓第一界，行之未久，而蜀遂大坏"②。到淳祐年间（1241—1252 年），钱引需重新启界。开禧后，钱引往往不能按时兑界，只能"展年收兑"，每界钱引收兑时间只能延长到十年一易。淳祐九年（1249 年）之后，朝廷顺应这个趋势，改为十年一界。《宋史·食货志下三》载："（淳祐）九年，四川安抚制置大使司言：'川引每界旧例三年一易。自开禧军兴以后，用度不给，展年收兑，遂至两界、三界通使，然率以三年界满，方出令展界，以致民听惶惑。今欲以十年为一界，著为定令，则民旅不复怀疑。'从之。"③

南宋末年，蒙古军队占领四川大部，四川成为南宋与蒙古的战场，宋军坚守川东南一隅，军需更是靠增发纸币保障。此时在川陕接合部（关外）和利州东路兴元府又先后发行银会子和四川铁钱会子，纸币

---

① 李心传：《建炎以来朝野杂记》乙集卷，《四川收九十一界钱引本末》，徐规点校，中华书局，2000，第 789 页。

② 张端义：《贵耳集》卷下，中华书局，1958，第 64 页。

③ 脱脱等：《宋史》卷一八一《食货志下三》，中华书局，1985，第 4410 页。

更是急剧贬值，币制大坏。南宋名臣李曾伯上奏朝廷说："窃惟蜀楮之弊极矣。见今三界行使，其第三料视第一料，以五当一，楮价犹未甚辽绝。自宝祐二年更印银会，以一当百，一时权于济用，将以重楮，然自此而楮益轻……自宝祐二年至宝祐四年正月，两年之间乃共造二千八百万八千六百七十贯，折计第二料二百八十万八千六百七十贯。以此会算，则是近两年所造银会之数，比之前十三年内所造第一料、第三料之数几已增一倍。以上楮之立价非不重，而印造乃愈多，物贵乃愈甚，支用乃愈不继，视而弗救，长此安穷。姑举一二言之：银价去春每两仅三千引，今每两七千五百引矣。籴价去春每石仅二千引，今每石五千引矣，其他百货增长者称是。民生经济以此而愈憔悴，军券支遣以此而愈艰难。"[1] 为扭转战争造成的恶性通货膨胀及货币体系的混乱局面，南宋朝廷收回了地方纸币发行权，实行银会和东南会子跨区流通的救楮之策，并以东南会子取代了钱引，到宝祐四年（1256年），川峡四路行用了一百四十七年的钱引被银会所取代。

流通二百三十三年的交子（包括钱引）虽然被终结，可它在我国金融史上的创新、开启将纸币作为信用货币的伟大实践、其成功和失败的经验，对后世金融政策的制定和币值稳定有着极其重要的借鉴意义。

---

① 李曾伯：《可斋续稿·后》卷三《救蜀楮密奏》，《四库全书》第 1179 册，上海古籍出版社，1987，第 615 页。

为交子做出贡献的人物

交子作为引领货币创新的信用工具，由最早代铁钱流通的价值符号，蜕变为法定信用货币，其间倾注着无数聪慧的四川人的心血。虽然历史文献没有记载最早发明交子的人是谁，但是，我们要对在交子发展过程中做出过重要贡献的几位历史人物进行详细介绍，以资纪念。

一、张咏

（一）张咏生平

张咏（946—1015），字复之，濮州鄄城（今山东菏泽）人。自号乖崖，取"乖则违众，崖不利物"之意。宋太宗太平兴国五年（980年），濮州推选举子赴京会试，众议首推张咏，张咏推辞，与寇准致书郡守，推荐凤儒张覃为首，众人皆赞其谦让的君子之风。当年张咏考中进士乙科，出任大理评事。外放鄂州崇阳任县令时，有小吏自官钱库中出，耳鬓中藏有一枚铜钱，张咏发现后询问之，小吏承认是库中之钱，张咏大怒，命杖打，小吏自恃本县地头蛇，并不把这新来的县令放在眼里，怒而驳曰："一钱何至杖？即杖我，能斩我乎？"张咏援笔判曰："一日一钱，千日千钱，绳锯木断，水滴石穿。"亲自仗剑斩之，落下"一钱县令"之美名，其执法严明可见一斑。张咏后任麟州（今山东巨野）、相州（今河南北部安阳市与河北省临漳县一带）

二州通判，浚仪（今河南开封）县令。朝中李沆、宋缇、寇准力荐张咏，张咏遂调任湖北路转运使，归州（今湖北秭归）、峡州（今湖北宜昌）二州水递夫，又升为太常博士。张咏后被召回，并被越级提升为虞部郎中、枢密院直学士、同知银台通进封驳司兼掌三班院。张咏从一个八品县令升至朝中三品大员。

太宗淳化三年（992 年），西川王小波、李顺发动农民起义后，朝廷派张咏治理益州。咸平初年（998 年），召回朝拜为给事中、户部使，改御史中丞。咸平二年（999 年）夏，以工部侍郎出任杭州知州。真宗咸平五年（1002 年），张咏因前次治蜀有功，兼刑部侍郎、枢密直学士、吏部侍郎，再度出任益州知州。转运使黄观上言褒奖其政绩，真宗派人传谕张咏"得卿在蜀，朕无西顾之忧矣"，可见朝廷对他十分器重。景德三年（1006 年），张咏任期满，被召回朝廷执掌三班，领登闻检院。

张咏中年后，因头上生疮，不适合戴朝帽，不适宜朝中任职，加升左丞，派升州（今江苏南京）任职。届满当还，州民挽留，以工部尚书职连任。这年秋天，因江宁大旱歉收，张咏受命担任升州、宣州（今安徽宣城）等十州安抚使，入官礼部。后来，真宗听闻张咏头疮加重，召他回京。大中祥符八年（1015 年）一月，张咏因病逝世，享年 70 岁。朝廷赠其左仆射职，赐谥忠定。

（二）张咏治蜀主要功绩

张咏两次出任益州知州，时间长达 7 年。张咏入蜀之后，带领百姓搞生产，兴学助教，从严治理，对宋初蜀中的归化和稳定起到了重要作用，为大宋经济的发展做出了杰出贡献。这主要体现在以下几个方面。

1. 治军恩威并用

张咏初到成都时，了解到成都城内尚有三万屯兵但已无半月粮食的情况，立即展开调查。他发现蜀地盐价很高，而官库还有余存，于是下令降低盐价，允许百姓用米换盐，不到一月，筹集到几十万斛①大米，既解决了兵粮问题和关中转输粮食到蜀地的麻烦，又赢得了军心，还增强了与主帅王继恩对话的底气。然后张咏逼令王继恩分兵四出，接着又通过分配军马饲料的机会再次逼迫王继恩出战。之后，张咏与新任的西川招安使上官正一起消灭了王小波、李顺起义军余部。

公元 997 年 8 月，真宗即位不到半年，西川都巡检使属下广武士卒刘旰叛乱，攻打怀安、汉州、永康军、蜀州，所到之处，人们四散奔逃。益州钤辖兼诸州都巡检使马知节反应快速，率部平叛。而身为招安使的上官正却行动缓慢，甚至不想出兵。张咏宴请上官正等将士，苦口婆心，晓之以理，甚至以"你们若不速战，此地将是你们的葬身之地"相逼，同时也践行承诺，奖赏士兵。由于张咏的激励和马知节及时有效的决策，这次叛乱仅十天就被平定，蜀地避免了再一次动乱。同时张咏也严厉打击骄兵悍卒。王继恩一宠卒仗势欺民，被人告发后，趁夜缒城逃出，张咏派人将其抓获，捆绑后直接扔入枯井中，不但打击了骄兵悍卒的嚣张气焰，而且也对主帅王继恩的胡作非为起到了警示作用。

张咏关心士卒生活。公元 997 年 10 月，有官员称四川州县幕职官所请月俸，铜钱一文只折铁钱二文，希望增加铁钱份数。张咏上奏，要求提高屯驻地方士兵的待遇。后来诏令支铜钱一文，折铁钱五文。张咏把士兵的待遇提高到了与州县幕职官一样的水平。

有一次，朝廷举行大阅兵，当张咏骑马出现的时候，场上众士兵

---

① 宋代 1 斛相当于现在 30 千克。

高呼，声音震天价响。张咏反应迅速，立即下马，面朝东北方也高呼三声，然后策马继续前行，毫不迎合士兵，士兵遂不敢再出声。这则轶事一是说明张咏赢得了士兵的信任；二是蜀地易发兵乱。张咏具有极强的冷静、机智地处理突发事变的能力，以至于韩琦都感叹说，如果他遇到那样的事情，也不知该如何处理为好。

2. 治吏处置严，重人才

对王小波、李顺起义的原因，宋人有很多反思。韩琦认为是东、西两川发生旱灾，百姓饥馑，吏人救灾不力造成的。宋太宗在罪己诏中承认是自己用人不当。张咏治蜀，将治吏作为重要抓手。刚到任时，蜀中一老资格小吏居功自傲，根本不把他放在眼里，当张咏把枷架在他脖子上时，他都还不悔悟，可怜他至死也没明白张咏为何敢杀他。张咏斩杀的另一猾吏，是前郡守信任之人（因李顺曾犯法下狱，是此吏放纵，终酿大祸）。当张咏判其死罪时，他仍坚称无罪。张咏将其带到刑场，当众宣布其罪行，该吏最终不得不信服，并认罪伏法。张咏也很关心吏人生活。据宋朝《事实类苑》记载，一天，张咏见一吏在衙门厅堂熟睡，叫醒后询问得知，其母亲已病很久，兄长又不在身边，是侍奉母亲太过劳累所致。经调查情况属实，张咏遂派一人为他照顾病母。

张咏重视人才，提拔了不少能吏。第一次知益州时，在与时为校书郎的古成之谈话时，认可其能力，起用他为绵州主吏。古成之上任后，针对王继恩征讨王小波、李顺起义军时，百姓为躲避兵乱多遭溺死，尸横遍野，满目疮痍的状况，运来粮食实施救济，发放汤药治疗疫疾，救活了很多人。古成之又兴学校、劝农桑，使社会安定。张咏第二次知益州时，再次起用古成之为汉州绵竹主吏，绵竹社会安定。

3. 因势利导，发展经济，加强治理

张咏初入蜀时，首要目的是安抚民众，尽快剿灭李顺起义余党，恢复四川安定的生产、生活秩序。他允许那些被胁迫的人改过自新，放还官军送来要求惩处的起义军士卒归业，对主帅王继恩说："前日李顺胁民为贼，今日咏与公化贼为民，何有不可哉！"这体现出其宽大仁慈的一面。对那些逃亡、观望、反复、传谣者张咏则坚决打击。起义军中有杀耕牛避罪逃亡者，不主动自首，在官府拘押其母后仍不出来，又拘押其妻，最后终于出来了。张咏认为他本身犯了罪，又不孝敬父母，予以处斩。

关心民力。张咏第一次治蜀时，因战乱未停，需要差夫到益州以外的地方运输生草饲马，考虑到刚经战乱，百姓生活困苦，特在城西、北门外各设一草场，向百姓购买生草。这既减少了百姓远来奔波之苦，又为饥民提供了购买粮食的资金。凡地方官府有大小兴建，都先张贴告示，把工匠集中起来，分成四队，每队做工十天。暑天气温高，下午卯时上工，中午休息一小时，冬天不午休。张咏深受工匠们的爱戴。

因势利导，发展四川经济。宋人阮昌龄的《录民词》记录了张咏在蜀时的大事。如：放宽旧的条禁，允许西域商人至蜀，大获通商之利；提倡栽桑养蚕，增加百姓收入，发展蜀地经济；下令拆除成都侵占水利设施的豪居大宅，使更多的田地得到灌溉之利。张咏在第二次治蜀期间，针对李顺作乱后川蜀原有铸钱监不再铸钱、民间流通货币减少的情况，接受朝廷命令与转运使黄观一同商议，恢复嘉州、邛州钱监铸造景德大铁钱，每贯用材二十五斤八两，每钱值铜钱一，小铁钱十，缓和了钱币缺乏的矛盾，弥补了经济发展的不足与流通货币的短缺。

顺应民风民俗。张咏治蜀期间，对蜀地好游乐的习俗不禁止，还增加新的游乐内容，并且身体力行，参与其中。一是恢复上元节。成都元宵节有放灯三夜（正月十四日、十五日、十六日）的习俗，张咏特增加了正月十三日一夜灯，又在十七日收灯时举行残灯会。因此，成都的元宵节不仅时间延长，而且张咏及其僚属的参加，增加了节日气氛，使得元宵节时的成都成为不夜城。二是正月二十三日，圣寿寺设蚕市。蚕市逐渐发展为成都的综合性市场，除了售卖与养蚕相关的农具以外，还售卖"百货"，同时它也是一个游乐之所。从此，蚕市相沿不改，且愈发繁荣。三是二月二日游江。二月二日是成都的踏青节，士庶百姓前往四郊游赏。但当时四川动乱之后，郡守担心这会给"不法之徒"提供机会，所以，历来都由郡守届时派兵监视百姓的游赏活动。但这种监视既费时费力，又容易引起百姓反感，更容易引发动乱，所以张咏通过增加官员僚属参加的游江活动把原来分散在四处游赏的人们聚集起来，变原来官府"监视"士民游赏为官员参与游赏，拉近了官民距离，丰富了节日游乐活动的内容。四是令僧司作会。就是利用佛教在民众中的影响，发挥僧徒从善修行的引导作用，聚集民心，稳定社会秩序，推动经济发展。

重视人才，发展教育。张咏治蜀期间，了解到四川民风淳朴，很多人品行端正，学行很高，受到乡里的称赞。张咏敦促勉励他们应举入仕，参加科举考试，其中张及、李畋、张逵皆在其鼓励下考取了进士。张咏还选拔四川学识渊博、善于讲习的士人充任学官，并多次亲临学校慰问，鼓励士人读好书。在张咏的重视下，四川士子千里求学，形成了蜀中士人积极向学、勇于进取的风气，改变了"益不贡士者几二十年，学校颓替"的局面。

（三）张咏对交子的贡献

与张咏和交子有关的史料有三：①戴埴《鼠璞·楮券源流》云："祥符中，张咏治蜀，患铁钱之重，设质剂法，一交一缗，以三年为界，使富民十六户主之。"②章如愚《山堂群书考察》后集卷六十二说："我国朝真宗朝，张咏镇蜀，患蜀人铁钱之重，不可贸易，于是设质剂之法，一交一缗，以三年为一界而换之。"③元代脱脱《宋史·食货志下三·会子》说："真宗时，张咏镇蜀，患蜀人铁钱重，不便贸易，设质剂之法，一交一缗，以三年为一界而换之。六十五年为二十二界，谓之交子，富民十六户主之。"

以上三条史料记载了张咏与交子的关系：一是说他在宋真宗时期镇蜀时创立了交子；二是说他在宋真宗大中祥符年间自辛亥年开始规定交子三年为一界的兑换制度。

以上观点，货币史学家叶世昌做了考证，认为这些说法存在瑕疵，肯定私交子是民间自发产生的，应与张咏无关。"《续资治通鉴长编》卷五九在上引文字后接着提到张咏，完全是另一件事，其文为：'乃诏知益州张咏与转运使黄观同议，于嘉、邛二州铸景德大铁钱，如福州之制。每贯用铁三十斤，取二十五斤八两成。每钱直铜钱一，小铁钱十，相兼行用，民甚便之。'说明当时张咏的对策是铸大铁钱，而不是创造私交子。"① 叶世昌又说："南宋末戴埴在《鼠璞·楮券源流》中也谈到交子的起源，是《湘山野录》的路子，但有了发展。他说：'祥符中，张咏镇蜀，患铁钱之重，设质剂法，一交一缗，以三年为界，使富民十六户主之。资产寝（渐）耗，不能即偿，薛田请官为置

---

① 叶世昌：《〈宋史〉交子起源析误》，载《中国钱币》2002 年第 1 期。

务。天圣元年，寇珹守益，置益州交子务。'"①

　　叶世昌的考证分析，否定了张咏创立私交子之说。因张咏曾两次知益州，第一次在淳化五年（994 年）八月至咸平元年（998 年），第二次在咸平六年（1003 年）至景德三年（1006 年）。而官交子则产生于天圣二年（1024 年），与张咏二次离蜀相距 18 年，不可能与张咏有关。至于私交子，大多数研究者认为，它诞生于王小波、李顺起义之后，是益州商人的自发行为，这期间虽然张咏也执掌益州（994—998 年），可在他的政绩中见不到有关他与交子的记载，但结合私交子成长和发展情况分析，我们认为张咏对私交子成长的贡献是巨大的。

　　《宋朝事实》卷十五《财用》载："益州豪民十余万户连保作交子，每年与官中出夏秋仓盘量人夫及出修縻枣堰、丁夫物料。诸豪以时聚首，同用一色纸印造。"《楮币谱》也有记载："蜀民以钱重难于转输，始制楮为券……以便贸易，谓之交子。凡遇出纳，本一贯取三十钱为息。其后，富民十六户主之……"按这两条文献内容分析，私以为市的交子在这时段引起了纠纷和弊端，引起官府的关注，官府开始干预，并出面进行整顿，挑选出经济实力雄厚、具备良好信誉的十六富商连保发行、经营交子。这段时间，正是宋真宗景德二年（1005 年）张咏第二次治蜀的时期。

　　另外《湘山野录》下卷记录了一则张咏和彭乘交往的逸事，说张咏第二次治蜀期间，在奉旨离任时，为彭乘"留铁缗钞二百道为缣缃之助，勉之"。文中所说的"铁缗钞"，自然是经他与转运使黄观对早期私以为市的交子进行清理整顿后，挑选信用好、实力雄厚的十六富

---

① 叶世昌：《〈宋史〉交子起源析误》，载《中国钱币》2002 年第 1 期。

商连保经营发行的私交子。由此可知，景德三年（1006年）七月即张咏离任时，川峡四路使用的交子已是经官府整顿后的交子。这可证明，张咏作为知益州的最高行政长官，为支持交子发展，自己主动使用交子。因此，我们认为，景德二年（1005年），知益州张咏与转运使黄观根据朝廷诏书，为解决自王小波、李顺起义后，四川十余年间因钱监罢铸钱荒严重问题，同议在恢复嘉、邛二州铸景德大铁钱时，对私以为市的交子进行整顿，使私交子逐步走向了规范。

知益州张咏等官吏对交子这棵幼苗的呵护，使它由一般的商品交换媒介，经过漫长的岁月成长为一棵参天大树。试想最早私以为市的交子，在向"准信用货币"转型中，如果没有以张咏为代表的政府官员的支持，早就被扼杀在萌芽状态，不可能出现后来蓬勃发展的局面。官交子后来成为法定信用货币虽是张咏死后之事，但私交子的成长壮大一定有张咏培育之功。

二、薛田

交子具备完全的货币职能，经历了发生、发展、创新的过程。专家和学者们认为，它成为货币主要经历了三个时段：最早私以交子为市时期；十六富商连保发行时期；交子收归官办时期。交子在这三个阶段的运行中，凝聚了四川人的聪明和才智。当然，也离不开主政益州的地方官——薛田对交子的贡献。

（一）薛田生平

"薛田（970—1033），字希稷，河中河东（今山西永济）人。少师事种放，与魏野友善。进士，起家丹州（今陕西宜川）推官。李允正知延州，辟为从事，向敏中至，亦荐其材。改著作佐郎、知中江县。真宗祀汾阴，田时居父丧，经度制置使陈尧叟奏起通判陕州。还，拜监察御史，以母忧去。会祀太清宫，又用丁谓奏，起通判亳州。迁殿中侍御史、权三司度支判官，改侍御史、益州路转运使……

"就除陕西转运使，进直昭文馆、知河南府，复入度支为副使。使契丹还，擢龙图阁待制、知天雄军。未几，擢知开封府，以枢密直学士知益州，累迁左司郎中。代还，知审刑院。羌人内寇，特迁右谏议大夫、知延州。久之，以疾徙同州，又徙永兴军，辞不行，卒。

"田性颇和厚，初以干敏数为大臣所称，后屡更任使，所治无赫赫名。"①

（二）薛田治蜀主要功绩

1. 创设交子务

大中祥符末，薛田为益州转运使，针对十六富商连保发行交子，部分富商将铁钱挪为他用、难以兑现等情况，提出官置交子务，由官府发行纸币。天圣元年（1023 年）十一月，朝廷同意设立益州交子务，交子改由官方发行。

2. 创行布估钱

宋代的成都，是全国主要的布匹生产中心。自仁宗天圣时起，朝廷每年在益州路购买官布七十万匹。当时苎麻的种植主要集中在益州路成都的周边（如邛、彭、蜀、汉和永康军等地），为了激发农户苎麻种植积极性，薛田制定了相关政策：每年春季播种时，官府按收购麻布每匹三百文预支给农户订金，秋后农户交布时，再从货款中扣回。这既满足了农户春季播种的资金需要，又确保了布匹的上供。这一做法，促进了益州地区苎麻的种植和麻布的生产。

---

① 脱脱等：《宋史》卷三○一《列传第六○》，中华书局，简体字本，2000，第 8087-8088 页。

3. 重视人才

宋代科举考试分为乡试、省试、殿试三级。乡试合格者为举人，需再解送进京参加由国家贡院组织的考试。古代交通不便，从四川到京城路程较远，一路的食宿和在京的开销，成为许多举子及家庭最大的经济压力。宋初曾对"西川、山南、荆湖等道"所荐举人给予来往驿站食宿和获取物质补给的凭证——公券（驿券），令枢密院定例施行。中间该诏令又曾几度被取消。薛田治蜀时期，以张咏曾给予举子驿券的惯例上奏朝廷，三司称其做法"恐非朝廷之意"，最后得到仁宗特令"蠲放"批示，显示了他关心百姓疾苦、敢于为四川举子争取利益的情怀。

（三）薛田对交子的贡献

南宋李焘《续资治通鉴长编》载："大中祥符末，薛田为转运使，请官置交子务以榷其出入，久不报。寇瑊守蜀，遂乞废交子不复用。会瑊去而田代之，诏田与转运使张若谷度其利害。田、若谷议废交子不复用，则贸易非便，但请官为置务，禁民私造。"[1]

南宋唐士耻《益州交子务记》载："田请之而田去，寇瑊继之而瑊又去。天开际幸，田代瑊后，复起前议。清朝俞音，再界外台，漕臣张若谷既是之于其先，东川宪臣又称之于其后。天圣元年十一月戊午，诏音俞焉。通货泉之穷，极商贾之变，施之全蜀至于今赖之。想其负贩之夫，射利之辈，妇清之丹，卓郑所冶，重锦橦布，异物崛诡，四溢外区，邛杖传节于大夏，蒟酱流味于番禺，捆载以往，垂橐而归。

---

① 李焘：《续资治通鉴长编》卷一〇一《仁宗天圣元年》，中华书局，1995，第 2342-2343 页。

执券取偿，如探诸怀。揆厥攸元，薛田之力居多。"[1]

《楮币谱》也有记载："大中祥符末，薛公田为转运使，请官置交子务以权其出入，不报。寇公瑊守蜀，乞废交子不用，会瑊去而田代之，诏田与转运使张若谷度其利害。田、若谷议，以废交子为非便，请为置务，禁民私造，条奏甚悉。又诏梓州路提刑王继明与田、若谷共议。田等议如初。诏从之，始置益州交子务。时天圣元年十一月也。"[2]

以上文献，都肯定了薛田对交子的贡献。

大中祥符年间，被任命为益州路转运使时，薛田深知转运使担负着为朝廷聚财和生财的重任，凭借着财富的聚集与商品流通之间的关系，他认识到了货币金融工具对促进商品流通发挥的重要作用。上任后，他通过对四川经济及货币流通情况进行深入调查，并以其敏锐慧眼，重视十六富商连保时期的交子运行。他还根据对社会的观察，看到了支撑交子流通运行的背后潜伏着信用的危机。如遭遇社会动荡，必然会出现兑现的风险。他力主交子由民营改为官办，用官方信用取代民间商人信用，以此提高纸币的公信力，从而使交子能在社会广泛流通，并且在更大范围为经济发展、商品流通发挥作用。

薛田的主张并非一帆风顺。十六富商连保时期的交子是以纳钱请交；商户用钱时，可凭交子到十六富商兑换，每贯交纳三十文利钱。商户纳钱请用交子后，其钱就存放在交子铺户的钱库里，只要能保证日常兑付，铺户就将沉淀之钱用于"收买蓄积，广置邸店屋宇园田宝

---

[1] 唐士耻：《益州交子务记》，《四库全书·别集类》，中华书局，2018，第181-182页。

[2] 《岁华纪丽谱等九种校释·楮币谱》，《巴蜀丛书》第一辑，谢元鲁校释，巴蜀书社，1988，第215页。

货"等投资，使之能够赚取更多的钱。由于四川社会安定，十六富商连保发行的交子运转也较正常。当时担任益州最高行政长官的王曙等官员从各方面考虑，认为强行用行政手段取缔，会扰乱社会正常秩序。但他们却没有认识到私交子因受富商实力的局限，当遭遇社会动荡时，将带来不能兑现的危机，薛田力主"置务发行交子"的建议没有得到地方主官的支持，因而被搁置了。在今天看来，薛田未雨绸缪的建议是有其预见性的。

真宗天禧四年（1020年）三月，益州路、梓州路物价暴涨，朝廷派重臣吕夷简、曹仪前来慰问赈恤。这场大面积灾害，影响到了四川社会安定，当时富商按正常储备的铁钱不足支付，造成交子挤兑。此时接任益州最高行政长官的寇瑊，在对扶持交子发展的认知上失之偏颇。他乘交子挤兑之机，"诱劝交子户王昌懿等，令收闭交子铺，封印卓，更不书放。直至今年春，方始支还人上钱了当。其余外县有交子户，并皆诉纳，将印卓毁弃讫。乞下益州，今后民间更不得似日前置交子铺"[1]。寇瑊禁止交子流通后，给交易带来极大不便。

天圣元年（1023年），寇瑊禁交子使用三年后，朝廷任命薛田接任益州路最高行政长官，这让他为实现他在七年前提出交子改由官办的主张有了机会。上任后，针对蜀中因交易媒介缺乏所出现的交易困难，他立即上奏朝廷，请求恢复交子。真宗去世后，朝廷大小事务皆由皇太后刘娥主持。刘娥出生于成都华阳，对家乡有特别深厚的感情，她主张货泉"欲流天下而通有无"。在收到薛田的奏章后，即下诏薛田与转运使同议。此时担任益州转运使的张若谷对交子重要性的认识同薛田一致，薛田在接到敕令后，对原私交子运行情况进行认真研究，

---

[1] 李攸：《宋朝事实》卷十五《财用》，中华书局，1955，第232页。

认为寇瑊废交子给四川交易带来诸多不便，联名上奏请置益州交子务，同时说明禁民私造交子的重要性。收到薛、张的奏章后，为稳妥起见，刘太后又下诏薛、张一同邀请梓州路刑狱使王继明同议其利弊。三人同议后，再次联名上奏朝廷，指出寇瑊废交子给四川商贸造成了诸多不便，仍同意薛田"请置益州交子务，禁民私造"的主张。薛田提出交子运行改由官办的主张得到朝廷的重视和采纳，于是朝廷下达敕令，使"置务行钞"的主张变为了现实。

关于薛田建议由朝廷官办和接手纸币交子的发行事宜，《宋朝事实》记录下了他奏请的理由："川界用铁钱，小钱每十贯，重六十五斤，折大钱一贯，重十二斤。街市买卖至三五贯文，即难以携持。自来交子之法久为民便，今街市并无交子行用，合是交子之法归于官中。臣等相度欲于益州就系官廨宇，保差京朝官，别置一务。"[1] 由此可知，薛田对交子的贡献是巨大的。

下面解读转运使的作用。宋代转运使掌管一路财赋及监察各州官吏，担负着为朝廷聚财、生财的重任，对经济发展及社会安定负有管理的职责。据文献记载，薛田、张若谷与交子的联系，与他们担任的益州路转运使密不可分。《宋史·职官》载："都转运使、转运使、副使、判官：掌经度一路财赋，而察其登耗有无，以足上供及郡县之费……中兴后，置官掌一路财赋之入，按岁额钱物斛斗之多寡，而察其稽违，督其欠负，以供于上；间诣所部，则财用之丰欠，民情之休戚，官吏之勤惰，皆访问而奏陈之……"[2] 因此，在大中祥符年间，担任益州路转运使的薛田，就认识到了货币作为商品交换的媒介，必须与

---

① 李攸：《宋朝事实》卷十五《财用》，中华书局，1955，第232页。
② 脱脱等：《宋史》卷一六七《职官七》，中华书局，1985，第3964-3965页。

经济发展和商品交换的需求相适应，而私交子这个新生的信用货币工具，纳入朝廷管理，正好解决了当时铁钱不适应商品交换的矛盾。天圣年间任益州路转运使的张若谷也与薛田一样，深知商品流通与货币的关系，当接到朝廷的敕令后，积极配合薛田对私交子运行情况进行认真的调查研究，积极支持薛田关于交子改由官办的主张。

私交子官办后，有地方官府的信用作保证，使它成为真正意义上的信用货币。其重量轻、价值大、携带方便、使用安全等优点，便利了"无远近行用，动及万百贯"[1] 的商品贸易，受到富商大贾的欢迎，并在川峡四路广泛流通，为促进蜀地经济发展发挥了积极作用。薛田也因此事取得的成就深感自豪。他在《成都书事百韵》中，对成都的药市、花市、书业、酒业、蜀锦等名品为背景的商贸交易盛况有描述："……文翁室暗封苔藓，葛亮祠荒享豆笾。货出军储推赈济，转行交子颂轻便。"[2]

① 漆侠：《漆侠全集》第四卷，河北大学出版社，2009，第 1045 页。
② 薛田：《成都书事》，载《全蜀艺文志》卷五，杨慎编，刘琳、王晓波点校，线装书局，2003，第 115 页。

三、刘娥

交子从最早的信用凭证到最终成为国家信用货币，在实践中经历了发生、发展和不断创新的过程，它的不断完善凝聚了朝廷明君的支持。北宋刘太后在治国理政期间，让原来由十六富商连保运行的私交子华丽转身，成为由国家赋权的法定货币，功不可没。

（一）刘娥生平

刘娥（968—1033 年），祖籍太原，祖父刘延庆在五代十国的后晋、后汉时任右骁卫大将军，父亲刘通在宋太祖时期任虎捷都指挥使，在领嘉州（今四川乐山）刺史时，举家迁至成都华阳。宋太祖开宝元年刘娥出生之时，母亲庞氏曾梦见明月入怀，醒后便生下一女，取名刘娥。刘娥出生不久，刘父奉朝廷之命"从征太原，道卒"[1]。其母庞

---

① 脱脱等：《宋史》卷二四二《后妃传》，中华书局，1985，第 8612 页。

氏在无依无靠的情况下，带着襁褓中的女儿寄居娘家。后来母亲庞氏
也因病离世。寄人篱下而懂事的刘娥从小读书识字，并学会了一手击
鼗（类似拨浪鼓的乐器）的谋生技艺。十三岁时，外公家将她嫁给了
一名叫龚美的年轻银匠，龚美带她来到汴梁谋生。因善于结交，龚美
与襄王府里当差的一名叫张旻的官吏交好。两年后，龚美因生意惨淡，
生计艰难，打算将刘娥卖掉。此时的张旻已担任襄王府指挥使，得知
此事后，禀告了襄王赵恒（宋太宗第三子）。这之前，赵恒曾对左右
侍从说："蜀妇人多才慧，吾欲求之。"① 这件事打动了赵恒，刘娥被
招进王府。赵恒见刘娥天生丽质，聪明伶俐，容貌出众，年龄相当，
大为宠爱。

襄王赵恒的乳母秦国夫人生性严肃不苟，对此事很不高兴，将情
况告诉了皇帝。宋太宗闻听皇子与出身微贱且来历不明的民间女子厮
混，大怒，下令将刘娥赶出王府。不久，太宗又为赵恒赐婚，新娘为
宋朝开国功臣潘美的女儿。赵恒因不敢违抗，又难舍刘娥，遂"不得
已出置旻家，别筑馆居之"②。就这样两人因诚挚相爱，幽会来往，度
过了十五个年头。

至道三年（997 年），太宗病逝，赵恒继承大统为真宗。经乳母秦
国夫人允许，刘娥被召入宫中。景德元年（1004 年）正月，刘娥与杨
淑妃（益州郫县人）一起受封，"以刘氏为美人，杨氏为才人"③。此
时刘娥芳龄 30，终于可以名正言顺地和真宗生活在一起了。

刘娥长年幽居，为不虚度光阴，把精力投入到博览群书、研习琴
棋书画中，她才华出众，加之聪慧温柔，更获得真宗专宠，在宫中的

---

① 毕沅：《续资治通鉴》（文白对照全译），北京燕山出版社，2008，第 538 页。
② 毕沅：《续资治通鉴》（文白对照全译），北京燕山出版社，2008，第 538 页。
③ 毕沅：《续资治通鉴》（文白对照全译），北京燕山出版社，2008，第 538 页。

地位仅次于皇后。因无亲，征得真宗恩准，刘娥将前夫龚美"改姓刘，为美人兄云"①，传承刘家香火。

大中祥符二年（1009 年）正月，真宗封"美人刘氏为修仪，才人杨氏为婕好"②。大中祥符五年（1012 年）五月，真宗"以修仪刘氏为德妃"③。景德四年（1007 年）四月，皇后驾崩，中宫之位空缺，真宗想立她为后，刘娥知道自己既无子嗣又出身低微，为免遭群臣反对，极力推辞。朝中大臣提出册立宰相沈伦的孙女为皇后，真宗不悦，索性让皇后位置空缺。此时刘娥身边的侍女李氏，突然一日梦到仙人下降为子，真宗和刘娥知道后大喜，想出了"借腹生子"的计谋。在赵祯出生前三个月时，真宗宣布刘娥怀孕，为册封刘娥为皇后创造条件。大中祥符三年（1010 年）四月，"后宫李氏生子……帝喜甚。已而果生子，是为仁宗。后封李氏为崇阳县君"④。

皇后位置不能长期空缺，中书门下请求早日确立国母事项，大中祥符五年十二月，真宗正式"立德妃刘氏为皇后。后性警悟，晓书史，闻朝廷事，能记其本末；帝每巡幸，必以从"⑤。此时的刘娥正步入人生不惑之年。

刘娥天性机警聪明，衣着简朴不追求华丽，胸怀大志，通晓书史。经历的朝廷大小事，能记住所有原委本末，真宗离不开她，外出巡视带她随行，批阅奏章随侍在旁。天禧四年（1020 年）二月真宗生病，不能临朝听政，上呈到皇帝的奏章均由皇后刘娥处理。乾兴元年（1022 年）二月十九日，真宗病逝。真宗在遗诏中说："皇太子即皇帝

① 毕沅：《续资治通鉴》（文白对照全译），北京燕山出版社，2008，第 538 页。
② 毕沅：《续资治通鉴》（文白对照全译），北京燕山出版社，2008，第 618 页。
③ 毕沅：《续资治通鉴》（文白对照全译），北京燕山出版社，2008，第 666 页。
④ 毕沅：《续资治通鉴》（文白对照全译），北京燕山出版社，2008，第 634 页。
⑤ 毕沅：《续资治通鉴》（文白对照全译），北京燕山出版社，2008，第 677 页。

位，尊皇后为皇太后，淑妃杨氏为皇太妃。"① 当时皇太子赵祯年仅 12 岁，辅佐小皇帝的重任落在了皇太后刘娥身上，朝中军政大事均由她处理。

刘太后自天禧四年（1020 年）二月（真宗生病）至明道二年（1033 年）二月退位，共主政北宋朝廷 14 年。她主政期间，为巩固自己的地位，遏制朝廷党争，结束扰动大宋朝的"天书运动"，坚持不懈地整治腐败，澄清吏治，整顿社会风气，设置学田办教育，在改革科举制度、改变茶法、减免赋税、鼓励垦田、治理水患、新修水利等方面成绩斐然，上承真宗时期的"咸平之治"，下启仁宗后来的"仁宗盛治"，在将北宋社会经济发展推向鼎盛中起到了决定性作用。

（二）刘娥钦定交子为法定货币

北宋"咸平之治"期间，川峡地区经济得到快速发展，与商品流通相匹配的铁钱不能适应需要，出现了严重钱荒，催生出新媒介——交子。从早期代替铁钱流通的金融支付工具，到后来成为朝廷背书的信用货币，其间也经历了自发生到不断发展和完善的过程。

交子诞生于成都，由最初的金融票据逐步演变为依靠地方官府信用作背书的法定货币，与刘太后治国理政期间给予关心和支持是分不开的。对此，历史文献对她对交子的贡献给予了充分肯定。南宋唐士耻在《益州交子务记》中说："天圣明道之间，盖章献明肃皇后实司听断，其能决然用薛田之议，亦仁也，夫亦智也。夫托六尺之孤而不负章圣皇帝者，岂偶然哉！或曰：铁钱行于边，西北盖同矣，俱患其

---

① 毕沅：《续资治通鉴》（文白对照全译），北京燕山出版社，2008，第 794 页。

重矣，则交子殆皆可行也。"[①] 真宗年间，益州私交子在官府支持下，经十六富商连保发行，其货币职能不断完善，在商品交换中发挥出价值尺度、支付、流通职能，成为川峡四路代铁钱流通的支付工具。这一时期交子的信誉，是由十六富商连保，凭借整体的实力而运行的，抗风险能力较早期"私以为市"的交子保障功能大为提升。但这些富商毕竟是商人，其经营活动必然以利益最大化为目的。由于交子铺户发行交子是以客户存入硬通货——铁钱为前提，必然存入铁钱在先；当需要硬通货时，再用交子到富商处兑换等额的铁钱，这时每贯需扣除 30 文作手续费。

从存入铁钱签发交子起，到商户用交子兑换铁钱止，因不是在同一时空完成，这就自然形成了周转期，必然会让一定数量的铁钱沉淀并闲置在钱库里。这样日积月累，交子铺户从中摸索出了规律：只要留足一定数量可供正常周转的铁钱，多出的部分就可用于购买田产、房屋等不动产，来寻求新的生财之道，对超越自身的其他社会责任及风险不会考虑得太多。当出现不可抗力因素（如战争、大的自然灾害等）时，人们对交子这个特殊交换媒介反应特别敏感，出现挤兑在所难免，这时持有交子者必然会在第一时间找交子铺兑现。出现交子挤兑，必然造成正常周转的铁钱库存储备不足，哪怕将挪用铁钱购置的邸店、房屋、田园、宝货等财产变卖，一时也难以变现。交子不能兑现，铺户信誉就会受损。对可能出现不能兑现的信用问题，朝廷官吏早有认知：在"大中祥符末，薛公田为转运使，请官置交子务以权其

---

① 唐士耻：《益州交子务记》，《四库全书·别集类》，中华书局，2018，第182-183页。

出入，不报。"① 当时益州路由寇准女婿王曙执政，王曙认为四川社会经济状况运行稳定，交子流通正常，官府没有干预的必要，薛田的建议被搁置。

真宗天禧四年（1020 年）正月，"丙寅，令利州路转运司赈贷贫民，旱故也"②。三月 "乙亥，以益、梓州路物价翔踊，命知制诰吕夷简、引进副使曹仪乘传赈恤之。夷简等请所至劳问官吏将校，仍取系囚与长吏等原情从轻决遣，民愿出谷救饥民者，元诏第加酬奖，望给空名告敕付臣赍往，从之"③。史料载，当时益州、梓州、利州发生的灾情属历史罕见，已影响到了人心安定，不然朝廷怎么会派大臣前来安抚。因受灾地区属四川核心区域，物价飞涨，人心不稳，私交子遇这种境况不能兑现，信誉受损在所难免。恰巧这年担任益州路（川西地区）的最高行政长官赵积任期到，朝廷派寇瑊接任。寇瑊上任，对交子进行整顿，将交子铺户强制关闭，并 "诱劝交子户王昌懿等，令收闭交子铺，封印卓，更不书放。直至今年春，方始支还人上钱了当。其余外县，有交子户，并皆诉纳，将印卓毁弃讫。乞下益州，今后民间更不得似日前置交子铺"④。就这样，交子被禁三年。这期间真宗生病，朝廷事务均由刘娥代为处置，她对四川地区交子停用给贸易带来不便的情况十分清楚。

天圣元年（1023 年）寇瑊任期结束，刘太后特选派熟悉四川情况的薛田接任（薛田曾在景德年间还担任过梓州路中江县令）。薛田上任，对蜀地情况进行调查，进一步认识到交子的重要作用，上奏朝廷

---

① 《岁华纪丽谱等九种校释·楮币谱》，《巴蜀丛书》第一辑，谢元鲁校释，巴蜀书社，1988，第 215 页。

② 李焘：《续资治通鉴长编》第七册卷九五，中华书局，1995，第 2178 页。

③ 李焘：《续资治通鉴长编》第七册卷九五，中华书局，1995，第 2185-2186 页。

④ 李攸：《宋朝事实》卷十五《财用》，中华书局，1955，第 232 页。

请求恢复交子。刘太后下诏益州路与转运使共同商议交子利弊。薛田与转运使张若谷商议后认为废止交子不再使用，那么贸易就不方便，谨请求朝廷设置交子务，不允许民间私造，将商议结果再次上奏朝廷。刘太后看过奏书，更深入地认识到交子的重要性。为稳妥起见，又下诏梓州路提点刑狱使王继明，与薛田、张若谷一道对交子利弊进行商议。三人会商后，与上次薛、张商议结果完全相同，并上奏朝廷请求恢复交子，得到太后的同意。

自此益州路（成都）增设益州交子务，代朝廷行使交子管理职能。庚即朝廷"仍乞铸益州交子务铜印一面，降下益州，付本务行使，仍使益州观察使印记，仍起置簿历"[1]。

交子这个特殊交换媒介由朝廷赋权，依例每两年发行一界；每界发行以125.634万贯为限额，并备铁钱准备金36万贯；面额分一贯至十贯10种，上盖"益州交子务"和"益州观察使"印章；需用铁钱时，可凭交子面额兑换等量铁钱，但每贯依例扣30文手续费；为防止交子伪造，准许民间检举，由官府奖赏小铁钱500贯；对伪造交子人犯，将发配外地服徭役；等等。

官交子自天圣二年二月二十日（1024年4月1日）在成都发行后，流通于川峡四路。这时的交子，由朝廷信用作支撑，成为真正意义上的法定货币。交子因具有面额大、重量轻、携带方便、使用安全等优点，便利了"收入人户见钱，便给交子，无远近行用，动及万百贯"[2]的商贸往来，因而受到富商大贾及百姓的欢迎，对宋代经济发展发挥了巨大作用。

---

[1] 李攸：《宋朝事实》卷十五《财用》，中华书局，1955，第233页。
[2] 李攸：《宋朝事实》卷十五《财用》，中华书局，1955，第232页。

（三）后世对刘娥的评价

北宋皇太后刘娥在参政与听政期间，能把握住国家发展的脉络，顺应历史潮流，建章立制，积极推行一系列适宜北宋社会政治、经济、文化等发展的政策和措施，对推动北宋社会经济的发展起到了关键作用，为宋仁宗亲政后的"仁宗盛治"打下了坚实基础。特别在支持交子成为法定信用货币举措上，刘太后的贡献是巨大的。她在我国乃至世界金融货币发展史上都占有重要地位，对后世影响深远，不愧是中国历史上颇有作为的一代皇太后。为还原一个真实的刘太后，下面引用史家对刘娥的评价。

《宋史》对刘娥的评价："当天圣、明道年间，天子年轻，母后临朝称制，而内外肃然，纲纪得以树立，朝政没有大的缺失，奸邪的人不能肆意妄为，是谏官用人得到的结果。"[1]《宋史》又评："帝初立，太后临朝，十余年间，天下晏然……"[2]北宋司马光评价刘娥道："皇帝嗣位之初，章献明肃皇太后保护圣躬，纲纪四方，进贤退奸，镇抚中外，于赵氏实有大功。"[3]

民国蔡东藩评价刘娥："彼刘美人以色得幸，专宠后宫，亦何尝不自私欲所致乎？幸刘氏有吕武之才，无吕武之恶，其事郭后也以谨，其待杨妃也以和；即宫中侍儿，得幸生子，饰为己有，迹近诡秘，但上未敢欺罔真宗，下未忍害死李侍，第不过借此以攫后位，希图尊宠，狡则有之，而恶尚未也。然后世已深加痛嫉，至有狸奴换主之讹传，

---

① 脱脱等：《宋史》卷二九七《列传第五六》，中华书局，2000，第8026-8027页。
② 脱脱等：《宋史》卷三一一《列传第七十》，中华书局，2000，第8238页。
③ 赵汝愚：《宋名臣奏议》卷二六，《四库全书》第431册，上海古籍出版社，1987，第288页。

归罪郭槐，归功包拯，捕风捉影，全属荒唐。"① 蔡东藩又评："刘太后生平，有功有过，据理立说，实属过浮于功。垂帘听政，本非宋制，而彼独创之；衮冕为天子之服，彼何人斯，乃亦服之。设当时朝无忠直，不善规谏，几何而不为武后耶？史官以贤后称之，过矣。"②

胡适评价刘娥："章献刘后乃是宋史上一个很有才干的妇人；真宗晚年，她已预闻政事了；真宗死后，仁宗幼弱，刘后临朝专政，前后当国至十一年之久。李宸妃本是她的侍儿，如何敢和她抵抗？所以宸妃终身不敢认仁宗是她生的，别人也不敢替她说话。宸妃死于明道元年，刘后死于明道二年。刘后死后，方有人说明此事。当时有人疑宸妃死于非命，但开棺验看已可证宸妃不曾遭谋害；况且刘后如要谋害她，何必等到仁宗即位十年之后？但当时仁宗下哀痛之诏自责，又开棺改葬，追谥陪葬，这些大举动都可以引起全国的注意，唤起全国的同情，于是种种传说也就纷纷发生，历八九百年而不衰。"③ 民间传奇故事——《狸猫换太子》，数百年来，不断演绎，经久不衰，刘娥的形象也在民间被定格成了"一代奸妃"，这与历史上的刘后相去甚远。

从文献记载和后世史家评价看，刘娥堪称中国历史上最具传奇色彩的一位皇太后。她美丽聪慧、才华横溢，从一位当街卖艺的孤女，成长为万众景仰的皇后、皇太后，甚至离"九五之尊"也仅仅半步之遥。在国家治理上，她颇有建树，其才能毫不逊色于唐代武则天，她临朝摄政期间政绩卓著。特别是政治上的一系列举措，比如对创设谏

---

① 蔡东藩：《宋史演义》第二十四回，华夏出版社，2007，第 152 页。
② 蔡东藩：《宋史演义》第二十七回，华夏出版社，2007，第 171 页。
③ 胡适：《胡适文集》第四册《胡适文存三集》卷六，北京大学出版社，2013，第 375 页。

院、澄清吏治、兴修水利、发行交子、完善科举、兴办州学等有利于社会经济发展的事业给予支持；对宋真宗晚期天书封禅、任用小人造成民众疾苦的行为进行纠正，这为仁宗亲政后的仁德盛世打下了坚实的基础。在治家方面，她虽与继位的宋仁宗没有血缘关系，却胜过亲生母子，将其培养为一代仁君。

成都与交子有关的文化遗址

世界第一张纸币——交子，诞生于 10 世纪末（私交子）、11 世纪初（官交子）的成都，至今已逾千年。由于"重农抑商"思想一直存在于中华民族传统思想体系之中，并且深刻影响着数千年来的中国社会，人们对交子这一项伟大文明创举，没有充分认识并赋予相应的社会地位，相关的交子文化纪念物件更是寥寥无几。本章根据历史文献资料，介绍成都仅有的三处交子文化遗址。

一、富商舍财岁修糜枣堰

宋人李攸《宋朝事实》卷一五《财用》条云："始益州豪民十余万户连保作交子，每年与官中出夏秋仓盘量人夫，及出修糜枣堰、丁夫物料。诸豪以时聚首，同用一色纸印造。"[①]《宋朝事实》这五十余字，记载了十六富商连保发行交子期间热心资助社会公益的事。本书在第二章"私交子到官交子的演变"一节中做了论述。

第二阶段的交子由于有官方介入，某种意义上是在官方保驾护航之下运行的，它带有半官方性质，才有了"亦有诈伪者，兴行词讼不少。或人户众来要钱，聚头取索印，关闭门户不出，以至聚众争闹，官为差官拦约"[②]。同时交子铺户也必须承担相应的社会责任，比如政府有较大的资金需求时，交子铺户需印交子一两番，为官府排忧解难。

由于水利毁损多由自然灾害造成，修复属临时性的，夏秋季节的

---

① 李攸：《宋朝事实》卷一五《财用》，中华书局，1955，第232页。
② 李攸：《宋朝事实》卷一五《财用》，中华书局，1955，第232页。

农产品收储正是税赋入库的淡季，这时候的官府财力捉襟见肘，由此知益州张咏在第二次治蜀期间，遇景德元年（1004年）益州、黎州、雅州地震灾害破坏，对原分散的交子铺户不能兑现的问题进行整顿，并挑选具备相当实力的十六富商连保发行交子，并要求他们满足夏秋季节粮食收储和岁修麻枣堰所需工夫物料的资金需要。

（一）富商连保发行交子的治理创新：官仓收储与修麻枣堰

张咏为什么要让十六富商连保经营交子，并要求他们承担粮食收储和岁修麻枣堰的出资义务？主要有以下原因。

一是在宋太宗和宋真宗时期，由于四川"时米斗直钱三十六"，为保障城市居民在灾荒之时能够买到价格便宜的粮食度日，张咏"乃按诸邑田税，使如其价岁折米六万斛。至春籍田中细民计口给券，俾输元估籴之，奏为永制。逮今七十余年，虽时有灾馑，米甚贵而益民无馁色者"[1]。张咏创立的救灾之法，对于成都百姓渡过难关具有特别意义。最重要的是官仓必须储备足够的粮食，由此"夏秋仓盘量人夫"，官仓的粮食收储所需资金由十六富商承担成为必然。张咏的做法影响深远，魏了翁《鹤山集》载："淳化中张咏守成都，以市估准田税，使民岁输米于官，明年春藉城中之民，粜以元直。其后王晓、韩亿父子、文彦博、胡宗愈诸贤又相与修其法而守之，至于今不能易。"[2] 这些记载，均证明张咏治蜀期间重视民生，并注重利用民间力量参与其中。

---

[1] 韩琦：《安阳集》卷五十，《四库全书》第1089册，上海古籍出版社，1987，第545页。
[2] 魏了翁：《鹤山集》卷四三《潭州惠民仓记》，《魏了翁全集》第114册，北京燕山出版社，2019，第13页。

　　二是从宋代社会保障机制看，其内容涉及灾害保障、弱势群体保障、医疗保障等方面，基本涵盖了以救济为主要内容的社会全部内容。该机制以官府为主体，十分重视组织社会力量参与其中，并利用富人的财力作为补充。宋太宗时，张咏"募富民出粟，千石济饥民者，爵公士阶陪戎副尉，千石以上迭加之，万石乃至太祝、殿直"①。可见张咏对民间参与社会公益十分重视，要求交子铺户承担社会责任就在情理之中了。

　　三是张咏十分重视依靠民间力量参与水利设施的维护。宋代实行"田制不立"的土地政策，承认土地私人占有的合法性。各级官府主要考虑的是为土地转移提供合法手续，为耕地提供灌溉水源等行政事务工作。因此，从朝廷到地方，都比较重视发展水利事业。"宋代以前，都江堰的维修管理情况，文献没有记载，直到宋代才有了'岁修'制度的记载"②，知益州刘熙古对历史悠久的糜枣堰进行了大规模的维修，张咏治蜀期间，也十分重视糜枣堰的维护和岁修，并依靠社会力量，利用十六富商连保经营交子机会，要求他们提供岁修糜枣堰所需费用。

　　上文均说明张咏治蜀期间十分重视依靠民间力量为社会公益事业做贡献，这些文献记载了民间参与公益事业的重要意义，十六富商的贡献也就包含在其中了。

（二）糜枣堰整治留下的历史文化

　　《宋朝事实》卷十五《财用》，记录下的交子与"官仓"和"糜

---

　　① 李焘：《续资治通鉴长编》第四册卷三六，中华书局，1979，第799页。
　　② 贾大泉：《宋代四川经济述论》，四川省社会科学院出版社，1985，第43页。

枣堰"，是我们今天溯源交子文化的重要场所。可"官仓"在成都什么地方？因无文献记载，我们无法寻找到具体遗存。所幸成都历史上重要的水利设施——縻枣堰遗址被保留下来。下面将交子与成都縻枣堰的历史做一解读。

成都平原系冲积平原，因占时水患很多，历代朝廷官府都十分重视沟、渠、堰等水利工程治理。战国末年，李冰凿成都城外两江——一条名锦江，一条名郫江。郫江经縻枣堰向南流经城内的同仁路、通惠门、南较场、西胜街、文庙西街后，又向东流经上池街、纯化街、中莲池、下莲池，到安顺桥合江亭注入锦江，流经半个成都城，为古代成都城内提供水源、方便水运交通。据《成都城坊古迹考》载："唐乾符三年（876年）高骈为防御南诏，乃于旧城扩筑罗城。筑城时，先转移内江，徒江之因，一为让出西南内江所占地面，使罗城南面扩至外江，西面可以凿濠延展；二为内江环绕城垣北东两面而汇于外江，罗城即可依江为濠，环城为固。于是于郫江西北之縻枣堰（今九里堤）筑长堤以阻南流之水东注于新开之清远江（今洞子口流经城北、城东汇入合江亭之府河）。"[①] 高骈扩筑的罗城，将河水改道，由流入郫江（西江）的上游来水套入新开的清远江（府河）。为防水患，又在郫江入清远江的低洼地段，修筑了导流堤——縻枣堰，使成都城形成河流环卫四周的格局，既筑起了一道城防线，又增添了一道"两江抱城"的新景观。同时，縻枣堰也成为成都西北最重要的水利设施，阻止了上游洪水对成都城市的冲击。

自晚唐五代至宋，縻枣堰因年久失修抵挡不住大水。后蜀末年至北宋间，由于暴雨和岷江干流洪水泛滥，成都遭受了数次淹城之灾。

① 四川省文史馆：《成都城坊古迹考》，四川人民出版社，1987，第132页。

其中尤以北宋建隆三年（962年）和乾德四年（966年）两次大水危害最大。作为"两江抱城"重要节点的糜枣堰，因地势低洼，年久失修，堤堰不牢固，遇暴雨洪水，常易成灾。特别是乾德四年（966年）七月，因岷江洪水，糜枣堰垮塌，府城进水，城区被淹，酿成巨灾，百姓损失惨重。时任成都知府刘熙古，见百姓之惨状，掩面而泣，重新构筑城内防洪工程，重修糜枣堰防洪堤，使之成为城区防洪屏障。两宋时期，入蜀为官者莫不把整修水利、整治城市水系作为为官利民的主要举措，在治理成都水患上，无不从重修糜枣堰开始。在历任官员中，重修糜枣堰最为有名的当属刘熙古、文彦博和范成大三人。其中刘熙古功绩最大，他从源头治理，重建高骈所筑糜枣堰，基本解决了成都城区水患问题。民众为感恩刘熙古，遂称糜枣堰为刘公堤，并在堤上建造刘公祠作为纪念。

糜枣堰由于在刘熙古治蜀时得到了彻底整治和修复，五十余年间没有发生垮塌事件，成都城内基本无洪水灾害，这除原修复工程质量有了保证外，也离不开后来治蜀官员对糜枣堰岁修的重视。

关于张咏治蜀期间对糜枣堰的贡献，北宋庆历六年（1046年），何涉的《糜枣堰刘公祠堂记》（以下简称《堂记》）中载："开宝改号之初，天子擢端明殿学士、尚书兵部侍郎刘公熙古帅州，始大修是堰，约去讫民害，招置防河健卒，列营便地，伺坏隙辄补。以故连绝水虞，比屋蒙仁，多绘像而拜恩之与乖崖等。"[1] 《堂记》中的"乖崖"，指北宋知益州的"张咏"（张咏，字复之，自号乖崖）。文中"绘像而拜恩之与乖崖"词句，既是对刘熙古和张咏重视糜枣堰岁修

---

① 何涉：《糜枣堰刘公祠堂记》，载《全蜀艺文志》卷三七，杨慎编，刘林、王晓波点校，线装书局，2003，第1075页。

的褒奖，也是对十六富商出资岁修縻枣堰做出贡献的肯定。

进入明朝以后，成都由于商业地位下降，縻枣堰仍留下九里，被人称为九里堤，至今尚保留遗址，建有公园。

（三）縻枣堰的具体位置

縻枣堰位于成都市区西北方向金牛区内，大致范围是从一环路西北桥头（也有说自西北桥下五丁桥）起，向北穿越二环路、金府路，止于三环路。一、二环路之间段叫九里堤南路，二环路至群星路口段为九里堤中路，群星路口至三环路段为九里堤北路。九里堤路及附近片区俗称"九里堤"。1981 年，成都进行文物古迹和地名普查时，注意到九里堤小学内的功德庙叫"刘公祠"，一块比门板大的石碑上刻有"宋太守刘熙古"等字。不久，文化部门将九里堤小学定位为市级文物保护单位。2000 年成都市园林局在这里修建了九里堤公园，园内修建有部分古代縻枣堰治理的标识物体，供人们游览参观、缅怀。

从縻枣堰到九里堤，这座古老的堰堤既记录了历代官员在治蜀期间为民惠民增添福祉的政绩历史，也记录下了成都古代商人超越功利的最终目标，他们肩负着社会发展的崇高责任，有着救世济民的远大抱负和忧患意识，崇尚达则兼济天下的"修身齐家治国平天下"的儒家商人思想。今天，文物部门已对縻枣堰（九里堤）遗址立碑保护。在此基础上，建议有关部门在这里增加"交子文化"内容，以仁爱思想构建和谐社会环境和广泛的人际关系，无疑是对成都先民创下的优秀传统文化的尊重。

从李冰治水到两江环抱，从縻枣堰到九里堤，历史跨过了 2 000

多年。这个古老的堰堤，在成都治水兴城的历史上发挥了重要作用，留下了珍贵的历史文化遗迹，为今人缅怀先贤提供了教材，激励人们奋发有为。

二、益州衙署：交子务的办公场所

早期的私交子系由富商各自印制，临时"书填贯，不限多少，收入人户见钱，便给交子"①。因无发行的准备金和限额，从严格的意义上讲，它只能算是代表一定金属货币的代用券。这一时期的私交子是如何制造的，制造地点在何处，对此均无文献记载和实物可考。自宋仁宗天圣元年（1023 年），北宋朝廷将交子收归政府官办，并置"益州交子务"，以权其出入，私造者禁之；界以一百二十五万六千三百四十贯为限额，并拨付铁钱准备金三十六万贯。应该说，这时候的官交子，才具备完全的货币职能，才称得上完整意义上的信用货币。根据文献记载，其交子管理机构——益州交子务遗址是可考证的。

（一）文献记载交子务设立在益州衙署

益州交子务是北宋朝廷下诏准许成立、对交子行使管理权力的专

---

① 李攸：《宋朝事实》卷十五《财用》，中华书局，1955，第 232 页。

属机构。它与益州知府、通判、幕职、诸曹、转运司、观察使等机构一样，均属于地方官府的职能部门，在没有特殊要求的情况下，为方便管理，应该说都在同一地方办公。因此，只要我们找到益州署衙位置，益州交子务地址自然就找到了。根据李攸《宋朝事实》卷十五《财用》所载："奉圣旨，令转运使张若谷、知益州薛田，同共定夺……臣等相度，欲于益州，就系官廨宇，保差京朝官别置一务，选差专副曹司，拣摺子逐日侵早入务，委本州同判，专一提辖……奉敕令梓路提刑王继明，与薛田、张若谷，同定夺闻。奏称自住交子后，来市肆经营买卖寥索。今若废私交子，官中置造，甚为稳便。仍乞铸益州交子务铜印一面，降下益州，付本务行使，仍使益州观察使印记，仍起置簿历。逐道交子，上书出钱数，自一贯至十贯文。合用印过上簿、封押，逐旋纳监官处收掌。候有人户，将到见钱，不拘大小铁钱，依例准折，交纳置库收锁，据合同字号，给付人户，取便行使。"①

这段文献向我们展示了官交子在发行前知益州薛田和转运使张若谷设计出的官交子具体运行方案。其中有两条与益州衙署有关的信息。一是在益州的"系官廨宇""别置一务"。"系官廨宇"就是说任命的交子务监官进驻益州衙署；"别置一务"就是另外设置一个管理交子的专属机构。二是对交子的管理，不是"益州交子务"一家的事，还需要相关部门协同配合，实现相互监督约束，并让益州观察使参与其中。最重要的是，将官方交子务铜印和观察使铜印作为特许权的凭据，意味着官府为交子赋权，使其公信力和价值得到保证。

为什么会让观察使参与交子的管理？因为宋代各州设立的观察使只是虚衔，是为武官升迁之前的寄禄官（暂时作为升迁跳板的官职，

---

① 李攸：《宋朝事实》卷十五《财用》，中华书局，1955，第232-233页。

无实权），让其衙署富裕人力配合交子管理很有必要。正如文献所说："初沿唐制置诸州观察使。凡诸卫将军及使遥领者，资品并止本官叙，政和中，诏承宣、观察使仍不带持节等。"①

（二）综合考量的选址

益州交子务由北宋朝廷下诏特别设立，并代表朝廷对交子行使管理的职能，其重要性不言而喻。薛田、张若谷等官员经过充分论证，决定将益州交子务办公地点设在益州衙署内。其考量基于以下因素。

1. 必要性

交子务的职能决定其必须设在益州衙署。交子务行使对交子的管理职能（印造、发行、保管、兑换）。从交子务发出的任何文书，除盖益州交子务的印章外，还需加盖益州观察使的印章，所以交子务设在益州衙署内办公十分方便，利于部门间相互协作配合，更便于益州知州等高级官员直接掌控、指挥。

交子务作为朝廷的金融管理机构，其地位特殊，设在衙署是安保的需要。衙署是地方最高行政管理机构，作为官府的办公地，长期有士卒守卫，安全不成问题。张咏《益州重修公署记》载："院北有节堂……节堂西通兵甲库，所以示隐故也。凉、都二厅，南列四署，同寮以居。前门通衢，后门通厅，所以便行事也。公库、直室、客位、食厅之列，马厩、酒库、园果、蔬流之次，四面称宜，无不周尽。""东挟戍兵二营，南有资军大库，库非新建，附近故书。"② 由于条件齐备，衙署旁边住有戍卫士卒，又直通城内的兵器甲胄库，当发生问

① 脱脱等：《宋史》卷一六六《职官六》，中华书局，1985，第3948页。
② 张咏：《张乖崖集》，张其凡整理，中华书局，2000，第80页。

题时，就可以得到快速增援，足够应付寻常的民间骚乱乃至小规模的武装叛乱。

2. 可行性

益州衙署位于城中心，占地面积大，地理位置优越。根据张咏《益州重修公署记》的描述，"其东因孟氏文明厅为设厅廊……其中因王氏西楼为后楼，楼前有堂，堂有披室，室前回廊，廊南暖厅，……双鹤厅。次南凉厅……画厅。凉、暖二厅……二厅之东，官厨四十间。厨北越通廊，廊北为道院，一厅一堂。厨与道院，本非正位……凉厅西有都厅，厅在使院六十间之中……"[1]。据有关文献记载，原后蜀宫殿因李顺作乱化为灰烬，经张咏治蜀重修后的益州衙署，分东、西、南三大片。东、西有楼有厅，南边有凉、暖二厅，有厨房、道院、节堂、正堂，房屋多达七百余间，是益州官员办公行事、休息生活的地方，腾出房屋及场地供"交子务"驻扎办公不是问题。

3. 时间限制

《宋朝事实》卷十五《财用》载："天圣元年十一月二十八日到本府，至二年二月二十日，起首书旋……"[2] 可见，益州交子务自批准成立到官交子正式发行，时间不到三个月，速度之快，令人赞叹。在这样短的时间，要想新建一座供交子务使用的营运场所是不可能的，唯一办法只有利用原有固定场所稍做修整。因此，利用衙署现存资源成为首选。

据史料分析，官办交子之初，这时的益州交子务不仅没有自己的抄纸场，还极可能没有建立起直辖的印刷作坊，它有可能是在原十六富商

---

① 张咏：《张乖崖集》，张其凡整理，中华书局，2000，第79页。
② 李攸：《宋朝事实》卷十五《财用》，中华书局，1955，第233页。

连保发行交子基础上，利用其造纸作坊特别制造的纸张和印制工具等来印制官交子的。印成之后，由"交子务"经办钤印发行，正如《宋朝事实》卷十五所说："其交子，一依自来百姓出给者阔狭大小，仍使本州铜印印记。"[①] 这样才保证了百余万贯的官交子如期发行。

可以肯定，交子面额的书写，及加盖"益州交子务铜印"和"益州观察使印记"，应属于官交子制作流程的最后工序，必须由交子务严格管控。因此，又可以说交子的后期制作，必须由管理机构——"益州交子务"的经办吏员来完成。

（三）跨越千年的正府街

关于益州衙署在成都的位置，据《成都城坊古迹考》载："正府街。东接线香街北口，西至西府街。本街自宋代以来，历为成都府衙署所在。街北华阳县政府，本五代飞鸾阁遗址，明代为通判署，清雍正中移设华阳县署于此，民国仍旧，称县知事公署，一九二八年后改称县政府……又西有成都府知府署，民国时天府中学设此。又有观星台，在知府署后侧。相传刘备、诸葛亮曾观星于此……自《太平寰宇记》卷七十二谓蜀汉尝建观星台，后人遂深信不疑，且不断重建。最西有成都分县署及府监狱，入民国后均废。"[②]

《三国志》载："（刘备）即皇帝位于成都武担之南。"[③] 这"武担"之名，指的是成都城内西北的武担山。它的来历，《蜀本纪》曰："武都有丈夫化为女子，颜色美好，盖山精也。蜀王娶以为妻，不习

---

① 李攸：《宋朝事实》卷十五《财用》，中华书局，1955，第232-233页。
② 四川省文史馆：《成都城坊古迹考》，四川人民出版社，1987，第237页。
③ 陈寿：《三国志》卷三二《蜀书·先主传第二》，裴松之注，中华书局，1959，第889页。

水土，疾病欲归国，蜀王留之，无几物故。蜀王发卒之武都担土，于成都郭中葬。盖地数亩，高十丈，号曰武担也。臣松之案：武担，山名，在成都西北，盖以乾位在西北，故就之以即阼。"[①] 在武担山之南，有"厅署街……以在成都县署后之故。街北旧有华阳厅，即华阳县典史署，习称捕厅。民国时以厅署二字为本街名。街北又有华阳县监狱。街北又有喇嘛寺，在武担山南麓，民国时懋功喇嘛募捐建"[②]。

另《成都城坊古迹考》有关"成都府署"的具体位置记载："在北城正府街，即清代所谓'古天府'。成都县署，在署西署前街。华阳县署，在府署东，正府街东头。府县三署位置，仍宋明之旧，无大变更。"[③] 由此，很多学者认为，张咏重修的益州公署（成都府署），位置在罗城西北，直至明清未改，清代所谓古天府之成都府署即在此处（在今正府街）。今天，在它曾经的地基上，四川省高级人民法院和成都市公安局仍在此处办公。

综上所述，益州交子务作为朝廷管理纸币的特设专属机构，与州府其他管理机构一样，也应当是在益州衙署办公。其官交子的管理运行，是在益州交子务官员的主持下，在衙署内完成。益州衙署在哪里，最早的"益州交子务"就设在哪里。今天的成都青羊区辖内的正府街，是宋代益州衙署所在地，也是益州交子务办公地，还是世界第一张纸币——官交子诞生地。

① 陈寿：《三国志》卷三二《蜀书·先主传第二》，裴松之注，中华书局，1959，第889页。
② 四川省文史馆：《成都城坊古迹考》，四川人民出版社，1987，第239页。
③ 四川省文史馆：《成都城坊古迹考》，四川人民出版社，1987，第112页。

三、净众寺：佛门净地制造官交子

（一）历史文献中隐藏着交子在佛门净地制造的史实

关于交子的发行、流通、管理、制造及发展过程，《楮币谱》做了较全面的叙述，是研究交子的重要历史文献。有关佛门净地——净众寺造交子，《楮币谱》是这样记载的：

"熙宁元年，始以六分书造一贯，四分书造五百，重轻相权，易于流通。于是（戴）蒙又请置抄纸院，以革伪造之弊。引有两界与官自抄纸，皆自蒙始。大观元年五月，改交子务为钱引务。所铸印凡六：曰敕字，曰大料例，曰年限，曰背印，皆以墨；曰青面，以蓝；曰红团，以朱。六印皆饰以花纹，红团、背印则以故事。监官一员，元丰元年增一员；掌典十人，贴书六十九人，印匠八十一人，雕匠六人，铸匠二人，杂役一十二人，廪给各有差。所用之纸，初自置场，以交子务官兼领。后虑其有弊，以他官董其事。隆兴元年，始特置官一员莅之，移寓城西净众寺。绍熙五年，始创抄纸场于寺之旁，遣官治其中。抄匠六十一人，杂役三十人。"[①]

对这段文字解读，我们可以得出如下结论：

（1）《楮币谱》，谢元鲁教授考证为南宋人作品，是宋人围绕交子的发行、制造和管理而编著的。

（2）熙宁元年（1068 年）自天圣二年（1024 年）二月发行官交子以来，已过去 44 年，已发行交子 22 界，正准备发行 23 界。自此由原来的一贯至十贯 10 种面额，改为一贯和五百文两种。其一贯文面额占六成，五百文面额占四成。

（3）为防止伪造之弊，交子务置官戴蒙请置抄纸院，交子用纸改由官方自造。

（4）"始特置官一员莅之，移寓城西净众寺"，是隆兴元年（1163年）的事。绍熙五年（1194 年）"始创抄纸场于寺之旁"。"始特置官一员莅之"这件事，早于"始创抄纸场于寺之旁"31 年，可见"特置官一员莅之"的目的不是管理抄纸场。

（5）特置官员的基本职责是加强对交子制造的管理，防止弊端出现。因为最初"以交子务官兼领，后虑其有弊，以他官董其事"，这才有了"特置官一员莅之"，并"移寓城西净众寺"的事情出现。

（6）防止弊端出现的范围主要集中在印制过程。在纸的管理上，由于"所用之纸，初自置场"，"于是（戴）蒙又请置抄纸院，以革伪造之弊"。这说明过去用的纸不是官方制造的，而是来自民间；而"始特置官一员莅之，移寓城西净众寺"，则是注重对印制过程的管

① 《岁华纪丽谱等九种校释·楮币谱》，《巴蜀丛书》第一辑，谢元鲁校释，巴蜀书社，1988，第 219~224 页。

理，以杜绝私自多印的弊端。

（7）对于印制过程，只有全方位管理才不会出现弊端。要实现全方位管理，须吃、住都在印制的现场。"寓"为高级官员的住所。特置官员"移寓城西净众寺"的目的，就是实现对印制过程的全方位管理。

（8）净众寺作为北宋官交子的印制场所，有可能从北宋熙宁年间就开始了。这以前在什么地方印制，《楮币谱》等文献资料没有做详细记载。因此，只能将净众寺作为官交子的制造地进行溯源研究。另据《成都城坊古迹考》考证，宋代净众寺（即清代万佛寺）为今天的成都金牛区通锦路 3 号（中铁第二勘察设计院）和西郊体育场一带。

（二）交子制造地设在城西净众寺的理由

为什么益州交子务及交子印制会由原来的益州衙署移到后来的城西净众寺？这主要由当时民间旺盛的纸币需求所决定。这一时期正处于仁宗盛世，北宋政局安定，经济发达，物价稳定，纸币（交子）信誉更加深入人心，百姓喜欢用它。管理层于熙宁元年（1068 年）发行第 23 界交子，将面额改小至一贯和五百文两种。如《楮币谱》记载：熙宁元年，始以六分书造一贯，四分书造五百，重轻相权，易于流转。不难看出，虽然是同样的发行额度，但交子的纸张用量和印刷量却有所增大。按一界交子 125.634 万贯计算，总印量由原来的 60 余万张，增加到 175.84 万张（六分书造一贯，应为 75.36 万张；四分书造五百文，应为 100.48 万张），净增加印量共 100 余万张。交子拥有这样大的印造规模，并配备有监官、掌典、贴书、印匠、雕匠、铸匠、杂役等共计 180 余人，将原来在官署印造交子移入城西净众寺实属情理之中。

1. 从五代到清代，成都西北面均是地方官府的政治管理中心

从五代到宋代的地方官署均设在成都城内西北隅。据文献记载，至隋代筑广子城南、西二隅之后，县治又移至隋城西北隅，故《元和郡县志》卷三十一载："成都县（署）……自秦汉至国初以来，前后移徙十余度，所理不离郡郭。"① 足见其仅在城中屡迁，未尝移至城外。四川省文史馆编《成都城坊古迹考》对宋代官署住寓的变迁是这样记载的："宋初乾德三年（公元 965 年），吕余庆知军府（成都府），以孟蜀策勋府为治所，地址在宫城近侧。淳化五年（公元 994 年），李顺据有州城，在战争中，后蜀宫殿化为灰烬。所谓策勋府当在其中。至道三年（公元 997 年），张咏知益州（成都府已降为益州），始就孟氏文明厅为设厅，王氏西楼为后楼，重修公宇，作为成都府治……成都县署宋代仍在武担山南方之扬雄宅（在今青龙街）附近，直至明清两代未改。即今青龙街后之署前街。"②

2. 净众寺造交子与该地严密的保卫分不开

成都地形西北高、东南低，河水由西北流向东南，四周众多溪流汇入了府河和南河。除西北面外，宽大的府河、南河给成都的防御增添了一道天然屏障，军事上易守难攻。西北面虽然溪流纵横，但溪渠狭窄，必须靠增加军事力量来防守。从宋以前的几次因政权嬗替而攻取成都的情况来看，均是从西北面攻进的。《宋史·雷有终传》就记载了真宗咸平三年（1000 年）成都被宋军占领的经过。因此，成都西北面的军事防守历来为官府所重视。

从《宋史》等相关记载可知，成都西北面作为重要的军事防御

---

① 四川省文史馆：《成都城坊古迹考》，四川人民出版社，1987，第 103 页。
② 四川省文史馆：《成都城坊古迹考》，四川人民出版社，1987，第 103-105 页。

区，必须驻有大量军队；而将国家最重要的交子制造机构亦设在这里，则完全出于安全方面的考虑，即借助军事力量予以保护。

3. 净众寺在唐宋时期已掌握相当高的印刷技术

净众寺在唐宋时期既是成都西郊名胜之地，又是唐宋成都绘画名家荟萃地。同时，净众寺也是中国宋代佛教文化荟萃地。《中国佛教史——宋朝佛教文化事业》记载：宋太祖开宝四年（971年）令高品、张从信去蜀地益州开刻大藏经，于太平兴国八年（983年）完成，这是中国第一部木雕藏经……这不仅有助于佛教文化传播，也大大丰富了我国的木版雕刻艺术。成都地方史志也记载了这部大藏经出自益州何处。1925年的《崇庆县志》有如下记载："先是宋祖敕造大藏经板，刊于益部。太宗太平兴国八年工藏，藏板正因寺，即今之万福也。王于是发帑刷印，牙签缥帙……"[1]

文中提到的正因寺就是宋代的净众寺，万福指清代的万佛寺。中国第一部木雕藏经之所以选由益州制造，是与唐宋时期这里的造纸、雕刻、印刷技术特别发达分不开的。这说明当时净众寺掌握了相当高的印刷技术。因此，交子制造选在净众寺与此必然具有密切的联系。

4. 净众寺地理位置在宋代仍属于城内

《成都城坊古迹考》载："因罗城西门外为孟蜀苑囿之区，规模甚大；北门为北来军队所入之道，防御必严。或谓，当时羊马城西北两面，可能由罗城西南之浣花溪上绕至西北之九里堤，转向东南，至今迎恩桥。"[2] 笔者认为，此线路应为今天的一环路西、北面，从一环路百花潭桥头向北到西北桥，再向东过府青路至猛追湾游泳池。

---

① 韦力：《见经识经》，新星出版社，2018，第214页。
② 四川省文史馆：《成都城坊古迹考》，四川人民出版社，1987，第70页。

宋代的成都城区范围与明清时期不同：宋代的成都城区由罗城和羊马城组成，而明清时期的成都城区主要为罗城；而净众寺所在位置属羊马城，与罗城西北毗邻，所处位置既靠近官署，又属于城市中心地带；加之羊马城在五代前、后蜀时期是苑囿之区，在宋代又为成都西北面的重要军事防御区，与城内其他地方比较，这里避开了闹市区，故而在这里造交子是比较安全的。

5. 净众寺造交子更方便官府的管理和保护

交子务作为朝廷的重要机构，应当纳入官府的保护之列；其设立地点亦当纳入官府的管理和控制之中，交通则当畅通无阻。宋代的成都城由罗城和羊马城组成。官署在罗城的西北面，而净众寺坐落在靠近罗城西北面的羊马城。虽然两城之间有高大的城墙相隔，但由于罗城西北面开有两道城门（即洛阳门和章城门），往来十分方便。第一条通道是洛阳门，《全蜀艺文志》卷三十三李新《后溪记》载："回内江（李冰内江）水自洛阳门至大东郭，俱汇于合水尾。"[1] 文中的洛阳门在宋、元罗城西北，在清远门（大西门）以北。第二条通道是章城门，《太平寰宇记》卷七十二载："读书台县北一里，在章城门路西，今为乘烟观。"[2] 文中的读书台指的是汉代文学家扬雄住宅，这里也是宋代的官署。县北一里为章城门，地处武担山以北偏西。有了这两条便捷通道，就方便了官府的控制和保护。

6. 在佛门印制交子，较在其他地区更安全

在寺庙印制交子，可以较大限度地控制闲杂人员。因为不是僧人的生面孔出现在净众寺很快就会引起人们的注意，可以较大限度地限

---

① 蔡永华主编《文物考古研究》，成都出版社，1993，第266页。
② 四川省文史馆：《成都城坊古迹考》，四川人民出版社，1987，第77页。

制闲杂人员出入，在闲杂人员管理方面多了一层制约。一般而言，佛门弟子相对纯洁一些；同时，佛门自有管理僧众的相关办法。因此，在佛门印制交子，较在其他地方更安全。

7. 宋代锦院设在府治之东，交子制造选址不应离官府太远

四川地区是宋代丝织品的重要产地，也是向朝廷交纳、进贡锦绮等高级丝织品的主要地区。由于蜀中是全国锦绮等高级丝织品的重要产地，为了保证每年向朝廷上贡更多、更好的丝织品，所以官署对其直接进行管理。《蜀锦谱》这样写道："'……宋朝岁输上供等锦帛，转运司给其费，而府掌其事。'元丰六年，吕汲公大防始建锦院于府治之东。募军匠五百人织造，置官以莅之。创楼于前，以为集藏待发之所。榜曰'锦官'。"[①] 从这段文字可知，时任知成都府的吕大防于元丰六年（1083 年）设立锦院，锦院招军匠五百余人，把上贡锦绮由民间机户织造改为官办锦院织造。地点选在府治之东，主要是为加强管理。从锦院设置地点分析，交子务这一重要官办机构的设置地点也应该在府治附近，选在净众寺一带制造交子就在情理之中了。

8. 净众寺周边的自然环境，为制造交子提供了条件

四川大学成恩元教授认为，制造交子最重要的原料是纸张，其制作方法是用楮树皮浸泡在石灰水中多天，使楮树皮软化，再用清水浸泡和漂白，经过碾压使之成为纸浆。由于纸浆加工过程中需要大量的进水和污水排放，加之造出的纸又需要大面积的场地晾晒，造纸作坊就必须选在有天然来水的宽敞的地方修建。宋代成都造纸业发达，工坊主要集中于西南郊区浣花溪一带，由于工坊密集，排污较多，故水

[①] 《蜀锦谱》，载于虫天子编《中国香艳全书》第一册，乃斌等点校，团结出版社，2005，第 375 页。

质不好，而净众寺居于上游，水质较好，用于造楮纸其质量更好。而净众寺周围林木葱郁，有溪水环绕，取水及排污都很方便，恰好符合这些条件。由此，"绍熙五年（1194年），始创抄纸场于寺之旁，遣官治其中。抄匠六十一人，杂役三十人"①。

关于宋代净众寺周边的水源流向，《成都城坊古迹考》是这样记载的："内江故道考之古籍，可探索者，当推成都西北之麋枣堰。其水南流，由西城外之净众寺前（见《高僧传·无相传》），经罗城西闉门（位置相当于今之老西门）外斜向南流。"② 这说明该地区自然环境适合制造楮纸，而楮纸又是制造纸币不可缺少的重要原料。因此，交子制造地选在净众寺是合理的、科学的。

（三）净众寺历史沿革及具体位置

1. 净众寺历史沿革

《新国学》对净众寺历史沿革概括如下："传说创于东汉延熹年间（158—166）→南朝时，名安浦寺→唐开元二十七年（739）伊始，更名为净众寺，俗名万佛寺→元朝的某一时期［不会早于泰定元年（1324）］起，改名竹林寺→明洪武二十二年（1389）前后，改名净因寺，俗名万福寺→明正德（1506—1521）中，寺毁→万历（1573—1619）初年，开始陆续重建，至万历三十二年（1604）前后建成→明崇祯十七年（1644）至清顺治三年（1646），毁于张献忠之手→清康熙初年（1662）和康熙五十三年（1714），两次重建→以后，又尝遭

①　杨慎编《全蜀艺文志》下，刘琳、王晓波点校，线装书局，2003，第1702页。
②　四川省文史馆：《成都城坊古迹考》，四川人民出版社，1987，第134页。

毁灭→1945 年至 1946 年，最终湮灭。"①

2. 净众寺在成都的具体位置

据《成都城坊古迹考》载："北巷子。南接石灰中街西口，北抵金仙桥。金仙桥北向里许旧有万福寺，唐代名净众寺，宋名净因寺。民国三十六年（1947 年）于其他建成都理学院［中华人民共和国成立后合并于四川大学，校舍划归西南铁路工程局（中铁二院、中铁二局前身）］。又西北约有十里有'九里堤'……"②

综上所述，今天的成都通锦路 3 号一带，是"世界第一张纸币——官交子"制造地遗址，也是"钱引"制造地遗址。

---

① 张子开：《唐代成都府净众寺历史沿革考》，《新国学》第一卷，巴蜀书社，第 309 页。
② 四川省文史馆：《成都城坊古迹考》，四川人民出版社，1987，第 290 页。

第六章

交子研究中探讨几个问题

交子是我国最早的纸币，也是世界上最早的纸币，不仅在中国货币史上，而且在世界货币史上都有着不可或缺的重要地位。但是，由于尚存历史文献资料简略，有关交子实物遗缺，我们对交子的认识仍存在不少盲区。下面对交子研究中的四个问题进行探讨，以期抛砖引玉，共同推进交子的研究。

一、交子为什么叫"交子"

10世纪末至11世纪初诞生在成都的纸币为什么叫交子？根据相关史料，谈谈我们的看法。

（一）有关典籍对"交子"名称的解释

关于"交子"的起源，有关权威词典解释如下。

《汉语大词典》：交子，宋代发行的一种纸币，可以兑现，便于流通。初由民间发行。天圣元年，改由政府发行①。

《文献通考·钱币二》：初，蜀人以铁钱重，私为券，谓之"交子"，以便贸易，富人十六户主之②。

《辞海》：中国最早的纸币。宋初，四川使用铁钱，体大值小，流

---

① 《汉语大词典》，汉语大词典出版社（上海），1988，第2072页。
② 马端临：《文献通考》上册《卷九·钱币二》，中华书局，1986，第94页。

通不便。商人发行一种纸币，称为"交子"。可兑现，也可流通……①

从以上典籍的解释可以看出，"交子"被定为名词，并在人们生活中起着商品交换的媒介作用。它有唐代"飞钱"性质，具有金融票据功能。而两者不同的是："飞钱"是以"钱"为依托，是银钱（金融）经营者为克服甲、乙两地商贾携带现钱不便而特别设计的一种在异地取钱的凭据。"飞钱"这种信用工具的出现，解决了商人携带笨重的金属货币"从甲地移向乙地"的困难，这种便捷被形容为"轻便如飞"。但"飞钱"的得名，没有离开"钱"字。而交子是以铁钱为本位，充当着代铁钱流通的交换职能，只要社会稳定，交子的价值符号代表着等量数额的铁钱，持有"交子"就是持有铁钱，两者没有质的差异。但"交子"命名，不带"钱"或"宝"字。

（二）专家对"交子"释名解读

"交子"作为商品交换的媒介，以当时铁钱作为货币本位，其名称一开始为什么不叫什么"钱"或什么"宝"而是用最朴素的词汇——"交子"命名？长期以来从事金融及历史研究的人没有深入去探究它。对于最早纸币为什么叫"交子"，一千多年来立论著述者仅就区区几人而已。

日本学者加藤繁说："交子、会子、关子，本来都是大略相同的词汇，交、会和关有会合、对照的意思，交子、会子、关子，不外是指对照的凭证，就是对照后证明无误的证据文件。所以，这种用语所适用的范围很广，在某种场合指现在所说的期票，在某种场合指汇票，

---

① 夏征农、陈至立主编《大辞海·经济卷》，上海辞书出版社，2015，第190页。

在某种场合指送物单，在某种场合指种种许可证，又在某种场合指纸币。四川的交子、南宋的会子，都是纸币，但是交子、会子，不能说是专指纸币的用语。"①

复旦大学彭信威教授则认为："交子这一名称，大概是四川的方言，特别是'子'字代表方言的成分。晚唐咸通年间，西川称刻印的书为印子，以别于抄本，也带方言的味道。'交'字是交合的意思，指合券取钱。后来的会子和关子的意思也差不多，相交、相会、相关是一脉相通的字眼。"②

河北大学汪圣铎教授则认为："加藤繁、彭信威二先生都认为'交子'、'会子'、'关子'和'交'、'会'、'关'的语义基本相同，都是对照或交合的意思，这种讲法也似勉强。""笔者以为，交子的'交'的意思就是'交纳'，'交子'就是交纳了钱的凭证。现代人往往不用'交纳'而用'缴纳'，但宋人一般是用'交纳'的。"③

以上三位学者分别给出了对"交子"得名的解释，认为是"交接对照""相交、相会、相关""交纳"的意思。一个共同点便是："交子"作为交换媒介，重在一个"交"字，其语义基本相同。而彭信威教授还认为：对"子"字而言，它还带有四川方言成分。

此外，还有人认为"交子是古代四川俚语，是票券、凭证的意思……"④

---

① 加藤繁：《中国经济史考证》，二六《交子、会子、关子的语意》，吴杰译，商务印书馆，1963，第59页。
② 彭信威：《中国货币史》，上海人民出版社，2007，第317页。
③ 汪圣铎：《"交子"释义》，《中国钱币》1996年第1期。
④ 天府四川金融博物馆对"交子"一词的解释。

（三）对"交子"得名的思考

纸币用"交子"冠名，与古代金属货币名称不同——铜、铁货币铸造名称为某"通宝"或"重宝"，人们统称它们为"宝文"钱。但人们为什么不将新问世的纸币叫"什么钱"或"什么宝"而将它取名"交子"呢？其背后承载着深厚的文化内涵。下面我们先从单个汉字说起。

"交"字，象形字，小篆字形，它形如一个人双腿交叉。在这里作动词，有"交接，移交，交换"的意思。纸币——"交子"用"交"字打头，说明它源于交换，充当媒介作用，与交换、交流、交易意思相同。

"子"字，象形字，其本义是婴儿在襁褓中，有头、身、臂膀，两足像并起来的样子。在古代对女性称子，对男性常用"子"作尊称或美称（如荀子、老子、孔子、韩非子等）；在古代爵位名中，"子"被排在第五位（分王、公、侯、伯、子、男六级）；将动物的卵和植物的种、果实分别称为"卵子"和"种子或实子"。按中文组词习惯，"子"字多作为名词、动词的后缀，如男子、女子、票子、房子、椅子、桌子、老爷子等等。货币是名词，在纸币诞生前，有铜币、银币，金币等。宋朝是中华文化大繁荣时期，习文习艺之风盛行，达官贵人多饱读诗书，给新创造的信用纸币取一个很有内涵的名字，是顺理成章的事。

纸币取名为"交子"，与商品交换有着深厚的渊源。《辞源》说："'交易'，物物交换。《易系辞下》：'日中为市，致天下之民。聚天下之货，交易而退，各得其所。'后来多指商业买卖。史记平准书：

'农工商交易之路通，而龟背金钱刀布之币兴焉'。"①

这段文字，阐述了司马迁主张农工商并驾齐驱，相互发展、利用的关系；龟背金钱刀布作为交换媒介，对促进商品交换顺利进行发挥了重要作用。"子"在这里代表"龟背金钱刀布"，犹如女儿之美、男子之才。用"交"与"子"字组合成词汇，作为最早纸币的命名，既蕴藏着交子厚重的文化内涵，也反映出中国汉字的博大精深。后来的信用纸币"会子"和"关子"，也仍用"子"字作为后缀。纸币交子的诞生，给商品交易和百姓生活带来极大方便，一张纸最多可抵十贯钱，既解决了贸易往来中金属货币笨重以致携带不便的问题，又降低了货币铸造成本，解放和发展了社会生产力。在一千年前的古人心目中，纸币的地位可与传统的金属货币媲美，功能甚至超越了传统货币。

"交子"蕴藏着对立统一的辩证关系。从字义的属性解释："交"为动词，其意思及内容较为宽泛；"子"为助词，只有与其他汉字组合，才能表现其具体用意。前者表意范围宽泛，后者的作用受约束。"交子"二字各自的意思是宽泛和约束，其本身存在着矛盾。如何将两者统一起来？由此我们想到哲学中对立统一的唯物辩证法。用唯物辩证法来解决个人生活问题，解决社会问题，其核心就需要寻找一个"中"字，这个"中"字就是从易发展而来，使其对立发展成道。所以，道是从易发展出来的，"道生一，一生二，二生三，三生万物"，诠释了事物发展从少到多、从简单到复杂的过程。

根据汉代"西蜀孔子"——扬雄《易经》的解释，上两爻代表天，下两爻代表地，中间两爻代表人，天怎么变，地怎么变，中间的人就怎么去适应。在交子运行过程中，十六富商连保发行交子时期，

---

① 《辞源》，商务印书馆，1979，第 151 页。

官府给予保护，交子铺户需承担相应的社会责任，"每年与官中出夏秋仓盘量人夫，及出修縻枣堰、丁夫物料。""如将交子，要取见钱，每贯割落三十文为利"①。再如"大凡旧岁造一界，备本钱三十六万缗，新旧相因"②。利用实践中摸索出的这些办法，人们寻求到了交子运行的"中"字。这个"中"字，较好地促成了交子运行中的宽泛与约束的平衡。这个"中"字，使易的这种对立发展成道。由于严格遵守这个"道"，官交子在前几十年中运行平稳，适应了四川地区经济发展的需要。

"交子"一词，诠释了四川的人文精神。四川因被崇山峻岭包围，为改变生存环境，摆脱"盆地意识"，从古至今四川人骨子里便渗透着吃苦耐劳的珍贵品质，以及敢为人先的创新精神。北宋在成都诞生的世界第一张纸币——交子，就充分体现出了四川人寻求新生活的要求——从盆地之窄走向勇于创新、敢于创新的精神之宽。

---

① 李攸：《宋朝事实》卷十五《财用》，中华书局，1955，第232页。
② 脱脱等：《宋史》卷一八一《食货志下三》，中华书局，1985，第4405页。

二、"交子诞生日" 应选哪一天

2023年3月，中国钱币学会在成都召开了"纪念纸币诞生1 000年学术会议暨中国钱币学会学术年会"。其中举办的闭门会议形成了一项决议，即设立交子纪念日——确定"交子诞生日以益州交子务设立时间为准，即天圣元年十一月二十八日（1024年1月12日）"。从会议初衷来看，设立"交子纪念日"意义重大，也很有必要。它既有利于交子文化的传承与弘扬，也更有利于推动民族文化的继承和发展。但根据历史文献对交子发行时间的记载，笔者认为用"益州交子务"设立时间作为交子纪念日不够严谨和科学。

（一）关于官交子发行时间

（1）《楮币谱》载："（薛）田、（张）若谷议，以废交子为非便，请为置务，禁民私造，条奏其悉。又诏梓州路提刑王继明与田、若谷共议。田等议如初。诏从之，始置益州交子务。时天圣元年十一

175

月也。"① "自（天圣）二年二月为始，至三年二月终，凡为交子一百二十五万六千三百四十贯。其后，每界视此数为准。"②

此段文字虽没有指出益州交子务设立和官交子发行的具体时间，但指明了"益州交子务"设立时间是天圣元年十一月；而官交子发行时间是天圣二年二月。

（2）李攸《宋朝事实》卷十五《财用》载："奉敕令梓路提刑王继明，与薛田、张若谷同定夺闻。奏称自住交子后……取便行使。每小铁钱一贯文，依例克下三十文入官。其回纳交子，逐旋毁抹合同簿历。天圣元年十一月二十八日到本府，至二年二月二十日起首书旋，一周年共书放第二界，三百八十八万四千六百贯。"③

这则史料明确记载了"交子务"设立及"官交子"发行的时间。朝廷同意设置益州交子务的诏书到达益州衙署的时间是天圣元年十一月二十八日，而官交子发行时间是天圣二年二月二十日。

（3）李焘《续资治通鉴长编》卷一百一，天圣元年十一月条载："田、若谷议废交子不复用，则贸易非便，但请官为置务，禁民私造。又诏梓州路提点刑狱官与田、若谷共议，田等议如前。戊午（二十八），诏从其请，始置益州交子务。"④

从上面三则文献记载看，"益州交子务"设立时间，即为天圣元年十一月，其中两则宋人的记载具体到了二十八日（即 1024 年 1 月 12 日）。而官交子发行时间，《楮币谱》为天圣二年二月，《宋朝事实》更为详细，为天圣二年二月二十日（即 1024 年 4 月 1 日）。

---

① 《岁华纪丽谱等九种校释·楮币谱》，《巴蜀丛书》第一辑，谢元鲁校释，巴蜀书社，1988，第 215 页。
② 《岁华纪丽谱等九种校释·楮币谱》，《巴蜀丛书》第一辑，谢元鲁校释，巴蜀书社，1988，第 215 页。
③ 李攸：《宋朝事实》卷十五《财用》，中华书局，1955，第 233 页。
④ 李焘：《续资治通鉴长编》第八册卷一百一，中华书局，1995，第 2342-2343 页。

由此可知，"益州交子务设立"和"官交子发行"本是两件事：前者是管理交子的专属机构——"益州交子务"设立时间，后者为官交子正式发行时间。中国古代纪时均采用帝王年号和干支纪年法（即阴历），与今天使用的公元纪年（即阳历）对照，两者大多时间的月份不重叠，而阳历在前，阴历在后，往往岁末阴历的月份为下一年度。宋仁宗天圣元年阴历十一月二十八日虽为 1023 年，但公元纪年已跨入 1024 年的 1 月 12 日；官交子发行时间，为宋仁宗天圣二年二月二十日（即 1024 年 4 月 1 日），阴历和公历虽相差近三个月，但均为 1024 年。

（二）交子诞生纪念日的确定

结合"诞生"一词的释义，下面用两个实例对此加以阐明：我们每个人的生日，都是以自己母亲分娩这天为准，而不是以父母结婚登记或举行婚礼的日期作为计算生日的起点；中华人民共和国成立，在 1949 年 9 月 21 日举行的中国人民政治协商会议第一届全体会议就宣布了，而中华人民共和国诞生庆祝日，以 1949 年 10 月 1 日这一天正式举行的庆典日为准。从文献指出的时间看，朝廷允许成立"益州交子务"的诏书仅是一纸批文，而运作需要一个机构来负责实施，到官交子正式发行也还需要一定的时间，才会有天圣二年二月二十日正式发行官交子这件事。

因此，可以得出结论：天圣元年十一月戊午日（即 1024 年 1 月 12 日），是北宋朝廷根据知益州薛田等上奏，批准设立"益州交子务"来代表朝廷管理交子的诏书到达益州（成都）的时间，这只能称为交子管理机构的设立时间。可官交子正式发行时间，是天圣二年二月二十日（即 1024 年 4 月 1 日），只有这一天才称得上官交子的诞生日，将此时间作为纪念日才最科学。

三、"千斯仓"版是不是北宋官交子

交子是世界上最早的纸币，诞生于中国北宋前期的益州（成都），这是中华文明史上的一大创举。然而遗憾的是，这一伟大发明却无实物存世，无法让世人一睹其真容。

今天，成都锦江区东门大桥府河边的均隆街，是宋代成都的水陆码头，商贾云集，传说"交子主要流通在这里"。甚至还有人说，因为后世将"交子"讹传为"椒子"，所以在当年街道命名时，把这里命名为椒子街。1997 年府南河整治，椒子街被并入均隆街。成都人出于对交子的情感，在原椒子街原址上建了一处"交子文化雕塑墙"，将"千斯仓"版拓片图文镌刻在了上面。同时，这幅图还被相关的历史读物

及相关的金融、货币史等书籍选用，被视为中国金融货币文化瑰宝。

该钞版呈长方形、竖式，竖高五寸三分，幅宽三寸（即竖17.7厘米，宽9.9厘米）。自上而下分为三个部分：上部画有十枚铜钱；中部从右至左竖立七列文字——"除四川外/许于诸路/州县公私/从便主管/并同见钱/七百七十陌/流转行使"；下部附有一幅图画，呈现的是一个粮食仓库和三个搬运工正在搬运成包的粮食的情景。图画右上角写着"丁斯仓"三字，由此"千斯仓"成为该图版的代名①。该钞版是否还有另外的版面？究竟属于宋代哪种纸币印版？长期以来，历史学界极为关注，尤其是金融货币史学家一直都在寻找答案。

从"千斯仓"版上面的内容和格式分析，它与史籍所载北宋交子和后来的钱引格式内容不相符，将其视为交子样本，明显系误植。那么，为什么说是"误植"呢？它的问题又具体出现在哪里？下面进行探讨并提出我们的考证结论。

（一）"除四川外"四字特别关键

判断"千斯仓"版是否为官交子，我们应对版面中部竖立的七行文字"除四川外"这四字进行深入分析。

北宋灭后蜀后，蜀地设西川路和峡路。宋真宗咸平四年（1001年），将西川路、峡路分设为益州路、利州路、梓州路、夔州路四路，合称"川峡四路"，简称"四川路"，但这时的"四川"不代表地理概念。宋徽宗大观三年（1109年），北宋朝廷的诏书开始使用"四川"一词，这是我们目前所见到的用"四川"作为行政区划略称的初始。南宋绍兴五年（1135年），成都府路置"四川安抚制置大使"官

---

① 李伟国：《中古文献考论 以敦煌和宋代为中心》，上海古籍出版社，2022，第308页。

职，并掌管川峡四路的行政、军旅之事，南宋朝廷派驻川峡四路的官员，开始将川峡四路简称为"四川"。

南宋时，四川在各方面均有一定的独立性。由于距离朝廷较远，又为与金兵对峙之前哨地带，故地位较为特殊，拥有诸如官员任免、士子考试类省试、税收、印行交子和关子等地方权力。宋代史籍中关于"除四川外"的用例，几乎都出现在南宋。因路、州（府、军、监）、县的设置，是宋代独有的三级行政区划。唐代及宋初，相当于"路"的行政区划是"道"；元代时在宋代的川峡四路基础上，设置"四川行省"（简称"四川省"），从此"四川"一词作为地名才被正式使用。因此，"除四川外，许于诸路州县"的表述方式，只能是南宋才有的事，应该是从南宋绍兴五年（1135 年）开始的。

从版面上的二十九个汉字分析，其中"除四川外"四字特别关键。第一，从文意上看，这是限定在四川以外地区流通的纸币。"除四川外"，就是不包括四川，不能在四川流通。其实，书文本身就强调了它不是益州官交子。第二，与其书文相抵牾的历史事实是，自天圣元年（1023 年）十一月在成都置益州交子务起，直至大观元年（1107 年）"诏改四川交子为钱引"止的八十余年，交子大多数时间被限制在川峡四路流通。其间朝廷虽一度在河东、陕西、京西北及淮南等路短暂设过交子务（所），甚至也曾将四川交子直接引进陕西，但却未见有史料记载专门发行有能统一流通于诸路州县的交子或钱引。这便进一步说明，那张书有"除四川外，许于诸路州县"字样的图片，不应是官交子，当然也不是交子改钱引后行用于川峡四路的钱引。

（二）"千斯仓"版格式及内容与文献记载不相符

北宋纸币除交子外，晚期还使用钱引及小钞。那么，那张所谓成都"千斯仓"版交子是否是钱引或小钞呢？从以下三条文献史料可考证。

一是《宋史》卷一八一《食货志下三》载："（崇宁）四年，令诸路更用钱引，准新样印制，四川如旧法……时钱引通行诸路，惟闽、浙、湖、广不行。"①

二是《宋会要辑稿·职官》载："（崇宁）四年六月二十三日，榷货务买钞所言，奉旨交子并依旧法路分兼诸路通行，其在京及京畿行用等旨挥，更不施行。钱引依此印造。诸路用钱引，四川依旧施行。其已行交子，渐次以钱引兑换……从之。"②

三是《皇宋十朝纲要》卷十七所载："（大观元年五月甲午）诏改四川交子为钱引。"③

以上三则史料，给我们提供了以下信息：其一，崇宁四年（1105年），朝廷令改诸路交子为钱引，四川则于大观元年（1107年）始改，较朝廷诏令晚了两年；其二，在这两年间，四川仍旧使用交子；其三，在这两年中，川峡四路以外行用的钱引在四川不能流通。

另据《宋史》卷一八一《食货志下三》及马端临《文献通考》卷九《钱币考》载，大观元年（1107年）发行的第四十三界交子尽管诏改称钱引，但"仍用旧印行之"；直至大观三年（1109年）第四十四界，方正式启用钱引钞印。

关于钱引格式及内容，《楮币谱》记载了中后期交子及钱引的一般格式和内容。下面列举《楮币谱》所载第七十、七十二、七十四、

① 脱脱等：《宋史》（简体字本）卷一八一《食货志下三》，中华书局，2000，第2954页。
② 徐松：《宋会要辑稿》第七四册《职官二七》，中华书局，1957，第2945页。
③ 李埏、林文勋：《李埏文集》第三卷《宋金楮币史系年》，云南大学出版社，2018，第57页。

七十六界钱引内容（表6-1）供参考。

表6-1　南宋第七十、七十二、七十四及七十六界钱引内容

界分	第七十界	第七十二界	第七十四界	第七十六界
年号	辛巳绍兴三十一年（1161年）	乙酉乾道元年（1165年）	己丑乾道五年（1169年）	癸巳乾道九年（1173年）
贴头五行料例	至富国财并	强本而节用	事序货之源	化国日舒长
敕字花纹印	金鸡捧敕	金花捧敕	团凤捧敕左皁右夒	双龙捧敕
青面花纹印	合欢万岁藤	蜃楼去沧海	王逸超众果荔枝	龙牙黄草花
红团故事印	龙龟负图书	朽粟红腐	诸葛孔明羽扇指挥三军	祖逖中流击楫誓清中原
年限花纹印	三耳卣龙文	尧阶蓂荚	千叶石榴	百合太平花
一贯故事背印	关隐之酌饮贪泉赋诗	汉循吏增秩赐金	周宣王修车马备器械	舜作五弦之琴以歌南风
五百故事背印	王祥孝感跃鲤飞雀	卜式上书献家财	两阶舞干羽	伯夷太公二老归文王
书放额数	书放钱引二千三百七十三万六千三百四十贯文	书放钱引二千三百七十三万六千三百四十贯文	书放钱引二千三百七十三万六千三百四十贯文	书放钱引二千三百七十三万六千三百四十贯文

资料来源：《楮币谱》（《岁华纪丽谱等九种校释·楮币谱》，《巴蜀丛书》第一辑，谢元鲁校释，巴蜀书社，1988，第240-243页）。

从以上记载得知，中后期官交子及钱引的主要内容包括：①敕字；②大料例（贴头五行料例），指钱贴开头例行的五行文字，包括面额、字号、料次、罚则和赏额；③年限；④背印（分一贯和五百文两种）。这四项内容皆用黑色印制。

此外还须有蓝（青面）、朱（红团）二色，合为六方印。六印均饰花纹或文字。如"敕字"印上的花纹为金鸡（即金鸡捧敕）等，"大料例"印上为"至富国财并"等格言，"年限"印上为"三耳卣

龙文"等，"青面"（蓝色底面）印上为"合欢万岁藤"等，"红团"印为"诸葛孔明羽扇指挥三军"故事等，"背印"为"卜式上书献家财"故事等。

综上所述，"千斯仓"版上的内容与史料记载的交子和钱引内容不相符，将它视为交子及钱引的参照物是错误的。

（三）学界研究论证"千斯仓"版不是北宋交子

"千斯仓"版 20 世纪 30 年代被发现，很快流入日本。1938 年，日本奥平昌宏在《东亚钱志》上撰文，认为"千斯仓"版是南宋的"会子"。

1942 年，（上海）中国泉币学社主办《泉币》第九期，发表钱币学家王荫嘉《补录春间蒋君来函并跋》一文：认为"千斯仓"版为"交子"版。

20 世纪 50 年代，彭信威的《中国货币史》认为它是"官交子或钱引"。

20 世纪 60 年代再版时，又改为"钱引"，"可能是北宋崇观年间四川以外各路所行的钱引"。

1982 年，千家驹、郭彦岗的《中国货币发展简史和表解》将它称为"北宋的官交子或钱引"。

1984 年，萧清的《中国古代货币史》一书认为它是"北宋的钱引"。

1983 年，刘成仁的《略论两宋商业的高涨繁荣》和叶世昌的《钱引乎？小钞乎？》两文，分别提出此钞版应是北宋崇宁五年（1106 年）朝廷为收回当十钱而发行的"小钞"的印版。叶世昌详细论证了"同见钱七百七十陌流转行使"，符合宋代省陌制度，认为这是一张面值一贯的小钞。因发行小钞是官府的临时措施，没有正式的纸币名称，所以印版上没有名称。

吴筹中、吴中亚的《两宋钞版新探》一文，也认为其是北宋小钞，指出朝廷发行小钞收回铜钱，而四川不用铜钱，所以有"除四川外"字样。

汪圣铎的《两宋货币史》指出：此印版肯定不是四川交子或钱引的印版，因为拓片文字标明它不在四川行用。如果假定它是宋代纸币印版，它只能是四川以外的钱引或小钞的印版。

杨君、张安昊在《"千斯仓"版、"行在会子库"版考辨》一文中，通过对千斯仓版与行在会子库版进行考证，并查阅文献进行论证后得出结论："千斯仓"版属南宋第十八界会子印版范畴，两者内容互补，文字风格一致，时代特征一致，形制特征一致，两版大概率是同坑出土，都是南宋第十八界会子组合印版中的主要印版。

以上专家、学者通过考证探讨得出的结论，均否定了"千斯仓"版为北宋的官交子。

此外，还需进一步指出的是："千斯仓"版自20世纪20年代被发现，不久流入日本后，近百年来都没有露过面，国内收藏界专家、学者均没有亲眼见到过该物。更遗憾的是，自《东亚钱志》著录"千斯仓"版为田中青岳堂收藏后，该版在日本踪影全无。

四、桑树是不是制造楮币的原材料

中央广播电视总台财经频道曾制作大型系列纪录片《丝绸之路经济带》，其中第四集《丝路·货币》用了较大篇幅讲述了 10 世纪末 11 世纪初中国四川成都诞生世界最早纸币的经过。本集开头写道："今天，在世界金融中心的英国伦敦金融城里，有着 300 多年历史的英格兰银行，是现代金融业无须争议的开拓者，但在英格兰银行的后花园里，却意外地种植了几棵桑树。这是为了纪念一千多年前的丝绸之路上，宋朝的中国人用桑树皮制作了世界上第一张纸币——交子。"纸币的诞生改写了世界金融史。纸币交子难于保存，没有留下实物可供观赏，可印造交子的纸是用"养蚕的桑树皮和桑树叶"制成，英格兰银行在这里种下这几棵桑树的目的，不仅仅是为了美化院内环境，更是体现今天的金融人对发明世界最早信用纸币的敬佩。

（一）桑树竟然是"误会"

我们知道，印制交子的纸的原料是楮树。为什么英格兰银行会种植桑树呢？其实，这源于一个"误会"，它与我们熟悉的传奇人物——意大利旅行家马可·波罗有关。他在游记中这样写道："他命令人将桑树——它的叶子可以养蚕——的树皮剥下，取出介于桑树粗皮和木质之间的一层极薄的内皮，然后再将它浸泡在水中，随后倒入臼中，捣烂成糊浆，最后制成纸。其质地就像用棉花制成的纸，不过十分黑，到能使用时，他就把它截切成一片片大小不一的货币，近似正方形，不过略长一点。"[①] 这使得西方人误认为交子的用纸也是用桑树皮制成的。

《马可·波罗游记》关于用桑树造纸印制纸币的记载，很值得我们进一步探讨。大家知道：《马可·波罗游记》（又称《东方见闻录》）中的内容，大多来自13世纪末的中国；马可·波罗跟随父亲和叔叔于1275年到达元朝的首都，与元世祖忽必烈建立了友谊。他在中国游历了17年，曾到过中国许多地方，并将一路所见所闻记录了下来。他于1291年（至元二十八年）初离开中国。后来他的游记出版。该书详细记录了元代中国的政治事件、物产风俗，对西方世界也产生过重大的影响。此后，该游记的不同版本、译文和研究论著层出不穷。但是其许多内容的真实性存在疑点，引起了学术界的争议。

英格兰银行在院内植桑树，以示对中华先民为世界金融史做出贡献的敬意，但遗憾的是，他们栽种的树因受《马可·波罗游记》的误

---

① 马可·波罗：《马可·波罗游记》，陈开俊等译，福建科学技术出版社，1981，第116页。

导而选错了。因为宋代印刷交子的纸，不是用桑树皮或桑树叶做原料而制造的特殊纸。印刷交子的这种特殊纸实际是用一种叫楮树（一名谷树，又名构树）的树皮为主要原料制成，人们称它为楮纸；用楮纸印刷的纸币，被称为楮币。在《四库全书》收录的南宋学者林駉《古今源流至论续集卷四》中，他撰写了宋代纸币流通论著，标题为《楮币》；南宋末元初史学家、四川学者费著整理、编纂、记载成都交子、钱引诞生、发行、管理及制造的论著，被命名为《楮币谱》。

（二）楮树皮造纸小考

对于用楮树皮造纸，明代文学家、书画家陈继儒的《珍珠船》载："永徽（650—655年，唐高宗李治年号）中，宣州僧欲写《华严经》，先以沉香种楮树，取以造纸。"① 这实际上在告诉我们早在唐代，寺庙僧人就开始用楮树皮造纸，抄写佛经。关于宋代造纸，潘吉星在《中国的造纸技术》一书中说："（宋代）竹纸及皮纸成为占统治地位的纸种，这种趋势一直持续到19世纪末的清代晚期。宋元书画、刻本和公私文书、契约中多用皮纸，其产量之大、质量之高均远在隋唐五代之上。"② 因楮树皮质地坚实，纤维细长，富于韧性，所以用楮树皮做原料造出的皮纸质量甚佳。

楮树与桑树均被植物学界归为桑科灌木状植物，它们各自有不同的经济实用价值，均适宜在中国南北生长。它们的皮在古时候虽然都用作造纸的原材料，但所造出的纸的用途是不一样的。明末清初时期杰出的农学家、博物学家宋应星的《天工开物》卷十三《造皮纸》

---

① 陈继儒：《珍珠船》卷一，（上海）商务印书馆，1936，第10页。
② 潘吉星：《中国的造纸技术》，中国国际广播出版社，2010，第46页。

载："凡楮树取皮，于春末夏初剥取……凡皮纸，楮皮六十斤，仍入绝嫩竹麻四十斤，同塘漂浸，同用石灰浆涂，入釜煮糜。近法省啬者，皮竹十七而外，或入宿田稻稿十三，用药得方，仍成洁白。凡皮料坚固纸，其纵文扯断如绵丝，故曰绵纸，衡断且费力……又桑皮造者曰桑穰纸，极其敦厚，东浙所产，三吴收蚕种者必用之。"[1] 这些详细记载，说明用楮树皮做原料抄出的皮纸，纸质洁白美观，而韧性好，耐用；而用桑树皮做原料抄出的纸，纸质极其敦厚，主要供三吴（长江下游江南一带）地区养蚕使用，并且取名就叫"桑穰（皮）纸"。这里明确告诉我们楮树皮和桑树皮做原料抄纸的不同用途。这证明印刷楮币（交子、钱引、会子等纸币）所用纸张的原料是楮树，而不是桑树。

四川地区造纸的原料和纸的品种与其他地区不同。蜀中盛产苎麻，其麻除用于织造麻布外，还用于造纸。造出的麻纸质量优良，属全国之冠，以至于被唐代定为皇家用纸，到了宋代仍然没有根本改变。北宋苏易简在《文房四谱》卷四中说："蜀中多以麻为纸，有玉屑、屑骨之号。江浙间多以嫩竹为纸，北土以桑皮为纸，剡溪以藤为纸，海人以苔为纸，浙人以麦茎稻秆为之者脆薄焉，以麦蒿油藤纸为之者尤佳。"[2] 正是四川苎麻的大量种植和十分丰富的楮树资源，给造纸业提供了丰富的原材料，加上蜀地工匠掌握了麻纸的传统工艺技术，并不断对造纸工艺改进，打破了过去麻纸独占鳌头的局面。如《天工开物》卷十三《造皮纸》载："四川薛涛笺，亦芙蓉皮为料煮糜，入芙

---

① 宋应星：《天工开物》，潘吉星译注，上海古籍出版社，2016，第250页。
② 苏易简：《文房四谱》，江苏凤凰文艺出版社，2017，第242页。

蓉花末汁。或当时薛涛所指，遂留名至今。其美在色，不在质料也。"① 薛涛笺独用芙蓉树皮为原料制造的彩色皮纸，改变了四川自汉至唐主要以麻为原料造纸的历史，并开了四川用芙蓉树皮及楮树皮造纸的先河。

另据文献记载，五代南唐有一种澄心堂纸，也是以楮树皮做原料，冬季取冰水而抄之，抄出的纸坚滑而质白，细密而又坚韧耐久，质量优良，该高档皮纸在当时一幅价值可抵白金，仅供宫廷御用。宋陈师道的《后山谈从》中说："求墨工于海东，纸工于蜀，中主好蜀纸，既得蜀工，使行境内，而六合之水与蜀同。"② 这就说明，澄心堂纸的制造技术是由四川传播过去，并经过进一步改进而发展起来的。

自北宋灭南唐后，澄心堂纸流入了文人之手，得到很高的赞誉。由于四川绘画及雕版印刷领先于其他地区，给澄心堂纸提供了新的市场，加之四川楮皮资源丰富，进行大量仿制，使楮纸的生产十分兴盛，为四川印刷业发展及制造纸币专门用纸提供了条件。由此，宋《楮币谱》还告诉我们，自"熙宁元年第 23 界交子，面额改一贯和五百文两种，每界交子发行 125.6 万贯，总印量达 175.84 万余张"。这样大的用纸量，而且纸币的质量要求高，一个重要的原因是有澄心堂纸技术作基础。此外，四川造纸的原料有丰富的楮树和麻，造出的纸币用纸"表光之所清脆而精绝"，才不被人随意仿造。由此，《宋史·食货志下三》载："当时会纸取于徽、池（州），续造于成都（府），又造于临安（府）。"③ 从中可以看出，宋代纸币用的是楮纸，其中四川生

① 宋应星：《天工开物》，潘吉星译注，上海古籍出版社，2016，第 251 页。
② 陈师道：《后山谈从》卷一，《四库全书》1037 册，上海古籍出版社，1987，第 69 页。
③ 脱脱等：《宋史》卷一八一《食货志下三》，中华书局，1985，第 4406 页。

产的楮纸质量最好，不易伪造。

综上所述，宋代交子、钱引、会子等纸币，其用纸的主要原材料是楮树皮，而不是桑树皮。

下篇

交子千年：货币、金融与经济

货币是充当一般等价物的特殊商品。在人类社会历史发展过程中，不同的地区充当一般等价物的商品不同；同一地区的不同历史时期，充当一般等价物的商品往往也是不同的。随着商品生产和商品交换的发展，一般等价物的作用最终固定在其自然属性最适宜充当货币的贵金属上。

北宋交子的产生，摆脱了自古以来实物货币如粮食布帛、铜铁铸币对商品交换经济的束缚，开启了以信用为背书、以价值的符号代替实物或金属货币作为交换媒介的货币时代。其缓解了"钱荒"对交换的制约，推动了人际交往关系的不断扩大、劳动分工的专业化与社会化。

在货币作为支付手段的条件下，卖者和买者的关系已经成为一种债权债务关系。伴随货币使用权的转让，产生了以借贷为主体的资金融通，包括与货币、信用有关的各种经济活动。商品交换经济的发展，催生了面向社会借贷、进行资源配置，或规避风险，以银行保险业为主体的近现代金融。在当代市场经济中，一切商品皆要通过与货币交换，才能证明它们是社会劳动产品、是价值物。所以，一切商品皆以货币折算衡量计价，一切货币又可通过票据、债券、证券将现在的财富转化成未来或长期的收益，或提前分配未来收益获取今日之真金白银，由此产生了以票据承兑与贴现、基金管理、债券与有价证券买卖为对象的当代金融。当代金融不仅与社会各阶层的生产活动，所有家庭与个人的生活消费，以及社会组织、国家职能有着密切的联系，而且还在社会经济资源的流动与配置、提高全社会经济活动的质量与效率中发挥着极其重要的作用。

交子产生后的中国货币

交子的出现，开启了南宋会子、金交钞、元中统宝钞、大明宝钞、清朝钞票的印制、发行与流通。作为符号的交子能在交换中被人接受，靠的是以实物或金属货币作担保所获得的信用，以及一整套确保信用的制度设计。它的建立与巩固，却有一个漫长的历史过程。这注定了即或是在北宋的四川就产生了的纸币，也会经历一个曲折而反复的漫长的发展过程，才能终结流通中的金属货币，使纸币交子成为货币流通中的法定货币。

一、宋以降中国货币的发展

（一）交子产生后至清末的纸币

1. 南宋会子

当交子、钱引在四川及其周边官方指定的区域作为货币进入流通之时，在其他各地也产生过类似于交子的会子和关子。

与交子一样，会子也起源于民间。靖康之变，宋室南渡；东南地区人多地少，土地交易盛行，增加了对货币的需求。财政上的困境加上铸币产出的急剧缩减，使得政府和民间对纸币愈加依赖。绍兴三十年（1160 年）会子即由户部发行。次年，设立行在会子务，后改隶于都茶场，仿照川蜀钱引之法发行。会子盛行于中国东南各地，相较于交子有更大的发展。如对官交子的发行，朝廷规定的限额为每界一百二十五万六千三百四十贯，而会子发行的最高限额则为每一界一千万贯。官交子流通的范围仅为四川及其周边指定的区域，而会子的流通范围却占据了南宋统治区内的半壁江山。会子的发行制度比钱引进步。钱引的金额是临时填写的，会子的金额都印在上面，并有发行机关印记。为防止伪造，会子上面突出地印着"敕伪造会子犯人处斩"的字样，事先对企图伪造者起到震慑和阻止的作用。

宋代还有一些地方性的纸币，如湖会和淮交。湖会指湖北会子和湖广会子，专用于湖北路，后通行于湖广。淮交是两淮用的交子，只通行于两淮的州县。以上两种地方性纸币后均被京会收兑。不同名目纸币的发行，名称不一，但皆取合券取钱或凭证领钱之意。

中国经济重心自东汉末年以来开始了长达数百年之久的向东南地区的转移。到南宋，以首都临安（今杭州）为中心的东南地区，经济最为发达，故当时在东南诸路行使的行在会子也是最主要的货币。

1115年女真族建立金朝，首领完颜阿骨打初定都于会宁（今黑龙江阿城南）。1125年金灭辽，次年灭北宋，先后迁都至中都（今北京市）、南京开封府（今河南省开封市）等地，受汉族先进的经济、文化影响，由奴隶制转向封建制，迅速成为统治中国北部的一个王朝。其军事实力足以与偏安东南的南宋政权对峙。金朝于海陵王贞元二年（1154年）设置交钞库，发行纸币，且有大钞、小钞之别。大钞分为一贯、二贯、三贯、五贯、十贯5等，小钞则分为一百文、二百文、三百文、五百文、七百文5等。这种交钞最初以7年为限，到期换领新钞。世宗大定二十九年（1189年）不再立定年限，交钞成为无限期的流通货币。这在中国纸币发展史上具有划时代的意义。后来，因宋、金发生战争，金朝军费增加，财用不足，交钞发行大量增加，引发通货膨胀，故时常更换新钞。

宋金时期，对纸币的管理，大都围绕着以兑现保证币值的稳定展开，强调发行限额。如王恽强调"银本常不动"，规定流通期限（分界发行），强调"执交子而来者欲钱得钱"，要求纸币能够"纳官库""充上供"①，反对滥发纸币弥补财政亏空等。这些观点和主张，虽然存在着某种局限，但是在当时的历史条件下却有其历史的合理性，符合纸币发展的规律和人们认识纸币的规律。北宋官交子初发行时，现金准备约占发行限额的 28%。周行己认为：纸币发行之后，"必有水火之失，盗贼之虑，往来之积，常居其一。是以岁出交子公据，常以二分之实，可为三分之用"②。当时的人就懂得兑现准备金不需要十足，并以"必有水火之失"和"往来之积"加以论证。

南宋的纸币会子实际上是不兑现纸币。发行后，许多人对纸币流通规律和稳定纸币币值的论述，都是针对不兑现纸币提出的。如赵开提出"楮多则轻，必用钱以收之"，是说纸币数量的增多会造成币值的下跌，又提出用回笼减少纸币数量的办法来稳定币值。这种兑现也就是宋高宗首肯的"称提之说"③。宋孝宗则更明确地提出：大凡行用会子，少则重，多则轻。这种关于纸币发行量和纸币币值关系的论断，道出了不兑现纸币的流通规律。辛弃疾说："会子之所以轻者，良以印造之数多而行使之地不广。"④ 这是对宋孝宗观点的引申。至于在南宋议论较多的"称提"，其核心就是通过回笼减少纸币的流通量以保证不兑现纸币币值的稳定。

① 王恽：《秋涧集》卷八十《中堂事记上》，《四库全书》第 1201 册，上海古籍出版社，1987，第 176 页。
② 周行己：《浮沚集》卷一《上皇帝书》，《四库全书》第 1123 册，上海古籍出版社，1987，第 606 页。
③ 《皇宋中兴两朝圣政辑校》卷六十，孔学辑校，中华书局，2019，第 137 页。
④ 辛弃疾：《辛弃疾全集》稼轩文抄存《论行用会子疏》，崇文书局，2013，第 297 页。

2. 元代中统宝钞

元代统一的纸币制度建立于元世祖中统元年（1260 年）。纸币的发行权专属于中央朝廷。纸币流通主要经历了中统钞时期、至元钞时期和至正钞时期。世祖中统元年（1260 年）七月，发行中统元宝交钞——以"丝"为本钱，以"两"为单位，丝钞二两值白银一两；同年十月，发行中统元宝宝钞——以贯、文为单位，分为十文、二十文、三十文、五十文、一百文、二百文、三百文、五百文、一贯、二贯十等①。宝钞一贯等于交钞一两，二贯等于白银一两，十五贯等于黄金一两。宝钞的票面额虽以贯、文计，但与铜钱并无联系。中统钞发行初时，均以现钱作保证，且允许纸币兑换白银，并时常以银收回旧纸钞，这叫银钞相权法，故钞价稳定。

元世祖至元二十四年（1287 年）发行至元通行宝钞，规定至元钞一贯当中统钞五贯，二贯当白银一两，二十贯当黄金一两。至元钞一贯当中统钞五贯，可以想象那时朝廷已承认物价至少比十年前上涨了四倍，实际上纸币贬值程度还远不止于此，因为当时连年对外用兵，军费庞大，财力不足，纸币膨胀乃必然趋势。

元顺帝至正十年（1350 年），又更发新钞，名为至正交钞，同时发行至正通宝铜钱。至正钞一贯当铜钱一千文。为满足军需，每日印钞，不计其数，钞法全毁，形同废纸。

从纸币制度的性质看，其在元初时属可兑现的信用兑换券，主要和白银相联系，以充足的白银作为纸币发行的准备金。此后政府虽然设置有钞本，但实际上并不兑现，所以元代使用的主要是不兑现的信用兑换券。后来为弥补国内之不足，大发无本之钞，这实际上已是朝廷不兑换

① 上海科学技术出版社主编《古玩与收藏》，上海科学技术出版社，2000，第 349 页。

的纸币了。为了推行钞法，元代一直采用集中金银于国库的政策；对于金银买卖，则以官买官卖为原则，禁止民间金银的私自交易。

元代的纸币发行以叶李的货币思想为指导。叶李（1242—1292），字太白，又字爵王，杭州人，先为宋太学生，南宋亡后隐匿不出，几经元世祖征召出任御史中丞、尚书右丞。他在经济思想上的贡献是提出了一套较完备的不兑现纸币发行方案。在《至元宝钞通行条划》（简称《宝钞条划》）中，他论述了发行不兑现纸币所应考虑的原则和具体办法。其要点有：

（1）承认已在流通的中统旧钞与新发行的至元宝钞并行流通，交换比价为旧钞五贯折换新钞一贯。

（2）规定新钞与金银的兑换比价，若向政府平准库购买金或银出库，必须支付比政府买进金或银入库的官价高 2.5% 的购买价格。

（3）规定私人以破旧中统钞倒换新至元钞，除按 5∶1 的官定兑换率办理外，还须另纳 3% 的手续费。

（4）规定民间支付税款，购买盐引以及处理公私债务等，过去以中统旧钞为计算标准者仍继续有效，但如以至元新钞交付应按 5∶1 折算。

（5）制定新钞发行可能产生物价上涨，以及用实物契约代替货币契约产生弊端的防范措施。规定每半月检查一次平准库即准备金情况。

（6）制定发行小票面额新钞以便使用、严惩伪钞制作者，以及防止主管官司舞弊的条例等。

《宝钞条划》涉及平准库的设立与准备金的定期检查、新钞的金银平价及金银收进与出售价格的差额、对旧钞的比价、新钞发行与公私债务及契约的关系、对财政缴纳的规定、对物价的影响以及防止伪造和舞弊等等，突破了传统货币思想的局限。这也是中国乃至世界上最早、最完备的纸币条例，在世界货币史上具有深远影响。

马可·波罗（约1254—1324）说："大汗国中商人所至之处，用此纸币以给费用，以购商物，以取其售物之价，竟与纯金无别。"元代发行纸币的很多具体做法后来也为许多西方国家所采用，美洲于17世纪末开始发行纸币，英、俄两国则迟至18世纪末。

3. 大明宝钞

明朝初年，为适应商业发展的需要，朝廷建立了纸币本位制度，把金银铜钱集中到朝廷，解决了币材困难问题。其具体做法是：设立宝钞提举司，制定钞法，于明太祖洪武八年（1375年）发行面额为100文、200文、300文、400文、500文、1贯的大明宝钞。每贯等于铜钱1000文，或白银一两。4贯等于黄金1两。100文以下的数目，用铜钱支付。禁止金银交易，若要向政府领用宝钞，必须将金银卖给朝廷再兑换宝钞。商税的缴纳，七成用钞，三成用钱。洪武九年（1376年）朝廷下令天下税粮以银、钱、钞来折纳，银1两、钱千文、钞1贯，都折收米一石，以维持钞货平价，使之普遍流通。洪武二十二年（1389年）增发小钞，分10文、20文、30文、40文、50文五等。大明宝钞用桑皮纸做钞料，1贯钞长约1尺，宽约6寸（36.4厘米×22厘米），是中国面积最大的纸币。

大明宝钞是明朝200多年间发行的唯一纸币，面额最大的为1贯。这种统一性是前所未有的；朝廷发钞无准备金，无兑现，亦未定限额；自洪武九年（1376年）制定倒钞法后，旧钞换新钞酌收工墨费。

由于财政困难，朝廷大量发行宝钞，民间也有制造伪钞者，不久就出现宝钞贬值、新旧钞发生差价现象。为了维持纸币制度，洪武二十七年（1394 年）禁用铜钱，洪武三十三年（1400 年）再禁用金银。永乐二年（1404 年）实行户口食盐法，下令全国民户成年人每月食盐 1 斤，纳钞 1 贯，未成年人减半。后来又下令各地税粮、课程、赃罚都可准折收宝钞，盐官纳旧钞支盐，发卖官物收钞，更增加了许多苛税，以加快纸币回笼，紧缩通货。永乐年间，政府还制定法规重罚不用钞者。但是所有这些措施都无法阻止宝钞贬值，也禁止不了民间使用金、银、铜钱交易。洪武年间宝钞 1 贯抵米 1 石，至永乐元年（1403 年）改为钞 10 贯折抵米 1 石，洪熙元年（1425 年）改为钞 25 贯抵米 1 石，正统九年（1444 年）又改为钞 100 贯折米 1 石，是洪武初年的 100 倍。至宪宗成化六年（1470 年），宝钞 1 贯仅值铜钱 2 文，民间视其为废纸。其在交换经济中已无价值意义。

4. 清代中后期恢复发行使用纸币

清代顺治八年（1651 年）为清剿浙东等地的反清抵抗组织，朝廷以制钱为本位，发行钞贯。面额从 10 文起到 1 贯，每年发行限额为 128 172 贯 470 文，相当于年铸制钱总数的 1/3[①]。1661 年军事行动停止后，纸币即予停发和收回。在中断了近两百年之后的咸丰三年（1853 年），清政府因镇压太平天国武装起义，财政拮据，开始发行大清宝钞和户部官票。宝钞以制钱为单位，又叫钱钞或钱票，官票以银两为单位，又叫银票。钞票是其总称，皆用白皮纸印制。

鉴于历史上发钞的教训，清朝廷对发行使用纸币始终持慎重态度。落第书生王鎏在他的《钱币刍言》及其续篇中，列举发行纸币的二十二大好处，主张发行票面钱额从一贯到千贯的纸币，收兑民间藏银，禁银为货币，并铸当十、当百大钱。他的这一纸币理论遭到了反对。

---

① 郑家度：《广西近百年货币史》，《广西文史》2003 年第 3 期。

许楣认为"以纸代钱，而至欲尽易天下百姓之财"，会造成驱银出洋，钱庄亏空，民间贮藏化为纸，商品流通混乱，物价波动，商人罢市，不法官吏、蠹役、地棍乘机勒索等后果①。

1853 年清政府恢复发行使用纸币。其原因是当时鸦片的输入和对外战争赔款，使白银大量外流。清政府在京师铸币，币材铜却产自云南东川，两地相距数千里，需经金沙江、长江、大运河或近海航线辗转起运在通州上岸。当时太平军占据了长江沿线的武汉、九江、安庆、南京，长江航运中断，造成铜荒，迫不得已，发钞及铸大钱等各种措施一一推行，迅即引发严重的通货膨胀。1854 年宝钞 1 000 文只能兑换制钱 700~800 文。

5. 王茂荫币制改革，写入马克思《资本论》

户部右侍郎兼管钱法堂事王茂荫建议改革币制，发行总值为 1 000 万两银的钞票，每次从 10 万两起始，如通行无甚窒碍，次年加倍发行，如此审慎地逐渐增发，直到总数达 1 000 万两。钞票由朝廷分发给各银号，向银号收取现金；银号加盖本号图记后再向社会发行，并承担兑现责任。钞票和现银同时流通。这一行钞方案，既有解决财政困难的目的，也有防止钞票贬值的意图。当时清政府每年财政收入为四五千万两银，发钞 1 000 万两仅占其财政收入的五分之一到四分之一；加之又是"行之以渐，限之以制"，如此少量的纸币和多出数倍的现银同时流通，不至于很快发生纸币严重贬值的情况。但对财政危机极其严重的清政府来说，这无异于杯水车薪，故未被采纳。1854 年他又提出了第二个行钞方案：各地方的有关政府机构，从解送国库的现银、现钱中，扣留一定数额作为钞币兑现的专款，允许持"钱钞"

---

① 程庸镐：《金融图史话》，安徽省农村金融研究所，1985，第 38-39 页。

"银票"的人随时兑取现钱、现银，把不兑现纸币改为可兑现的纸币或银行券，在滥发纸币已引起严重通货膨胀的情况下，收回贬值的纸币。

王茂荫认为货币应是"实"的、有价值的，而纸币却是"虚"的、无价值的，行用纸币"不能无弊""难以经久"。在一般情况下，他不主张行钞。但是，他又认为，"虚"的、无价值的纸币，同"实"的、有价值的金属货币是有着某种联系的，把握住这种联系，以金属货币的"实"作为基础来控驭、管理"虚"的、无价值的纸币，就有可能使纸币顺利流通而不致贬值。若善于"以实运虚"，就可实现"虽虚可实"的目的。虽然他的货币思想还停留在传统货币思想的范畴，但他对纸币的理论认识，已超过之前许多人。这一建议最终因触犯了统治者的根本利益而遭到同僚的反对和皇帝的严厉申斥。

王茂荫的故事流传到海外，引起了马克思的注意。马克思在《资本论》第一卷第一篇第一章自注八十三条中写道："清朝户部右侍郎王茂荫向天子（咸丰）上了一个奏折，主张暗将官票宝钞改为可兑现的钞票。在 1854 年 4 月的大臣审议报告中，他受到严厉申斥。他是否因此受到笞刑，不得而知。审议报告最后说：'臣等详阅所奏……所论专利商而不便于国。'"

马克思之所以知道王茂荫，是因为帝俄驻华使馆的提调将王茂荫之事写进了他的《帝俄驻北京公使馆关于中国的著述》，此书又被译成德文，于 1858 年在柏林出版。马克思正是从这本书中获知王茂荫的。《资本论》第一卷发表于 1876 年，手稿是 1865 年底写成的，此时王茂荫已去世半年。

王茂荫是安徽人，1798 年出生于皖南歙县南乡杞梓里村。他于

1831 年考中举人，次年又考中进士，在户部任职 18 年。他曾经深入考察了古今中外各种币制的利弊，因此，他的钞法主张能够超越旧窠，立论正确，符合纸币流通规律。而此时马克思研究经济理论也有 10 多年了。马克思在《资本论》的自注中引用王茂荫的故事，足见对其纸币兑现的主张是赞许的。马克思说："纸币流通的特殊规律只能从纸币是金的代表这种关系中产生。这一规律简单说来就是：纸币的发行限于它象征地代表的金（或银）的实际流通的数量。"[1]

清政府拒绝王茂荫的钞法建议，纸币发行数额不断增多，加上管理不善，币值渐落。1855 年宝钞 2 000 文或官票 1 两只值制钱 400～500 文，1861 年宝钞 1 000 文仅能兑换制钱 52 文，形同废纸。清人鲍康在其《大钱录》一书中说："凡以钞买物者，或坚执不收，或倍昂其值，或竟以货尽为辞。有戏呼为吵票者，殊谑。"清政府不得不停发并陆续收回。据记载，到 1868 年 3 月，官票原造 978 万两，未收回者 650 万余两，业已逾限，一概作为废纸[2]。

（二）农耕时代纸币不能稳步持续发展的原因

自宋以后纸币不能稳步持续发展的原因有三：一是当时四川发达的商品交换经济就全国而言还是局部的；二是以政府信用作为担保而发行的官交子，其维护币值稳定的制度措施尚在探索之中；三是当时的官交子兼有经济发行和财政发行的双重性——所谓经济发行，是指根据当时商品流通中对货币的需求量来发行，当它被政府用于弥补财政亏空之时，就沦落为聚财的工具。

---

[1] 马克思：《资本论》第一卷，人民出版社，2018，第 147 页。
[2] 郑家度：《大转折后的二十年》，《广西文史》2003 年第 3 期。

1. 中国农村自然经济占主导

牛耕与铁制农具的出现，使农业生产中的个体耕作成为可能，中国由此步入以个体小农自耕为主的自给自足的传统农业社会。

作为社会基本生产单位的小农家庭，主要从事的工作是男耕与女织。在人口增殖导致耕地不足之时，大多要以织助耕，或以家庭副业补助粮食消费的不足。农家所织棉布和家庭生产的农副产品，大多自用，也有小部分要借助于地方小市场调剂：向市场购买自己不能生产的食盐、铁器等产品，未从事织布的小农还要用粮食等农产品去交换布匹，由此形成星罗棋布的、或疏或密的集市贸易。这是自然经济不可缺少的组成部分。

在生活消费方面，小农家庭不但生产全家所需的农产品，而且生产全家所需的部分手工业品——吃的方面如粮食、肉类、蛋类、蔬菜、果物和食用油，穿着方面如衣服、头巾、鞋袜及床单被套等物，用的方面如柴火燃料、照明用的油脂、饲料、肥料以及竹、木、草、石为原料的生产工具和生活用器。

地主出租土地获取的也主要是粮食等实物地租，同样是追求"树之谷，艺之麻，养有牲，出有车，无求于人"[①]的自给自足的生活。若干作为生产单位的小农组成村庄，若干村庄组成乡区，若干乡区组成县邑。其中各类专业手工业者和专业商品供应者，都靠一定的商品经济的调剂，形成大体上自给自足的经济状态，这就是中国农村自然经济的总概貌。

---

① 李敖主编《淮南子 论衡 柳宗元集》，天津古籍出版社，2016，第 411 页。

2. 伴随城市的出现，产生了商品交换

市场起源于人口聚集地。由于社会统治阶层的存在，也就有了他们从事政治、军事、文化、教育活动的据点——"城"，以及为他们生活服务的交换场所——"市"。城市中既有奴婢也有独立的手工业和商业，这是中国早期城市的起源、居民构成、性质和特色。由此出现了商品货币经济以及依托城市进行交换的市场和工商业，但由于整个社会的底层是以自然经济为主体，财政收入也主要是来自农民向朝廷提供的赋税徭役，朝廷所需物资的主要部分是要求各地"任土作贡"或自建官营工场作坊。这限制了城市工商业的市场空间，商品货币经济从属于农村自然经济，国内市场的基础是乡村集市。

城市作为贵族官僚的聚居地，一般都有以购买为主的生活服务性市场。其中一些发展成为国内大宗商品的集散地，特别是那些手工业较为集中或商业较为繁荣的城市。突破省区的区域性市场就是以某些城市（或集镇）为中心。

3. 当时的财政税收政策制约中国货币经济发展

这种社会经济结构也在国家财政税收方面得到体现。自上古三代（夏、商、周）以来，国家的财政课征始终是以实物形态的粮食、布匹、劳役为主，辅之以铜钱的征收。以上情况说明，在长达两千多年之久的中国农耕时代，社会各阶层皆自给自足，交换仅仅是这种自然经济的补充形式，且仅有的一些交换也主要是以物易物。以货币为媒介的交换工具虽便捷，但因交换不是经常性行为，尚未步入交换经济，因而在其中所起作用有限。整个社会乃至各阶层，对货币的需求并不强烈，需求量也不会很大。同时，中国包括铜和白银在内的贵金属产量很低，导致了金属货币的短缺。这从另一个方面制约了中国货币经济的发展。这也是中国长期以来以铜为币材，辅之以布帛、粮食、铁钱就能基本满足交易所需货币的根本原因。

随着商品交换经济的发展，自宋代以后，钱帛兼行的货币制度执行力大为削弱，白银的货币职能空前增加，而且开始正式发行纸币。商税虽然自先秦以来就存在，但只有在北宋以后，其地位才真正变得重要起来。唐代在玄宗时处于极盛阶段，全国每年铸钱三十二万七千贯，宋神宗时每年铸铜钱五百万余贯、铁钱八十八万余贯，合计约六百万贯，约为唐代的 19 倍①。

尽管如此，在某些时候（如唐中叶杨炎两税法实施时期），在某些地区（如北宋时以成都为中心的川峡四路、南宋以杭州为中心的东南地区），因交换活动频繁对货币的需求会多一些，甚至因"钱荒"而产生了金属货币的符号——纸币，但这些都是特定历史时期局部地区的经济现象，就全国、全社会商品交换经济的整体发展水平来看，直至明清时期，全国粮食的商品率都很低，因而，交换经济的基础还是比较薄弱的。以政府信用背书的纸币很容易被用作聚财的工具和手段，使币值不稳定，且多是强制使用，自然会招致人们出自本能的抵制而难以可持续地推行。

陈志武在其《金融的逻辑》一书中指出：在市场不发达之时，人们外出多是自备饮食、被褥，这自然也就束缚了人口流动与人际交往。人们不外出、不远游时，对货币的需求自然会很少。有了发达的市场，人们才会在外出前把自己生产的粮食、蔬菜以及饲养的家禽等在本地出售后，带上货币（用于在外的各种支付）出行。因此，货币化是对人口流动、异地贸易的一种根本性的催化剂。反过来，它又刺激了中

---

① 华山：《宋代的矿冶工业》，《山东大学学报（哲学社会科学版）》1959 年第 A2 期。

国经济货币化水平的提升。远游越盛行，异地就业越普遍，货币相对于经济产出的比例就越高。即使人均收入没有上升，流动以及异地就业的逐年增加也会让货币供应量增加。

（三）从中国货币的起源与发展理解交子的历史地位

货币最早发端于来自海洋的天然贝。中国古籍记载了珠、玉、龟、贝等物品在商品交换中起一般等价物的作用的史实。贝本身就有用于装饰的使用价值，加之它还有坚固耐磨、便于携带、不用分割而具有自然单位的特点，因而成为中国最早、最重要的实物货币，被称为"货贝"；又因为它像珠宝那样有价值，所以又被称为"宝贝"。在中国的语言文字中，凡同财富有关的字，几乎都带有"贝"，如财、贫、贪、货、贵、贱、赏、赐、贡、贺等。当天然贝不够使用之时，便出现了许多仿制贝，如在出土文物中发现了仿制的陶贝、石贝、骨贝、蚌贝等。

商周时期，冶炼水平已经达到相当高的水平。由于金属铸币比贝更坚固、实用，又便于携带、保管和分割、熔铸，因此其逐渐跨入货币的行列。早期的金属货币大体分为两类：一类是用黄金铸成的金币（因形状似饼，又名"金饼"），如楚国的"郢爰""陈爰"；另一类是铜铸币，大体上可分为布币、刀币、环币和蚁鼻钱，布币、刀币是由耕田用的农器具和渔猎工具缩小而成，环币则是从纺织工具的纺轮演变而来，蚁鼻钱则由贝演化而来。

由于黄金和金属铸币的流通，因此春秋战国时期的社会生产和商业活动有显著的发展，这反映为当时市镇规模日益扩大，如齐国的首都临淄、赵国的首都邯郸等便是例子。都市的发展又促进了货币流通的发展，除商人之间使用货币外，人们在日常生活中酤酒、粜谷等也用货币。货币关系也涉及财政税收方面，当时的工商业者要缴纳三种税，即廛（房基）税、市（营业）税和过关的关税。朝廷对农民的征收除粟米和布缕之征、力役之征外，还要他们用钱币缴纳口赋（即人头税）。随着货币经济的发展与货币权力的增大，出现了货币拜物现象。

秦统一六国后，以秦法代替天下之法，以秦币代替天下之币，下令废除以前铸造的包括贝币在内的各式各样的地方货币，同时规定：黄金为上币，其单位为"镒"，每镒二十两，用于大额支付，如帝王的赏赐、贵族间的馈赠等；由国家铸造的铜钱为下币，单位为两，后人称"秦半两"。此前铜铸钱中间的穿孔，基本上是圆形的，从秦半两钱开始，改成方形。这种外圆内方的钱币形制，同战国时代方士宣扬的"天圆地方"的宇宙观有关系。实践则证明，它在使用时可以减少钱身的回转磨损，贯穿便利，在钱的制造过程中加工修饰也很方便。在中国货币史上，这种在文学作品中被称为"孔方兄"的圆形方孔的铜质钱币形制，流行了两千多年。这既是巩固中央集权制的一项有力举措，也是当时发展经济的必要手段，对积聚社会财富有积极作用。

汉初为恢复经济，行"黄老之术"，允许私人铸钱。其结果是不足值的劣币充斥市场，引起通货膨胀、物价上涨。出于稳定币值、健全货币制度、巩固中央集权的需要，汉武帝时期将铜币铸造权收归中央，并专设上林三官等机构开铸标准化的货币，使钱币质量得到保证。汉铸五铢钱约合四厘米（二十四铢为两，十六两为斤），上有"五铢"二篆字，故名。该钱大小得体，轻重适中，携带和计数均很方便，加上其铜色浑厚匀称，文字古朴端庄，加工精美，钱的边缘凸起一圈轮廊，以保护钱币上的文字不被磨损，深受欢迎。五铢钱由此成为中国历史上数量最多、流通最久的钱币。

西汉与北方匈奴民族连年进行战争，国家财政开支庞大，汉武帝时期还曾采用皇家林苑中饲养的白鹿之皮为币材，作钱四十万，与近代大面额虚价纸币无异，仅用于王侯、宗室的朝觐、聘享，但不可否认白鹿皮币是中国发行纸币的尝试。与皮币同时期的还有白金币，它是银与锡的合金铸币，币面分为三等：圆形的龙币重八两，值三千钱；方形的马币重六两，值五百钱；椭圆形的龟币重四两，值三百钱。这些白金币的币材中银少锡多，价值又高，发生贬值是必然的，故它的命运和皮币一样，仅流通三年就被废止了。但它是中国最早的银币，并且第一次在币面上出现图形。汉初中国已与古罗马、印度和中亚各国有较为频繁的贸易往来，白金币上的铸图有可能是受到了外国币制的影响。

魏晋南北朝时期，国家陷入长达四百余年的分裂，也无统一的国家政权在货币铸造方面为社会提供标准化的货币，社会倒退到以物易物或以粮食和布帛作为民间交易的工具的时代。

隋统一后所铸五铢钱，在流通中轻便好用。唐高祖武德四年（621 年）开铸开元通宝，或称开元钱（即开辟一个新纪元之意）。通宝是流通中的宝货，一直沿用到清末。它的大小与汉铸五铢相似，重二点四铢，即一两的十分之一，也即十枚钱重二十四铢，一两等于十钱，开后世两以下十进位衡法之先河。

由于中国铜矿储藏有限，开采运输、人工铸币成本较高，唐初也以绢帛作为货币流通。如用于赏赐、借贷、税捐、薪俸、租金，以及文稿酬金等。匹是丝织物的单位，端是布的单位——一匹大概是四丈，一端是六丈。用绢帛作货币或辅助货币，并不是由于绢帛作为货币有什么优越性，而是由于当时钱币不足。与铜钱相比，绢帛一经割截，价值就要遭受损失，久藏则会变质。一俟金属铸币的流通量扩大，自然就会排斥绢帛的流通与使用。

唐代茶叶的生产与销售，有力地推动了商品交换经济的发展。茶叶在南方由农户零星种植，商贩攒货，再通过贩运商运往不产茶的北方地区批发或零售给消费者。由此从生产到销售、消费产生了一条商业链条，并带动了茶叶加工、包装、储存、运输、茶具产业的发展，影响所及，将千万民众卷入交换经济，民间对货币的需求量开始增大。

唐代中叶杨炎为简化赋税征收手续、降低征税成本所进行的赋税改革，将部分赋税由征收实物改为征收货币，更进一步地将农民强制性地卷入货币交换经济。

宋代继承五代十国的遗产，铜铁钱并用，并且形成了铜钱区和铁钱区。一方面，货币流通区域的割据性，阻碍了商品经济的发展；另一面，随着商品交换经济和商业的发展，地区间往来增多，商品交易的数额越来越大，客观上需要大量的货币，而宋代因铜钱不足，四川地区盛行值小体重、购买力又低的铁钱，携带困难，交易不便，需要靠发行纸币来应对。这就是宋代交子诞生的重要原因。

纸币以国家信用为担保。当国家陷入入不敷出的财政危机之时，其便为国家向社会转嫁危机打开了一扇门。宋人李迨说："自来遇岁计有阙，即添支钱引，补助支遣。"[1] 历年大量添印纸币即由此引起。

元代末年行用"至正钞"，"军储供给，赏赐犒劳，每日印造，不

---

① 彭信威：《中国货币史》下册，简体字版，东方出版中心，2020，第473页。

可数计"①。透支信用而导致的通货膨胀，使纸币因贬值而不稳定，扰乱了其作为价值尺度、流通手段的职能。因而，历代从本质上肯定纸币的人很少，都把滥发纸币、通货膨胀当作使用纸币的必然后果。宋元时期曾经盛行一时的纸币，因与商品交换经济发展不同步，所以在明清两代不但没有更加广泛地流通，反而中衰。顾炎武说："今日上下皆银，轻装易致，而楮币自无所用，故洪武初欲行钞法，至禁民间行使金银，以奸恶论，而卒不能行。及乎后代，银日盛而钞日微，势不两行，灼然易见。"② 清代自顺治十八年（1661年）停止造钞以来，"以钱与银二品为币，相权而行"。

在中国货币发展史上，金银因稀缺，价值相对较高，适用于贵重奢侈品贸易，价值较低的铜铸币却是与一般谷物、布帛等民生日用品的小额零售交易合拍。中国的经济、社会、政治、文化发展水平远远高于周边国家，但对外贸易却不占支配地位。在农耕时代的社会商品流通总量中，奢侈品所占的比重远远不如一般民生日用品所占的比重大，故在早期社会的商品流通中，铜铸币的重要性远大于贵金属金银。汉代就有人说："宝货皆重则小用不给，皆轻则儳载烦费。"③ 所谓"宝货"自然是就铸币而言，但重货犹不适于"小用"，金、银更不宜于"小用"。小生产者剩余有限，铜铸币的广泛流通说明农耕时代"小用"的场合特别重要。明代有人说："今天下交易所通行者，钱与银耳。用钱便于贫民。"④ 清人鞠珣认为："近代以来，始闻用银，为

① 宋濂等：《元史（中）》，阎崇东等校点，岳麓书社，1998，第1418页。
② 顾炎武：《日知录2》，谦德书院注释，团结出版社，2022，第988页。
③ 班固：《汉书·王莽传》，太白文艺出版社，2006，第847页。
④ 谢肇淛：《五杂组·下》，上海书店出版社，2009，第248页。

其轻便而易行也。究之零星分厘，秤使琐屑，是用银终不若用钱之便也。"① 铜铸币的长期流通反映出中国农耕时代"贫民零星分厘"地进行交易是常态。

（四）明清时期白银成为主要货币

贵金属金银被当作货币，最早见于河南扶沟县出土的一批春秋时代的金银质空首布，其大多用于贵族之间的礼聘、诸侯国之间的大宗贸易或域外通商。史载：南朝梁初，"唯京师及三吴、荆、郢、江、湘、梁、益用钱。其余州郡，则杂以谷帛交易，交、广之域，全以金银为货"②。唐代"自岭以南，以金银为货币"③。南朝的"交、广之域"，唐代的"岭南"及明代的"闽、广"都是对外贸易港口，主要流通白银。在域外通商中，世界货币职能主要由白银承担。

中国唐朝以前以黄河流域为腹地，对外开展的是以物易物的陆路丝绸贸易。随着中国经济重心向长江流域东南地区转移，自南宋以来，海外贸易迅猛发展，中国以生丝、茶叶、棉布、瓷器、漆器、铁器出口，从海外换回了大量的白银，从而使宋代在白银数量和使用范围方面都较唐代有显著增加和扩大。

在国家财政方面，白银在支出方面主要用于赏赐、军费、国用以及官吏、军士的部分薪俸。在收入方面，诸如商税、茶盐专卖都可部分收纳白银。在民间私人经济交往方面，诸如馈赠、借贷以及购买宅

---

① 鞠琦：《定鼓铸疏》，载《魏源全集 第 15 册 皇朝经世文编 卷 34—卷 53 户政》，岳麓书社，2004，第 907 页。

② 魏徵等：《隋书》卷二四《食货志》，中华书局，1973，第 689 页。

③ 元稹：《元氏长庆集》卷三四《钱货议状》，《四库全书》第 1079 册，上海古籍出版社，1987，第 526 页。

第、田园、珠玉珍宝等大额支付，也往往使用白银。尽管如此，当时的物价还是用钱来表示，白银尚未充分获得货币的价值尺度和流通手段这两种基本职能，在流通中尚不能算名副其实的货币。但是，在明代一些地方，已出现不论货物贵贱一概以银论价的情况。

明清时期铜铸币虽然还没有失去价值尺度的职能，但白银已在国内市场广泛流通使用。一方面，若没有以白银计价、支付，长距离大宗贩运贸易是很难发展的；另一方面，随着生产技术的进步，在美洲采炼白银的劳动生产率有所提高，单位银两所包含的劳动量有所减少，其价格呈现出不断下跌趋势，也能在一定程度上使白银逐渐适合于"小用"。王世贞在《弇州史料后集》中说："凡贸易，金太贵而不便小用，且耗日多而产日少，米与钱贱而不便大用，钱近实而易伪易杂，米不能久，钞太虚，亦复有泡烂。是以白金之为币长也。"[①] 面临这一变化，终明之世，国家虽未明令废止纸币，但从正统元年（1436 年）起，解除了用银禁令。张居正在赋税徭役方面推行的"一条鞭法"改革，以国家正赋征收"金花银"，事实上形成了大额交易用银、小额支付用钱的银钱并用的货币流通制度。

在有两种以上的货币同时并存时，只有一种货币能最终发挥价值尺度的职能，其他货币只有与这种主要货币相比较而确立价值比例关系后，才能作为价值尺度。作为货币使用的白银，在明清时代以两为单位，按重量计。银钱比价受供求影响，如明初规定白银一两折合洪武钱 1 000 文，白银大量涌入时曾折合 700 文。清代中后期鸦片走私猖獗，白银外流，1840 年前后也曾折合 1 700 文。

---

① 转引自胡如雷：《中国封建社会经济形态研究》生活·读书·新知三联书店，1979，第241 页。

（五）白银流入对中国经济社会发展产生重要影响

长期以来，货币短缺是困扰并制约中国商品交换经济发展的主要因素。为防止铜钱流出境外，汉代以来，铜禁颇严，中国自古产马的两大基地——甘肃张掖山丹与呼伦贝尔三河，在宋代又分别为西夏与辽所占据，朝廷出于国防的需要，一直渴求大量的马匹，而马匹又只能从东北、西北的马市交易中得来。马市时开时关，其主要原因是政府既需要买马，又担心货币流失。直到王安石发明了以布特别是茶，而不是以贵金属货币购马的"茶马交易"模式，这个问题才得以解决。明代郑和远航下西洋，以其巨轮装载大量货物到海外交换，也是为了应对国内货币短缺的局面。

随着对贵金属的需求量的逐渐增加，明代虽加大了对银矿的开采，但每年获银尚不足 40 万两。清代在鸦片战争前，先后报开银矿共 89 厂，银的年产量在 1754 年最高，达 556 996 两。1800 年左右年产银约为 439 063 两。明清时期，支撑国内币制改革、银钱并用的大量白银是从东南沿海流入中国的。嘉靖年间，日本的银产量增加，金银比价为 1：10，而中国的金银比价为 1：6 或 1：7，加上当时日本在币制上对白银的需求量不大，而中国正是白银通行的时候，中日商人都以将日本白银输入中国为有利。

哥伦布地理大发现之后，美洲巨额的金银陆续被欧洲人取得，其中一部分由葡萄牙、西班牙、荷兰和英国等国的商人带到中国来交换商品，也有直接从美洲运来的。万历年间，英国的东印度公司取得了对东方贸易的优势，将大量银条银币运往中国进行贸易。康熙五十九年（1720 年），广州商人组织成立公行后，英国、荷兰、西班牙、瑞典、丹麦、法国、美国等国的商船，来中国进行贸易的逐渐增加，带来大量白银，用于购买中国的丝、茶、棉、布、瓷器等货物。

白银作为主要货币的地位确立后，主导了明代以来大规模引进海外白银的政策。有学者估计从隆庆元年至崇祯十六年（1567—1643年）的 77 年间，由葡萄牙人、荷兰人从欧洲，西班牙人从美洲带来的白银，加上日本的白银，流入中国的白银总数可能达 35 000 万西班牙银圆[1]。也有学者估计，明后期从西班牙、日本、葡萄牙流入的白银总计达 330 512 750 两[2]。当时流入中国的外国银圆主要是西班牙银圆和荷兰银圆。根据东印度公司的记录，自康熙二十年到道光十三年（1681—1833 年）的 153 年间，欧洲船只输入中国的白银，总计有 7 000万两以上[3]。加上日本、菲律宾等地流入的白银，估计有几亿两之多。自此以后，出口和贸易造成货币流失的担忧就不再是主要威胁了，且物物交换也不再是中国对外贸易的主要方式。代替这一切的则是以商品和物资的大规模出口以换取美洲白银货币的时代潮流。

这个"新的时代"对于中国社会和历史的发展而言，意味着从此以后，中国逐步结束了由商人巨富垄断和窖藏货币的局面，转向逐步依靠外国进口货币而刺激国内经济的时代。这种货币政策也从根本上改变了中国原有联系世界的贸易线路，逐步重塑了中国认识世界的方式。此前西洋（印度洋）和南洋（南亚）是中国海外贸易的主要对象，为了引进白银，中国的贸易线路开始经过马尼拉，面向太平洋那一端的美洲大陆。从事外贸经营的商人（主要是东南沿海地区的商人）的地位因此而日益上升，并开始逐渐代替中国历史上的大地主而

---

① 庄国土：《16—18 世纪白银流入中国数量估算》，《中国钱币》1995 年第 3 期。
② 王裕巽：《明代白银国内开采与国外流入数额试考》，《中国钱币》1998 年第 3 期。
③ 彭信威：《中国货币史》，应急管理出版社，2021，第 730 页。

垄断经济。在随后历史的演化中，以引进白银和依赖外国资本为业的商人，逐步发展成为垄断和支配中国国内经济的主导力量①。

在出口贸易的刺激下，一些城市发展成为国内大宗商品的集散地，特别是那些手工业较为集中或商业较为繁荣的城市。突破省区的区域性市场就是以某些城市（或集镇）为中心。在华北，天津是其重要的商贸中心。北方外销的土特产，关东外销的粮食、大豆、山货，南方北运的粮食、棉布和其他土特产皆在天津集散。南方的闽南市场以广州为中心。东南沿海地区贩运的货物多以杭州为集散中心。华中的汉口、西南的重庆、华南的广州等都是各区域性市场的中心。

国内商业形式主要有长距离贩运贸易。早期贩卖的大多是为贵族官僚服务的奢侈品。随着手工业的发展，逐渐转向以运销粮食、食盐、茶叶、布匹等民生日用品为主。鸦片战争爆发前夕，国内市场商品流通总量约为3.88亿两，合5.5亿元；粮食的商品量约占国内总产量的10.5%；棉布的流通量占到了总产量的52.8%②。

商品运输的路线以水路为主、陆路为辅。水路商运有南北和东西两大方向。南北方向除从闽、浙出海的南洋航线开通较早外，从上海到华北、东北的北洋商运是清代发展起来的。大运河也是南北商运往来的主要路线。东西方向的水路，除长江下游开通较早外，清代更发展到中上游。珠江东西方向的水路也在清代得到开发。

在城镇就地开设行号、店铺则为坐地贸易，一方面接纳长距离贸易商人贩运的商品，或批发给零售商人，同时兼营零售。另一方面，它们以当地为据点，从小商贩或直接从生产者手中收集本地土特产，

---

① 后智钢：《外国白银内流中国问题探讨》（16—19世纪中叶），复旦大学博士学位论文，2009。

② 赵德馨：《中国近代国民经济史教程》，高等教育出版社，1985，第35页。

批发给长距离贩运商。它们还利用生产的季节性和某些商品销售的淡、旺情况，压价收购。这种商业独立于生产之外，不仅可获取垄断利润，还可利用交易双方信息不对称，在买贱卖贵中扩大购销差价，获取超额利润。获得经营垄断贸易特权的盐商、行商获利虽多，但国家对他们的索取也多。

白银的广泛使用以及商品交换经济的发展，使货币有了较大积累的可能，大商人资本应时兴起。以地域活动划分，在全国有以徽商和山西、陕西商人为代表的十大商帮。在徽商和山、陕商人中资本规模最大的是盐商和茶商。盐茶是专卖品，带官商性质，也是特权红顶商人所营。

长距离贩运既有丰厚的利润，也有巨大的风险，且需要巨额的垫支，这是单个商人资本难以承担的。在明代出现了贷本经商和合伙制。大商人拥有资本银，据王世贞所说，在明代二三十万两算是中贾，五十万两以上的是大贾。清代乾隆年间，大盐商伍廷璋家财已达白银数千万两，其他如黄、程、方、吴、江等巨商拥资也是数百万两以上。其资本的组织已不限于家族，而是通过借贷获得发展。在某些行业，如江西纸场、云南铜矿、四川井盐业中，有商人直接投资设场，出现了商业资本投资于生产、支配生产的现象。预买、放债、以原料换成品则是商人控制生产的一种形式。包买主虽不多见，但丝织业中的"账房"切断了生产者（机户）同原料市场、销售市场的联系，使生产者处于商人掌握之下，这已经是一种资本主义关系。商人雇主制是商人支配生产的又一种形式。商人雇工生产在农产品加工如制茶、榨油等行业中比较普遍。

（六）中国古代思想家对货币的认识

随着货币的出现，中国古代思想家对货币及其职能的认识从现象逐步深入到本质。这对于货币制度的产生和发展起到了重要作用。

1. 概述

先秦至西汉时期，对货币的认识围绕铜铸币流通中出现的实际问题展开：铸币作为价值尺度的"患轻""患重"；在商品与货币交换中，商品的贵贱与货币的轻重是什么关系？铸币权应由谁掌握？随着国家大一统局面的形成及社会经济的繁荣和商品货币经济的发展，国家应如何利用货币调节物价、调控商品市场、调控国民经济？这是对货币的起源、职能、价值决定等基本理论问题的进一步研究。

西汉末到南北朝，经济衰败，社会动荡，一些人把商品经济的发展和货币流通范围的扩大，以及由此带来的土地兼并、财富垄断等现象视为各种社会矛盾和危机的根源，提出了废除货币特别是金属货币的复古主张。

隋唐时期，社会经济的恢复与繁荣，尤其是唐中叶杨炎"两税法"的实施推动了赋税货币化改革，加速了赋税货币化的趋势，扩大了货币对社会经济的影响，拓宽了货币研究的领域和视野，丰富了货币思想的内容。在铜钱短缺日益突出时，有开放民铸的建议；在因财政危机严重而推行铸币膨胀政策时，有改行稳健的货币政策的主张；在讨论"钱荒"及"两税以钱定税"时，有人明确地提出了货币数量论观点。

宋代以来，随着商品经济的发展和绢帛货币作用的衰退，出现了铜铁、铁钱、纸币并用的"多币制"。在探讨钱荒问题的对策中，有人已隐约地指出货币是为了衡量商品价值而创造出来的一个标准尺度，提出了加快货币流通速度就等于增加货币数量的论断；在纸币产生之后，展开了对纸币流通规律和稳定纸币币值的论述，既提出了纸币数量的增多会造成币值下跌的问题，又提出了用回笼减少纸币数量以稳定币值的建议，进而探讨了纸币与金属币的联系与区别，并且赋予"子母相权"和"虚实"等概念新的含义。

明代中期美洲白银大量流入中国，缓解了货币短缺对社会经济发展的制约。隆庆元年（1567年），明朝允许白银在国内流通。白银成为合法货币，不仅让纸币流通名存实亡，钱币的地位也因此逐渐下降，出现"银钱并用"的货币制度。赋税征银也日益普遍，由此导致了国内的商业革命。长距离贩运民生日用品的贸易各方联合起来形成了早期国内市场，促进了专业化分工和区域经济的发展。在交通枢纽出现了商业重镇，产生了商业资本。这一发展趋势，得到了许多人的肯定和赞许，但也遭到了不少人的非议和反对。如何确定银与钱的关系，是否应当以银为币，是否应当实行赋税征银，是否实行银钱兼用，这些成为人们争论的重要问题。其中值得肯定的包括以下三点：一是生动地说明了流通领域所能容纳的纸币数量，不仅需要投放与回笼渠道都通而不塞，而且需要出入相等；二是已经觉察到了铜钱和不兑现纸币具有不同的流通规律，钱币与商品的交换是以钱币本身的分量轻重即含金量为基础的，只有钱币的内在价值与商品的价值能够保持等价，才能保持钱币币值的稳定和商品流通的顺畅；三是丘浚在《大学衍义补》中对货币问题做了相当全面的理论探讨，提出了新的有价值的论断。他在论及货币的产生时，指出货币是为解决商品交换中缺乏交换媒介的困难而创造出来的；在论及商品与货币的交换时，强调等价交换原则。

2. 货币的起源与职能

《管子》一书载："汤七年旱，禹五年水，民之无糧卖子者。汤以庄山之金铸币，而赎民之无糧卖子者。禹以历山之金铸币，而赎民之无糧卖子者。"① 这是先王救灾造币说，已与买卖关系相联。但它还是特指水旱灾年发生的"卖子"。《易·系辞下》说神农氏时"日中为市，致天下之民，聚天下之货，交易而退，各得其所"，这是关于日常生活中物物交换的传说。丘濬说得更简练："日中为市，使民交易以通有无。以物易物，物不皆有，故有钱币之造焉。"② 货币是为了解决物物交换时缺乏流通手段的困难而产生的。司马迁说：农工商交易之路通，而龟贝金钱刀布之币兴焉。叶适将货币的产生和商人的经商活动联系在一起："钱币之所起，起于商贾通行四方交至远近之制。物不可以自行，故以金钱行之。"③ "物不可以自行，故以金钱行之"说的是商品流通中货币的媒介作用，但颠倒了货币流通和商品流通的真实关系。

周景王"将铸大钱"，穆公反对，说："古者，天灾降戾，于是乎量资币，权轻重，以振救民。"④ "权轻重"即衡量货币的价值，这是对货币价值尺度职能的经典说法。"以振救民"则是指货币可以用来作为流通手段或支付手段。在《管子·轻重》中已涉及对货币五个职能的认知。一是价值尺度的手段职能。人们使用的是物品，但衡量其多少的却是黄金。二是流通手段职能。"黄金、刀布（铜钱），民之通施也"，这是关于货币流通手段职能的古代术语。当时执行流通手段

---

① 管仲：《管子》，梁运华校点，辽宁教育出版社，1997，第202页。
② 叶世昌：《中国经济思想简史》中册，上海人民出版社，1984，第325页。
③ 叶世昌：《中国经济思想简史》中册，上海人民出版社，1984，第258页。
④ 左丘明：《国语》，漓江出版社，2022，第59页。

的货币有黄金，用于诸侯国之间及国内大宗买卖；有铜币，按其形状又分为刀币和布币，用于民间日常交易（"巨家以金，小家以币"）。三是支付手段职能。"以币准谷（把粮食折成货币）而授禄""土受资（报酬）以币，大夫受邑（封邑内的地租）以币，人马受食以币"，即官员和贵族的俸禄、地租及人食马料均以货币形式支付。四是储藏手段职能。书中记载道"使万室之都（大城市）必有万钟（1 钟 = 1 石 4 斗）之藏，藏镪（串铜钱的绳索，也称'贯'）千万。使千室之都，必有千钟之藏，藏镪百万。"① 无论铜币（镪）还是黄金，都在执行储藏手段的职能。五是国际货币职能。战国时各诸侯国的币制不相统一，互相之间的贸易由块状黄金（以其自然重量为单位）结算。

3. 货币的本质

单旗反对周景王铸造不足值的大钱的行为表现出货币金属主义倾向。历史上强调货币"权轻重"作用的思想家都主张铸造足值铸币。南朝江夏王刘义恭建议将旧大钱一枚当四铢钱两枚，何尚之反对说："夫泉贝之兴，以估货为本，事存交易；岂假数多……况复以一当两，徒崇虚价者邪。"② "以估货为本"是指以价值尺度为本，而"以一当两"则是"虚价"，即名义价值超过实际价值，这是违反货币作为价值尺度的要求的。孔觊指责"惜铜爱工者"以为"钱无用之器，以通交易，使省工而易成"③，不知道这样做会使盗铸的人越来越多。有人认为货币不过是流通手段，偷工减料也没有关系，孔觊对此加以反对。但他没有从理论上说明这种观点的不对。他的不"惜铜爱工"主张常为后世反对通货贬值的人所称道。

---

① 管仲：《管子》，梁运华校点，辽宁教育出版社，1997，第 198 页。
② 叶世昌：《中国经济思想简史》中册，上海人民出版社，1984，第 114 页。
③ 沈约：《宋书》卷六六《何尚之传》，中华书局，1974，第 1735 页。

北宋以后，历代纸币流通最后都导致了恶性通货膨胀。许衡揭露统治者利用纸币这个"夫以数钱纸墨之资，得以易天下百姓之货。印造既易，生生无穷，源源不竭，世人所谓神仙指瓦砾为黄金之术，亦何以过此。然后世不期于奢侈，而自不能不奢侈，虽有贤明之资，恐不能免也。奸民不期于伪造，而自不能不伪造，虽制以死刑，不能绝也。此岂良法哉"。由于纸币贬值，南宋政府曾用新纸币折价兑换旧纸币，许衡对此批评说："嘉定以一易二，是负民一半之货也。端平以一易五，是负民四倍之货也。无义为甚。"① 明丘濬强调商品买卖是等价交换，以朴素的劳动价值观点来批判纸币流通。

清代中叶王鎏主张发行纸币，魏源说"五行百产之精华，山川阴阳所炉鞲，决非易朽易伪之物，所能刑驱而势迫"②。许楣在批驳中指出，兑换券是"以纸取钱"，是"良法"，不兑现钱是"弊法"。国家用纸币来收兑白银，是使富室"巨万之银，悉化为纸"。他还总结出一个国家发行纸币必将导致通货膨胀的规律："自古开国之君，量天下土地山泽之所入以制用，其始常宽然有余。至其后嗣非甚不肖也，然水旱耗之，兵革耗之，宗禄、庆典及诸意外冗费耗之，用度稍不足矣，势不得不于常赋之外，诛求于民。而行钞之世，则诛求之外，惟以增钞为事。然不增则国用不足，增则天之下之钞固已足用，而多出则钞轻而国用仍不足。宋、金、元之末，流弊皆坐此。"③ 他们不懂得执行流通手段职能的货币有被价值符号代替的可能性和必然性，但用这种理论来批判通货贬值和通货膨胀的政策，在历史上则起到了积极作用。

---

① 许衡：《许文正公遗书》卷七《楮币札子》。
② 魏源：《魏源集》，中华书局，1983，第483—484页。
③ 许楣：《钞币论·造钞条论六》，《续修四库全书》第838册，上海古籍出版社，2002，第666页。

名目主义货币论认为货币仅仅是流通手段。如晁错提出人们珍视"珠玉金银"，是由于"上用之"。为了从理论上支持刘义恭建议铸大钱，沈演之说："愚谓若以大钱当两，则国传难朽之宝，家赢一倍之利。"① 国家提高货币的名义价值一倍，就使藏有这种货币的人"赢一倍之利"。唐代中叶讨论钱重物轻问题时，韩愈说："凡铸钱千，其费亦千，今铸一而得五，是费钱千而得钱五千，可立多也。"② 此说法用到纸币上面，并以此为理由将纸币和金属货币等同，具有首创意义。

元世祖时期，有外国商人提出包办中统元宝交钞的平准工作，户部尚书马亨反对说："交钞可以权万货者，法使然也。"③ 元末纸币流通制度失败后，明初刘基分析说："故铸钱造币（造纸币）虽民用之所切，而饥不可食，寒不可衣，必借主权以行世。"④ 明末有人主张恢复纸币制度，钱秉镫说："夫钞止方寸（尺?）腐败之褚，加以工墨，命百则百，命千则千，而欲愚民以为之宝，衣食皆取资焉，惟其能上行者也。"⑤ 这些都属于货币国定说一类的理论。

清代中叶王鎏则把名目主义货币理论推向顶峰。包世臣在给王鎏的信中指出，纸币和金属货币有虚实之别，"银钱实而钞虚"；纸币应该兑现，实行"虚实相权"政策⑥。王鎏反驳说："至谓钞虚而银实，则甚不然。言乎银有形质，则钞亦有形质；言乎其饥不可食，寒不可衣，则银钞皆同。"⑦ 将白银和纸币等同，是对辛弃疾的"铜楮其实一

① 沈约：《宋书》卷六六《何尚之传》，中华书局，1974，第1736页。
② 韩愈：《韩昌黎集》卷三七《钱重物轻状》，商务印书馆，1958，第24页。
③ 宋濂、王祎：《元史》卷一六三《马亨传》，中华书局，1976，第3828页。
④ 刘基：《郁离子》卷下《重禁》，上海古籍出版社，1981，第100页。
⑤ 叶世昌：《中国货币理论史》上册，中国金融出版社，1986，第188页。
⑥ 钱澄之：《田间文集》卷七《钱钞议》，《续修四库全书》第1401册，上海古籍出版社，2002，第97页。
⑦ 叶世昌：《近代中国经济思想史》上册，上海财经大学出版社，2017，第16页。

也"的发展。王鎏认为"凡以他物为币皆有尽，惟钞无尽，造百万即百万，造千万即千万，是提不溜之财源"，宣称"从来钞法难行易败者……并不关取之不尽也"，"若夫物价之腾踊，原不关于行钞"[1]。他的名目主义理论是为统治者利用纸币和通货膨胀索取人民财富服务的。但他认识到了价值符号流通的可能性又具有正确的成分。他夸大货币的流通手段职能，有意或无意地抹杀足值货币和价值符号的本质区别，因此，从总体上看仍然是错误的。

4. 货币购买力

铸币轻重与商品交换的水平和实际需要是否相适应，是单旗与周景王之间的分歧。单旗为此提出了这样一些问题：物价的高低是由什么决定的？怎样才能使物价特别是粮食价格的波动保持在"农末俱利"的限度内？又怎样利用价格贵贱的变化和货币购买力高低来调节经济？这也是关乎实际利益而迫使人们探讨解决的问题。单旗为此提出"王刀无变，杀有变，岁变杀，则岁变刀"。这些探讨为认识价值的表现形式和商品与货币交换中的等价关系等问题提供了一些视角。

5. 货币铸造权

汉初允许少数宠臣和诸侯国私自铸币，不仅引起了币制混乱，不利于商品交换，而且引发钱币贬值和通货膨胀；特别是地方王侯通过铸币壮大了其经济实力，助长了政治分裂的倾向。贾山上书谏阻时说："钱者，亡（无）用器也，而可以易富贵。富贵者，人主之操柄也，令民为之，是与人主共操柄，不可长也。"[2] 贾谊提出了三条反对的理由：第一，人们铸钱是为了获利，因此要杂以铅铁，这样就会犯黥罪；

① 王鎏：《钱币刍言》先正名言《钱钞议》，《续修四库全书》第838册，上海古籍出版社，2002，第616页。
② 班固：《汉书（下）》，陈焕良、曾宪礼标点，2版，岳麓书社，2007，第900页。

第二，造成货币制度的不统一，"市肆异用，钱文大乱"；第三，农民铸钱妨碍了农业生产①。在此后的盐铁会议上，贤良、文学主张自由铸钱，桑弘羊强调铸币权必须统一："故统一，则民不二也；币由上，则下不疑也。"② 南朝沈庆之主张自由铸钱，认为铜器是器，而铜钱却是财，"禁铸则铜转成器，开铸则器化为财"③。颜竣指出自由铸钱并不能使铜器都转化为钱，假定铜器值一千，铸成的钱却只有五百，人们仍不会拿铜器来铸钱。这个意见是正确的，但没有就铸币权问题提出什么理论。

唐代刘秩提出反对自由铸钱的不同于先前其他人的理由：第一，货币是"人主之权"，"上无以御下，下无以事上"④；第二，国家要利用货币来调节物价；第三，会使"贫者弥贫而服役于富室，富室乘之而益恣（放纵）"⑤，出现像西汉刘濞、邓通那样有钱的富人。比较起来，刘秩的主张更便于实现货币的统一，因而也更有利于商品货币经济的发展。

6. 国家通过货币发行调控社会经济

随着国家大一统局面的形成以及商品货币经济的发展，国家如何利用货币调节物价、调控商品市场、调控社会经济的问题日益突出。比如《管子》载："三币，握之则非有补于暖也，食之则非有补于饱也。先王以守财物，以御民事，而平天下也。"⑥ 这很好地说明了国家如何运用商品货币关系调节商品供求，调控市场、物价和增加国家财政收入。

① 班固：《汉书》卷二四下《食货志下》，中华书局，1959，第 1154 页。
② 桓宽：《盐铁论》卷一《错币第四》，上海人民出版社，1974，第 10 页。
③ 沈约：《宋书》卷七五《颜竣传》，中华书局，1974，第 1961 页。
④ 叶世昌：《古代中国经济思想史》修订版，复旦大学出版社，2021，第 219 页。
⑤ 刘昫等：《旧唐书》卷四八《食货上》，中华书局，1975，第 2097~2098 页。
⑥ 管仲：《管子》，房玄龄注，刘绩补注，上海古籍出版社，2015，第 428 页。

在经济发展中，"金生而粟死，粟生而金死。本物贱，事者众，买者少，农困而奸劝，其兵弱，国必削至亡。金一两生于境内，粟十二石死于境外。粟十二石生于境内，金一两死于境外。国好生金于境内，则金粟两死，仓府两虚，国弱。国好生粟于境内，则金粟两生，仓府两实，国强"[①]。"夫珠玉金银，饥不可食，寒不可衣，然而众贵之者，以上用之故也。其为物轻微易臧（藏），在于把握，可以周海内而亡饥寒之患，此令臣轻背其主，而民易去其乡，盗贼有所劝，亡逃者得轻资也……是故明君贵五谷而贱金玉。"[②] 虽然承认人们有了货币"可以周海内而亡饥寒之患"，但却片面地强调货币给人们带来的这种方便为人们"背其主""去其乡"以及行窃、逃亡提供了条件，从而提出了"贵五谷而贱金玉"。司马迁说："维币之行，以通农商，其极则玩巧，并兼兹殖，争于机利，去本趋末，作《平准书》以观事变。"[③] 也就是说他在有意识地探索商品货币经济的演变和影响，在商品货币交换和整个社会经济领域中"究天人之际，通古今之变"。

在继承和发扬《管子》运用货币调控商品流通和社会经济方面，白居易认为货币流通依附于商品流通，而商品流通又要靠货币来调节。他说：岁有丰凶，物有盈缩，"圣王知其必然，于是作钱刀布帛之货，以时交易之，以时敛散之……则衣食之费，谷帛之生，调而均之，不啻足矣"[④]。又说："谷帛者，生于农也；器用者，化于工也；财物者，通于商也；钱刀者，操于君也。君操其一，以节其三；三者和钧

---

① 商鞅：《商君书·去强》，转引自曾亦主编《中国社会思想史读本》，上海人民出版社，2007，第210页。
② 《汉魏六朝文·晁错论贵粟疏》，臧励和选注，司马朝军校订，崇文书局，2014，第43页。
③ 司马迁：《史记》卷一三〇《太史公自序》，中华书局，1959，第3306页。
④ 白居易：《策林·辨水旱之灾，明存救之术》，《白居易集》第4册，中华书局，1999，第1308~1309页。

（均），非钱不可也……敛散得其节，轻重便于时，则百货之价自平，四人之利咸遂，虽有圣智，未有易此而能理者也。"[1]

7. "钱荒"及其应对措施

由于手工铸钱成本高，甚至得不偿失，唐王朝虽然创立了影响深远的"开元通宝"铸造制度，但并未能从根本上解决一直存在的铸币短缺问题。两税法实行以钱定税之后，"钱荒"更为严重，终唐之世皆为流通手段不足所困扰。

在铜钱短缺问题日益突出的时候，张九龄提出"官铸所入无几而工费多，宜纵民铸"，即开放民铸来解决通货不足问题。刘秩从货币是"平轻重而权本末"的干预和调控社会经济、维护社会安定的工具的高度，论述了国家垄断铸币权、实行铸币集中统一铸造的必要性，指出开放私铸不仅不能解决通货短缺的难题，反而会造成劣钱泛滥、流通混乱，"贫者弥贫""富室乘之而益恣"。他还论及了钱的数量多少与"物之贵贱，钱之轻重"的关系，指出"人日滋于前而炉不加于旧"是当时钱少、钱重的原因之一，把货币的需要量同人口的增长联系起来。他不但明确地指出货币是为解决"物之贵贱失平，而人之交易难准"问题而创立的，而且继刘秩之后更加明确地提出了货币数量论观点，即"物贱由乎钱少，少则重，重则加铸而散之使轻；物贵由乎钱多，多则轻，轻则作法而敛之使重。是乃物之贵贱，系于钱之多少；钱之多少，在于官之盈缩"[2]。被后人认为是"最为典型"的货币数量论思想。杨炎提出和主持实施两税纳钱，符合实物税必然转化为货币税的历史发展趋势，有利于商品货币经济的发展。

---

① 白居易：《策林·平百货之价》，《白居易集》第4册，中华书局，1999，第1313页。
② 陆贽：《陆宣公集》卷二二《均节赋税恤百姓第二条》，浙江古籍出版社，1988，第251页。

　　柳宗元、白居易等主张"非力之所出则不征，非土之所有则不贡"，虽然思想保守，但他们的反对意见中也确实反映了当时向货币赋税转化的条件还未具备、纳税百姓也缺乏承受能力等实际问题，同样有值得肯定和不容忽视的地方，所以他们把改变两税征钱作为缓解"钱荒"的一项措施也不无可取之处。这次争议提出的问题以及经过争论两税征钱终于改为征布帛的事实，说明赋税的货币化虽然是发展的必然趋势，但是它的实施却需要具备必要的社会物质条件，并且还要考虑到纳税百姓的承受能力。

　　商品经济的发展和绢帛货币作用的衰退，使得宋朝在开国之初就存在着比唐朝更为严重的"钱荒"。人们在探讨解决对策时也做出了一些新的贡献。如李觏将货币的产生同物物交换中"轻重之数无所主宰"联系起来，隐约地指出货币是为了衡量商品价值而被创造出来的一个标准尺度。张方平在讨论"钱荒"和王安石的免役法时，做了钱币流通渠道的分析，为研究货币流通提供了一个新的视点。沈括不仅提出要将财政收支改为用金和盐钞代行货币职能的主张，而且首次提出了加快货币流通速度等于增加货币数量的论断："钱利于流。借十室之邑有钱十万，而聚于一人之家，虽百岁，故十万也；贸而迁之，使人飨十万之利，遍于十室，则利百万矣。迁而不已，钱不可胜计。"① 这实际上是认识到了货币流通速度和货币流通必要量成反比例的规律。

　　宋代的"钱荒"加速了纸币的产生。明代白银的流通范围越来越广。正统元年（1436 年）弛用银禁，银代钞而起，成为正式货币，基

---

① 李焘：《续资治通鉴长编》第二十册卷二八二《熙宁十年六月壬寅条》，中华书局，1986，第 6929 页。

本上结束了自北宋以来 500 余年使用纸币的状况，是中国古代货币制度的又一重大变迁。

随着赋税征银政策的实施，张居正推行"一条鞭法"，"计亩征银"，反映了明朝政府对白银货币化和赋税征银持肯定态度。丘浚主张"以银为上币，钞为中币，钱为下币。以中下二币为公私通用之具，而一准上币以权之焉"①，突出地强调了白银作为价值尺度的特殊地位。王世贞指出："凡贸易金太贵而不便小用，且耗日多而产日少；米与钱贱而不便大用，钱近实而易伪易杂，米不能久，钞太虚亦复有泡烂；是以白金（银）之为币长也。"②他通过多方比较论证了白银为币的优越性。李之藻也认为以白银为币合乎时势和民情。

重钱轻银，甚至反对以白银为币、反对赋税征银的也大有人在。黄宗羲在货币政策方面提出"废金银"。王夫之强调重农贱商、贵粟贱金、废金银而专用铜钱。顾炎武虽然没有反对以银为币，也没有简单地反对赋税征银，但其基本态度是重钱轻银，对赋税征银多有指责，认为"夫树谷而征银，是畜羊而求马也；倚银而富国，是恃酒而充饥也"③。这些重钱轻银、反对以银为币和反对赋税征银的思想言论，与汉代、南北朝的"罢币""废钱"论，唐代反对赋税征钱的思想言论，所持理由也几乎如出一辙；所不同的是以前反对重钱、反对以钱为币、反对赋税征钱，而此时则是反对重银、反对以银为币和赋税征银。这也反映出随着历史的发展，保守人物的思想也有所进步，但其所持之

---

① 丘浚：《大学衍义补·市籴之令上》，载《中国经学史基本丛书》，上海书店出版社，2012，第 224 页。

② 顾炎武：《亭林文集》卷一《钱粮论上》，《四库全书》第 1402 册，上海古籍出版社，1987，第 75~76 页。

③ 顾炎武：《亭林文集》卷一《钱粮论上》，载李敖主编《顾炎武集 二曲集 唱经堂才子书》，天津古籍出版社，2016，第 14 页。

理由仍与一千年前相同或相似，又突出地反映了其思想的落后和贫乏。尽管他们在揭露赋税征银的弊端时，的确反映了内地和边远农村经济的落后和百姓生活的疾苦，但就其对白银为币、赋税征银的态度来说，显然违背了商品货币关系发展的必然趋势。

8. 纸币管理

纸币产生之后，人们常常为滥发纸币、通货膨胀所困扰。认识通货膨胀的危害与治理通货膨胀便成了人们关注的问题，并留下了足够供后人借鉴的经验。李纲指出：通货膨胀，纸币贬值必然加速纸币流通，"民间得之，交手相付，不敢停留"，投机盛行，从而使得"良民折阅""兼并之家""坐享厚利"①。王恽在分析中统交钞贬值的原因时说，以发行钞币解决财政开支问题，则"印造无算，一切支度虽千万锭，一于新印料钞内支发"，必然引起钞币"有出而无入"，"其无本钞数，民间既多而易得，物因踊贵而难买"②。吴潜在论述纸币恶性膨胀的严重危害时指出："臣观今日国用殚屈，和籴以楮，饷师以楮，一切用度皆以楮，万一有水旱盗贼师旅征行之费，又未免以楮，则楮者诚国家之命脉也……今不亟为区处，新楮甫出，其弊已尔，年岁之后，将甚于昔。官司之所仰者在楮，而民不重，官之所倚者在法禁，而民不服。楮非吾楮，则国非吾国矣。""金人之毙，虽由于鞑，亦以楮轻物贵，增创皮币……其末也，百缗之楮止可以易一面，而国毙矣。"③

无论是宋代还是元代，在纸币膨胀、严重贬值的情势下，政府也

---

① 李埏、林文勋：《李埏文集 第 3 卷·宋金楮币史系年》，云南大学出版社，2018，第117 页。

② 王恽：《秋涧集》卷八十《中堂事记上》，《四库全书》第 1201 册，上海古籍出版社，1987，第 176 页。

③ 吴潜：《宋特进左丞相许国公奏议》卷一，《续修四库全书》第 475 册，上海古籍出版社，2002，第 122 页。

大都根据朝野建议，采取过种种补救措施，诸如以银钱兑现，出售茶、盐、酒、绢等商品回笼，出售官告、度牒，令商人在用盐钞买盐时品搭旧会子、实行计亩征会子，以及用纸币赎罪、退赃，用一新纸币折合若干旧纸币等等。可以说近代治理通货膨胀的许多办法大都已经用过。但是，上述制止纸币膨胀、贬值的措施，都要以不再依靠滥发纸币弥补财政赤字为前提。宋元两代皆无法做到这一点，所以一切的补救措施终归无济于事，正如吴潜在论及实行计亩征会子时所说："纵使目前会价渐穷，物价渐减，而朝廷之印造不已……不过年岁，弊将如初，而心肉之已剜者则不可复补，根本已拔者则不可复培矣。"①

在探讨稳定纸币币值、防止和治理通货膨胀的同时，有些人进而探讨了纸币与金属币的联系与区别、纸币流通与铜钱流通的相互影响，纸币与金属币流通的不同特点，并且赋予了"子母相权"和"虚实"等概念以新的含义：把原来用以说明轻钱与重钱、虚价钱与足值钱关系的"子母相权"，用来说明纸币与金属币的关系，提出"钱犹母也，楮犹子也，母子所以相极"；或用来说明纸币与准备金的关系，提出中统元宝交钞以银为本是"使子母相权，准平物估"，同时把"子母"与"虚实"结合起来，把以前用来说明虚价钱与足值钱区别的"虚钱"和"实钱"用来说明纸币与金属币的区别，提出"楮，虚也"，"钱，实也"；或把元朝"始造钞时，以银为本"称为"虚实相权"。这些研究成果，为后来探讨货币基本理论，特别是为明代刘定之探讨金属币与纸币的不同的流通规律理论打下了基础。

宋、元纸币的流通虽然为货币问题的探讨和货币理论的发展提供

---

① 吴潜：《许国公奏议》卷二《再论计亩纳钱》，转引自叶世昌编著《中国货币理论史》上册，中国金融出版社，1986，第132-133页。

了契机，但是宋、元的纸币相较于近代资本主义经济条件下的纸币，是一个特殊条件下产生的先天不足的早产儿。由于当时的中国还没有近代发达的商品交换经济基础和民主政治制度，当时的纸币不仅未能发展为近代的纸币，而且还常常成为封建专制王朝搜刮民财、解决财政开支问题的"灵丹妙药"，使国家一而再地陷入通货膨胀的灾难之中，纯粹纸币制度或以纸币为主的货币制度很难一直继续下去。元朝虽然明令实行纸币制，铜钱流通实际上从来就没有禁绝过，钱钞兼用的主张也始终存在着。随着至元钞贬值日益严重，钱钞兼用的呼声更加强烈，并且后来又有人提出"铸黄金、白金为钱""使与铜钱母子相权而行""凡物价高者用金，次用银，下用钱"。这些主张成为明清时代提倡以银为币、银钱兼用的先声。

9. 货币拜物与义利观

货币作为一般等价物，一切物品都要转换为货币才能确定其价值，并且作为跨时空支付手段，自其产生后便成为人们追逐的对象。《吕氏春秋·去宥》记述：一人白天闯入金店抢夺黄金当场被捉，人问其故，那人说："殊不见人，徒见金耳。"随着货币经济的发展与货币权力的增大，出现了货币拜物现象。

秦汉统一的中央集权帝国建立，为国内商品流通范围的扩大创造了条件。民谚曰："千金之子，不死于市。""人富而仁义附焉。"西晋政治黑暗，金钱崇拜意识渗透至社会生活方方面面。家产拟于王者的和峤，性至吝，被人称为"钱癖"。名门士族争奢斗富，有人一天膳食万钱犹嫌"无下箸处"。有人专务清谈，却又兼营商贾，持筹算账，昼夜忙个不停。鲁褒伤时之贪鄙，写下了著名的《钱神论》，嘲讽人为金钱异化之种种，如对金钱"失之则贫弱，得之则富强……钱多者处前，钱少者居后。处前者为君长，在后者为臣仆……钱之所佑，吉无不利，何必读书，然后富贵……无位而尊，无势而热……钱之所在，危可使安，死可使活。钱之所去，贵可使贱，生可使杀……又曰：'有钱可使鬼，而况人乎！子夏云：'死生有命，富贵在天'，吾以死生无命，富贵在钱"①。

继鲁褒《钱神论》以后，还有一些性质相似而体裁不同的文章，如唐代张说的《钱本草》。元末明初著名戏曲大家高明所著《乌宝传》，采用拟人的手法，把纸币写成一个名叫"乌宝"的人，"人争迎取邀致。苟得至其家，则老稚婢隶，无不忻悦，且重扃邃宇，敬事保爱"②，凡达官贵人，无不愿交。作者虽不理解货币拜物教的秘密，但看到了"钱能通神"的社会现象。明代中叶，贵金属白银发展成为流通中普遍使用的主要货币，人们讥讽清朝时的贪腐现象："三年清知府，十万雪花银。"郑板桥在其《板桥润格物》中写道："凡送礼、食物，总不如白银为妙。公之所送，未必弟之所好也。送现银则心中喜乐，书画皆佳。礼物既属纠缠，赊欠尤为赖账。年老神倦，亦不能陪诸君子作无益语言也。"③

农耕时代是农业简单再生产时代，创造财富不易，积累财富缓慢。若放纵人们追逐以金钱代表的财富，势必导致社会的扰攘不宁，故中国古代先贤皆主张在获得"温饱"之后，要节制人们追逐金钱的欲望。如老子认为："五色令人目盲，五音令人耳聋，五味令人口爽。"④若一味贪图感官享受，会玩物丧志，故提出"清心""寡欲"。道家提

① 房玄龄等：《晋书》第六十四章《鲁褒传》，中华书局，1974，第3437页。
② 高明：《高则诚集》，浙江古籍出版社，1992，第3页。
③ 郑板桥：《板桥润格物》，转引自范建华、黄淼著《中国文化产业发展史》，云南人民出版社，2016，第127页。
④ 老子：《道德经新解全译本》，倪可译注，民主与建设出版社，2016，第39页。

倡"素朴";佛教则有"弱水三千，我只取一瓢饮"。孔子赞叹颜回安于"一箪食，一瓢饮，居陋巷"，不夺其志；孟子提出要树立"富贵不能淫"的浩然正气。西汉时期的重农思想家贾谊与晁错更是指出：金银珠宝，饥不可食，寒不可衣。人们之所以看重它，是因为"上有所好"，故需要由帝王带头，扭转社会风气。

二、近代中国货币

15 世纪地理大发现，开创了人类历史上早期的全球化。外贸线路的改变逐步改变了中国与世界的关系，中国人理解的"世界"，逐步变成了那些向中国出口货币的国家，或者说，变成了那些有"资本"购买中国商品的国家。1567 年之后，这样的国家就是拥有"新大陆"的西欧。中国与世界的关系也逐渐变成了中国与"西方"的关系。与此同时，当西方资本主义完成资本原始积累后开始进行工业革命而急需货币之时，西方又通过鸦片走私货易，使一百多年间流入中国的白银流出，其直接后果是爆发了 1840 年的鸦片战争，引发了中国近代以来关于币制改革的热议与改革实践，最终以国家法定流通的纸币终结了数千年由国家铸造并强制使用的金属实物货币。

（一）17 世纪以来的中外经济关系

中国农耕时代土地所有制的特点是土地私有，可以自由买卖，地租收益大，而且可靠，使得土地成为社会最主要的财富。在农业简单再生产的条件下，从事耕织的小农家庭本身就难以积累扩大再生产所需资金，即或有点资金，也是先用于购买土地所有权。在小农家庭中，农业与家庭手工业（主要是纺织业）紧密结合，生活资料与生产资料基本自给，难以破坏却易于重建；手工业技术墨守成规，经营规模小，经济发展处于迟滞状态。国家对工商业的高度垄断，以及它所推行的抑商政策，不能适应中国传统社会内部随着生产力的发展而产生的商品经济发展要求，在社会思想意识与传统文化习俗层面，轻视同外国的交往，阻碍经济、文化和科学技术的交流，由此产生了严重的社会危机。

由于人口增长的速度与生产和生活资料增长的速度之间的比例长期失衡，1803—1835 年全国人口总量从约 3 亿增至约 4 亿，33 年间人口增加约 33%。耕地增加的速度却大大地落后于人口增长的速度，形成人多地少的局面。新增人口仍局限于旧的农业生产方式，对土地进行掠夺式经营，开垦荒地、草原、山林，使植被覆盖面积缩小，水土流失严重、农业生态失衡。

在中国经济缓慢发展的同时，欧洲一些国家的经济发展速度空前加快。14—15 世纪在意大利北部的威尼斯、佛罗伦萨等地出现了资本主义生产方式的萌芽。16—18 世纪，在西欧发生了从封建制度向资本主义制度的转变，确立了资本主义制度。19 世纪 30 年代，英国率先完成工业革命，建立了大机器工业。在经济制度方面，英国实行的是资本主义性质的商品经济，中国实行的是自然经济，相差了一个发展阶段。

自地理大发现之后，西方国家确定以重商主义为基本国策，组织武装商队，在全球扩张，进行资本原始积累。它们从海上和陆路侵入中国东南沿海和东北地区。这给古老的中国带来了严峻的挑战。

出于对荷兰殖民者等西方人的防范，也为了防止西方人与沿海反动武装勾结，同时考虑到平定倭寇骚扰的需要，明朝中后期曾将海上主动通商的政策转向严禁通商的政策。

清初为防止郑成功以台湾为军事据点的反清复明，朝廷发出了"片板不准入海""片帆不准入口"的命令。在台湾，郑成功开放海禁，每年出海贸易的船只达千余艘，历来禁运的粮食等货物也大量出口。收复台湾后，清政府于 1717 年再次下令禁止民众到南洋经商，同时也对外国商船严加防范。清政府实行这项政策不仅使其课税收入减少，也使东南沿海民生困苦，清政府又不得不于 1727 年废除这项政策。

18 世纪下半叶，英国工业快速发展，迫切要求扩大海外市场。西方来华贸易的商人增多，其海盗行为与不合理要求，迫使清政府再次调整对外贸易政策，如：限制通商口岸；建立海关，以管理对外贸易和征收关税；制定关税制度；实行公行制度；限制出口货物的种类和数量；等等。

自唐宋以来，中国的海外贸易对象主要是日本、朝鲜、菲律宾、印度尼西亚、越南、泰国和柬埔寨等东亚和东南亚国家，这些贸易以"朝贡贸易"为主体并在此基础上发展起来。朝贡贸易与走私贸易的贸易量有很大的局限性。自 16 世纪以来，又逐渐新增了与英、美、法、俄、荷、西、葡及丹麦和瑞典等西方国家的贸易。其中英国占主要地位，其他国家对华商品输出的总值，尚不及英国的 1/2。

在手工生产阶段，中国的工艺技术比西方更加先进。在中英贸易关系中，从中国贩运到英国的丝、茶、棉布等是可以获取高额利润的畅销货，而英国却拿不出可以在中国市场上大量销售的商品。直至 19 世纪 30 年代，南京手工生产的紫花布在质地和成本方面都还优于英国曼彻斯特制造的机织棉布。英国机器生产的毛织品和金属制品在中国市场也行销不广。英国方面认为，开发中国市场的障碍有三个：一是东印度公司对华贸易的垄断权，二是清政府的海禁政策，三是英国当时还缺乏能在中国市场行销的商品。

1833 年，英国废除东印度公司对华贸易的垄断，使更多商人能参与对华贸易，并试图通过外交手段改变中国的对外政策。此举虽没有成功，但是英国从海外寻找到了一种能够在中国市场上销售并能盈利且还会有持续需求的商品，这就是鸦片。

（二）银贵钱贱引发鸦片战争

鸦片产于小亚细亚和印度等地，最早由葡萄牙人与荷兰人从土耳其贩运到中国，用作医药。1767 年英国占领鸦片产地孟加拉国，1773 年英国政府赋予东印度公司向中国出口鸦片的专利权和制造鸦片的特权。从此，向中国输出的鸦片数量不断增加。1838 年仅东印度公司输送到中国的鸦片就达 40 200 箱，比 1821 年增加了 5 倍以上。鸦片的售价超过成本 9 倍，英国在印度的殖民政府按成本的 300% 征收鸦片税，仅此项税收就占到了财政总收入的 10% 以上。鸦片贸易也逐渐改变了中国在中英贸易中的有利地位，使中国由出超变为入超，白银由流入变成流出。

白银外流的直接后果是在国内货币市场上出现了银贵钱贱的局面，动摇了中国自明代中叶以来所确立的银本位货币制度。仅以宁津县为例，1804 年每两银换制钱 919 文，1824 年涨至 1 269 文，1839 年更涨为 1 679 文[1]。小生产者出售零星产品获取的是铜钱，向国家交税之时需折算为银两。银贵钱贱加重了纳税者的负担，使拖欠与抗粮现象日益严重，造成了征收和上交税款的困难；吸食鸦片的人数不断增多，1820 年仅苏州一地就达 10 余万人，十几个省中多达 200 万人，这不仅摧残了中国人的身心健康，也破坏了中国社会生产力。

1838 年林则徐在调查苏州、汉口等地市场情况时发现，各种货物的销路比二三十年前减少一半，其原因就在于社会购买力有一半转移到吸食鸦片。"银荒兵弱"的危机感迫使清政府确立了禁烟政策。英国为了维护鸦片商人的利益，不惜通过发动一场战争来叩开中国的国门，由此导致了 1840—1842 年长达 3 年之久的鸦片战争。

（三）近代社会关于币制改革的讨论

在人类早期全球化进程中，无论是白银流入还是流出，都开始影响中国经济的兴衰与成败。对货币问题的关注引发了关于币制改革问题的讨论。

1. 1840 年前后中国传统货币制度走向穷途末路

魏源等人认为，"银贵钱贱"是中国银钱并用的货币制度造成的。为了缓和银荒，他提出"采金"（即开采银矿）、"更币"（包括铸银，兼行贝币、玉币）。他称前者是"浚银之源"，后者是"佐银之穷"。但是，中国没有丰富的金银矿藏，对增加流通中的黄金白银数量起不了多大作用；即使能因此增产一些白银，对缓解当时的银荒也不可能有多大补益，更不能解决白银外流的问题，未必能抵补白银外流造成的减损。兼行贝币、玉币更是一种货币复古主义。包世臣等人主张：

---

① 刘仲藜主编《当代中国经济大辞库》（经济史卷），中国经济出版社，1993，第428页。

凡国家财政收支一律用铜钱；商品交易以及债权、债务，皆"以钱起数"；银钱折价由国家法令固定。白银的使用少了，价格回落，银贵钱贱和银荒的问题也就缓解了。他们不知道，随着商品流通规模的扩大，贵金属在货币流通中的地位和作用日益超过贱金属，这是随着社会经济发展规模不断扩大，交换日益深入与广泛的必然结果，他们的这一主张是与之背道而驰的。

针对银荒时国家财政的影响，王鎏主张行钞及铸大钱，发行不兑现纸币以聚敛民财。另有人主张政府行钞以收未尽之银，使之不全流出到海外。鸦片商因无从易银自然会减少或停止鸦片进口。还有一种主张是行钞以代替或减少大额交易对银的需求，克服银荒给商品流通带来的困难①。

由于银荒是由国际收支逆差造成的，只要有贸易逆差存在，白银就必然会继续外流，因此，重钱轻银、废银、行钞、开矿、铸银的主张都无助于解决当时的银荒问题，这说明中国传统的货币制度已经走向了穷途末路。

2. 19 世纪 60 年代前后关于币制改革的热议

洋务运动期间，在学习西方的过程中，人们普遍认为自明中叶以来，白银在货币流通中的地位是客观因素决定的，重钱轻银、废银用钱、行钞之类的主张，都不能解决这个根本问题。针对那些轻银、废银之类的主张，缪梓从商品流通的需要角度予以反驳，认为以银为币可以"藏之无腐烂之虞，携之省转运之费，故日用而日广"②；银在货币流通中的地位，并不是由"上用之"决定的，而是这种"日用而日

---

① 刘仲藜主编《当代中国经济大辞库》（经济史卷），中国经济出版社，1993，第428页。

② 缪梓：《缪武烈公遗集·银币论一》。转引自：赵靖撰、中华文化通志编委会编《中华文化通志·经济学志》，上海人民出版社，1998，第333页。

广"的趋向是不可阻挡的，只能因势利导，承认它在货币流通中的地位。就是曾经主张财政收支、贸易、债务都"以钱起数"的冯桂芬，后来也认识到：银是世界货币，中国是世界的一部分，要同世界交往，如果中国不以银为币，那显然是行不通的。

随着中国市面流通的外国银币日渐增多，魏源等人建议中国政府自铸银币，如此既可抵制和取代外国银币在中国的流通，又能维护中国在货币流通中的主权。周腾虎建议"准洋银分两""仿洋银之式"，但却"变其文字，以为中国宝货"[1]。他认为一国市场任凭外币流通是损害国家主权和尊严的事，他还分析了当时多种外国银币在中国流通的混乱情况，试图以自铸银币消除这种混乱。

陈炽主张：中国要仿照西法铸造金、银、铜三种货币，且三种货币同时流通，其比价是金币一枚，兑换银币十枚、铜币一万枚。他看到了世界市场上金、银比价呈现"金日贵、银日贱"的趋势，强调中国必须自铸金币，而且所铸金币在含金量及成色方面都要同英镑完全一样。这显然是他对外国采用金本位以及在金本位下还有银、铜铸币流通的情况已有所闻。但是他对什么是货币本位，各种铸币之间的主、辅关系，都不知晓。因此，他所要铸的银、铜币，并不是金币的辅币，也不是价值符号，它们和金币处于对等的地位。他还主张"三币兼权"，同时作为价值尺度，同样具有无限法偿权。为了防止三币并行出现三种价格体系，他主张将三币的比价固定不变，从而金、银、铜三币就不是主、辅币关系，而是三种金属的复本位。陈炽在《铸银条陈》中提出："由于三种金属的市场比价是变动不居的，而国家法定

---

① 周腾虎：《铸银钱说》。转引自：赵靖撰、中华文化通志编委会编《中华文化通志·经济学志》，上海人民出版社，1998，第335页。

价维持不变，这就必然会使人们不断以市价相对低的金属币兑取市价相对高的金属币，并把后者销熔为金属块出售取利，就会出现劣币驱逐良币现象，使流通中只剩下市价最低的金属铸币。"

3. 20 世纪初关于币制改革的讨论

中国应实行什么样的货币本位？20 世纪初，张之洞、盛宣怀、刘坤一、梁士诒、徐荣光、李芳等人主张实行银本位。其理由是中国没有足够的黄金储备；中国一向用银，与中国民众的生活情况合拍，金的价值高，以金计价同民众的生活情况不适合。

章宗元、汪大燮、黄遵楷、俞寰澄等人则主张实行金本位。他们的理由是：当时世界各主要国家都已实行金本位，如果中国继续用银，则对外贸易逆差、对外赔款及借外债的本息支付，都要以金计价，以银偿还；由于世界市场上银同金的比价不断呈现下降趋势，这种折合所发生的"镑亏"会越来越大，会使中国蒙受越来越大的损失。

梁启超、康有为、周学熙、陶德琨等人主张实行虚金本位（金汇兑本位），国家明定本国货币单位有一定的含金量，或同某金本位国家的货币有固定比价，但国内并不铸造金币，而是发行以金计价的银币或纸币。这种银币或纸币，是金币的价值符号。在虚金本位制下，对外支付或用金、银，或用外汇；为了同外币保持固定比价，要采用无限买卖外汇的措施，为此必须拥有必要数量的外汇储备。由于这种虚金本位制不直接和黄金联系，而是同特定的外币联系，所以也称为金汇兑本位制。

西方列强为争夺对中国货币的控制权，极力劝说中国实行金汇兑本位制，把中国货币同其本国的货币固定地联系起来，并且在该国存储外汇平衡基金，把中国货币变成该国货币的附庸，借此加强其对中国经济和政治的支配。比如：日本人仓田设计了同日圆相联系的"没有金币的金本位制"；把持中国海关长达30年之久的英国人赫德建议中国建立与英镑相联系的"虚金本位制"。

1903年美国派来中国的货币专使精琪向清廷提出《整理圜法条议》，具体内容包括：主张中国不铸金币而以一定金价的银币作为流通中的主要货币；清政府要在伦敦经常按这一比价买卖外汇，并为此筹集一笔外汇储备作为外汇平衡基金；清政府要以指定财源作抵押，借外债以建立所需外汇储备；主张任命一外国人为司泉官（管理中国货币金融的最高官），在外国因赔款或其他财务事项同中国发生交涉时，有权派人查阅司泉官编制的有关中国货币金融状况的账目和统计报表。

4. 孙中山的钱币革命

辛亥革命后，财政极其困难，孙中山任中华民国临时大总统之后，提出了完全实行纸币流通制度的币制改革方案。其主要内容为：国家明令以纸币为流通中的货币，严禁以金、银作为货币流通，但可铸造银、铜辅币。纸币的发行不以金、银为准备，而是以每年的财政收入及国家掌握的物资为依据。每年预算确定后，国家的税务处根据预算的税收额发行同等数额的公债券交给纸币发行局，纸币发行局发行等额纸币以供使用；在税务处完成年度征收任务收回纸币后，将纸币送交纸币销毁局换回公债券，纸币销毁局则将纸币销毁。如果实际税收超过预算税收，则超过的纸币不予销毁，继续在市场上流通。除按预算税收额发行外，国家还应民间需要发行纸币。任何需用纸币的人，都可以金、银、商品及产业向纸币发行局交换纸币。纸币发行局将换得的财物交有关的国家机构发售，出售货币所获纸币也送纸币销毁局销毁。

孙中山所设计的这种纸币同样也是货币的一种价值符号。它在流通中的价值的大小，取决于它的发行量是否超过流通中对货币的需要量。由于孙中山主张以财政收入及国家所掌握的金、银、商品及产业作为发行依据，因此纸币的发行量受到了严格的限制，它是能够以比较稳定的价值流通，而不致发生贬值的。

孙中山希望实行"钱币革命"使"国家之财政困难可立抒（纾）"，这是不可能做到的。他认为按此方案发行纸币可为经济发展筹措资金，使"工商事业亦必一跃千丈""出口货必多于入口货"，中国从此将由贸易逆差转为大量顺差，结果外国"必有输其金银珠宝以为抵者"[①]。他指出：由于中国不用金银为货币，进口的金、银就可贷给外国取息，中国将由债务国一变而为债权国。这就把实行纸币流通制度说成解决一切财政问题和经济发展问题的灵丹妙药了。建立一种统一的、稳定的货币制度，对经济发展有良好的作用；但把它说成是根本改变中国经济面貌和国际地位的决定性手段，则言之过甚了。这个方案在实行方面也有一些窒碍难行之处。比如，如果预算税收估计过高，在实际征收中完成不了，则按预算税收额发行的纸币，必有一部分无法回笼，影响纸币的稳定。又如，应民间需要发行的纸币，如果国家由此收入的财物不能及时售出，或者不能按收购价售出，也将使一部分纸币无法回笼。货币作为流通手段，是要不停转手、不留滞于一点的，因此，它完全可由价值符号代替。既然如此，流通中完全使用纸币而不投入任何金、银，是完全可能的。

孙中山发表《钱币革命通电》时，全球主要国家正处于金本位全

---

① 孙中山：《孙中山全集》第二卷。转引自：赵靖撰、中华文化通志编委会编《中华文化通志·经济学志》，上海人民出版社，1998，第 344 页。

盛时期，人们都把金本位看作最理想的货币本位制。主张实行银本位或虚金本位的人也多是把金本位看作最终的目标，而把实行银本位或虚金本位看作暂时的、过渡的措施。孙中山却看到了实行纸币流通制度、不以任何形式流通贵金属货币的可能性，这在世界历史上是有预见性的。20 世纪 30 年代，各金本位国家纷纷放弃金本位，纸币流通制度成了世界各国普遍推行的制度。

（四）废两改元，统一货币

外国银圆流入中国，大约在 15 世纪。西班牙在墨西哥制造的"本洋"或西班牙银圆，是流入中国的第一批外国银圆，起初只在福建、广东沿海行用。在清初 100 年间，清政府尽管实行闭关锁国和海禁的政策，但对外贸易还是继续发展，外国银圆仍继续流入。到乾隆、嘉庆年间，海禁渐开，外贸日趋发展，外国银圆流入种类增多，流通范围扩大，有荷兰的大马钱、墨西哥双柱银圆、葡萄牙的十字钱、意大利的威尼斯银圆等。道光以后，民间喜欢用外国银圆，行用范围更广。五口通商以后，外国银圆已在中国境内普遍流行。

1840 年前后数十年中，本洋占主导地位。1821 年墨西哥独立后停铸本洋，墨西哥自己铸造鹰洋逐渐取代本洋，一直到民国初年（1912 年），鹰洋俨然成为那段时期中国的主币。同治、光绪年间，外国银圆已在中国各地形成金融势力圈，同列强在华势力范围相适应。

外国银圆的大量流入，促进了中国自铸银圆。1792 年清政府批准在西藏铸造乾隆宝藏，又叫西藏银币，限西藏地区使用。此后又分别铸嘉庆宝藏和道光宝藏。这些银币具有地方性。1889 年，两广总督张之洞在广东设造币厂铸造光绪元宝，通称龙洋。19 世纪末，除天津总厂外，全国已有 10 多个省区设厂铸造银圆。由于各省区自铸银圆，所以其形式、重量、成色各不相同，市价不一，互相抵制，流通不畅，数量过剩。清政府企图把铸造权收归中央，独占盈利，于 1900 年下令除保留广东、湖北两局，其余全部裁撤。后又颁布《整理圜法酌定章程》，设铸造总厂于天津，留北洋、南洋、广东、湖北四分厂。1910 年又制定币制则例，规定铸币权统归中央，停止各省铸造，加上辛亥革命爆发，统一铸造银圆的计划始终未能实现。

民国初年（1912 年），在中国最初通行的银圆有十几种，如外国的鹰洋、站人、本洋等，中国各地铸造的龙洋、吉林币、东三省币、奉天币等，造币厂铸造的银币，清政府铸造的银币和北洋政府铸造的银币等。上海所开洋厘行市分鹰洋、龙洋两种，一般以鹰洋为主。

1914 年北洋政府颁布《国币条例》，决定整顿币制，统一银币，实行银本位制，有先后由造币总厂及江南造币厂开铸的面镌袁世凯头像的一圆银币。这种银币称袁头币或国币，重七钱二分，原定成色九成，后为便于收换旧银圆，改铸新币，成色降为纯银八九，即含银六钱四分零八毫；发行后受到欢迎，各地畅通无阻，逐渐取代龙洋，1915 年 8 月国币行市代替了龙洋行市。

1919 年 5 月 4 日，五四运动爆发，钱业公会于 6 月 11 日开市时取消鹰洋行市，只开国币一种行市，银圆行市完全统一，国币成为主币。此外，自辛亥革命到北伐战争期间，还出现过一些带纪念性质的银币。

1927 年南京国民政府成立时，货币流通中实行的仍然是两元并存的双重币制。银两本身的不一致，给内外贸易造成了困难。

1932 年，银圆大量涌入上海，引发上海市面上的银圆过剩，银圆兑换银两，创历史最低价。废两改元条件日趋成熟。

1933 年 3 月 1 日，南京国民政府财政部颁布废两改元令，规定上海市面通用银两与银本位币一元或旧有一元银币之合原定重量成色者，以规元七钱一分五厘合银币一元为一定的换算率，并于 3 月 10 日起施行。

1933 年 3 月 8 日，南京国民政府颁布银本位币铸造条例，规定银本位币币名为元，一元等于一百分，一分等于十厘，银币的铸造权属中央造币厂。

1933 年 4 月 5 日，南京国民政府发布在全国实行废两改元的布告，规定所有公私款项的收付、契约票据及一切交易须一律改用银圆计算。此前原定以银两收付的，在上海应以规元七钱一分五厘折合银圆一元为标准，概以银圆收付；在上海以外各地，应按 4 月 5 日申汇行市，先行折合规元，再以规元七钱一分五厘折合银币一元为标准，概以银币收付。4 月 6 日后，新订契约票据与公私款项的收付及一切交易，如果仍用银两计算，在法律上无效。为了保证废两改元的实行，南京国民政府采取了一系列措施，如：财政部委托中央银行、中国银行、交通银行三银行代为兑换银币；对各行庄宝银进行登记及兑换；撤销炉房及公估局；暂设冶金小炉，将碎银冶炼成银饼，送中央银行估价兑换。

废两改元结束了中国历史上自明清以来两元并行的局面，统一了货币，在一定程度上改善了国内货币流通的混乱状况，同时扩大了中央银行的作用，为以后推行纸币创造了条件。由于它仍实行银本位制，因此还未能消除国际金融市场上银价波动给国内货币流通带来的消极影响，以及外国列强通过控制银价从而控制中国货币主权的局面。币制改革尚有待继续深入进行。

（五）法币政策

1929—1933 年，席卷全球的资本主义经济大危机发生，世界市场上白银价格暴跌。美国是产银大国，为维持较高的银价，于 1933 年 12 月至 1934 年 5 月，颁布了《银购入法》和《白银法案》，提高银价，禁止白银出口，将白银收归国有。这使得世界上银价由暴跌转为暴涨，引发了自鸦片战争爆发前夕以来中国历史上的第二次白银大量外流。从 1934 年 7 月至 10 月，从中国境内外流的白银就达到了 2.57 亿银圆，1935 年更高达 2.9 亿银圆[1]，造成国内银根奇紧，信用紧缩，工商企业资金周转困难，银行、钱庄倒闭，各地物价跌落；工商业停滞，农村金融枯竭，影响社会经济运转。当继续维持银本位制已不可能时，南京国民政府被迫进行币制改革。

1935 年 11 月 3 日，南京国民政府财政部发布《金融紧急处分令》。其要点包括：①统一货币发行。从 11 月 4 日起，中央银行、中国银行、交通银行三银行（1936 年 2 月增加中国农民银行）所发行之钞票为法币，具有无限法偿性质。其他银行发行的钞票，由财政部限期逐渐以法币换回。设立发行准备管理委员会，负责集中保管法币准备金和发行收换事宜。②实行白银国有。所有完粮纳税及一切公私款项的收付，概以法币为限，不得行使银币。银钱行号商店及民众持有的银币、生银，限三个月内兑换法币。③确定法币的对外汇率。为使法币对外汇率稳定，国民政府将国内收兑的白银移存外国，作为维持法币与外币汇价稳定的保证。中央银行、中国银行、交通银行三银行无限制买卖外汇，根据 1930—1934 年 5 年的平均对外汇价，规定法币

---

① 孔祥熙：《财政年鉴续编》中册，财政部财政年鉴编纂处，1945，第 54 页。

1元等于英镑1先令2.5便士。

法币与英镑直接联系，被拉入英镑集团，中国的货币权落入英国手中。美国因此立即停止高价收购白银，致使银价下跌，中国外汇准备金减少，法币基础发生动摇，迫使国民政府又与美国签订《中美白银协定》，由美国按世界市场白银的平均价格，收购中国白银5 000万盎司以维持法币汇率。确定法币与美元的汇率为法币1元等于0.297 5美元，法币因此又与美元挂钩，成为美元附庸。

此时，中国在英国伦敦所存的法币的准备金约有2 500万英镑，在美国纽约所存的准备金约有12 000万美元。法币的币值能否保持稳定，在于它的汇价能否保持稳定。这种依靠英镑与美元维持币值的货币制度，容易受英美货币变动的影响，有利于英美对中国金融和中国经济命脉的操纵，有利于对华资本输出、商品输出和原料掠夺。法币是不兑换的纸币，发行量没有限制，这也为以后的通货膨胀留下了隐患。

用信用货币（纸币）代替金、银货币，使货币管理现代化，顺应了人类历史上货币发展规律的要求。实行纸币流通制度符合世界币制发展的潮流。用统一的货币代替多元的货币，使法币流通领域不断扩大。1935年10月，中央银行、中国银行、交通银行三银行发行额为4.19亿元，到1937年6月，加上中国农民银行，四行共发行法币14.07亿元，社会金融宽裕，国内储蓄增加，物价回升，经营工商业有利可图，商品市场活跃。与白银脱钩后，法币币值比较稳定，不再受世界市场银价涨落的影响，有利于社会经济的发展。稳定的对外汇率，促进了对外贸易的发展。1936年到1937年上半年，中国的进出口额和华侨汇款大幅度增加，入超明显下降。法币政策的实施，不仅使中国摆脱了 1934—1935 年的金融危机，还对缓和当时的金融危机、稳定经济起到了一定作用。

由于国民政府的财政不能平衡，因而法币的基础又是很不稳固的。时任财政部部长孔祥熙在《关于发行法币的宣言》中说："政府对于通货膨胀，决意避免……再历十八阅月，国家预算即可收支适合。"[1] 财政部在《新货币制度说明书》中说"新货币制度绝非通货膨胀"，又说"新货币制度绝非放弃银本位"。这些都被后来的历史证明是掩饰之辞。

（六）中国近代货币思想

经济学家赵兰坪在追溯中国现代货币金融历史时指出："金融问题，本为经济问题之一部分，惟在国际经济关系极为密切极为复杂之现状之下，对于全国国民经济生活之影响，至为重大。民国十九年（1930 年），银价暴跌以后，我国关税，若不采用金单位制，财政方面，必然遭受重大损失。（民国）二十四年（1935 年），在各国货币贬值与美国白银政策二重压迫之下，若不实行法币政策，不特当时全国经济，有宣告破产之虞，今之抗战，恐亦不易支持至半年以上。最近外汇政策，若不乘机调整，适足以助长敌人之长期侵略。是故金融问题，不特与国民经济生活，至为密切。且与国家民族之兴亡，亦有重大关系。在上述数次剧烈变化之中，政府皆能相机应付，转危为安，其功固难湮没。而民间之习经济者，磋商研究，不遗余力。虽其见解，各不相同，所拟对策，遂多互异。对于政府之贡献，或极微薄。而能

① 中国人民银行总行参事室编《中华民国货币史资料》第 2 辑，上海人民出版社，1991，第 180 页。

将其研究所得，公开商讨，以供政府参考。则其用心，亦足多也。"①
他指出了自 1930 年以来中国金融的三次巨变以及经济学家的贡献。

朱通九在总结中国近代货币金融演变史时也认为："法币制度未采用以前，我国货币金融，至为庞杂，忽尔头痛时欲医头，忽尔脚痛时欲医脚，满身疾病，长呻吟于床席之间……触目皆是。而其中最足以令人莫名其妙者……如以银价之跌落为患者，则定必欢迎银价之上升。如以银价之高涨为患者，定必欢迎银价之下落，何图国人对于银价之下跌，大为惊惶失措，而对于银价之上涨，又啼笑皆非，果为何故耶？后因上述矛盾形态之不易解决，除政府特派专家赴外国考察与研究外，国内深谋远虑之学者，遂埋头研究求造成法币金融专家至多。"② 这段话指出了当时中国金融思想演变经历的两个矛盾的阶段——开始担心银价下跌，后又恐慌银价上涨。在这种巨变过程中，对于金融的研究相对较为深入。

颁布法币政策后，马寅初指出："今日我国所行者则只能简称为汇兑本位……汇兑本位下之法币既依汇率表示其价值，则汇率之维持稳定，亦为最要之一点，汇率不能维持，至于下跌，正如金本位国纸币之停兑至于贬值者情形相似，汇兑本位之信用势将堕矣。"③ 抗战期间，日本在北平成立准备银行，企图用该行发行的货币换法币，再用法币套取中国外汇，攻击中国的货币制度。叶元龙明确提出法币汇率贬值政策，马寅初则认为"政府一行贬值政策，是政府自己首先破坏信用"，主张维持法币信用。主张法币贬值的侯树彤认为：外汇本位

---

① 赵兰坪：《十年来吾国金融问题之回顾》（上），《时事月报》1940 年第 1 期。
② 朱通九：《近代我国经济学进展之趋势》，《财政评论》1941 年第 3 期。
③ 马寅初：《马寅初全集第 10 卷》，浙江人民出版社，1999，第 270-271 页。

制实际上因私行市的出现业已崩溃；贬低汇率不会加重资本外逃、物价上涨等问题，并会带来减少外汇支出、阻止进口而鼓励出口等效果。所以他坚决主张贬低法定汇率。马寅初再次强调维持法定汇率的极端重要性。厉德寅也连续发文继续主张法币贬值。

维持汇率稳定，需要强大的外汇实力保障供给。1939年春夏，在中英合组平衡基金干预下，上海汇市维持了短期的稳定。由于基金数量有限，加上购买者众多，1939年7月被迫放弃维持汇市，外汇黑市出现剧烈波动，法币的官价和市价都贬值1/2。马寅初等人将法币对外汇价的问题，仅仅看成一个汇率问题，而没有注意到当时中国经济的实际情况。学界大多数人仅有法币是一种汇兑本位制的认知，即使是主张贬值政策的叶元龙，也认为法币是一种外汇本位制。因此，法币对外汇率问题被经济学界看成法币本身的存亡问题，因而极力鼓动政府千方百计地加以维持——哪怕被敌人套汇，被外国商人、中国投机者利用。蒋介石评论："过去在上海办理外汇之办法，不但于我们中国商民没有利益，而且徒然替敌伪维持其金融生命，实在无异给敌人以操纵之柄，来摧残我们抗战的经济利益。"①

---

① 高叔康：《十年来之经济政策》，载沈云龙主编《近代中国史料丛刊续编》第9辑，文海出版社，1984，第23页。

三、通货膨胀与法币崩溃

用纸币代替白银执行货币职能，也为无限制地发行纸币开了方便之门；法币从它诞生之日起，就成为弥补财政赤字的方便工具。尤其是从 1937 年 7 月到 1949 年 5 月，国民政府的通货增发了 1 400 多亿倍[①]。物价上涨 85 000 倍。纸币的大量增发，超过了商品流通的需要，它通过物价高涨和汇价高涨表现出来的是纸币贬值，并由此引起国民收入的重新分配。

（一）1937—1949 年的通货膨胀

根据货币发行增加和物价上涨的程度，1935 年实行法币政策以来，通货膨胀的发展过程可以概括为三个阶段：

1935 年 11 月 4 日—1938 年，即和缓的通货膨胀阶段。这一阶段

---

① 中科院上海经研所、上海社科院经研所编《上海解放前后物价资料汇编》，上海人民出版社，1958，第 50 页。

的特点是法币增发速度很快，而物价指数上升速度较慢。1938 年 12 月法币发行量为 1937 年 6 月的 1.61 倍，而上海基要商品迳售物价指数为 1.14 倍。

1939 年—1947 年 2 月，即恶性通货膨胀阶段。法币发行速度迅速加快，物价上涨的速度开始超过并大大超过法币增发的速度。1939 年 12 月法币增发的幅度为 3.05 倍，物价上涨的幅度为 3.07 倍，物价上涨速度开始快于货币发行速度。到 1946 年 12 月法币增发的幅度为 2 648 倍，物价上涨的幅度为 5 713 倍，后者已是前者的 2 倍多。

1947 年 2 月"黄金潮"掀起，法币崩溃、物价狂涨阶段。金圆券的发行，更加速了通货膨胀的发展进程，在短短一个多月以后金圆券就进入总崩溃阶段。银圆券的发行则是崩溃阶段的最后终结。

1. 和缓的通货膨胀阶段

抗日战争全面爆发（简称"抗战全面爆发"）以前，"法币之流通，亦偏于华中华北华南一带。计 1937 年 6 月法币发行总额为 14 亿元，流通于华北者，约 4 亿元，流通于华中者，约 8 亿元，流通于华南者，约 1 亿元。流通于西南西北诸省者，实甚有限"。"东部诸省""华北一带"，"法币虽被日伪禁止使用"，但"沦陷区域人民窖藏法币已成普遍现象"。另一方面，西南、西北法币流通有所增加[1]。邹宗伊指出，"我国历次发行之战时公债，除救国公债 6 亿元有半数系直向民众募集者外，其余大都以预约券方式向国家银行抵借"，抗战全面爆发之初，"人民激于爱国热心，尚可利用同仇敌忾心理，收效一时"[2]。国民政府的公债是以向银行界抵借的方式发行的。抗战全面爆发初期

---

① 邹宗伊：《中国战时金融管制》，财政评论社，1943，第 65—66 页。
② 邹宗伊：《中国战时金融管制》，财政评论社，1943，第 369、370 页。

人民群众第一次认购了救国公债，对于国民政府弥补财政赤字、减少法币发行起了一定的作用。同时，1937年、1938年、1939年农业收成较好，农产品和以农产品为原料的工业品价格上涨速度较慢。

抗战全面爆发初期，国民政府在上海抛售外汇，美英继续在中国倾销工业原料和工业产品，对市场物价也产生了一定的影响。同时，人民群众在战争和大转移过程中，携带现钞的数量增加了，货币流通速度也趋于缓慢。抗战全面爆发以后，内地与口岸间之交通路线距离遥远，因之商业资本之周转速度，较抗战全面爆发前减低不少，如抗战全面爆发前四川商人往上海办货，其资本周转率每年平均可周转四五次。抗战全面爆发以后，货物往返须绕道越南输入，运输时间往往达半年甚至七八个月之久，其资本周转率每年不到二次，货币流通速度之减低，亦为筹码需要增加之一原因①。商人担心银行不能保证支付，因此愿意携带现钞，不愿意汇兑，这也增加了货币流通量的需要。由于上述政治的、经济的因素的影响，物价上涨的速度慢于货币发行增加的速度。

2. 恶性通货膨胀阶段

1939年法币进入恶性通货膨胀阶段，主要是由于政治经济条件的变化。1938年10月武汉失守以后，国民政府统治地区缩小。加之粮食生产普遍减产，影响到以农产品为原料的加工业。1940年起棉花减产，棉纱开始涨价。武汉失守后物资输入减少，"多种器材颇感缺乏……影响整个生产能力降低，驯致生产停顿"。因此，"1941年是后方工业发展的顶点，过此即已呈衰象"②。投入流通的商品量减少后，商

① 邹宗伊：《中国战时金融管制》，财政评论社，1943，第66页。
② 寿进文：《战时中国物价问题》，生生出版社，1944，第30、32页。

品流通中所需的货币必要量也相应减少。但政府的军政开支却迅速增加，财政赤字也相应增大。国民政府企图更多地向人民借债，但是"战事旷日持久，一面币值低落，一面物价高涨，宣传失其效力，劝募无所施其技矣"①。1942 年 4 月公债劝募的成绩仅占债券发行的 1/6 强。后来改用"派募"，即以摊派方法推销公债，这无异于宣告公债政策的彻底破产。1942 年 6 月"敌伪在华中禁止法币流通后，此后法币流入的速率更较流出的为快"②。解放区为防止法币贬值的掠夺，决定发行自己的货币，也缩小了国民政府实施通货膨胀的区域。解放区为减少法币贬值带来的损失，迅速推出法币，这进一步加速了它的流通速度。因此，1939 年，物价上涨的速度超过了货币增发的速度，进入了法币的恶性通货膨胀阶段。

3. 法币崩溃、物价狂涨阶段

"抗战结束以后，国民政府接收了巨额敌伪财产，手中握有 400 万两黄金储备和 9 亿元美汇，美国的援助大批到来，增加了发行准备，法币流通区域扩大。"③ 这时，最有可能采取适当措施整理币制和稳定物价，扭转通货严重膨胀的局面，为经济恢复创造条件。但是国民政府却恃此财力，发动内战。

1946—1948 年，军事开支在财政支出总额中占 80% 以上，财政赤字逐年增加。1948 年 1—7 月较 1947 年全年增加 13.8 倍。

国民政府为此采取了应对措施：一是增加税收，二是多发通货。但税收受到税负者财力的限制，1946—1948 年上半年的税收，平均只

---

① 邹宗伊：《中国战时金融管制》，财政评论社，1943，第 370 页。
② 寿进文：《抗日战争时期国民党统治区的物价问题》，上海人民出版社，1958，第 18 页。
③ 冯宗容、游光中主编《中国近现代经济热点及重大事件》，中国经济出版社，1995，第 116 页。

占岁出的 15.6%，因而绝大部分的财政赤字都要靠增发钞票弥补。1937 年 6 月—1945 年 8 月的 8 年时间，法币发行量增加约 396 倍。1945 年 8 月—1948 年 8 月的 3 年时间，竟增加 1 085 倍，同抗战全面爆发前夕相比，增加 303 880 倍。法币以外，国民政府于 1945 年还发行东北流通券等券钞。1945—1948 年，东北流通券的发行量由 21 亿元增至 12 415 亿元。法币面额越来越大，5 000 元、1 万元大钞陆续出笼。同时发行 200 元、500 元、1 000 元、5 万元关金券（关金券 1 元等于法币 20 元）。物价飞涨，市场早晚时价不同，法币流通速度大大加快，反过来又加速了通货贬值。因人民拒收，法币失去了货币的基本职能，黄金、白银、美钞、港币以及实物代替了法币的部分职能。此时，法币已经走到绝路，法币制度崩溃。

1948 年 8 月 19 日，国民政府颁布《财政经济紧急处分令》，宣布废除法币，改用金圆券，按 1∶300 万的比率限期收兑，同时收兑东北流通券以及黄金、白银、银币、外国币券；限制各地物价，以 1948 年 8 月 19 日的物价为标准，实行冻结。收兑时，原有法币只合金圆券 2 亿元。金圆券发行限额定为 20 亿元，实际上使通货膨胀了 10 倍。

1948 年 11 月，上述规定已经无法实施。国民政府由此取消金圆券发行限额，宣布金圆券贬值 80%，准许人民持有黄金、白银和外币，并提高其价格。当月底，金圆券发行额达到 33.95 亿元，3 个月超过限额的 70%，1 000 元、1 万元、10 万元、50 万元的大钞相继出笼。金圆券发行额 12 月增加到 82 亿元。1949 年 1 月达 208.2 亿元，5 月达 679 458 亿元，较开始发行时增加 30 余万倍。在不到 10 个月的时间里贬值超过法币 14 年的 100 倍，金圆券 1 元只值初发行时的 1/500 万，成为废纸。西北和江南各省均拒绝使用，金圆券也彻底崩溃。

1949 年 7 月，迁都广州的国民政府改行银圆券，恢复银本位制，各色银圆一律等价流通使用，金圆券 5 亿元折合银圆券 1 元或银圆 1 块。银圆券仍然是不兑现的纸币，其发行伊始，即受到坚决抵制，出现挤兑、拒用的风潮，不久便同国民政府在大陆的统治一起崩溃。金圆券、银圆券是世界货币史上"最短命的货币"，国民政府在抗战结束后的三年时间内，换了两次币制，却未能避免货币制度崩溃的命运。国统区以货币为媒介的商品流通，随着恶性通货膨胀的发展以及货币制度的崩溃而陷于瘫痪。

抗战胜利，人民对经济前景乐观，商人囤积货物再伺机抛入市场。一方面，法币对伪币的兑换率规定偏高，甚至出现物价下降的局面；另一方面，由于国民政府准备内战，物价重新上涨。1946 年通货膨胀加剧，国民政府企图采用抛售外汇、黄金和进口美货的办法来压低物价。随着人民解放战争的节节胜利，国统区面积日益缩小，法币流通渠道更为狭窄，货币流通速度加快，物价上涨更加猛烈，变动时间越来越短。一般富有者大多购金银和美钞，上海、南京等地黄金和美钞价格暴涨。国民政府发布《取缔黄金投机办法》，并在南京与上海等大城市对日用必需品棉纱、布匹、面粉、食盐、食油和白糖实行限价，冻结物资，提高限价，由"工不如商，商不如囤"改为"囤不如金，金不如汇"。

随着国民党军队节节败退，东北、华北地区的资金大量向南转移，涌入市场，1948 年 10 月，上海、南京一带发生抢购风潮，并迅速波及全国各地 40 多座城市。人们见物就买，商店大多关门，存货皆空。法币丧失了储藏手段和支付手段等职能，一般大宗交易多以金、银或米、纱计价，零星交换多以实物支付，内地多用银圆，偏远地方已恢复物物交换。货币流通与商品流通完全陷于瘫痪。

（二）通货膨胀的发展规律

1937—1949 年中国通货膨胀过程中，纸币发行总额的实值是迅速下降的。法币或金圆券发行总额的实值，曾经降为抗战全面爆发前货币流通量的 6.6%，甚至降为抗战全面爆发前的 3%，1949 年 4 月更降为抗战全面爆发前的 0.86%。商品流通规模在战争过程中有很大的缩减，这是促使流通货币量趋于缩小的首要因素。根据巫宝三估计，与 1936 年相比，国民收入是减少的，农业（包括牲畜、木材、渔业）生产为 92%，制造业为 76%，交通运输业为 83%，商业为 94%，住宅服务为 90%，矿冶业为 44%，营造业为 10%，综合起来为 86%[①]。根据此估计，正待实现的商品也比抗战全面爆发前有很大的减少。杨坚白认为，1949 年中华人民共和国成立前夕，工业产值只为 1936 年的一半左右。农业、粮食生产比抗战全面爆发前降低 25%，棉花生产降低 48%，烤烟生产降低 44.4%，花生降低 57.5%[②]。国民政府发行的纸币流通区域的缩小，也使这一区域正待实现的商品价格总额大大减少。另外，抗日战争期间，中国共产党领导下的广大地区，拥有将近 1 亿人口，发行人民自己的货币。东北、华北、华中、华南的大中城市和铁路沿线为日本所占据，法币已被排挤出来。国民政府局限于西南、西北一隅，也使其纸币流通的地区范围大大缩小，正待实现的商品总额更加减少。这些都是加剧国民政府法币通货膨胀的重要因素。此外国民政府统治地区的货币流通速度加快，也相对地减少了货币的必要量。1947 年中央银行经济研究处对上海商业行庄存款通货流通速度做

① 转引自方显廷：《货币周转速度与物价》，《资本市场》1948 年第 1 期。
② 杨坚白：《中华人民共和国恢复和发展国民经济的成就》，统计出版社，1956，第 15 页。

过典型推算，指出物价上涨速度越快，存钱不如存货的心理越强烈，存款通货流通速度越快——1947 年 12 月达到 61.49 次；1948 年以同样方法推算，最低的 9 月为 15.76 次，较高的 6 月达到 108.52 次，金圆券崩溃的 12 月则达到 100.82 次，这时存款通货流通速度平均每日最高 3.36 一次，一笔存款一日之间三易其手。

存款通货流通速度的加快，还在票据交换金额的增长快于通货量的增长方面得到充分的反映。根据中央银行对上海、天津、重庆、北平、西安等各大中城市票据交换的统计，1947 年各月票据交换总额的增长快于信用量、货币量的增长，与物价上涨的速度极为接近。这就说明，票据交换金额的增长既包含了通货量增长的因素，又包含了存款通货流通速度加速的因素。旧中国通货膨胀过程中，待实现的商品减少，货币流通速度增加，因此流通中所需的货币量也大大缩小。但是法币、金圆券的发行却没有相应缩减，反而迅速膨胀，其结果必然使纸币迅速贬值。

法币在恶性通货膨胀、迅速贬值以后，逐渐失去代表黄金、白银执行某些货币职能的作用，黄金、银圆、外币逐渐执行货币的某些职能。

法币恶性通货膨胀开始以后，大米首先在局部地区成为一种计价手段，部分职工的工资改按大米计算。1943 年国民党政府开放黄金市场以后，黄金合法流通，美钞也大量流入市场。黄金美钞投机愈演愈烈，逐渐成为带头涨价的"标兵"，大宗贸易开始改以黄金、美钞计价。抗日战争胜利以后，这种情况有了进一步的发展。上海市场大宗贸易，包括买卖房屋、地产、机器，都以黄金计价；付款方式则有的付黄金，有的付法币，各种商品大都有按黄金、美钞计算的基价，然后再按当日黄金外币行市折合标出市价。1947 年 2 月法币进入崩溃阶段、1948 年金圆券进入崩溃阶段以后，黄金、银圆、美钞、港币进一步取代法币、金圆券，不仅起到计价的作用，而且也起到流通的作用，迫使法币、金圆券的流通范围进一步缩小。这一变化，也使得旧中国通货膨胀过程中货币发行总额实值大大降低。

在银本位货币制度下，货币的支付手段职能有一定程度的发展。银圆不仅被当作贮藏工具进行窖藏，而且银行以此为基础，开展了储蓄业务。银圆作为支付手段，不仅表现在社会上采取以银圆为计算和支付工资的标准，而且表现在国民政府依靠银圆建立了财政收支体系，银钱业依靠银圆开展了存放款业务。预算、税收、公债、存款、放款都以银圆为标准。

法币制度实施以后，法币币值逐步下降，但是在恶性通货膨胀没有开始、币值下降没有为民众所普遍觉察前，在纸币还比较稳定地代表着金属的情况下，银本位时期建立起来的财政预算体系、银行储蓄、银行存放款仍然继续发展。通货膨胀开始以后，情况就发生了重大变化。由于法币在恶性通货膨胀过程中迅速贬值，因此它已经不能代表贵金属执行货币的各项职能。法币不仅不被储藏，而且原来储藏的也被纷纷投入市场，货币流通速度加快了。以法币为计算单位的银行储蓄有所增长，实值却迅速减小，实质上已经逐步消失。社会上改而采取以粮食或生活费指数为工资的计算标准，不再以法币为计算标准。更重要的变化是，国民政府以法币为收支单位建立起来的预算，在数额上有所增大，实值上却大大减小；银行信用事业在数额上有所增大，实值上也大大减小。这都说明，货币支付手段职能在恶性通货膨胀过程中必然发生重大的变化。

银行的存放款利率，由于通货膨胀、物价上涨以及银行放款实值减小的影响，形成了畸形高涨的局面。在国民政府核定的利率之外，出现了"暗息"，也就是利息黑市。一般行庄都设立暗账，计算暗息。存放款照官定利率付息后，再按暗息补付存款利息，补收放款利息。暗息在物价上涨的间歇时期，就显得很高，成为工商业的沉重负担；在物价猛烈上涨时期，就显得过低，甚至成为负利息。因此，在通货膨胀情况下，银钱业呈现了畸形繁荣的局面。通货膨胀发展的速度愈快，银钱业的发展愈快。投机利润腐蚀了金融资产阶级，使他们比工商资产阶级更加具有动摇性。国民政府对金融资产阶级采取先笼络后鲸吞的策略。1929 年到 1932 年，国民政府以公债暴利（高达四分利）引诱金融资产阶级对它支持，以公债投机利润为生，逐渐减少了与工商业的联系。1935 年前后，国民政府认为对金融资产阶级实行两路夹攻的时机已经成熟，就一方面发行统一公债，对银行钱庄实行赖债减息，另一方面动手攫夺中国银行、交通银行、中国通商银行、四明银行、中国实业银行等，将其据为己有。抗战全面爆发以后，先则纵容金融资产阶级逃避外汇，然后又使金融业长期依靠恶性通货膨胀的投机暴利饮鸩止渴，使之进一步腐化，也更加疏远了工商资产阶级。1948 年发行金圆券时，则对金融资产阶级进行了彻底的、毫不留情的攫夺，企图一举没收其全部资财。正是这一次攫夺，有力地教育了金融资产阶级，使他们逐步消除了对国民政府的依赖和幻想。

（三）通货膨胀中的国民收入再分配

通货膨胀期间工人的实际工资已经下降。1942 年 11 月发布的《战时工资管理办法》规定，各地一律按 1942 年 11 月 30 日之工资额为标准，以后的工资调整照当地限制物价之标准由主管官署决定，雇主不得以其他名义增加类似工资性质之报酬。限制工资政策不可能长期有效，以后工人的名义工资虽仍有提高，但实际工资却越来越低。以工人的工资指数除以生活费指数，可得工人的实际工资指数。在1939年以前，重庆产业工人的实际工资有所增长，而从1940年开始则急剧下降。如果将生活费指数换成零售物价指数，则实际工资指数的下降更剧烈：1940年为42，1941年为28，1942年为20[①]。工人除实际收入迅速减少外，还经常受到失业的威胁。据1944年4月国民政府社会部的统计，重庆失业工人约占工人总数的42%，成都失业工人约占工人总数的30%；另据1945年重庆失业工人请愿团的不完全统计，川、滇、黔三省失业工人在17.5万人以上[②]。

在物价上涨过程中，工农产品交换价格的剪刀差迅速加大，使农民承担巨大的损失。据重庆趸售物价按加工程度分类指数统计，在通货膨胀期间，原料品即农产品上涨速度慢，制成品即工业品上涨速度快。在抗日战争胜利前夕，差价达4.76倍。抗日战争胜利以后，差价也维持在3倍左右。按重庆基要商品趸售物价指数，1945年8月食物上涨1 585倍、纤维3 151倍、燃料4 864倍、金属2 744倍、木材2 295倍、杂项975倍，这说明工业品包括纤维、燃料、金属的上涨速度快于食物等农产品上涨速度。由于农产品上涨速度慢，工业品上涨速度快，农民的实际收入下降[③]。

据中央农业实验发布的四川农民购买力指数，以1937年为准，抗

---

① 宫韵史：《1937年—1945年间国民党统治区工人阶级的状况》，《历史研究》1960年第3期。

② 宫韵史：《1937年—1945年间国民党统治区工人阶级的状况》，《历史研究》1960年第3期。

③ 杨培新编著《旧中国的通货膨胀》，生活·读书·新知三联书店，1963，第140-141页。

战全面爆发以后指数开始下降，1939 年 9 月降为 64%。1941 年后由于灾歉，农产品价格稍有上涨，但农民实际收入仍然在下降。1942 年后又一直下降。农业工人的收入下降更多。1943 年四川农业工人工资实值只及 1937 年的 58%[1]。农产品价格的下跌、农业投资和劳动力的减少，对于 1940 年以后农业的减产产生了巨大的影响。

国民政府还以统购物资、低价收购的方法搜刮农民。例如，秋茶每担（1 市担＝50 千克，下同）的官价和市价 1942 年相差 8 500 元，国民政府却按官价收购。湖南安化茶农制成毛茶 1 市担，成本是 150.5 元，而收购价仅 100 元。棉花 1944 年统购价为 6 000 元，成本为 15 000 元，统购价仅为成本的 40%。食糖专卖后，甘蔗一斤（1 斤＝500 克，下同）6 角几分，而干柴一斤值 2 元几角。因此，农业中商品生产规模在缩小。国民政府统治地区 1936 年棉花产量为 750 万市担，1944 年仅 155 万担。四川沱江流域甘蔗生产 1943 年较 1941 年减少 30%。烟叶 1945 年产量只及 1937 年的 84.6%。在抗日战争期间，国民政府统治地区 1945 年的棉花产量为抗战全面爆发前的 33%，日伪统治地区 1945 年为抗战全面爆发前的 28%。茶叶，桐油、蛋类下降更多。据中央农业实验所估计，茶叶 1946 年较 1933 年至 1937 年平均产量降低 82%，蛋类 1946 年比 1936 年降低 6.7%，桐油 1946 年只及抗战全面爆发前的 50%[2]。农民因为市场消息不灵通，保存的货币也遭到了很大的损失。在通货膨胀中，农产品的价格不如工业品的价格上涨快，扩大了剪刀差。1942 年 12 月，重庆农产品中 11 种食料类的指数（1937 年＝1）为 51.87，而工业品衣着类的指数为 95.39，相差几

① 杨培新编著《旧中国的通货膨胀》，生活·读书·新知三联书店，1963，第 141 页。
② 杨培新编著《旧中国的通货膨胀》，生活·读书·新知三联书店，1963，第 141-142 页。

近一倍；同期桂林前者的指数为 48.28，后者的指数为 123.46，相差
1.5 倍以上[①]。剪刀差的扩大使农民的相对货币收入减少，通货膨胀又
使货币的购买力降低，农民遭受双重损失。此外农民还要受地主的地
租剥削。抗战时期后方人口增加，形成了土地少而人口多的现象。农
民争寻土地耕种，地主乘机提高地租。"佃农除负担过重之租额外，
保甲临时派款，乡镇民工征调，多属佃农负担……佃农勤劳已极，而
其生活亦不过终年食杂粮。"[②]

　　抗战全面爆发以后，国民政府实行征兵制。据金陵大学农业经济
系编制的"士兵现金收入"，其 1937 年为 100，1938 年降为 93，1939
年降为 64，1940 年降为 29，1941 年降为 21，1942 年降到 10。到 1944
年 2 月为止，比之抗战全面爆发前，现金收入增加 16 倍，但生活费则
增加 304 倍，其购买力仅及抗战全面爆发前的 5%[③]。士兵的伙食费还
因国民政府的贪污腐化受到克扣。1944 年 10 月"改善官兵待遇"以
后，士兵收入折合抗战全面爆发前不及 1 元。连同实物，收入最低的
折合抗战全面爆发前仅1/50，士兵与将官的收入相差 300 倍[④]。

　　通货膨胀中生活发生最大变化的是职员、公务人员和知识分子。
他们在抗战全面爆发以前，保持较高的生活水平，而在通货膨胀中，
生活水平迅速下降。根据杨西孟的计算，昆明大学教授的工资实值在
1937—1945 年下降为之前的 3% 左右，绝大部分的职员、公务员、知
识分子的生活开始赤贫化。抗战全面爆发前物价稳定，这部分人假如
不失业，还可能保持较高的物质生活水平，在通货膨胀中，他们的收

---

① 王红曼：《四联总处与战时西南地区经济》，复旦大学出版社，2011，第164页。
② 《读者投书》，《大公报》1942 年 7 月 2 日。
③ 吴大业：《物价继涨的经济学》，商务印书馆，1945，第34-35页。
④ 杨培新：《中国通货膨胀论》，生活书店，1948，第52页。

入日益减少。知识分子单纯依赖工资过活，一般没有其他额外收入。物价扶摇直上，导致知识分子的生活水平严重下降。以重庆大学教授的收入为例，1937 年上半年最高为 400 元，到 1944 年 5 月，包括正薪、生活津贴、平价米按市价的出售款以及研究费等，最高收入不过8 700 元。这收入较抗战全面爆发前增加约 21 倍，而同期重庆的一般物价已涨到抗战全面爆发前的 400 倍以上[1]。西南联大如闻一多这样有名的学者，也只得从刻图章取得辅助收入。广西大学资深教授杜肃，曾任经济系主任，由于贫病交加于 1948 年自杀，遗下妻女四人。公务员中的高级官员，依靠贪污舞弊，勒索民众，接受政府高额补贴作为收入的主要来源。绝大部分中下级公务人员则是单纯依靠工资过活，生活水平大大下降。

知识分子生活的赤贫化，在青年学生中表现得更加突出。这是由于国民政府集中财力进行内战，实行所谓的公费制度。奖学金已不能满足青年学生维持最低生活水平的需要。青年学生主要来自工薪职员和知识分子家庭，家庭收入的下降导致了他们生活水平的不断下降。这有力地促进了青年学生觉悟的提高，他们在反饥饿、反内战斗争中起了积极的作用。

在通货膨胀中，货币贬值使中小资产阶级的财产被赖掉或被掠夺。国民政府在抗战全面爆发以前依靠优厚的利息、巨大的折扣，以诱骗的方式推销公债；抗战全面爆发后又利用人民爱国热情推销公债。截至 1946 年，结欠的公债为 95.58 亿元（英镑、美金、关金公债除外）。这批公债，在抗日战争胜利后，公债户要求按 1 000 倍偿还。国民政府公布的办法，却是自 1946 年 7 月起，按照 1 元付 1 元的比率，偿还

---

① 寿进文：《抗日战争时期国民党统治区的物价问题》，上海人民出版社，1958，第 70 页。

公债。这是赤裸裸的掠夺。此外，国民政府对抗战全面爆发前的储蓄，也通过贬值实行掠夺。1937 年抗战全面爆发后，国民政府首先限制提取存款，有 100 多万户所存的数亿元储蓄没有提取出来。由于官僚可以取得政府机构的批准提前支取存款，因此剩下来没有提取的，主要是小额存户的，其中不少还是孤儿寡妇赖以为生的存款。1947 年国民政府统治地区物价上涨 10 万多倍以后，只允许按 700~1 700 倍偿还。

在通货膨胀的过程中，民族资产阶级加剧对工人和职员的剥削而取得前所未有的暴利。但是由于国民政府实施统制经济、统购统销政策，他们亦受到多种形式的掠夺。在抗战全面爆发初期，商品由滞销转为畅销，并出现供不应求的形势。许多工厂加班生产、扩充设备。在物价上升、货币工资增加缓慢的情况下，职工实际工资逐步下降，民族工商业的盈利相应上升。这种变化在荣氏申新总公司表现得最为突出。申新纱厂（9 家）、福新面粉厂（10 家）是民族资本家荣宗敬家族依靠银行贷款扩充起来的。抗战全面爆发前夕长期亏损，出现了"资不抵债"的困难局面。1936 年它的资产仅为 2 833.76 万元，而长短期负债却达 3 211.72 万，累计亏损 37 796 万元[①]。银行收不回贷款，接管了申新总公司，实行委托经营。抗战全面爆发后，申新总公司各厂却转亏为盈，迅速还清了贷款。抗日战争胜利后，申新一、二、四、五、六、七、九厂，1946 年盈利 161.43 亿元，暗账还没有计算在内。资产阶级在通货膨胀中获取的暴利，一方面表现为工资在产值中所占的百分比下降，另一方面表现为盈利、管理费、财务费对工资的百分比越来越高。

---

① 上海社会科学院经济研究所编《荣家企业史料 1896—1949 年》，上海人民出版社，1962，第 540 页。

在通货膨胀中，国民政府对国家垄断资本主义实行信用膨胀政策，以管理物价的名义，实行垄断经营、统购统销、外汇管理、低价收购外汇，在商品、金银、外汇投机中通过打击民族工商业壮大自身。

（四）反通货膨胀措施

在纸币不断贬值、物价不断上涨的情况下，国民政府实施了一系列企图稳定物价的反通货膨胀政策。从广义上讲，几乎一切战时经济政策都与反通货膨胀有关。特别是 1941 年全面实施的田赋征实政策，从另一角度看，也是反通货膨胀政策。

1. 田赋征实与物价管制

1943 年国民政府征实所得谷物，按 1947 年 7 月重庆粮价计，折合法币 203 亿元以上，若不实行征实，就得向市场增投法币 203 亿元。

此外，国民政府还采取了以直接控制物价上涨为目的的反通货膨胀措施，如出售黄金和美金储蓄券、限制物价以及进行外汇管制等。1942—1943 年，国民政府以向美国取得 5 亿美元贷款的一部分发行美金储蓄券和购买黄金出售（美元与法币的比价为 1∶20，黄金售价仅及市价的 1/3～1/2），以回笼法币，这一措施不大奏效，而购买者大获利益。在腐化无能的政权机制下，能够购得这些储蓄券和黄金从而获得暴利的仅是一些高级官员和发国难财的暴发户，因此，人民对国民政府的信任度随之降低。

随着物价不断上涨，国民政府控制物价的措施也不断升级——由前期的评价（由政府与商会、同业公会评议物价）、平价（主要取缔囤积居奇平定粮价以稳定物价）到后期的限价（规定在同一地区、同一时间，同一商品只能有一个价格，严禁黑市价格，违者严惩），虽然管制日严，法令日多，但物价上涨如故，而且越来越剧烈。

在金融管制政策方面，则是利弊互见。如：限制国家利率，既有稳定金融市场的作用，又为投机商提供资金；维持上海黑市外汇价格，既有稳定法币币值的作用，又为日本套汇提供机会，从而使中国损失大量外汇平衡基金等。

2. 储蓄政策

为了缓和通货膨胀，国民政府积极鼓励储蓄，制定了推行储蓄的各种条例和办法。1938 年 7 月，国防最高委员会通过《节约储蓄纲要》，9 月 27 日，国民党第五届中央常务委员会议颁布《节约建国运动大纲》，12 月 29 日国民政府颁布《节约建国储金条例》。储金储额至少为 1 元（后修正为 10 元），满 5 年（后修正为 3 年）始得提取本息，由全国官商银行（后改为四行）和邮政储金汇业局经办。1939 年 9 月 12 日，国民政府颁布《节约建国储蓄券条例》。储蓄券分甲乙两种：甲种为记名式，乙种为不记名式。甲种兑取时付息，乙种预扣利息。初办时面值分为 5 元、10 元、50 元、100 元、500 元和 1 000 元六种（后修正为 10 元、30 元、50 元、100 元、500 元、1 000 元、5 000 元和 10 000 元八种）。甲种存满 6 月（后修正为 1 年）后兑取部分或全部本息，乙种到期全部兑取。储蓄券由中央信托局，中国银行、交通银行、中国农民银行和邮政储金汇业局发行。10 月 27 日，财政部颁布《外币定期储蓄存款办法》。外币存款分外币定期储蓄存款和法币折合外币定期储蓄存款两种。1940 年 10 月 3 日，四联总处理事会通过《中央储蓄会增办特种有奖储蓄券办法》。有奖储蓄券每期发行 500 万元，两个月发行 1 期，到 1945 年停办时共发行 48 期。

在推行储蓄业务的同时，国民党中央宣传部会同金融界于 1939 年

10 月联合成立全国节约建国储蓄运动委员会，主持宣传储蓄运动事宜。1940 年 7 月，四联总处设立全国节约建国储蓄劝储委员会，负责制定劝储计划、方针及考核工作。1941 年 8 月，将前者并入后者，每省设分会，每县设支会，每乡设推销小组。1941 年太平洋战争爆发后，行政院于 1942 年 3 月 1 日颁布《发行美金节约建国储蓄券办法》。这项储蓄基金来自美国 5 亿美元贷款中的 1 亿美元所折成的法币，储户按 20 元法币折合 1 美元的比率购买储蓄券。1943 年 8 月 2 日发行结束时，共发行 9 159 万美元。到期本应支付美元，但除少数因"合法需要"可申请美元外，多数人都折成法币支付。

1944 年 2 月 21 日，行政院颁布《普遍推进全国各市县乡镇公益金储蓄办法》，规定乡镇公益储蓄由中央信托局、中国银行、交通银行、中国农民银行及邮政储金汇业局办理。储蓄定期 3 年，利率年息 1 分，每 6 个月计算复利 1 次，到期兑付本息。该储蓄由各省、市政府主持推行，按照行政院规定总额，按各市、县经济情形分等级规定额度。各市、县政府预估富有绅商、地主的收入总额，直接劝储一定数额。乡、镇公所则组织储蓄团体，向农、工、商人按户劝储，平均每户应至少认储 100 元，赤贫免储。各省、市、县政府及乡、镇公所将推进乡镇公益储蓄定为中心工作，列入行政考核，作为奖惩依据。后经行政院核定，乡镇公益储蓄总额为 229 亿元，其中四川、福建、甘肃各 12 亿元，贵州、浙江、安徽各 8 亿元，河南 6 亿元，湖北 5 亿元，新疆 3 亿元，西康、宁夏、青海各 2 亿元，山西、绥远各 0.5 亿元[1]。实际只完成 150 亿元，和原定目标相差 79 亿元，而且认储者大

---

[1] 崔国华等：《抗日战争时期国民政府财政金融政策》，西南财经大学出版社，1995，第 437 页。

半是地方政府本身。

据统计，1937 年 7 月至 1945 年底，四行二局共吸收各种储蓄734.225 亿元[1]。但储蓄存款的增加并没有起到抑制通货膨胀的作用，因为法币的发行总量并没有得到控制。张嘉璈认为，"政府推行储蓄运动，作为抵消通货膨胀的手段是无效的……达不到抵消由于对私贷款和对政府垫款所造成的通货膨胀的影响"[2]。而由于法币的严重贬值，储蓄者都遭受损失，公民的储蓄意愿不断下降，乡镇公益储蓄的失败就证明了这一点。

3. 黄金政策

抗战全面爆发后，财政部于 1937 年 9 月 30 日颁布《金类兑换法币办法》，用法币收兑生金、金器、金饰、金币、金坯、金沙等金类。接着又宣布除财政部特准的外，一律禁止携运黄金出洋或往沦陷区。1939 年 8 月进一步规定未受四行委托的任何团体、机关、个人都不得收购金类，违者没收。但在 1943 年 6 月又宣布恢复黄金的自由买卖，企图用黄金回笼法币，缓和通货膨胀。

国民政府用来抛售的黄金的一部分是原来用法币低价收购得来的，一部分是从中美财政借款 5 亿美元中提出 2 亿美元向美国购入的。从1939 年 9 月 15 日起，中央银行指定中国农民银行和中国国货银行按官定牌价在市场上抛售黄金。1944 年 11 月 13 日黄金现货卖完，改为期货出售，待货到后付现。1945 年 5 月 29 日起停售黄金。总计现、期货黄金共售出 1 145 453 两[3]。

---

① 崔国华等：《抗日战争时期国民政府财政金融政策》，西南财经大学出版社，1995，第437 页。

② 张公权：《中国通货膨胀史（1937—1940 年）》，杨志信摘译，文史资料出版社，1986，第 163–164 页。

③ 杨培新：《旧中国的通货膨胀》，三联书店，1963，第 47 页。

自 1944 年 9 月 15 日起，四行二局还在重庆、成都、昆明、贵阳、桂林、西安、兰州七个城市开办黄金存款和法币折合黄金存款业务。前者以黄金存入，十足纯金 1 市两起存，期限分 1 年、2 年、3 年三种。1 年期利率为年息 2 厘，2 年期 3 厘，3 年期 4 厘。到期本息以黄金付还，尾差以法币找补。后者以法币存入，以十足纯金 1 市两为单位，按照当日中央银行牌价计算，期限分半年、1 年、2 年、3 年四种。半年期利率为年息 4 厘，1 年期 6 厘，2 年期 8 厘，3 年期 1 分。到期本金以黄金付还，尾差以法币找补，利息以法币支付。11 月下旬，财政部又决定在西南、西北其他城市开办黄金存款业务，规定 2 年后始能兑取现货。

法币折合黄金存款最短为半年期，半年后就要支付黄金。因到期不能支付，国民政府于 1945 年 6 月 25 日停办法币折合黄金存款业务。黄金存款本来数量不大，虽未宣布停止，实际上也同时停办。不到一年的时间，各地四行二局共收法币折合黄金存款 2 195 553 两，折合法币 624 亿余元；收黄金存款 57 209 两[1]。开放黄金买卖以来，产生了以重庆黄金市场为中心的遍及西南、西北的黄金市场，即银楼业和私人间的黄金交易市场。中央银行所定的黄金官价常有变动，官价每提高一次，黄金市价便随之而上涨一次，使法币加速贬值。越到后来黄金市价和官价的差距越大，"每因黄金官价提高，物价即随之波动，形成黄金与物价角赛之局面"。开办法币折合黄金存款业务还造成了金融市场的波动。"每经一度黄金提价，金融市场即遭受牵制，存户纷纷挤提，银行存款减少，黑市利率上涨，银风趋紧。如此循环不已；

---

[1] 中国人民银行总行参事室编《中华民国货币史资料》第 2 辑（1924—1949），上海人民出版社，1991，第 426 页。

不止一次，整个后方金融，悉被黄金政策侵蚀。"[1] 黄金官价和市价的不一致，为当权者增加了牟取暴利的机会。如 1945 年 3 月 28 日，财政部奉令自次日起将黄金官价每两由 2 万元提高到 3.5 万元。就在这天下午，各行局黄金存款数量大增，达 34 000 余两，比平时多出 1/3，其中重庆占 21 447 两。此事曝光后，舆论大哗，要求追究责任。在舆论的压力下，财政部会同四联总处到经售黄金的各行局检查，监察部门、审计部门前往中央信托局查账。重庆实验法院经调查称：中央银行业务局局长郭景琨于 3 月 28 日上午赴宋子文官邸参加调整黄金存款价格会议。他将加价的事告诉了私交甚笃并有巨额现款的李祖永。李即在下午签发支票 3 张，计 6 600 万元，分写 24 户名单，派人购存黄金 3 300 两。财政部总务司长王绍斋、交通银行副经理沈笑春、中央信托局信托科主任胡仁山等人均在当天下午挪用公款化名购存黄金。黄金舞弊案前后闹了 3 个月，除郭景琨辞职，中央信托局储蓄处建储科主任戴仁文及助员朱治廉等六人被判有期徒刑外，其余重要涉案人员都未加追究。

在恶性通货膨胀下，人们希望通过购存黄金来保值。1945 年 8 月国民政府"为充实反攻军费"，经国防最高委员会议决，制定了《黄金购户存户献金办法》，办法规定凡购入黄金及存入法币折合黄金存款的购户存户一律捐献 40%（一两以内的免捐）。截至 1946 年底，"献金" 数额为 820 468.8 两[2]。

---

① 杨培新：《旧中国的通货膨胀》，三联书店，1963，第 429 页。
② 中国人民银行总行参事室编《中华民国货币史资料》第 2 辑（1924—1949），上海人民出版社，1991，第 427 页。

四、货币在近代社会经济中的作用

国际贸易的发展需要以国内的商品流通为基础，由此将商业网由通商口岸、区域贸易中心扩大到了乡村。随着交换的拓展和深入，实物地租被货币地租取代，地租赋税货币化，促进了农村自给自足自然经济结构的解体，推动了社会分工与专业化，扩大了货币在城乡间的流通范围。

（一）农产品商品化促进了自然经济结构解体

自 1842 年《南京条约》签订，国门洞开，中国的海关保护不了本国人民的经济，英国生产的机制棉织品以低廉的价格大量涌入，对中国农村自然经济的核心——"耕织结合"产生强大的冲击力。

1. 英国棉织品破坏了中国耕织结合的手工纺织业

首先，用机纱打垮了中国手工棉纺业，使"纺"与"织"分离。农户在放弃"纺"这一环节后，为了贴补家用，乃在不计较时间、劳力的前提下，死死抱着"织机"与进口机制布抗衡。从前的农户是自己植棉（或购入棉）、自轧、自弹、自纺、自织、自用（部分供应市场），后来则是从市场购买进口机纱然后掺和土纱织成布匹自用或供给市场，土布中机纱比重到1913年已增达73%，表明更多的农户已放弃纺纱，改为买纱织布。这一变化，是中国农村自然经济在外力侵入下对剧烈动荡的重要反应，也是中国自然经济的核心——耕织结合开始变化的基本内容。中国地域辽阔，交通落后，地区经济发展不平衡，加上市场广大、社会习俗等因素，机纱代替土纱的过程比较缓慢。其次，机布除进口增长外，也因国内中外机器棉纺织厂生产日多，逐渐深入西南、西北、东北等地区，代替了农户生产的部分商品。

2. 外国廉价机器产品逐渐取代中国某些传统手工业产品

农民成为进口货如煤油、针、火柴、蜡烛等商品的消费者。为了购买这些产品，农民必须种植某些有利可图的经济作物。这些经济作物得利与否以及得利的大小又取决于其是否为国外所需的产品。农民的生产和消费开始与世界市场挂钩，并受其支配。农业中经济作物的增长也与国内城市某些手工业的兴办和发展有关。

3. 国际市场刺激了中国经济作物的生产

随着国际市场对中国茶叶、生丝和糖的需求量的增大，湘、粤、闽、赣、皖等省部分地区开茶山者甚众，漫山遍野，愈种愈多。苏、浙蚕桑业更盛，过去不种桑树的地方，也种桑养蚕。如鄂、皖、粤、桂等省份不少地方都广植桑树发展蚕业。在蚕桑业商品经济发展的推动下，出现了大规模种桑养蚕追求利润的专业农场主。原来种稻的土地都用来种植甘蔗。

鸦片战争前后，中国手工棉纺织业还要进口外棉以满足需要。19

世纪 80 年代，受美国南北战争的影响，棉花来源受阻，英国棉纺织业不得不求助于印度和中国。此时中国国内机器棉纺织业对棉花需求量也大增，原来种棉地区，如上海、南通等地，棉地扩展，原来不种棉的地区，也开始推广植棉。如赣、浙、湘等省，以前只专事蚕桑，这时兼植棉花，直、皖、鲁、晋、陕、豫等省份的植棉业也有发展。据估计，1840 年棉花商品率仅为 27%，1894 年增为 33%[①]。随着烟草在国际市场的需求量增加，烟草种植面积扩大，产区河南郑州，纵横数十里皆烟田。由于鸦片成合法商品，制取鸦片的罂粟在西北、西南地区逐渐发展。农业生产与各地的自然条件密切相关，往往各地区皆有其占主导地位的农产品。20 世纪前后，出现了某些新的专门化农业区域，主要是大豆、花生、烟草等作物的生产区域。大豆的产区在东北，中国所产大豆占世界总产量的 80%，其中 60%～70% 产于东北。花生产区主要是山东的章丘、济阳，河南的陈留、许昌，江苏的睢宁，湖北的黄陂等地，尤其是山东产量约为全国花生总产量的 4/5。烟草产区主要在豫、鲁、粤、鄂等省的部分地区。1923 年河南许昌等地 7 个重要烟草区的产量占全国烟草总产量的 45%。此外，苏、鄂、鲁等省份的某些地区则是棉花产区，据不完全统计，在 1922—1926 年棉花平均总产量中，江苏占 29.34%，湖北占 20.97%、山东占 13.%[②]。皖、赣、闽等省是产茶区，浙、苏、川等省份则是蚕桑区。

在进出口贸易的导向下，经济作物的发展占据了原来种粮的部分耕地，某些发展经济作物的地区对粮食产生了需求。如晋、陕、豫、甘等省份的粮食本身就不能自给，部分土地改种棉花、烟草、罂粟后，

---

① 赵德馨主编《中国近代国民经济史教程》，高等教育出版社，1989，第 63 页。
② 赵德馨主编《中国近代国民经济史教程》，高等教育出版社，1989，第 64 页。

更得依靠外地供应粮食，从南方和东北输入粮食。其他地区也有这种情况。如浙江余姚，江苏南通、崇明，陕西渭南等，均因种植棉花而靠外地运进粮食。通商口岸的开辟，在人口逐渐向某些大商埠集中过程中，也产生了对商品粮的需求。长沙、汉口、芜湖等地因此而发展为全国著名的粮食贸易中心。安徽、豫南地区通过芜湖运销烟台、宁波、汕头和广州的米谷，每年达二三十万吨之多。1894 年全国粮食商品率为 16%，1919 年约增为 22%，1894 年棉花商品率约为 33%，1920年增长为 42%①。

4. 商品交换的发展，促进了货币经济的发展

随着商品经济的发展，许多农民通过种植经济作物来获取货币，这便导致了货币地租取代实物地租，以及国家赋税的货币化。在货币地租形式下，农民能够自由支配自己一家人的劳动时间，自由地决定种植作物的品种，自由地调整自家生产中农业与各种家庭副业特别是家庭手工业的比重，独立经营的自由程度提高了。

为了交纳货币地租，农民的生产物的相当一部分是必须作为商品出卖的，原先自给自足的生产更多地转化为商品生产，商品生产在农民家庭经济中的重要性空前。这时，农民不仅关心自家产品的产量，而且关心市场价格以及商品的供求情况，他们对市场的依赖程度也较前增强了。商品货币关系和价值规律的作用对农民家庭经济的影响随之日益增大。在此条件下，农民不断发生两极分化。这种分化由于土地所有者对地租的追求，以及商人高利贷的剥削而日益加剧。一些相对富裕的农民开始雇用贫困破产的农民为自己劳动，从而出现了租地农场主和农业工人。在农村商品经济发展中，产生了以营利为目的的

---

① 赵德馨主编《中国近代国民经济史教程》，高等教育出版社，1989，第 65 页。

资本主义农业，地主、富农、租地农场主和农垦公司共同构成中国农业中的资本主义经济成分。

（二）城乡货币流通

随着国际进出口贸易的发展、商业网向农村的延伸、城乡不等价交换价格结构的变化，城乡商品交换数额越大，工农业产品价格剪刀差越大，商业利润越多，从而加速了乡村货币向城市的集中。而随着工商业的发展、城镇化进程的加快，城居地主日多，农村赋税加重，也加速了由乡村向城市的集中。此外，金融网点也由农村向内地城市、向大都市集中。

资金集中于城市，促成了都市的畸形繁荣。20世纪30年代，上海、天津、广州、汉口四大城市在对外贸易中所占比重在72%以上，上海一地每年便超过50%。而西南各埠仅占3%。货币资金集中在大城市，特别集中于上海。1936年全国货币量约为22亿元，在流通领域中的约6亿元，其中上海占1/2以上。这种城市的繁荣与农村的贫困化和资金枯竭相伴随，不是中国生产规模相应扩大和生产方式近代化的结果，因而这是一种虚假的畸形的繁荣。

集中到城市的货币日多，但由于城市的工商业发展有限，对于大量的货币来说，投资机会不足，使得游资充斥城市。农村资金枯竭，导致了高利率，而城市资金又以借贷资本形式返回农村，由此增强了农村高利贷资本的实力。据1934年22省农村借款统计，来自地主和富农的借款占42.6%，来自商店和商人的占38.1%，来自银行及其控制的机构的占19.3%。农村金融枯竭加剧了农村经济的危机。

五、新中国流通货币——人民币

自 1927 年以来，中国共产党在其根据地除允许旧银圆流通外，也铸造新银圆并发行在本地区流通的多种纸币，集中财力，服务于革命战争。随着解放区的扩大与统一，1948 年 12 月 1 日中国人民银行成立，并且开始发行人民币。

（一）革命根据地货币的发行和管理

1. 革命根据地的货币发行

革命根据地建立初期，市场流通的主要是银圆、铜圆和国民党统治区的货币。1928 年井冈山上井造币厂的"工"字银圆和耒阳县苏维埃政府发行的劳动券，是革命根据地最早发行的银币和纸币。随着各根据地苏维埃政府先后建立，其相继设立自己的工农银行，发行货币，如银圆、银角、铜圆、铜币、布钞和纸币。其中以纸币为最多，面额有 1 元的主币和 1 角、2 角、5 角以及 200 文、500 文、1 串文、5 串文的辅币。这些主辅币是可以兑现的银圆票、银角票和铜圆票。票面上均印有"凭票兑付银圆""一律通用随时兑现"的字样，不少货币还印有革命口号或政治经济纲领。另外闽、浙、赣还发行一种不在市场流通而专供国民党统治区贸易用的兑换券，有 50 元和 100 元两种。1932 年 2 月中华苏维埃共和国国家银行成立后，发行了 1 元、5 角、3 角、2 角、1 角、5 分共六种面额的纸币，以及银币 1 元、2 角和铜币 5 分、1 分四种铸币。国家银行发行纸币以后，各地区以前发行的纸币均陆续收回、兑换新币，以后不准再流通。国家银行和各根据地的工农银行发行的货币是根据地唯一的法定货币。

革命根据地的银行发行货币的主要措施包括：坚持有多少财力发行多少票子；坚持按照国民经济发展情况发行；各根据地银行发行的纸币都可以与银圆、银角自由兑换（有的根据地还设立了兑换所，方便群众兑现银圆）；苏维埃政府在扩大货币发行的同时，采取措施回笼货币，如发动民众存款和集股。党团组织动员民众收存国家银行的纸币等，维护货币信用。为了阻止现金外流、解决市场现金缺乏的问题，根据地政府先后建立了现金分口登记制度，加强对现金的管理，同时禁止私人收买金银首饰，严厉打击一切拒用票币破坏金融的活动。

抗日战争时期，各抗日根据地银行发行的货币主要包括：1938 年晋察冀边区银行发行的边币，山东北海银行发行的北海币；1939 年晋察鲁豫边区冀南银行发行的冀南币；1940 年晋绥边区西北农民银行发行的西农币；1941 年 2 月陕甘宁边区银行发行的边币；1941 年到 1945 年华中各抗日根据地的江淮银行、淮北地方银行、淮南银行、盐阜银行、大江银行和淮海银行也发行货币，当地统称为抗币；1945 年 8 月华中银行发行的华中币；1945 年春浙东银行发行的抗币。各根据地发行的边币、抗币有面额为 1 元、5 元、10 元的主币，也有面额为 1 角、2 角、5 角的辅币。

2. 革命根据地的货币政策

战争年代，根据地的一切工作，都要为战争胜利服务。这时经济政策的基本原则是进行一切可能和必需的经济建设，集中力量保障供给。在这种情况下的货币政策是增发一定数量的货币以满足财政需要。发行的原则主要包括：独占发行——在各根据地建立独立自主的本币市场；分散发行——在分割封锁的战争环境下，各自发行，互不流通；支持财政的发行——为了保证军事供给，通过银行发行，支持财政、弥补赤字；支持生产与贸易的发行——这是正常的有物资保证的发行，占主要地位。

3. 革命根据地的货币流通

抗日根据地也针对当时极为混乱的市场货币流通状况，一方面同敌伪货币如联银券、中储券和各种杂币斗争，禁止敌伪币在根据地流通；另一方面在统一战线内部和国民政府发行的法币既有联合又有斗争，最终停止使用法币。抗日战争胜利后，解放区范围不断扩大。1945—1946 年，东北解放区发行东北银行币、旅大关东银行币、牡丹江实业银行币等。1947—1948 年，冀热辽解放区发行热河省银行币和长城银行币，内蒙古解放区发行东蒙银行币、内蒙古银行币和内蒙古人民银行币等。1948 年中原解放区发行中州农民银行币。1949 年华南解放区发行裕民行币、新陆行币和南方人民银行币等。

各解放区发行货币前一般都会与当时市场流通的货币规定一个比价后再投放市场。如东北银行币 1 元合伪满币 10 元，新陆行币、裕民行币每 2 元合港币 1 元。也有的通过银行标价，如中州币的发行，规定每 200 元值银圆 1 元，各级银行均可兑现。在新解放区发行本币，用银圆兑换本币，支持本币发行，获得成效后禁止银圆流通，使本币成为市场唯一合法的通货。

各解放区最初的金融关系是相互兑换和通汇。1946 年晋察冀、晋绥、晋冀鲁豫、山东各解放区率先实行区际货币兑换和通汇。当时，各区在货币关系上遵循的原则是：互相支持，互不流通，根据贸易的需要建立通汇地点，按公平比价兑换和通汇。

1947 年夏，各解放区银行在邯郸举行会议，决定改善各区间的货币往来关系，建立晋察冀边币与冀南币、晋察冀边币与北海币的混合流通市场：划定混合地带，两区货币可以自由使用、兑换、携带、保存；建立一些联合兑换所。1948 年，一些邻近的解放区在行政区划合并时，实行固定比价、混合流通的办法，把各区货币流通的统一推进了一步。

1948 年 3 月，陕甘宁边区和邻近的晋绥地区开始消除货币互不流通状况，以 1∶1 的固定比价，使货币在两区混合流通。同年 4 月，晋察冀和晋察鲁豫两区，按冀南币 1 元等于晋察冀边币 10 元的固定比价，实行货币统一流通，到年底各大区实现货币相互混合流通。

（二）人民币的发行与管理

1948 年 12 月 1 日，华北、华东、晋绥、陕甘宁四个解放区，在当时华北解放区的政治经济中心石家庄，以华北银行为总行，联合成立中国人民银行，逐步把各解放区银行改组为其组成部分。中国人民银行一经成立就发行了自己的货币——人民币。

人民币最初在华北、华东、西北地区流通。以后由于各解放区货币无继续存在的必要，为贯彻集中统一和独占的发行方针，中国人民银行总行于 1949 年 5 月 5 日发出《收兑旧币通令》，决定先收回华北解放区内发行的各种货币；同年 5 月 14 日，又宣布收回北海、西农、陕贸、冀热辽等边币。人民币收兑旧币的办法，主要是通过银行业务收回，同时各企业单位信用合作社协助收回，且只收不发；到 1950 年又收回南方币；1951 年最后收回东北币、内蒙古流通券和新疆流通券。至此，除西藏、台湾尚待解放外，全国一律流通人民币。

1. 建立新型的货币管理制度

中国人民银行成立后，超额发行曾经也成为筹措战争经费的重要手段，并酿成严重通货膨胀和人民币大幅贬值两次危机。为了稳定币制，政务院财经委员会决定：建立人民币发行库系统以及新型的货币管理制度，要求在国家统一的财政制度下，积极组织和保证全国各地的预算收入逐级集中上解，保证支付；根据中央及地方各级财政机关支付命令，对各主管单位及其所属单位应领经费逐级下拨。中央金库制度的建立保证了国家财政收支和调度的统一。货币管理制度的主要内容包括现金管理、划拨清算、集中短期信用于国家银行、银行监督国家基本建设投资、集中国际清算等方面。

通过现金管理，实现了集中与节约使用现金，有计划地调剂现金流通；划拨清算使企业的一切交易通过国家银行结算，银行监督生产，促进经济核算与计划任务的完成；集中短期信用于国家银行，避免盲目使用与浪费资金，促进信贷计划化；监督国家长期投资，避免长期投资的挪用与浪费，积累国家资本，扩大再生产；集中国际清算，以确立独立自主的货币体系，稳定货币购买力，避免浪费外汇，增强进出口贸易的主动性与计划性。

2. 陈云与发行人民币新币

1948 年底中国人民银行发行的第一套人民币，共计 12 种面额、62 个票种。其中最小的面额为 1 元，最大的面额为 5 元。虽然以"元"为单位，但由于旧中国长达 12 年累积的通货膨胀，市场上已没有标价为 1 元的商品，企业的生产经营与商品流转、人民的日常生活消费，动辄以亿计价和核算；票面种类过于复杂，人民群众也不易识别；印制工艺以胶印为主，也有少量采用石印和凹印技术的，油墨和纸张都是就地取材，印制出来的钞票质量参差不齐；绝大多数票券仅印有汉字，不便于在少数民族地区流通。1954 年 12 月 20 日经党中央批准，从 1955 年起发行新版人民币。

20 世纪 50 年代，许多国家的货币采取金本位制度，并规定了不同的含金量。陈云从我国实际出发，提出不公布新币的含金量。其理由是外国货币与中国货币关系最密切的是苏联卢布，中国对苏贸易采用的是易货方式，货币仅起一个统一计算时的工具的作用。而对苏非贸易卢布与人民币比值问题，苏联与中国已签订了人民币对卢布比价的议定书，规定 5 000 元人民币等于 1 卢布，并较长时间固定下来。因此，发行新币时公布或不公布含金量，对苏新（苏联及东欧新民主主义国家）国家来说都是一样的；由于缺乏经验，许多国际因素一时难以完全掌握，待新币发行后，如果觉得有必要、有好处时，再公布人民币对资本主义国家货币的比值也不迟。

币值问题涉及人民币的汇率。陈云认为，当时我国对资本主义国家的贸易尚不能完全由国家统制，如果人民币外汇牌价与实际比价相去甚远，则国家必须采取出口补贴和进口征收额外关税的办法才能达到外汇收支平衡。如果国家不能对每年汇入国内的 1 亿多美元的侨汇给予适当补贴，这将招致侨胞的不满，也可能刺激走私。根据人民银行测算，人民币新币对资本主义国家货币的比值每压低10%，每年可增加的非贸易收入约为400亿元人民币。对外价值提高，固然对非贸易外汇新币收支有些好处，但为数有限，所得甚微，徒给外汇管理增加更多麻烦。因此，对资本主义国家的外汇牌价宜根据我们的经济利益情况灵活应变。

关于新币与旧币比价，在参照法币、金银、外汇确定新币的价值量时，陈云认为新币1元比人民币1万元，是符合当时国内经济情况和流通习惯的。至于新、旧币兑换的原则，陈云提出了照顾工农群众和私人资本的利益，等价划一、无差别兑换的政策；发行新币时避免同时调整物价和外汇牌价，使发行新币在风平浪静中进行；除提高货币单位价值、缩小钞票面额外，其他一切均以不动为宜。因此，陈云提出我国发行新币可以名副其实地叫作"发行新币"，而不称之为"货币改革"，以免引起误会。

那么如何印制新人民币呢？一是利用国内现有的设备和技术进行印刷。其优点是可以立即进行；缺点是现有的设备和技术在国内不是唯一的也不是最好的，伪造钞票的可能性完全存在，而且从苏联购买的和国内生产的钞票印制用纸的质量都不太好，向其他国家购买也存在安全风险。此种方案印刷的钞票不能保证防伪，且不耐用。二是按照印制卢布的纸张质量要求和规格，以及我们规定的丝纹，委托苏联代造一定数量的钞票纸，向苏联订购必要数量的新式印刷机和刻版机，并派人到苏联学习新的印刷技术。但按此种方案发行新币的时间恐要延长许多。三是除纸上的丝纹和票面的图案由我们自定外，其余从造纸到制版再到印刷，完全委托苏联承办，纸张规格和印刷技术的要求，完全采用苏联卢布的印制标准。此方案"防假有极大的保证"。经过慎重研究，在第三种方案的基础上，动用国内的技术力量，除委托苏联代印大面额钞票外，其余种类的钞票由我国自己印制。在钞票种类设计上，原准备印制 100 元、50 元、10 元、5 元和 1 元五种主币和 5 角、2 角、1 角、5 分、2 分、1 分六种辅币，其中 100 元、50 元、10 元、5 元四种大面额钞票委托苏联代印，1 元主币和六种辅币由中国人民银行的印刷厂印制。但在仔细分析国内外环境后，陈云提议电告苏联取消印制 10 元、50 元、100 元三种新币，另请代印 3 元券 30 亿元。此后，中国人民银行的印刷厂也增加了 2 元券的钞票种类。

陈云认为，从长远来看，以金属作辅币较纸币经济且便利。但在当时的条件下，他对以硬币作较大的辅币如 5 角辅币持谨慎态度，指出"如硬币本身价值较高，而遇市场缺乏此种金属时，有被不法商人收集熔化而造成辅币不足的危险。如硬币本身价值过低，则又容易造假（假造硬币比假造纸币容易）"，主张发行新币基本上全部以纸币作辅币，但可用适当金属先铸造成一部分 1 分、5 分辅币同时流通。他认为，如果市场流通的辅币出现不足，将直接影响零售物价，将对经济运行产生影响。

1955 年 2 月 21 日，时任国务院总理周恩来发出命令，责成中国人民银行从当年 3 月 1 日起发行新的人民币，收回当时市面上流通的旧币；新币是国内单据凭证，是账簿记载以及国际清算的唯一计算和计价单位。新旧币等价兑换、无差别兑换的政策，营造了人心安定、物价稳定的良好社会环境。新币对旧币的替代，彻底消除了通货膨胀的残迹，完成了划时代的变革。

3. 稳定币值

解放战争后期，人民币过量发行，却没有相应地迅速扩大流通区域，导致币值下跌。陈云指出，解决财政收入问题的路子无非两条：一是继续发票子，二是发行公债。假如只走前一条路，继续多发票子，那么发生通货膨胀，任何人都要吃亏。实际上有钱的人，并不保存很多的现钞，吃亏最大的首先是城市里的人，其次是军队，以及党政机关的人员。少发票子就得发公债。根据他的意见，中央决定从1950年1月5日起发行1亿"分"的人民胜利折实公债。陈云还积极探索通过抛售物资、催收税款的方式来吸收储蓄的渠道，探索及时冻结存款、现金，削减货币投放等平抑市场物价、稳定币值的措施。但这种急剧紧缩货币供应量的手段，也会给经济发展造成困难，中央对此十分审慎。

（三）计划经济时代货币职能萎缩

中华人民共和国成立初期，国民经济以分散的个体农业、小手工业、小商业为主体，私人资本主义经济力量弱小，社会资金积累薄弱。为尽快改变国家"一穷二白"的面貌，1953年底党中央正式提出以重工业建设为中心、以实现国家工业化为奋斗目标，并在生产关系方面，通过对农业、手工业和私人资本主义工商业的社会主义改造，建立社会主义的物质基础；在经济运行机制方面，选择了通过自上而下的国家经济计划来推动中国工业化的发展道路。

1. 计划经济的特征

随着国民经济的恢复与全国人口的迅猛增加，人民对粮食、棉花等生活消费资料产生了新的需求；大规模经济建设的开展，更是造成了市面上粮食供应紧张的局面。党中央制定了在农村实行粮食统购、在城市实行粮食统销的经济政策，要求：农民留足基本口粮和种子，余下粮食一律按照国家规定的价格将粮食出售给国家；在城市人口和农村缺粮户中实行粮食定量配给；粮食基本实现由国家统一经营；实现中央对全国粮食的统一管理。此后，统购统销再逐步扩大到棉花、棉布、油料、生猪、烤烟、黄麻、苎麻、大蒜、甘蔗、茶叶、羊毛、牛皮、糖、蚕茧、废铜、废铝、废锡、部分药材，以及供应出口的水果和水产品等。

粮食"统购统销"政策在当时供需矛盾日益突出的情况下，保证了供给、稳定了市场、安定了社会秩序。通过低价收购粮食高价出售工业品，农业部门创造的价值经过价格机制转移到工商部门，这几乎是当时能利用国家政权筹措工业化所需资金、实现资本积累的唯一办法。但是，这样做的代价，则是使市场功能完全受到政策的压制，以致最后消亡，并由此导致中国经济调控手段单一，从而扼杀了社会经济的活力。

推行重工业优先发展战略，也是计划经济体制的逻辑起点。实行计划经济，就意味着计划支配一切。为了在资本匮乏的情况下优先发展重工业，确保资源被优先投入重工业，也为了防止损公，企业不仅被国有化，而且经营管理自主权也被完全剥夺。由此产生了在经济决策体系上的高度集中化、在经济利益体系上的高度平均化、在经济调节体系上的资源分配计划化以及在经济组织体系上的企业管理行政化。

在收益分配上虽然实行按劳分配，但实际执行的是平均主义。这固然有生产资料公有的客观现实，也有对社会主义社会以及马克思主义分配理论的片面理解，更与中国"不患寡而患不均"的平均主义收入分配思想有关。更直接的原因则是当时的生产力发展水平不高。这种平均主义分配模式，表现在农村主要是实行以工分制为特征的分配方式，在城镇企业和机关事业单位实行以工资制为特征的分配方式。

计划经济体制最大的弊端在于权力高度集中。行政管理机构不能把握经济运行中瞬息万变的信息，而生产单位无权解决微观激励问题，导致官僚主义盛行与经济效率低下。计划经济体制需要"砖头""螺丝钉"。单一的公有制和分配上"不患寡而患不均"的平均主义，使整个社会缺乏创造力。在农村人民公社内部，一方面要求生产队的财产无偿上调，社员的财产无偿归公；另一方面则是实行平均主义的供给制，对社员的生活推行包吃、包穿、包住、包生养、包教育、包婚丧、包看病，甚至包理发、包烤火、包看戏和电影等，过早地实行按需分配，助长了多吃多占或挥霍浪费的机会主义行为。

国营商业和供销社系统分别控制并垄断广大城乡市场之后，传统的商业流通渠道被堵塞，导致市面上商品种类短缺。能保证人们得到基本生活必需品的唯一制度就是计划配给制度。其种类多、范围广，几乎涉及所有基本消费品和生活必需品，如粮、油、肉、蛋、香烟、白酒甚至豆腐、花生等。

票证供应制度虽然有助于对部分商品实行计划供应，保证了生产和人民生活的基本需要，保证了社会和市场的基本稳定，但就总体而言，这种制度安排既抑制了消费对生产的刺激、引导作用，又抑制了生产者为消费、为市场而生产的行为，从需求与供给两个方面遏制市场的扩张。

国家财政收入主要来自国营企业的利润与城乡集体经济、农村人民公社的税收，以及由国家垄断专卖获取的商业利润。中国人民银行则是在财政部的领导之下，在国民经济运行中充分发挥其调节银行利息和贷款量的作用。经济计划部门决定着全社会的资源分配，也决定着全社会的资金配置。

传统体制下的劳动力流动经历了从自由放任到政府管制的重大转折。其根本原因是，政府要实施重工业优先发展战略、保证城镇劳动力全面就业。为了维持劳动力的正常再生产，要求实行包括农产品在内的基本生活用品的低物价政策；为了保障职工及其家庭的基本生活，还要在货币工资之外辅之以生活必需的实物福利和社会性服务，如住房、医疗、教育、托幼等作为工资的补充。这与全面就业一样，必须对受惠者的范围加以限制。因而，旨在阻断人口和劳动力资源在城乡之间自由流动的户籍制度便应运而生。

户籍制度在农村和城市之间竖起了一道阻止人口流动的铜墙铁壁。在限制人口流动的同时，国家又实施了许多偏向城市的制度安排，最终形成了城乡差别巨大的利益格局，也形成了中国两大"分利集团"。在对待城市居民方面，国家有着多重的福利保障，包括住房、粮食和副食供应、教育、医疗、就业、保险、劳动保护等各个方面；城市居民一直享受着"超国民待遇"。在对待农村居民方面，一切有利于城市居民的福利制度和社会保障制度都与农民无关。户籍制度对农村人口的消极影响不仅体现为对农民利益的直接损害，而且表现为对农村居民身心的伤害扭曲。它将城市居民与农村居民身份固定化。

由于以上原因，中华人民共和国成立初期的计划经济的实质就是产品经济。生产的目的是获取使用价值，分配、消费的基本上都是实物。社会财富、国民经济皆是以工农业产品实物，如粮棉油、布匹、钢铁的总产计量，而不是按其价值进行核算。对于社会劳动产品，人们更关心的是使用价值的创造与实物的分配。社会财富能被货币化的东西太少了，自然也就限制了人们之间的交易。

2. 国家货币政策

中国社会主义革命取得胜利后，经济建设是国家的中心任务，国家实行稳定币值、发展经济的货币政策。发展经济是稳定币值的基础，币值稳定是国民经济健康发展的综合反映，也是国民经济健康发展的一个必要条件。

社会主义国家不能实行通货膨胀政策，这是因为：通货膨胀会使一部分人的实际收入下降。这违背了社会主义基本经济规律和按劳分配规律的要求，不利于调动人民群众的社会主义积极性；纸币发行过多、总需求大于总供给，会助长物质资料的盲目分配，延长建设周期，降低经济效益；社会主义国家流通中的商品，有的是国家规定价格，有的是国家规定中心价格后允许一定的浮动幅度，还有的是由购销双方议价。如果出现通货膨胀，物价会不平衡地上涨，越是次要的、受市场调节的产品，价格上涨幅度越大；而主要产品受国家控制，可能价格稳定。在这种情况下，市场机制、价格杠杆与国家宏观决策背道而驰，不利于发挥市场调节的辅助作用。

在社会主义计划经济条件下，要实现稳定币值与发展经济的统一，关键在于做好国民经济的综合平衡，特别是财政、信贷、物资、外汇的综合平衡。四者的综合平衡反映了社会主义经济中总供给等于总需求。这意味着货币发行适应经济发展的需要，同时又有相应的物资供应作保证，使稳定币值与发展经济统一起来。

社会主义计划经济不同于资本主义自发的市场经济。因此，在社会主义制度下要实施稳定币值、发展经济的货币政策，首先必须有计划地安排好国民经济，做好综合平衡工作，通过指令性计划和指导性计划控制货币供应量，使总需求与总供给相适应。同时，要运用信贷、利息率政策和存款准备率配合计划，调节流通中的货币量，使其与商品流通的实际需要相适应。

3. 社会主义制度下的货币

社会主义经济是公有制基础上的有计划的商品经济。商品交换需要作为流通手段和支付手段的货币来实现，劳动报酬也需要以货币为尺度来计算。因而它是加强工农、城乡之间以及国民经济各部门、各单位之间联系的手段，体现着工农之间、各经济部门之间、各单位之间互相依存、互相协作的关系。

社会主义国家的纸币，是从货币的流通手段职能中产生的。因而，它同样具有价值尺度、流通手段、贮藏手段、支付手段、世界货币的职能。

以货币来衡量商品价值，可以有计划地核算社会劳动耗费，制定产品的计划价格和各种价值指标，促使企业加强经济核算，提高经济效益，加强对整个国民经济的计划管理，推动社会主义经济的发展。作为流通的手段，货币可以由相对来说没有价值的价值符号代替。根据国民经济发展和商品流通的需要，有计划地投放货币，组织货币流通，可以加强国民经济各部门之间特别是城乡之间的联系，促进工农业之间的商品交换发展，活跃城乡商品经济，保持物价基本稳定，更好地满足社会生产和人民生活需要。国家的黄金储备和居民手中贮存的黄金是贮藏货币的典型形态。保持稳定币值的纸币，也可以充当贮藏手段。支付手段可用于服务各企业、各单位之间的转账结算、财政信贷收支、职工工资发放及其他劳动报酬的支付等各方面。国家财政和银行信用是货币作为支付手段发挥作用的重要领域。国家通过财政和银行向企业和单位拨款或贷款，实质上是通过货币形式有计划地分配社会劳动，促进国民经济有计划按比例地发展。企业以货币形式向国家上缴税金，归还贷款。银行吸收存款，可以为建设聚集资金，加速建设事业的发展。国家或企业向职工支付工资和各种劳动报酬，货币就成为实现按劳分配的手段。社会主义国家在对外经济交往中，必须储备一定数量的黄金——作为购买手段在世界市场上采购商品，同时作为支付手段平衡国际收支。

货币是中国人民银行发行的人民币。它和黄金仍然存在着联系，这是由于黄金本身的物质属性和以黄金表现的价格体系的继承性，决定了一般等价物的作用历史地固定在黄金上。人民币没有法定的含金量，也不能用以兑换黄金。但是，由于国家遵循货币流通规律，使人民币的投放量同商品流通中客观上需要的金属货币相适应，因此，它能代替一定量的黄金在流通中发挥职能。人民币是世界上币值比较稳定的纸币，可以代表黄金执行贮藏手段的职能，居民个人也可贮藏人民币。银行则可以把企业、单位和居民手中暂时不用的人民币聚集起来，通过信贷，用于发展社会主义经济建设和有计划地调节货币流通。在对外经济往来中，人民币在一定范围内可以作为国际计价、结算的工具。

（四）对人民币的认识

1. 人民币的本质

中华人民共和国成立初期，在对人民币本质的讨论中，卢钝银认为：人民币作为信用货币的特征，是以短期信贷方式发行、为价格稳定的商品做准备、经批准可以兑换黄金的外汇。但他没有从学理上展开论述。林继肯论述人民币是信用货币的逻辑则是：货币与通货是两个既有区别又有一致性的概念。

通货是价值符号——社会主义国家实行价值符号流通具有客观必然性。价值符号有两种：信用货币与纸币。高翔从考察人民币因何和如何同黄金脱离联系的这一命题着手研究信用货币问题，指出：信用货币是代表着较高历史阶段的货币形式。社会主义制度为信用货币成为价值的直接代表创造了条件。这主要是因为，信用货币的流通是与商品价值运动的过程一致的。信用货币的完成形态是银行券。而银行券的基础则是商业票据——汇票、期票等。作为商业信用形式的票据，是与商品买卖过程相联系的。信用货币就是这种债权关系的转移。

在此基础上，曾康霖概括了人民币作为信用货币的五大特征，即：间接的一般等价物；直接的商品价值符号；信用货币是债务货币；在一定条件下能转化为纸币；独立的货币形式。他还考察了人民币作为信用货币的流通情况、信用规模对信用货币的影响、信用货币流通速度对信用货币周转量的影响、信用货币准备金、人民币信用货币的性质与组织货币流通的意义等①。

承认人民币是货币的学者对其本质做出了如下表述：①货币的本质就是一般等价物，它并不随社会经济关系的变化而改变；在不同的生产关系中货币只是被不同的阶级利用，而不具有阶级性，所以人民币作为中国社会主义经济中的货币范畴，其本质仍然是一般等价物。②货币的本质既包括其作为一般等价物的一般属性，也包括体现借以存在的特定生产关系的特点的属性。因此，对人民币的本质的概括应包括作为一般等价物和体现社会主义生产关系这两方面的内容。

---

① 曾康霖等：《关于中国人民币性质问题的讨论》，载《百年中国金融思想学说史》第三卷，中国金融出版社，2015。

持人民币具有部分劳动券性质观点的学者的主要理由是：国营企业之间产品的运动不改变所有权，从而不存在商品交换关系；国营企业与职工之间也不存在劳动力的买卖，所以人民币也就不再是或不完全是本来意义的货币。

1978 年以后，理论界的看法基本趋向一致——人民币依然是货币。其主要依据是社会主义社会在一个相当长的历史阶段还存在着商品经济，劳动还需要由货币这个间接的尺度来衡量，商品交换也需要借助作为流通手段和支付手段的货币来实现。

2. 人民币的作用与用途

中华人民共和国成立初期，在理论界长期占统治地位的观点是：货币这个私有制的产物，可以被无产阶级专政的国家掌握并用来为社会主义经济服务，有关政策的制定基本上也是以此为依据。

1958 年"大跃进"时，理论界更是把货币与资产阶级权利等同起来，对货币基本上是持否定态度，于是出现了直接、间接削弱乃至否定货币作用的政策和措施。这种观点在 1966—1976 年的"文化大革命"中又重新提起，而且变本加厉地直接把货币说成是滋生资本主义的土壤和温床，并认为必须"在无产阶级专政下"对它加以限制。

1976 年后，通过对这种观点的批判，理论界才认定不能只把货币视为资产阶级可以利用的工具，在社会主义现阶段的经济条件下，它仍然是发展社会主义经济的必要的积极因素。

关于人民币的价值基础，有两种观点：①人民币是黄金的符号。其依据是：货币只能由具有内在价值的商品来承担，本身没有价值的东西不能用来衡量价值；纸币能用来计价，只是因为它代表着一定数量的货币商品。中国历史上的货币商品长期是白银，其后逐步从白银过渡到黄金。人民币与旧中国的货币符号有着历史的延续关系，并与世界上采用黄金作为货币商品的各种货币符号时刻发生着联系，所以人民币仍然是黄金的代表。②人民币与黄金不存在什么联系，主要理由是，黄金作为货币商品只是存在于国际经济联系之中，在中国国内黄金已无货币的作用。即使在国际联系中，黄金非货币化的趋势也已非常明显。不代表黄金的人民币如何衡量价值？有人认为，人民币的购买力靠国家所掌握的大量物资来保证，因而它所代表的价值是基本的生活资料和生产资料；有人则认为，人民币所代表的价值是商品总价值的等分值，或实质上就是劳动时间。

3. 人民币流通规律

1952 年底，中国成功地遏制了由战争导致的通货膨胀。此后，多数人认为，通货膨胀只是与反动政府剥削人民的政策相联系的一种经济现象，在中华人民共和国成立以后，货币发行有计划地进行，不但有物资保证，而且完全适应于社会生产的发展，不可能出现通货膨胀。还有人认为，随着劳动生产率的提高，物价只可能下跌而不会上涨。对通货膨胀问题有过不同意见者，被当作"右派"加以批判。

有文章认为通货膨胀是资本主义制度所固有的、特定的概念，分析有无通货膨胀时，不应只从表面上考察，更重要的是从阶级本质上考察。经过这种批判的冲击，通货膨胀问题成为一个禁区，不再被列入理论研究的范畴，物价上涨不等于通货膨胀的观念占据支配地位。

"大跃进"中，信贷失控，增发货币过多，物价上涨，人民生活水平下降。1961 年 9 月 16 日李先念提出，其时在市场和财政方面存在着不少问题：一是票子多了，预计 1961 年底相比 1960 年底约多了 30亿元。二是商品少了，1961 年商品可供量同社会商品购买力之间的差额，有 40 亿到 50 亿元。三是部分物价上涨了。1961 年上半年的零售物价（包括农村集市贸易在内），比上年同期上涨了 20% 以上，有的地区上涨了 30%~40%。据典型调查，由于物价上涨，职工实际工资下降了 10%~30%，有的下降了 40%~50%。四是国家财政收入减少，出现财政赤字[①]。

为了扭转这种局面，李先念提出：努力完成农产品收购计划，增加商品供应，以稳定国内市场；多挤出些东西出口，换取外汇，保证 1961 年进口 100 多亿斤粮食的用汇，以弥补国内市场粮食供应之不足；把 18 类生活必需品的销售价格，在现行价格的基础上稳定下来，不准提高，以保障人民生活的基本稳定；严格控制财政支出和信贷投放[②]。这些措施对于搞好货币流通、稳定物价、安定民心、发展生产有着重要的实际意义。

4. 人民币的稳定性

伴随"大跃进"而来的是经济上的盲目冒进，信贷权限的下放，信贷管理的放松、混乱。经济困难和通货膨胀等严酷事实，促使人们探讨保证币值稳定和货币流通正常的办法。

林继肯把货币在社会各阶层的分布比较合理作为货币流通量正常的一个标志，提出保持市场货币流通量正常是国民经济各部门的共同任务，从发展生产和流通结合的角度去考虑货币流通问题。

杨培新认为我国社会主义货币制度具有独立、统一、稳定的特点。

---

① 李先念：《李先念关于市场、物价和货币流通问题的报告（一九六一年九月六日）》，载中共中央文献研究室编《建国以来重要文献选编》第 14 册，中央文献出版社，2011，第 590-594 页。

② 李先念：《李先念关于市场、物价和货币流通问题的报告（一九六一年九月六日）》，载中共中央文献研究室编《建国以来重要文献选编》第 14 册，中央文献出版社，2011，第 596-602 页。

这是因为建立了有计划地调节货币流通的新型货币制度。货币稳定的关键，在于正确处理货币和商品之间的关系。

社会主义制度的生产资料公有制和国民经济计划化，一方面把商品掌握在国家手中，按照国家的计划投入市场，另一方面把货币掌握在国家手中，按照国家的计划进行调节。这就保证了货币流通能够最大限度地适应商品流通的需要，从而保持了币值的稳定。我国社会主义货币的稳定，是由国家财政收支平衡、信贷收支平衡以及货币购买力同商品供应平衡来保证的。但是，社会主义货币制度的日益巩固，并不排斥在社会主义经济中暂时出现货币过多或过少现象的可能。对社会主义货币的稳定性的有关论述，是当时较有影响的一种观点。

（五）改革开放扩大了货币需求

在计划经济时代，人们注重研究货币供给，而不注重或较少研究货币需求。1978 年以来中国进行了一系列的市场化改革，在理论上明确了在社会主义初级阶段，我们还要坚持以公有制为主体、多种所有制经济共同发展的社会主义基本经济制度。

在农村，推广家庭联产承包责任制，取消统购统销和人民公社，允许人口自由流动；在城市，允许个体自主创业和私营经济、中外合资企业存在，对国营企业扩权让利，增强其活力。多种所有制经济成分的出现，使政府对人们从事经济活动的干预逐渐减少，商品经济得到恢复与发展。

所有具有使用价值的"东西"，包括各类农副产品、工业制造品、劳动力、房产等都可以进行交易，无论是国内贸易、出口贸易，还是简单的日常市场交易，都需要使用货币支付，因此，要注重考察宏观的货币需求。这不仅应该把"银行货币"和"在途资金"纳入货币需求，还不能忽视影响宏观货币需求的重要因素。货币需求会倒逼货币供给，货币供给又会直接产生货币需求。

1. 人口流动增加了对货币的需求

自然经济时代，人们靠山吃山、靠水吃水。农耕时代，耕地是人们的生存之本，故产生了安土重迁的民族性格。当一个村镇、一个区域的人们不外出、不远游的时候，他们对货币的需求自然会很少。改革开放以来，在由产品经济向交换经济转变的过程中，出现了人口流动的大潮和跨区域的贸易。

货币化是人口流动、异地贸易的一种根本性的催化剂；反过来，它又刺激了中国经济货币化水平的提升。一旦外出远游盛行，异地就业日益普遍，货币在经济中的地位就会越来越重要，货币相对于经济产出的比例也会越来越高。即使人均收入没有上升，人口流动以及异地就业的逐年增加也会促使货币供应量增加。

2. 养老保险社会化增加了对货币的需求

在传统农业社会，依靠的是养儿防老和多生儿子来规避家庭风险。随着中国由农业社会向近现代工业社会的转型，以及传统大家庭的瓦解和个体的解放，原来依靠血缘亲情在家庭内实现的养儿防老与风险规避，也逐渐被社会化、商业化的养老保险取代。

当越来越多的中国人开始依赖货币金融来寻求对未来生活的保障与安全之时，产生了对货币的需求。以保险业为例，寿险、财产险、人身险、意外事故险、健康险等各类险种的保费总额，在 2006 年底为 2 万亿元，到 2007 年 5 月底大约为 2.5 万亿元，5 个月增长 25%。正是由于这些保险功能逐步走出血缘、走出友情，为社会化、商业化的保险行业所取代，中国的货币需求才因此增加了许多。

3. 财富资本化增加了对货币的需求

在产品经济时代，所有的土地和自然资源都是国家的，不能交易买卖，自然也不会以货币去计量，企业基本上也全是国有或集体所有，它们的资产和未来收入流当然也不可以买卖，也不会以货币去计量。更何况这些产权也没清楚地界定过。老百姓作为社会主义大机器中的"螺丝钉"，个人的双手、大脑也属于国有财产，个人的未来劳动收入更不可能用货币去计量。因此，此时的中国是一个有财富但没有以货币去计量的社会。

随着改革开放的深入，社会逐渐进入资源资本化、企业资本化、收入流资本化、人力资本化的时代。在这个时代，首先要将土地和自然资源、企业财产和未来收入流、社会个人和家庭的未来劳动收入、政府未来财政收入这四大类"财富"按其价值的高低，还原为以货币来计量，才能转换成"资本"使其增值，这更是增加了社会对货币的大量需求。

20世纪90年代以来，随着股份制企业形式的恢复，境内外股市共为中国经济提供了超过28万亿元人民币的资本；在计划经济时代，住房基本属于单位福利分房，这部分财富尽管数额巨大，但却没有被盘活变现。从1998年住房市场化改革以来，各地政府每年将部分土地出售，供房地产开发或者工业建设，这是土地的直接货币化。按北京大学平新乔的估算，仅2004年，全国地方政府大约有6 150亿元的"土地财政收入"需要变现。当今社会若还停留在金属铸币时代，能承担将其盘活变现的重任吗？

4. 中国人民银行职能的转变

随着中国社会由产品经济、计划经济向商品交换经济的转型，1978 年以来，中国人民银行的职能也发生转变。中国金融领域改革中最核心的任务就是确立中央银行体制。1993 年 12 月国务院在《关于金融体制改革的决定》中指出，中国人民银行是中国的中央银行，其主要职能是制定和实施货币政策、保持货币的稳定。这样，中国人民银行的货币政策目标就由过去支持经济发展和稳定货币的双重目标，改为保持货币稳定并以此促进经济增长的单一目标。也就是说，中国人民银行要围绕稳定货币开展工作。为此，中国人民银行总行把货币发行权、基础货币吞吐权和信贷规模调整权统一集中到总行；同时，为使制定的货币政策科学合理，拟建立货币政策委员会，建立和完善统计调查体系和货币政策预警系统。

1995 年 3 月 18 日全国人大八届三次会议审议通过《中国人民银行法》，明确规定中国人民银行在国务院领导下制定和实施货币政策，依法对金融业实施监督管理，并独立执行货币政策、履行职责、开展业务，不受地方政府、各级政府部门、社会团体和个人的干涉等；明确规定中国人民银行的货币政策目标是保持货币币值稳定，并以此促进经济增长；规定了中国人民银行在执行货币政策时可以运用的各种经济手段、法律手段以及必要的行政手段——这样就使得执行货币政策的具体操作手段更加多样，货币政策体系更加完善，从而可以更有效地进行金融宏观调控；严格规定中国人民银行不得对政府财政透支；不得直接认购、包销国债和其他政府债券；不得向地方各级政府部门提供贷款；不得向任何单位和个人提供担保。

国家统计局公布的数据显示，1978 年我国人民币发行量为 3 679

亿元，1986 年经济总量突破 1 万亿元，2000 年突破 10 万亿元，2010 年达到 412 119 亿元，2018 年达到 900 309 亿元。按不变价格计算，2018 年经济总量比 1952 年增长 175 倍。其中：1952—1978 年大约增长 5.4 倍，1978—2018 年大约增长 244.6 倍。计划经济时代，以生产使用价值为目的，货币需求量缩减，乃至长期以来中国人民银行的人民币以 10 元为最高面额。改革开放以来，随着商品交换经济的恢复与发展，到 1987 年发行第四套人民币时，最高面额已提升至 50 元，1999 年发行第五套人民币时，更是将其最高面额提升到 100 元。

2023 年，中国国内生产总值达到 126.06 万亿元人民币，在国内流通的货币即达 292.27 万亿元[①]。这说明只有纸币出现后才能根据市场的需求有效地增加货币供应量，才能永久性地消除市面上出现的"钱荒"现象。

（六）当代货币思想

随着市场化改革方向的确立，出现了一切物品商品化、一切商品货币化的趋势，对货币数量的需求不断增多，货币流通也向更大的范围和更纵深的方向发展，在社会经济运行中的作用日显重要。国家的货币发行和货币政策成为主导社会经济运行和宏观调控的重要力量。货币研究不仅涉及对过去重点研究的货币一般理论、货币流通理论等问题的重新认识，而且更多地会涉及这一时期改革中的"热点"和"难点"问题——国家的货币政策。

伴随社会主义有计划的商品经济理论的确立，以及社会主义生产力发展标准、基本经济特征、分配标准和所有制等问题的提出，尤其

---

① 国家统计局的官方数据。

是邓小平理论的形成和发展，人们在货币理论研究中，从中国实际出发，结合国情合理地吸收一些西方货币理论，增强了理论指导和解决现实问题的能力。

1. 货币一般理论研究

改革开放后的货币理论研究，不仅需要对以前的有关货币理论研究"拨乱反正"，更需要为金融改革和经济发展服务。这不仅会涉及过去重点研究的货币一般理论、货币流通理论等问题，而且更多地会涉及这一时期改革中的"热点"和"难点"问题。

这一时期，学者对马克思主义货币理论的一些最基本的问题，如人民币本质、价值基础、货币流通规律等方面进行了深入的探讨。如曾康霖系统地评价了"马克思的信用货币理论"，明确提出"我国人民币是信用货币"，提出"作为信用货币的人民币不是直接的一般等价物"，有区别地分析了人民币与黄金的联系[1]。在人民币币值问题上，有人提出了人民币之所以具有货币的基本职能与作用，在于它有物质保证，可以使币值长期稳定。在人民币价值尺度职能方面，邱震源认为："在金属货币流通阶段，货币作为价值尺度必须具有内在的价值，但可以是观念上的，因此，纸币能够象征黄金货币的价值来表现和衡量商品的价值。到了纸币流通阶段，由于纸币已发展为独立的货币，同样，纸币也可以象征某种价值，而作为价值尺度。"[2] 在他看来，在金属货币流通与纸币流通阶段，纸币与金属货币作为价值尺度的不同之处在于金属货币象征黄金货币价值物，纸币象征某种价值，但两个象征都可以是观念上的。对人民币贮藏职能的研究，已转移到

---

① 曾康霖：《金融理论问题探索》，中国金融出版社，1985，第94–98页。
② 邱震源：《独立化纸币是货币发展的必然产物》，《厦门大学学报》1982年第4期。

是否可将"储蓄"视为贮藏手段职能的讨论。随着国际经济贸易交往与合作不断拓展，货币作为中间媒介，也在广泛地与国外货币进行交流，人民币能否和如何开展这一交流，涉及其是否具有世界货币职能的问题，实际上关系到人民币国际化的问题。大多数的意见认为，人民币是价值符号，而不是金属货币，因而不具有世界货币职能。

随着计划经济体制的逐步打破，货币转化为资金参与社会经济循环的需求增加，经济规律被广泛利用并发挥着巨大作用。货币是否具有时间价值问题，即货币能否增值问题，被一些学者提出来。王隆昌说："一笔货币作为贮藏手段保存起来，数年之后，仍为同名量的货币，其价值不变，这就是货币的贮藏手段职能。但是，同一笔货币，如果作为社会生产的资本或资金，数年之后，就会带来利润，使自身得到增值。这种现象在资本主义社会被称为货币的时间价值。货币在资本总流通过程中表现为更多货币的货币，比本身价值更大的价值。它的无休止运动使自身不断增值。这就是货币的时间价值也就是货币的第六职能——作为资本的货币的职能。社会主义条件下，货币同样具有时间价值。"[1] 也有人认为货币具有时间价值，但时间价值并不是货币职能。还有学者只是赞同部分有时间价值。赞同货币有时间价值的观点的学者，其理由大多为货币在作为社会商品生产或周转的资本时，在运动中实现了随时间递延的增值（包括利息这一增值形式）。反对"货币时间价值论"的观点，则强调了"资本与货币"概念上的区别，认为"货币时间价值论"的观念正是丧失了这一理论基础，从而用"货币的时间价值"的概念代替"资本价值增值"，并且以点代面，将资本在其运动中有可能使价值增值的可能性理解为必然性，理

---

[1]　王隆昌：《货币的时间价值及其第六职能》，《经济研究》1982 年第 9 期。

解为货币本身所具有的一种与货币流通手段、支付手段等职能相提并论的第六种职能。究其原因，除了未能将作为交换媒介的货币与作为资本使用的货币从本质上加以区分之外，还受到了西方经济学的某种因素的影响。

2. 西方货币理论的引入

改革开放以来，西方货币理论研究中的货币政策、通货膨胀、货币层次等许多范畴，也被广泛运用。一些主要的研究方法，如货币供应和货币需求的分析方法、数量模型的分析方法等也被广泛借鉴，并且被运用于对我国通货膨胀和货币政策的研究之中。研究者们承认在社会主义条件下，同样存在发生通货膨胀的条件和可能，为我国治理和防止通货膨胀发挥了积极作用。他们还注重货币政策的研究——研究如何处理经济发展与稳定货币的关系。

囿于产品经济模式，改革开放之前，经济学界的主要观点是把货币等同于现金，即狭义的货币，对货币流通的研究大多也局限于现金流通领域。随着计划经济体制下产品经济向商品经济的转化，以及科学技术的飞速进步，再把"货币"仅仅局限于狭义范围内，不但在理论和实际上都难以成立，而且对货币政策制定和通货膨胀治理都会产生不利影响。"广义的货币"这一概念逐渐为人们所认识和接受。

3. 新货币经济学

随着西方经济学的引入，新货币经济学产生。它对货币性质或货币本质做出了全新的解释。

对于货币的起源，人们倾向于用降低市场交易成本来解释，从而淡化了对货币起源的阶段性和货币内在属性的考察。关于货币的职能，该理论认为，货币的两个基本职能就是记账单位（价值尺度）和交易媒介（流通手段）。记账单位可以是纯粹抽象的，其与行使交易媒介职能的资产或资产组合可以完全分离开来，而所有的交易媒介都是内生的，不需要中央银行及法定货币，人们可以用任何形式的资产清偿其债务。关于货币形态的演变，随着信息技术的发展，出现了多样化的电子货币。多元化主体发行的电子货币，是对哈耶克的货币非国家化和非垄断发行思想的印证。

自凯恩斯第一次将货币作为一种资产进行分析之后，人们逐步认识到货币除了交易价值外，还具备作为资产的价值。货币的交易价值一般用实物资产价格指数来衡量，难以完全反映现代金融经济社会对货币的交易需求，需要建立更广泛的价格指数来反映货币的交易价值。货币的资产价值一般用货币的时间价值来衡量，而时间价值正是现代微观金融学的基础。对货币价值的研究同时推动了宏观金融学和微观金融学的发展。

新货币经济学尤为人所称道的是其从社会学、心理学、伦理学和哲学的视角加强了对货币的社会属性的研究。

有学者认为最早的交换意识并非萌发于物物交换的经济行为，而是来自原始部落的先民祭神供奉以乞求回报时所怀有的人与神灵的交换心理。货币在市场交易中被广泛认可体现了一种社会契约，并且包含着尊重他人交换的权利。随着数字化的电子货币的广泛使用，人们之间的经济活动在时空上形成"零距离"，也使得人类的交易行为更加依赖于道德的力量。

针对货币的社会价值和伦理价值，有人将货币的客观价值的心理基础、经济价值与美学价值进行类比，提出货币的物质性价值在下降而美学价值在上升等重要思想。有学者认为，货币对于增进人的自由、消解地位尊卑差异、推动人的平等具有积极的作用。同时，货币把人对物质的享受从按权力分配变成了按货币分配，通过自由的契约来配置资源，较之于权力对资源的分配来说是一种进步。

有人通过对历史的考察认定货币在现代社会中处于核心地位，货币是理解现代社会关系和现代人的观念的钥匙。在货币关系发达的现代社会，以情感为特点的社会文化消退，而以理性为特征的文化将成为主导。货币关系对现代人的世界观具有重大的影响，货币具有超越经济学意义的作用。在交换中，货币作为一种价值符号，代表了交换的特殊意向的普遍性即"差异的同一"，它把一切事物都拉到同一个平面，货币具有了作为一切商品价值尺度的特权。正因为如此，货币可能产生异化，即货币作为一种外在的异己的力量反过来成为主人。原本作为主体的人拜倒在它的脚下，世界也变成由货币符号主导的社会。追求全面发展的人也就蜕变成片面追逐货币的单面人，货币的价值甚至也成为人的价值的标准①。

新货币经济学跨学科考察，有助于从另一个角度认识货币的本质。

4. 货币政策理论研究

货币政策是指中央银行为实现宏观经济目标（主要包括最终目标、中介目标等）而采用的各种控制和调节货币供应量和信用量的方针、政策和措施的总称，它是国家宏观经济政策的重要组成部分，不仅关系到政府宏观调控的成效，更会影响经济的发展和社会的稳定。

随着我国经济改革不断深入，经济的货币化程度不断提高，货币政策被深入研究和加以运用。如果以银行贷款规模、货币供应量（M1）、人民银行对各金融机构贷款增长率动态作为货币政策的松紧指

---

① 曾康霖等：《百年中国金融思想学说史》第3卷，中国金融出版社，2016，第767页。

标，我国的货币政策大体上可分为放松和紧缩两种情况。

主张实施扩张性货币政策的学者认为，由于我国经济正处在由传统成长阶段向现代成长阶段过渡的起飞阶段，改革后经济运行机制和环境条件正在发生急剧变化，因而，在货币政策上必须把促进经济增长作为首要目标，选择适度的货币扩张率，以"最佳通货膨胀"求得经济迅速起飞的实现。但是，1984 年出现的"宏观失控""经济过热"以及后来连续几年较大幅度的物价上涨，使经济增长与货币稳定的矛盾突出地表现出来。现实情况对扩张性货币政策理论提出了新问题和挑战，宏观调控开始走上"紧中求松""紧中求活"这样忽紧忽松、前紧后松的循环轨道。鉴于这种情况，一些学者认为，为避免宏观控制"忽紧忽松"对国民经济造成震荡，应当通过货币均衡来实现货币政策的稳定。其核心内容是：根据经济的合理增长率、外汇收支与货币量增长的关系来确定货币供应量，通过控制货币供应量来控制经济增长速度，抑制"经济过热"，从而保证国民经济持续、稳定、协调发展。

1988 年出现"抢购"风潮之后，紧缩性货币政策观点逐渐占据主导地位。这种观点认为物价稳定是商品经济条件下社会经济活动赖以存在的基础，在一定程度上决定着经济的发展。许多学者对"通货膨胀无害论"进行了严厉抨击，强烈呼吁制止通货膨胀，实行紧缩政策。在中央决定用三年时间来治理整顿经济中的混乱秩序以后，通货膨胀率虽然大幅度下降了，但经济发展速度也放慢了。因此，经济理论界对货币政策的研究转向在紧缩货币政策情况下如何实现经济增长这一难题上，这实质上是对稳定货币与经济发展如何统一协调这一货币政策的深层次问题的研究。

此后，不少学者认识到货币政策不能简单地要么采用紧缩的模式，要么采用放松的模式，而应该针对具体情况加以调整。就我国的情况而言，应坚持适度从紧的方针，在保持社会供求总量平衡的前提下，根据实际情况和需要，对某些产业或结构采取放松政策，优化结构，发展经济。

20世纪80年代初我国中央银行体制建立以后，人们对货币政策的最终目标进行了热烈的讨论。研讨的焦点在于货币政策目标究竟是稳定币值和经济增长并重的"双重目标"，还是稳定币值或经济增长的"单一目标"，结果是"双重目标"论占了上风。为了实现最终目标，中央银行必须选择某些与最终目标关系密切、中央银行可以直接影响，并且在短期内可以度量的金融指标作为其实现的中介性目标即中间目标。理论界一般认为，在我国的实际工作中，利率和银行准备金作为货币政策中间目标还存在一些困难，这是因为我国目前对利率实行的是管制政策，而银行系统的准备金是作为中央银行资金的组成部分而存在的。在我国可选用的中间目标只有货币供应量。

在成熟的市场经济国家里，行之有效的政策工具是公开市场业务、再贴现政策和存款准备金政策，俗称"三大法宝"。我国经济理论界一般认为不能照搬，应根据我国的国情加以选择。

1995年以前在实际工作中采用的货币政策按其重要性排列，依次为贷款规模、再借款、利率、存款准备金、公开市场业务、再贴现。由此可见，实际工作和理论研究中没有直接把"三大法宝"放在首要位置，而是将贷款规模作为中央银行的主要政策手段。

5. 其他

除了对上述问题做了重点研究之外，我国经济理论界还把研究放宽到了更大的相关领域，如对货币政策与我国中央银行政策的决策、货币政策与金融组织体系、货币政策与金融市场、货币政策与金融运行机制、货币政策与金融创新、货币政策与货币供求、货币政策与经济增长、货币政策与宏观经济政策、货币政策与经济开放等方面也做了较为广泛的研究，将货币问题与金融问题及宏观经济问题放在一起加以研究，不仅扩大了研究领域，更直接服务和服从于金融体制改革和经济发展。

改革开放以来，货币调节经济的作用逐步由过去产品经济下的"钱随物走"转向有计划的商品经济下"物随钱走"。货币政策在宏观经济调控中的地位越来越重要，货币政策的运用也发生了较大变化：一是金融调控的重点转向贷款总规模；二是中央银行的基础货币日益成为调控贷款和货币供应的有力手段；三是信贷、利率日益成为调节经济的重要杠杆。

六、电子货币与数字货币

　　货币作为观念上的购买手段，使商品从卖者手中转移到了买者手中，可以用价值符号来代替，用于支付才是交换过程的最终结果。基于货币的支付手段，产生了诸如银行券、期票、汇票、支票等信用货币，大幅度减少了流通中所需的货币量，节省了大量现金，促进了商品流通的发展。随着科学技术的进步，以电子货币、数字货币为标志的当代货币正在逐步替代纸币履行这些职能。

（一）电子货币

　　电子货币已逐渐成为当今货币的一支重要力量。它具有能节省交易费用、节省传输费用、持有风险小、支付灵活方便、防伪造及防重复性、不可跟踪性等特征。

　　电子货币与纸币的区别如下：

　　（1）纸币一般由中央银行或者特定的金融机构垄断发行。中央银行承担其发行成本，享有其利润。而电子货币的发行机构有所不同——发行机构既有中央银行也有一般金融机构甚至有非金融机构，且更多的是后者。

（2）纸币是以中央银行和国家信誉为担保的法定货币，而电子货币大部分是不同的机构开发设计的带有异质性特征的产品。

（3）传统货币在使用时，交易双方或多或少可以了解到对方的个人信息；而电子货币要么匿名，要么非匿名，且具有较高的安全性。

（4）货币的使用具有严格的地域限制；而电子货币打破了地域限制，只要商家愿意接受，消费者可以很容易地获得和使用多国货币。

（5）传统货币的防伪依赖于特定实物，而电子货币的防伪只能采取电子技术和通信技术以及加密或认证系统来完成和实现。

（6）电子货币技术标准的制定、电子货币的推广应用，在大部分国家都具有半政府半民间的性质。一般情况是企业负责技术安全标准的制定，政府侧重于推广应用。

以一个简单的网上交易流程为例：买方向卖方发出购物请求；按照电子货币交易流程图，卖方将买方的支付指令通过支付网关送往卖方的收单行；收单行通过银行卡网络从发卡行获得授权许可，并将授权信息再通过支付网关送回卖方；卖方取得授权后，向买方发出购物完成信息。如果支付获取与支付授权不能同时完成，卖方还要通过支付网关向收单行发送支付获取请求，把该笔交易的资金由买方转入卖方账户。银行与银行之间通过支付系统完成最后的行间结算。

从上述交易流程中不难发现，网上交易可以分为交易环节和支付结算环节两部分，其中支付结算环节又由包括支付网关、发单行和发卡行在内的金融专业网络完成。离开了银行，便无法完成网上交易的支付，从而也谈不上真正的电子商务。

电子货币主要具有以下功能：①转账结算功能——直接进行消费结算，代替现金转账；②储蓄功能——使用电子货币存款和取款；③兑现功能——异地使用货币时，进行货币汇兑；④消费贷款功能——先向银行贷款，提前使用货币。

（二）数字货币

数字货币是电子货币形式的替代货币，通常由开发者发行和管理，为特定虚拟社区的成员所接受和使用。其不由央行或当局发行，也不与法币挂钩，但由于被公众接受，所以可作为支付手段，也可以电子形式转移、存储或交易。

数字货币通过平台进行交易的流程如下：

（1）投资者首先要注册账户，同时获得数字货币账户和美元或者其他外汇账户；

（2）用户可以用现金账户中的钱买卖数字货币，就像买卖股票和期货一样；

（3）交易平台将买入请求和卖出请求按照规则进行排序后开始匹配，如果符合要求即成交；

（4）由于买入与卖出量之间的差异，一个买入或卖出请求可能部分被执行。

与传统的银行转账、汇款等方式相比，数字货币交易不需要向第三方支付费用，其交易成本更低，特别是相较于向支付服务供应商提供高额手续费的跨境支付更是如此。数字货币所采用的区块链技术具有去中心化的特点，不需要任何类似清算中心的中心化机构来处理数据，交易处理速度更快。

交子开始发行后的一千年，货币正在"去纸化"，从实体货币走向虚拟货币，并成为不可阻挡的新潮流。

比特币（bitcoin）是一种 P2P 形式的数字货币。2009 年由一位自称中本聪（Satoshi Nakamoto）的人在网络上推出。其特点之一就是应用了区块链技术。区块链技术是分布式账本的一种。通俗来说，假设区块链上的人是一个房间里的一群人，给每个人都发一个可以同时记账的账本，每个账本上的内容都是和其他账本上的内容链接的，因此，只要房间里任何一个人想要在这个账本上记一笔账，房间里所有的账本都要进行相应的改动。

这个账本上的数据记录使用"仅可添加"的结构，即只允许将数据添加到链上，要更改或删除已经录入的数据是不可能的。因为一个只要在自己的账本上改动，其他人的账本上也会出现一定的变化。因此，想要在这个账本上弄虚作假还不被房间里的其他人知晓，几乎是不可能的。这项技术，能在很大程度上保证比特币不会被复制和伪造。因此，每个比特币都有唯一的数据作为代表，这就保证了比特币作为货币的唯一性，类似于纸币都有很多防伪标识来确保其不被伪造。

比特币的发明者构建了一个方式来控制比特币的稀缺性和发行速度。

首先，比特币的总数是一定的。对比特币的阐释其实就是对一个非常复杂的数学方程进行求解，该求解过程要耗费大量的计算机算力和时间，这个计算过程也就是我们通常所说的"挖矿"。

获得这个数学方程的解所耗费的时间和算力会随着已开采比特币的增加而成倍增加，好比在一个金矿中开采黄金的难度会随着时间增加。因此，比特币的产生速度会随着时间逐渐衰减。这个机制可以控制比特币的总发行数量和发行速度。

这里需要注意的是，虽然比特币本身的数量是有限的，但虚拟货币的种类繁多，例如以太坊、币安币、狗狗币等。比特币本身的供给是有限的，但加密货币的种类可以是无限多的。因此，比特币的实际价值的高低取决于市场参与者对其是否存在广泛的认可。

比特币与数字人民币这样的主权货币有着本质的区别。数字人民币有主权国家信用作为背书，也就是政府未来的财政收入可以确保数字人民币的价值。但是，比特币是一个去中心化的货币，它的价值缺少一个实际信用主体的背书。对于比特币是否具有实际价值尚存在巨大的分歧。一部分支持者如美国知名企业家埃隆·马斯克认为，基于区块链技术的比特币，未来具有巨大的应用前景，只是现阶段的价值还未被广泛认可。同时，一些知名的反对者例如著名的价值投资者沃伦·巴菲特和查理·芒格则认为比特币是人为创造出来的资产泡沫，实际上没有任何价值。

对比特币无论是持支持意见还是持反对意见的人，都不可否认比特币自发行以来存在着巨大的价格波动。我国对比特币一直持审慎稳妥的监管态度，避免了比特币投机行为对投资者造成巨大的经济损失。

以比特币为代表的加密货币的出现，代表着信息时代的货币首次不再以金银或者纸张等实体作为载体，完全以数据的形式进行储存和交换，一定程度上降低了货币的流通成本。加密货币的交换不再受地理空间的限制，可以在不同国家间快速流通。比特币作为一种超国家主权的货币体系，并不以某个国家的信用作为背书，具有明显的去中心化的特点。这对各国央行如何在数字时代发行货币和管理货币流通提出了新的挑战。

金融的源头与中国金融的发展

由货币延期支付的信用功能——可于"救急"之时借贷取息，产生了以兼营或专营借贷、银钱汇兑为业务的传统金融机构，服务于农耕时代的社会简单再生产。随着交换经济的发展，在近代产生了银行、保险、证券等以信用为基础的金融行业，分别在聚集社会闲散资金、支持实体经济方面发挥着不可替代的作用。在当今社会，货币如同人体中的血液，金融如同人体中的血脉。货币金融活跃发达，则社会经济繁荣兴旺；货币金融枯竭，则百业不振，社会经济萎缩凋敝。

一、农耕社会金融

农业从春耕到秋收有一个漫长的生产过程。靠天吃饭的农业还有丰歉年份之分。在生产力水平低下之时，农民和小手工业生产者皆无多少积蓄，每遇青黄不接或天灾人祸之时，多仰赖血缘家族或地缘邻里关系进行互助式的借贷。

自货币出现后，粮食等实物借贷逐渐转向货币借贷。随着货币流通范围日广，借贷需求相应扩大，并且由生活消费借贷逐渐转向生产性借贷。由此，在社会分工中产生了兼营或专营的借贷机构与职业、行业，在维持农业社会简单再生产中发挥着重要作用。

（一）借贷的供需与形态

农民在中国传统农业社会中占绝大多数，因此借贷的最大需求者是农民。在货币交换经济尚不发达之时，借贷的物质形态多为粮食。

1. 借贷的供需

农民家庭经济生产规模小，应对经济动荡的能力薄弱，当农民濒临破产时，已经不能以正常的生产补偿生产耗费，甚至无法维持生活，就只能举债。早在西汉初年，就有农民"卖田宅、鬻子孙以偿债"的记载。唐人陆贽也指出："人之凶荒，岂遑赈救？人小乏则求取息利，人大乏则卖鬻田庐。"① 这说明在凶荒之岁，不少农民只得举债维持生计。从农民"举质以备粮种"的记载中可以看出，农民举债同维持再生产具有密切的关系。

农民是小私有者，这种经济身份也特别适合做债务人。在农耕社会，债务的偿还远不如资本主义社会有保障。在建立借贷关系时，债权人只是以预料中的偿还而保存资本，只拥有一个收回本息的权利名义，而债务人却是在走向破产的过程中举债的。因此，债权人为了降低放债的风险，就必然要求债务人提供一定的财物做担保。即使不能以一定的财物做担保，也要力图摸清债务人的财产状况。这是确立借贷信用的一个前提条件。对于完全破产、一贫如洗的人，"虑无可偿者，虽倍约，亦固吝不与"②。如果说农民作为小私有者特别适合做放债对象，那么自耕农是比佃农更为理想的债务人。

作为小生产者的农民，没有大量举债的经济能力。债权人为了减少放债的风险，也不愿大笔放债。他们认为："有轻于举债者，不可借与，必是无藉之人，已怀负赖之意。凡借人钱谷，少则易偿，多则易负，故借谷至百石，借钱至百贯，虽力可还，亦不肯还。"③ 因此，

---

① 陆贽：《陆宣公集》卷二二《均节赋税恤百姓第五条》，浙江古籍出版社，1988，第258页。

② 海瑞：《备忘集》卷六《劝赈贷告示》，学海出版社，1970，第753页。

③ 袁采：《袁氏世范》卷三《治家·钱谷不可多借人》，刘云军校，上海人民出版社，2017，第93页。

针对农民的贷款一般都具有数额较小的特点。至于一无所有的破产者，自然无人借贷。

唐代文书中有大量的借贷契券，其中经常出现不能偿息还本时"一任掣夺家资杂物"，"听拙家资"，若"身东西不在"，由"妻儿抵当"的规定①。这种以财物担保的制度进一步发展，就出现了保人代偿的办法。借贷契券中"保人代还"的规定几乎俯拾即是。即便如此，债务人还本付息也还是没有充分保障。如唐代借官债者就有"主保逃亡"的记载。宋代王安石变法实行青苗法时也规定："客户愿请者，即与主户合保，量所保主户物力多少支借。"②可见佃农远不是理想的债务人。在城市实行市易法时也规定："听人赊贷县官财货，以田宅或金帛为抵当，三人相保则给之。"在历史上，这种"保人代还"制有日渐严格的趋向，发展到极端，甚至出现了数人之间的"连环保"③。典当业可以说是对民间借贷信用以实物"抵当"制的高度发挥。

在资本主义社会，工人虽然要先支付生活费用，但不需要对生产资料进行垫支。中国传统农业社会中的农民，则不仅要预先支出生活费用，还要对生产进行垫支。农业生产周期很长，春播以后要经过半年以上的时间，才能在秋收后补偿自己的劳动投入。在这种情况下，农民长期预支的费用，必然会使他损失一个相当于利息的剩余劳动量。在实行租佃制的条件下，佃农可以退佃改佃，地主则认为"佃户之

---

① 中国科学院历史研究所资料室编《敦煌资料》第一辑《契约、文书》，中华书局，1961，第285-318页。

② 范质、谢深甫等：《宋会要》卷17551《食货四·青苗》，《续修四库全书》第781册，上海古籍出版社，2002，第622页。

③ 脱脱等：《宋史》卷三二七《王安石传》，中华书局，1977，第10545页。

租，若今年无取，明年可以弃而不种，此田主切身利害"①。地主总是逼迫佃农当年完租，坚持"逋租及时勒索，勿致过时起息"的原则②。当农民再生产发生困难而不得不欠租时，逋租的"过时起息"已使农民处于债务人的地位。如果佃户不愿拖欠，就得借债完租，同样陷于债务人的地位。地主"及时勒索"地租的事实，说明租佃制本身也是一个促成借贷关系的杠杆。

地主官僚贵族阶级求助于借贷资本，多半是出于寄生性消费的需要。战国时苏秦到燕国"贷人百钱为资，及得富贵，以百余偿之"。这是借钱供仕途之用。更多的情况是为了挥霍而借债。如唐代右龙武大将军李慈，"沉湎酒色，恣为豪侈，积债至数千万"③。清人张英则概括地指出："债负之来，由于用度不经。"④ 所谓"用度不经"的内容，则包括赌博、奢靡等。此外，过重的赋税和职役往往也使一部分庶族地主沦于破产境地，不得不向外借资。

由于拥有广泛的社会需求以及放债即能取息，凡一切有相当财力的政府机构、社会团体和个人，只要愿意，就可以把一部分暂时闲置之钱、粮用于借贷生息。其中既有贵族、官僚、地主在乡村进行的邻里借贷，也有商人在城镇商铺兼营或专门经营的借贷业务，国家机构为了增加财政收入，也会将部分暂时不用的资金用于借贷取息。如唐代的"公廨本钱"、明代的京债、清代的生息银两等，都是官营的借贷资本。

---

① 张萱：《西园闻见录》卷四，《续修四库全书》第1168册，上海古籍出版社，2002，第78页。
② 《许氏贻谋四则·家则》，《续修四库全书》第983册，上海古籍出版社，2002，第940-941页。
③ 刘昫等：《旧唐书》卷一三三《列传第八三》，中华书局，1975，第3686页。
④ 张英：《张英全书》上册卷十四《恒产琐言》之三，安徽大学出版社，2013，第485页。

2. 借贷的形态

借贷资本采取何种物质形态，主要取决于再生产的社会性质、商品经济的发展水平及债务人、债权人的经济地位。

在农耕社会，债务人绝大多数是以自给自足为生产目标的农民，从生产和生活的实际需要出发，一般要求借到的是生产资料和生活资料，没有必要去借货币后再购买相关资料而多受一层商人的盘剥。因此，他们大多选择了实物形态的借贷。汉代就不断有"贷种食""假与粮种""贷人种粮"的记载。湖北江陵凤凰山 10 号汉墓出土的竹简"郑里廪簿"记录了 25 户债务人，他们共借谷物 61.7 石。由于简文不全，有 5 户不知所借数量，有 2 户数量不全，所借数量的不完全统计是 50.6 石，所缺的数量是 11.7 石[1]。这里都是谷物借贷。唐代"贫下之人，农桑之际，多阙粮种，咸求倍息"，所借"粮种"自然是谷物[2]。在《敦煌资料》第一辑中收录的 39 件借贷契券中，借钱契只有 6 件，其他 33 件借贷契券所借的都是实物，包括麦、粟、豆、生绢、绵、褐等，可见实物借贷占绝对支配地位。即使农民偶然借钱，也往往以谷物付息偿本。如南朝时有地主"以短钱一百赋民，田登，就求白米一斛，米粒皆令彻白"[3]。明、清时期还发现了一些借钱还谷的借贷契约。在这种借贷关系中尽管出现了货币，在实质上本息仍然是按实物计算的。

中国农耕社会中也有"缗钱锱银，市贩贷之；石麦斛米，佃农贷之；匹布尺帛，邻里党戚贷之"[4]。这是有关货币形态借贷的历史记

① 袁锡圭：《湖北江陵凤凰山十号汉墓出土简牍考释》，《文物》1974 年第 7 期。
② 董浩等编《全唐文》第一册卷二十三《发诸州义仓制》，中华书局，1982，第 270 页。
③ 李昉：《太平御览》卷八三八《百谷部二》，中华书局影印本，1985，第 3742 页。
④ 唐甄：《潜书》下篇上《富民》，北京古籍出版社，1955，第 106 页。

载。工商业者与商品货币关系有血肉联系，借债自然以借入货币为主。1964 年在新疆出土的 6 件唐代借贷契券文书中，有 4 件是借钱契，2 件是借练契。这里货币借贷较多，与其地处中西交通要道、域外通商比较发达有关。此外，贵族、地主、官僚若是为了购买奢侈品和生活消费资料借债，也往往借入货币。

传统农耕社会中既有实物借贷，又有货币借贷，但前者占绝对支配地位。这是由于农民在人口总数中占绝大多数，而且他们普遍借债，所以实物形态借贷资本的总量必然很大；工商业者虽然借入货币，但人数有限，所借债务无几，何况商人往往是借贷关系中的债权人，很少扮演债务人的角色；地主阶级是一个富裕的阶级，他们一般也是借贷者，所借货币总量也比较有限。

借贷资本也与借贷者的不同经济地位有关。采取实物借贷或借钱还谷方式的借贷者，大多是地主。他们的资本本来就是作为地租而占有的租谷，他们所盘剥的债务人往往就是自己的佃农，利息只不过是地租以外的一个补充收入。地主既深知佃户的"抵当"能力，又了解他们的实际困难，由他们出借实物是最便当不过的。宋代婺州佃农的稻种，"乡俗体例，并是田主之家给借"[1]。有的地方官甚至正式下令："州县火客佃户耕作主家田土，用力为多，全仰主家借贷应副。今来旱损，其田主自当优恤，赒给存养，无令失所。"[2] 这条记载说明主佃之间的借贷关系是经常而普遍的。清代也有人指出：近见佃户缺食，便向主家称贷，轻则加三，重则加五，谷花始收，当场扣取。

---

[1] 朱熹：《晦庵先生朱文公文集》卷二十一，上海古籍出版社、安徽教育出版社，2002，第 947 页。

[2] 朱熹：《晦庵先生朱文公文集》卷九十九，上海古籍出版社、安徽教育出版社，2002，第 4609 页。

商人是主要的货币占有者，同时还是一个非常富有的阶级，因而他们就必然成为最主要的经营货币借贷者。向他们举债的债务人，多半是城市的手工业者和城乡的地主，农民债务人的数量可能较少。

在中国历史上，大多数商人和借贷者都根据"以末致财，用本守之"的原则，相继转化为地主。这就形成了地主、商人、借贷者"三位一体"的结合。一个身兼三重身份的借贷者，既可以经营实物借贷，也可以同时经营货币借贷；既可以向农村农民放债，也可以同时向城市手工业者放债。借者以实物形态为主，是为了适应农业社会的特殊经济条件。向农民发放货币债务，必然给债务人带来还本付息的困难。在自然经济占支配地位的前提下，对个体农民来说，货币借贷并不比实物借贷进步。只有当商品经济水平已经很高，农民大多数发展为商品生产者时，货币借贷的进步性才能真正显示出来。

（二）民间借贷

1. 贵族、官僚、商人兼营放贷

在春秋战国时期，私人借贷名为称贷、赊贷、贷子钱或贷息钱。发生借贷关系时要以券为凭据。所谓券，多用竹、木制成，剖分为二，由债权人执"左券"，到时可凭券索债。早期的放贷者多为贵族。如春秋战国时期的晋国大夫栾桓子"假贷居贿"，齐国的孟尝君田文一年的利息收入超过 10 万钱。借债者除贫民外，也有没落贵族。西汉时也有许多贵族参与或经营借贷，如旁光侯刘殷、陵乡侯刘沂等。还有许多贵族"为人起责，分利受谢"，从帮助借贷者放债中取得收入。南朝梁宗室萧宏，在都城金陵"有数十邸出悬钱立券"，聚钱"千万一库"，多至"三十余间"。

西汉时京城长安已经出现放债牟利的子钱家。吴楚七国之乱，长安将领出征前向子钱家借款充军费。一般子钱家因当时战局胜负未定，都不敢冒这个风险出贷钱款。但那时有位毋盐氏却冒险贷款，出捐千金贷，其息什之。后来吴楚之乱平定，毋盐氏一年中收息十倍，因此"富埒关中"。鲁地也有大冶铁商曹邴氏"贯贷行贾遍郡国"。东汉初年，议郎给事中桓谭上书言事："今富商大贾多放钱货，中家子弟为之保役，趋走与民仆等勤，收税与封君比入。"[1]

两晋时期贵族、官僚经商日益普遍，并利用特权提高利率。如王戎"性好兴利，广收八方，园田水碓（水磨），周遍天下。积宝聚钱，不知纪极"[2]；刘胤"大殖财货，商贩百万"。前凉王张骏用谷帛借给人民，一年收息一倍。魏晋南北朝时期虽然长期处于分裂状态，货币流通混乱，但相对来说高利贷信用在南北各地仍很盛行。

在放款方面，民间的借贷叫作出责（债）、放债、举贷，举借对象或为钱币，或为实物，均以券为凭。放债人一般为豪门世族、官僚、地主。这些人凭借财权之势，对债务人的盘剥往往十分苛重。如东晋著名画家顾恺之的第三子顾绰，史称其私财甚丰，乡里士庶，多负其债，他家里放债的交券就有一大橱之多。再如南朝宋文帝之子刘休佑在荆州时，趁农民青黄不接，放贷短钱一百，到收获时需折贷百米一斛（古代一斛等于十斗），然后又以一斗米折价一百钱把米贷给缺粮人，还贷时又要收钱。这里的高利贷利息竟达百分之一千。

2. 寺院兼营典质

南北朝时期，中国已出现典质。这种信用机构的出现，标志着当

---

① 王孝通：《中国商业史》，商务印书馆，1998，第68页。
② 杨尔曾：《东西晋演义》，华夏出版社，2017，第42页。

时信用关系有了较大的发展。从史料来看，中国最早的典质信用机构均为寺庙：一为南齐（479—502）的招提寺，一为南梁（502—557）的长沙寺。佛教自从在东汉时候传入中国后，到南北朝时寺院已极多，统治阶级提倡和本身笃信佛教，给寺院许多优待，如免税、免役和许多施舍，使寺院聚集了许多钱财和土地，成为当时的大财主和大地主。寺院利用这些庞大的财富来放债牟利，是不难理解的。

此外，人们迷信寺院为神圣之所，不敢赖债或盗窃寺院的财物。这些都为其开展存放款业务创造了有利的条件。北朝寺院的贷放者为僧祇户，南朝寺院的贷放者为质库。荒年时用来"赈给饥民"。但后来"主司冒利，规取赢息，及其征责，不计水旱，或偿利过本，或翻改契券，侵蠹贫下，莫知纪极"[1]，被皇帝下诏禁止，规定"若收利过本，及翻改初券，依律免之，勿复征债"[2]。

（三）民间借贷行业与机构及民间商业信用活动

民间借贷常态化之后，逐渐由兼营而产生了专营的民间借贷行业与机构。

1. 典当行业

典当是中国历时最久、最古老的借贷形式。其职能是收受并根据对私人抵押物品的估值确定放款的数量和利率。唐称"质"或"质库"，宋称"典"或"典库"，明则称"解库""解铺""典库""典铺""解典""解当铺""当铺""质库""质铺""印子铺"等，民间通称"当铺"。由于典当业与社会生活紧密相关，明朝的当铺在一些

---

① 魏收：《魏书》卷六六—卷一一四，吉林人民出版社，1995，第1771页。
② 魏收：《魏书》卷六六—卷一一四，吉林人民出版社，1995，第1771页。

稗史传奇之类作品中已随处可见。如《今古奇观》卷五《杜十娘怒沉百宝箱》中写道："公子在院中阒得衣衫褴褛，银子到手，未免到解库中取赎几件穿着。"《初刻拍案惊奇》卷十五《卫朝奉狠心盘贵产 陈秀才巧计赚原房》中写道："陈秀才操惯了脾胃，一时那里变得转，却是没银子使用。众人撺掇他写了一纸文书契，往那三山街金陵开解铺的徽州卫朝奉处，借银三百两……"《石点头》第六卷《乞丐妇重配鸾俦》中有："公佐白手得钱，积累巨万，从此开起典库。那典库生理，取息二分，而且有限，惟称贷军装，买放军粮，利上加利，取赀无算。不到五年间，遂成盐城大户，声达广济故乡。"

林西仲《挹奎楼选稿》卷一《徽州南米改折议》中写道："徽民有资产者，多商于外。其在籍之人，强半贫无卓维，往往有揭其敝衣残褥，暂质升合之米，以为晨炊计者，最为可怜。然巨典高门，锱铢弗屑，于是有短押小铺，专收此等穷人微物，或以银押，或以酒米押，随质随赎。"

明朝的当铺，就其规模而言，既有所谓"巨典"，也有"短押"。巨典资力较厚，当期较长，接当的金额也较大，零星小生意不肯去做；短押则因资力较薄，当期较短，收当也以零星小件为主，"或以酒米押"，押者都是穷人，"随质随赎"。至于当铺的资本，大概每家少则一二千两，多则万两。内部职员随当铺规模的大小而定。如有三个人，则一个管库房出纳，一个管会计发货，一个管营业。主要的业务是接当，同时也做普通放款。放款手续同元朝的解典库一样，仅凭一纸文契。有些当铺还经营各种副业，如买卖军粮、兑换铜钱等，从中取利。放款的利息，大体上是按月二分、三分到五分。

《大明律》规定："凡私放钱债及典当收利并不得过三分，年月虽多，不过一本一利。"从实际来看，当铺不仅仅索取高利，还有多种手段。正如凌濛初在《初刻拍案惊奇》卷十五中所写的那样："却说那卫朝奉平素是个极刻剥之人。初到南京时，只见一个小小解铺，他却有百般的昧心取利之法。假如别人将东西去解时，他却把那九六七银子，充作纹银，又将小小的等子称出，还要欠几分兑头。后来赎时，却把大大的天平兑将进去，又要你找足兑头，又要你补够成色，少一丝时，他则不发货。又或有将金银珠宝首饰来解的，他看得金子有十分成数，便一模二样，暗地里打造来换了；粗珠换了细珠，好宝换了低石。如此行事，不能细述。"

清朝的典当业仍然占据着很重要的地位。根据《皇朝通志》的记述，顺治九年（1652 年）政府规定各省当铺每年纳税银 5 两，北京的当铺则照铺面的大小征收。据《大清会典事例》记载，康熙三年（1664 年）收入的当铺税为 112 042.8 两，以此换算，当铺的数目应有 2 万多家。从分布的情况来看，山西最多，有 4 695 家；其次是广东，有 2 688 家；再次是直隶（河北）、福建、甘肃、贵州等省。有些是官吏开设的，有些是商营的。

当铺在清初还有叫作解库的。如康熙年代作品《野叟曝言》第二十八回写道："过两日上坟之后，大姨、三姨合管账家人，都来缴账，连解库发票，共用四百八十余两银子。"康熙以后，才叫当铺或典铺。如雍正年间作品《雨花香》第二十八种《亦佛歌》中写道："扬州大东门有个开当铺的许长年……"《石头记》第四十八回中也写道："内有一个张德辉，自幼在薛蟠当铺内揽总……"

进入嘉庆年间以后，有称典押或仍称典当的。如光绪年末的作品《儒林外史》第二十六回写道："这人是内桥胡家的女儿……起初把她嫁了安丰管典当的王三胖。"

清朝典当业的规模比以前扩大了。《新编五代史平话》记载：宋朝"慕容三郎准备以三五百贯钱开一家解库"。而在明朝，《醒世姻缘》中说开小当铺需资银一千两。《金瓶梅》中说西门庆家城中开解当铺资本为二千两。《豆棚闲话》中说，在繁盛区"汪彦想用三千两叫他儿子到平江去开个小典，他儿子说要一万两才够"。清朝《东华续录》记载乾隆五十八年（1793年）的上谕中说："村镇典铺资本不过千余金。"中等城市小当铺要四千两，大当铺八千两。《儒林外史》第五十二回中说："且说这毛二胡子先年在杭城开了个绒线铺，原有两千银子的本钱，后来钻到胡三公子家做篾片，又赚了他两千银子，搬到嘉兴府开了个小当铺。"《查抄和珅家产清单》中说：有"银号十处，本银六十万，当铺十处，本银八十万"。清朝咸丰年间，据《张修育奏折》，北京小当两万余两，中当三万至四万两，大当四万至五万两。随着当铺的资本增多，业务也有所扩展，不但经营放款，而且接受存款。

官方资本涌向当铺，也是从清初开始的，叫作"生息银"。乾隆三年（1738年）宁夏镇发生地震，次年朝廷下令豁免被灾各省当铺所领的生息本银八千零五十七两。乾隆十六年（1751年）在云南开化还开设了两家有官方资本的生息当铺。所谓生息当铺，并非指接受存款的当铺，而是通过它们的业务获得生息利润。有些地方当局就利用公款自行开设典当。例如，乾隆二十四年（1759年）广西巡抚鄂宝提到广西赏恤兵丁营运银四万一千两的事，就是用来开设典当的，并且规定要以二分取息。四川也有官营当铺。

嘉庆初年，宣布和珅的罪状中有一条说"借款十余万于通州附近之当铺钱店，以生利息"。所谓借款，实际上就是存款。另据《东华续录》记载，道光年间地方政府曾将捐输钱六十万串存入典铺生息。许多典当用两种戥子，兑进银两则重，兑出则轻。故在接当时喜欢用银两，不喜欢用铜钱。因为用银两便于在成色和分量上投机取巧。

清初的典当业还发行过一种叫"钱票"的信用货币。信用好的当铺，发行的钱票可以在市场上流通。同时还可以发行"银票"。银票在开始发行时，可能具有本票的性质，也就是一种定期付现的期票，是受存户的请求而发行的。如在《野叟曝言》第二十九回中就这样写道："管账道：'如今给了他，怕他变卦。小人同他到解铺里，发一银票与他，候出殡过给他银子，才是一了百了。'"到了后来，又允许存户不必到解铺去签发银票，自己也可以直接签发，银票就变成支票了。

开当铺者以徽州人最为活跃，有所谓"无徽不成镇"的说法。据《神宗万历实录》卷四三四记述："今徽商开当，遍于江北，赀数千金，课无十两。见在河南者计汪克等二百十三家，量派银二千六百余两。"徽州人流传下来了一句口头禅，即"徽州朝奉，自家保重"。这是由于徽州人开设当铺，或者在当铺当店员，都是只身在外，一年回来不了两次。有的自幼出门在当铺当学徒，三年满师才准回家探亲，有的终生在外，父死子继。所以徽州家乡人称他们为"当铺客"，要"自家保重"。徽州人离乡背井出外经商开当铺，是由其经济、地理方面的历史条件决定的。徽州山多田少，却盛产土特产品与手工业品，如竹、木、茶、药、漆、桐、菰、笋、笔、砚、墨、纸等十几种外销品，水路交通便捷，可顺新安江东下浙江各地，又可由祁门经水路入鄱阳湖到江西。因此，凌濛初在《二刻拍案惊奇》中说："徽州风俗以商贾为第一等生业。"开发山场和输出贸易成为徽州商业资本和金融资本原始积累的一个重要来源。据《上海钱庄史料》记载，上海钱庄九家资本家家族集团中的苏州程家，原籍徽州。在太平天国运动发生以前，程家原来是徽州朝奉，于苏、皖等地开当铺，资本积累较多。太平天国时期，程家又携银十万两经商，以后又开设钱庄，成为金融资本家。

典当行业的职业经理人——朝奉，值得一提。"朝奉"一词源出宋代的《职官志》。在元代末年成书的《水浒传》中，把富绅土豪也称为"朝奉"。最早涉及"徽州朝奉"的是明代小说家凌濛初的《拍案惊奇》。他在书中写了一个姓卫的徽州朝奉，此人在金陵三山街开当铺，资金颇为雄厚，时人尊称"卫朝奉"。"朝奉"自此后成为对当铺中的管事或对在外地开当铺的人的通称。

以抵押物品贷款的典当行业，需要有鉴别物品所值的专门知识。一家当铺一旦竖起字号开门，顾客就可能会有千种万种东西求当，如衣物、器皿、皮货、古董、文物等，有些东西或许是很多人一生都没听过和见过的。当铺没有拒绝顾客典当的权利。若容他典当，对方随口说个价钱，就是一次硬碰硬的考验。那些千奇百怪的当品，考验的是见闻、经验、眼光、判断力、估计力……假如一个顾客拿出一宗自称宝物的古玩，求当一万银洋，若不知其年代、出处、真伪，该怎么应对呢？照其所要数额开票，或许那宗宝物是假的。要是生恐受骗，还它一个最低的价钱，若那宝物是真的，会被别人讥讽为孤陋寡闻、有眼无珠。

在那些资本雄厚、颇具规模的当铺里面，除非有大票要开出去，二柜做不了主，要头柜亲自相货。即或是一个头柜先生，也未必就能当得了朝奉。一个朝奉，在典当业界有着最高的地位和权威，当铺里一切有疑难的当品，全靠他来判定。

中国地大物博、历史悠久，历朝历代遗留下很多极有价值的稀世珍宝，包括商周时代的名贵青铜器，史前时代的石器，历代的玉石、玛瑙、珊瑚、名匠名师的雕刻物，各种稀有的陶瓷制品，各类文物如金石、字画真迹、古砚、善本图书，甚至于名臣的朝笏、名将的佩剑，各种流散在民间的贡物，入谱的珍珠，蟒头上取来的夜明珠……一切仅有传说但无法究其有无的宝物，都有在求当的物品中出现的可能。

2. 票号

关于票号的来历，在《中国经济全书》中，作者认为票号始于明末清初——李自成败走时，把军中所有金银财宝放在山西太原康家的院子里，康家拾得 800 万两，用来创设票号。徐珂在《清稗类钞》一书中认为票号的规则是明末顾炎武拟订的。

明朝中叶以后的古典小说中有关于钱庄的事，但都未曾提到票号，而且明末的汇兑业务，还是由政府办理的。直到清道光二十六年（1846 年），山西巡抚吴其浚在其"奏议"中才提到"山西省钱店日增、钱票日广"，可见此时即使已有票号，也可能还处于初期发展阶段。

票号发源于日升昌颜料铺。清朝乾隆、嘉庆年间，山西平遥人雷履泰在天津开设日升昌颜料铺。在其经营的颜料中有一种名为"铜绿"，产于四川，必须到重庆去采制然后运往天津。当时现银运送数目多的可由镖局保送，但有时也难免被劫。于是，雷履泰便以创办汇兑的办法创办了后来改称"庄票"的票号。

汇兑的办法，也并不是雷履泰首创——唐朝有"飞钱"，宋朝有

"便换"，明清时期也有"会票"。而重要的是出现了专营汇兑业务的"票号"。咸丰四年（1854年）已有"票局"。

19世纪中叶，太平天国运动风起云涌，长江和运河航运中断，交通阻隔。清政府为了保证粮饷供应，委托票号"收解"赋税丁银，汇兑饷需。票号自此开始了与官场的往来。地方税收，甚至各地官吏的贪污所得，都请票号代为储存。票号利用这种存款，正式经营存放款业务；其甚至替一些官吏垫支巨款，以供其贿赂上司或自家挥霍，替一些绅商办理捐官升缺。票号俨然成了官场追逐的经纪人。

票号攀附官僚，在光绪年间达到了全盛时期。光绪二十年（1894年），北京大约有30家票号，资本总额为1 070万两。除总号以外，分号共有444家之多，分布于全国，北京、天津、汉口、上海和沙市是票号最多的5个城市，约占其总数的25%，其中仅上海就有24家。如以省份论，则以山西、直隶（河北）、江苏、湖北、四川等5省为最多，约占总数的62%。

古代读书人进京赶考，携带现金不便，往往先把银子交票号汇去。李宝嘉的小说《官场现形记》第二十四回中写道："单说贾大少爷这一趟差使，钱亦赚饱了，红顶也戴上了，送部引见也保到手了，正是志满心高，十分得意。在家里将息了两个月，他便想进京引见，谋干他的前程……预先把赚来的银子托票号里替他汇十万进京。"有些人甚至向票号预借旅费，尤其是考中了的人，多向票号借钱。因为赶考的士子中有许多比较穷的人，而及第以后，只有少数人留在北京做官，大部分被分派到外省去。封建官吏爱面子、好应酬，一旦发榜做官，非有巨款不能应付场面。

票号也乐于承接这种放款。首先，本利稳妥可靠，官吏到任便会有钱。正如《官场现形记》第四回所说的："这一接印，一分到任规，一分漕规，再做一个寿，论不定新任过了年出京，再多一分年礼，至少要弄万把银子。"而且新官为了面子关系，很少拖欠。其次，利息优厚，而且往往先扣。新官上任，对于利息是不大计较的。再次，同这些官吏有了交情之后，他们所掌管的官款就会存进来。最后，同官吏有交情就能提高本身的地位，不但有种种实际的便利，而且商人也更加信任他们。

由于是以汇兑为主，票号普遍采取分支连锁制，在外设立分庄或联号。开设票号的虽是山西人，但各省甚至国外都有联络，远到广东、新加坡和日本的大阪、神户。山西平遥日升昌的分号就有 24 处之多。京城当然也有它们的分号，所以其消息非常灵通。如果某地有官出缺，它们往往能预先知道。一般官吏最需要这种信息，这使票号容易同官吏发生关系，加上信用上的往来，使官吏更加依赖它，以至于官吏与票号互相勾结。

山西几家大的票号皆攀附达官显贵做后台或靠山。如蔚盛长号交结庆亲王，百川通号交好张之洞，协同庆号交好董福祥。有些票号追随官吏，甚至不离其左右，如大德通票号的高经理追随赵尔巽，赵调东三省他就到东三省，赵调北京他也到北京，赵放官四川他也到四川，亦步亦趋，成了赵尔巽的账房。

从票号内部组织来看，可以说其属于一种封建式的劳资合营性质。据清徐珂在《清稗类钞》中介绍，票号的创设，既有出钱的股东——称为银股，也有出力的股东——称为身股。票号招募职员多半是遴选年少略知写算的，起初作为伙计，如果主管人员认为可以造就，就给他身股。入了身股，不给工资，每年只给衣物的费用。三年结账一次，按股分红。这是一种笼络员工的方法，驱使大家都尽职尽责。伙计在不曾得到身股时，不许回家，稍有过失，即予开除，别的票号也不予雇用。而且职员多半是山西人，倘若发生作弊一类的事情，老板也很容易找到他的家族予以追究。这也正是他们爱用同乡的原因。

3. 钱庄

钱庄早期叫钱铺（也称钱肆）。钱铺的兴起是由钱币的兑换而来的。明政府大开铸炉之后，钱的数量和种类很多，单是制钱，就有金背、火漆、镟边等。这是兑换业发展的机会。有些收进铜钱的人想要将它换成银两，就可以去做贩卖铜钱的生意。寺观的僧道，可以将平日收到的施舍的钱米去开钱米铺。

初期的钱铺，也有叫"兑店""钱店"的，都是经营银钱兑换生意的，其规模很小，有些还只是摊子式的钱桌。即使到了明朝末年，钱桌仍然为数不少。《崇祯长编》卷一记载："其京城内外，所有钱桌、钱市，着厂卫五城衙门严行禁缉……"万历五年（1577年）庞尚鹏曾奏准设立钱铺，以市镇中的殷实户充任，随其资金多寡，向官府买钱，以通交易。到明朝末年，钱铺逐渐发展为钱庄后，不但可以兑换铜钱和金银，而且积极地揽作放款；对顾客供给签发帖子取款的方便，同时也保留下来一些规模较小的兑钱铺，在当时私钱盛行的情况下，仍然相当活跃。无论是开设钱铺还是开设钱庄，都是一项吃利赚钱的行当。明朝万历年间（1573—1619年）的一些小说中，就曾描绘开设钱庄的情况。

明朝末年的钱庄，由兑换钱币发展出放款业务，而存款业务几乎没有进展。由于存款放利缺乏保障，不论公家还是私人，都习惯于把钱财窖藏起来。据《泾林续集》记载，明朝奸臣严嵩和他的儿子严世蕃把许多白花花的私银深埋地下。严世蕃"家窖深一丈，方五尺，运银实其中，三昼夜始满，外存者犹无算"。由于盛行窖藏，大量资财沉睡地底，没有投入流通发挥应有的作用。

清初钱庄的主要业务仍然是兑换，所以又叫作兑换钱庄或兑庄。1966 年《文物》第一期曾刊载乾隆二十四年（1759 年）徐杨所画的《盛世滋生图》。图中有九家钱庄、一家兑庄、一家兑换钱庄、两家兑换银钱。

这时的钱庄信用业务从事者多半是庄主的亲朋或少数素有往来的交道主，一般工商业者较少。在信用往来中，钱庄发行"银票"和"会票"。"银票"是一种期票，即定期付现，而存款收据也叫作"银票"。后来似乎存户也可以签发银票，命令钱庄付款。如《天豹图》第二回写道："李爷道：我写一张银票与你，到如春银号去取。""会票"则是一种异地的支付命令书。陆世仪在《论钱币》中曾说："今人家多有移重资到京师者，以道路不便，委钱于京师富商之家，取票至京师取值，谓之会票。"这是从汇兑业务中衍生出来的，道光初年（1821 年）已使用"会票"的名词。如果发行会票的庄铺信用好，它也能在市面上辗转流通，与银票差不多。钱庄和银号活跃。钱价的波动，多少受它们操纵。嘉庆年间，北京的钱铺不但从兑换中取利，而且发行钱票，有些甚至卷款逃匿，使持有钱票的人无从兑现。这种投机倒把的事，到道光年间还盛行。当时北京城内开设的钱庄大概总计有四五百家，有些还是康熙、乾隆年间开设的。

4. 民间商业信用活动

商业信用是指在商业活动中，商人之间以信用作为担保的赊买、赊卖，延期支付等发生的信用。一方的卖就是另一方的买，所以民间商业信用也可归纳为赊卖和预付款两种。

史书中记载：刘邦为泗水亭长时，常向王媪、武负赊酒，写有债券，刘邦赊酒就是一种商业信用行为。司马迁在《货殖列传》中提及曹邴氏"贳贷行贾遍郡国"，用商品出借，定期还钱就是赊卖。赊卖遍郡国，其范围之广就不是酒店赊酒所能比拟的了。汉简中也有许多赊买、赊卖的文字记载。

赊卖主要是批发商对零售商。唐高宗总章元年（668 年），左憧熹的买草契中说，左付给张潘坦银钱 40 文，向他买草若干，运到高昌后交货。如到期不交要归还银钱 60 文。

后周太祖广顺二年（952 年）曾对赊买作出法律规定：买卖须现钱交易；如有赊欠，介绍买卖的牙人、店主人要"明立期限，勒定文字，递相委保"，即要订立契约，写明归还期限，由牙人、店主人署名担保。违限不还而且无物可抵时，由"连署契人同力填还"。

北宋真宗乾兴元年（1022 年）对赊卖作出法律规定：一方面要求商品原则上应现钱交易，另一方面也不禁止赊卖，但必须找"有家活物力人户三五人以上递相委保"，订立契约，写明还钱日期。到期不还钱要由保人负责归还，没有保人的，契约发生纠纷时官不受理；如无产业的人冒充有产业为人作保，和店户、牙人一起欺蒙客户、骗取商品，要严加惩处。

苏轼说："自来民间买卖，例少见钱，惟借所在有富实人户可倚信者赊买而去。岁岁往来，常买新货，却索旧钱，以此行商坐贾两获其利。"他还说："商贾贩卖，例无现钱，若用现钱，则无利息。须今年索去年所卖，明年索今年所赊，然后计算得行，彼此通济。"① 赊卖批发商品以一年为期，到期还款时须付若干利息。从"例少见钱"和"例无现钱"可见，这种商业信用在宋代是普遍现象。

预付款则一般应用于购买紧俏商品。苏辙指出："夫商贾之事曲折难行，其买也先期而与钱，其卖也后期而取直（值），多方相济，委曲相通，倍称之息由此而得。""先期而与钱"就是预付款。

蔡襄在《荔枝谱》中指出，福州荔枝开花时，商人就来按树株数订立预购合同，收获后被商人运往国内外很多地区出售，种植荔枝的利益主要为商人所得。神宗熙宁七年（1074 年）以前，四川的茶叶自由经营，茶商也是在前一年向茶农预付定金买茶，否则茶农就要借债生产。

对于赊买赊卖中的纠纷，由政府颁布有关法令予以解决。如有些茶商勾结牙保，引诱不肖子弟赊茶以资妄用，"致令父母破产偿还"。南宋孝宗淳熙十一年（1184 年）下诏规定，赊买茶、盐的人，如有父母兄长，必须由他们共同在文契上画押才有效。黄榦任知县时，在一预付款纠纷的判词中写道："世间交易，未有不前期借钱以为定者。"支付定金以后，议定的价格即不能再变。淳熙元年（1174 年），有一米商向常熟张家籴米 500 石，已付定金。但张家又要每斗涨价 20 钱，米商不肯，张家便没收了其定金。这是张家破坏协议。故事说张家受到了天谴，在暴风雹中财物荡然无存。又有商人陈泰，每年贷钱给抚州、吉州地区债户，有牙人主持其事，每年六月去收布，秋天回家。贷款和定金相结合，还要计算利息。

---

① 苏轼：《苏轼文集》卷三四《论积欠六事并乞检会应诏所论四事——处行下状》，转引自叶世昌：《中国古近代金融史》，复旦大学出版社，2001，第 58 页。

在商品经济不发达地区，有些商人垄断经营，用赊卖的商品代替预付定金，将两种商业信用形式结合在一起。如复州一带，富商在年初用盐、茶贷民，秋收后取米而去。盐、茶在这里既是赊卖商品，其价值又作为定金使用。对商人来说，这种交易可让其获取双倍的利润。

（四）官府借贷

小农经济是国家赋税徭役的源泉。为维护和巩固小农经济，政府对小农的赈贷不仅是经常的，而且大多具有社会救助性质。

1. 赈贷与农贷

相传周武王灭商后"复盘庚之政"的一项政策即为"出拘救罪，分财弃责（债），以振（赈）穷困"[①]。汉文帝二年（公元前178年）曾宣布"贷种食未入、入未备者，皆赦之"。昭帝始元二年（公元前85年）因"往年灾害多，今年蚕麦伤"，宣布"所振（赈）贷种食，勿收责（债）"。王莽新政时仿《周礼》"民欲祭祀丧纪而无财用者，钱府以所入工商之贡但赊之。祭祀无过旬日，丧纪勿过三月""民或乏绝，欲贷以治产业者，均授之，除其费，计所得，受息毋过岁什一"[②]。东汉章帝元和元年（84年）二月，令各郡国募无田的农民到土地肥沃处耕种，由政府赐给公田，雇给耕佣，"赁种饷，贳与田器"，免租税五年，免算赋（对成人征的人头税）三年。其中的"赁"和"贳"都是政府的赈贷，包括种子、口粮和农具。此后历朝历代，由政府直接出面赈贷的记载史不绝书。

[①] 吕不韦：《吕氏春秋》，北方文艺出版社，2018，第188页。

[②] 班固：《汉书·食货志下》，转引自罗章龙著《中国国民经济史》，湖南大学出版社，2016，第180页。

除直接赈贷外，政府做得更多的是动员社会力量参与对小农进行救助性的赈贷。公元前 544 年，宋国发生饥荒，大夫司城子罕建议平公"出公粟以贷"，并命令大夫都参加借贷，做到"宋无饥人"。汉武帝元狩三年（公元前 120 年）"举吏民能假贷贫民者以名闻"[①]，要地方上报"能假贷贫民者"的名单，以便进行奖励。宣武帝延昌元年（512 年）五月，因旱灾，要天下有粟之家"供年外，悉贷饥民"。北魏孝庄帝永安二年（529 年）曾下诏取消债务："诸有公私债负，一钱以上巨万以还，悉皆禁断，不得征责。"[②]

隋唐以后更多的是通过义仓（社仓）进行赈贷。义仓创自隋文帝开皇五年（585 年），在收获时劝民出粟麦，贮于当地粮仓，用于荒年赈给。"赈给"从字面上看应是无偿的。唐太宗贞观二年（628 年）在各州县设立义仓，每亩土地收粮 2 升；无田商人分 9 等，每户出粟从 5 斗到 5 石不等；下下户及少数民族不征。所收粮食贮于义仓，荒年时用于赈民，或贷给种子，于秋天归还。

北宋赈贷的钱、银、绢和粮食的来源不限于一处，如提供粮食的机构就有军储、太仓、常平仓、籴便司、省仓等。太祖乾德三年（965 年）三月诏诸州设立义仓，按两税税额每石加收 1 斗贮存义仓，有饥民欲贷借种子、粮食，由州长吏计口贷给。南宋孝宗乾道四年（1168 年），建宁府大饥。时在崇安的朱熹和乡绅刘如愚向知府借常平米 600 石赈贷饥民，冬天归还，收息十分之二，小歉利息减半，大饥全免。计划待息米相当于原本 10 倍时不再收息，每石只收耗米 3 升。后来用息米归还了政府的常平米，至淳熙八年（1181 年）已积有社仓米

---

① 吕思勉：《秦汉史》，北京理工大学出版社，2018，第 537 页。
② 《魏书》卷一〇《孝庄纪》，转引自李飞等主编、叶世昌著《中国金融通史 第 1 卷 先秦至清鸦片战争时期》，中国金融出版社，2002，第 126 页。

3 100石。

社仓和义仓，一在乡间，一在州县；一由民办（由"乡人士君子"主持），一由官办。朱熹认为义仓的受益人是"市井惰游辈"，而且官吏"避事畏法"，不敢发粮救济饥民，粮食长期封闭直至化为尘土。宋宁宗嘉定十五年（1222年），真德秀以湖南安抚使知潭州，仿朱熹办法在12县置社仓100所。但社仓在实行中也产生了一些问题，如摊派粮食、只贷给有田之家等。

明宣德八年（1433年），南北直隶、河南、山东、山西等地饥荒，宣宗下诏"所在官司验口给粮赈济，如官无见（现）粮，劝率有粮大户借贷接济，待丰熟时抵斗偿之"①。这里的"赈济"实为赈贷。刑科给事中年富奏准，以后如遇荒歉，政府"为贫民立券，贷富人粟分给"，将富人的杂役作为利息，待丰年时还本。富人参加赈贷自此成为常制。嘉靖八年（1529年），林希元写成《荒政丛言疏》，将民户分为极富、次富、稍富、稍贫、次贫、极贫六等。他提出，在灾荒时，极富户要贷银给本乡稍贫户，丰收时还本而不付息；次富户要贷种子给本乡的次贫户，债主监督其下种（防止被食用），收成时就田扣还。贷借时都由官立契。

明洪武二十一年（1388年），太祖命户部运钞200万贯至各府州县买米贮存预备仓，一县设4所，由富民守视，遇凶岁则开仓赈给，归还时不收利息；偶尔也用作赈粜或无偿赈济。正德十四年（1519年），崇仁县知县祝鳌申提出借给贫民的预备仓谷在收成时减半还官，南赣巡抚王守仁予以推广。但实行这项政策必须另有粮食来源作为补

---

① 《明宣宗实录》卷一〇一宣德八年四月戊戌，转引自李飞等主编《中国金融通史 第1卷 先秦至清鸦片战争时期》，中国金融出版社，2002，第449页。

充，否则难以持久。嘉靖十年（1531 年），南京大理寺丞林希元在《王政附言疏》中分析了预备仓的弊端，指出官员既不肯积谷，又不肯发粮，预备仓粮"积有岁年，往往耗于鼠雀，化为糠秕"，在给散时"又群小作奸，弊端百出"。到神宗万历年间时，预备仓储粮标准一降再降，而"有司沿为具文，屡下诏申饬，率以虚数欺罔而已"[①]。预备仓已经名存实亡。

明代苏州、松江、常州等府赋税特重。宣德七年（1432 年），南直隶巡抚周忱同苏州知府况钟、松江知府赵豫等商定设立济农仓。苏州济农仓贮米 69 万余石，由"县之廉公有威与民之贤者"掌管，"每以春夏之交散之，先下户，次中户，敛则必于冬而足"[②]。宣德九年（1434 年）江南大旱，苏州因为发济农仓米赈贷，"民不知饥"。天启四年（1624 年），浙江大水，杭州推官蔡懋德建议由官府和富户共同出资修建社仓，分隶各里；散谷只在本里，赈贷时要先定极贫、次贫，按册进行，以免临时议赈，拥挤难稽。崇祯十三年（1640 年），中书舍人陈龙正在家乡嘉善举办社仓。春耕时贷米给困难户，每户 5 斗至 1 石，至冬天归还，加息 2 分。

两利仓和乡会仓是吕坤任山西按察使时所创，所贮粮食于春天发放，分为三等："极贫平借，至秋抵斗还仓；次贫息借，至秋加二还仓；稍贫赊借，以春放之直（值），收秋成之谷。"[③] 极贫不收息，次贫收息 2 分，稍贫则是灵活收息。秋收时谷价低，利率已在其中，利率高低由谷价的变动情况而定。荒年时暂缓收回所借之谷，极贫的免

① 张廷玉等：《明史 5》，吉林人民出版社，2005，第 1234 页。
② 王直：《抑庵文集》卷二《苏州济农仓记》。转引自叶世昌著《中国古近代金融史》，复旦大学出版社，2001，第 58 页。
③ 《明神宗实录》卷五〇"万历四十年闰十一月丁亥"，转引自叶世昌著《中国古近代金融史》，复旦大学出版社，2001，第 113 页。

还，次贫、稍贫的半年后归还。乡会仓动员民间出钱入会，籴谷备荒。每月两会，按各家人的经济状况出钱，从 10 文至 100 文不等。在谷贱时将全数籴谷收藏，在大凶之年按所出钱数分谷，愿放弃的受官府旌奖。乡会仓是合会性质，但只将会钱用于积谷备荒，又和一般的合会不同。

清朝政府的赈贷有时由政府直接拨银，但经常性的赈贷则主要通过仓储进行，官办的仓储有常平仓、预备仓和营仓。

《逸周书·文酌》提出的国家实行的五大政策中，第五条为"农假贷"。王莽新政，"赊贷予民，收息月百三"。这里没有分赊和贷，一律收息，每月收息 3%，年息为 36%，在当时也可算是低利贷款。王安石的"青苗法"也将官营生息资本推及农村。他在就任鄞县（今浙江省宁波市鄞州区）知县时，曾"贷谷与民，立息以偿，俾新陈相易，邑人便之"。陕西原来也有"预给青苗钱"籴谷的办法，仁宗庆历八年（1048 年）李参任陕西转运使时也曾预贷民官钱，"谷麦熟则偿，谓之'青苗钱'。数年兵食常有余"。青苗法将曾在地方实行的政策加以改造后推向全国。

青苗法以常平仓和广惠仓的存粮和存钱为信贷资金，一年贷放两次，即正月三十日和五月三十日以前，分别随夏秋税归还。按户等定贷款额，一至五等户分别不超过 15 贯、10 贯、6 贯、3 贯和 1.5 贯。每次收息 2 分。贷出都按钱计算，贷粮食亦按时价折成钱。而归还数则要按前 10 年中丰收时的粮价折算成粮食，实际归还用钱用粮均可。实行青苗法名义上是为了帮助农民进行正常生产、限制兼并之家的高利贷剥削，但它本身也是一种借贷取利。两次合计，年利率为 4 分。而且还有折算上的问题。农民按丰收时的粮价借，但按平常年份的粮价还，中间存在价差。再加上经手官吏上下其手，实际利息负担会增加很多，为此也受到许多批评。同青苗法有关的还有农田水利法，于熙宁二年（1069 年）开始实行，旨在奖励各地兴修水利和开垦荒地。如经费不足由政府贷给青苗钱，年利率 1 分，一年或两年归还。这是低利贷款。国家贷款不足，则利用民间信用，由州县官吏劝谕富人出钱借贷，"依例出息，官为置簿及催理"。此法多次反复废立。绍圣二年（1095 年），在户部尚书蔡京等的建议下，又恢复青苗法，利息每次 1 分，宋徽宗时继续实行。

2. 官民之间商品买卖中的商业信用形式

宋代商业繁荣，在官民之间的商品买卖中普遍存在着赊卖、赊买、预付款和预收款四种商业信用形式。以盐为例，五代时产生的蚕盐制在北宋继续实行。在蚕盐制下，官府先赊卖盐给百姓，待蚕事毕时百姓以丝、绢归还官府。这种赊卖带有强制性。神宗熙宁五年（1072年）都盐院还赊盐给商人，商人卖盐后还钱给边境州、军，一年内还足，每引 6 贯，加钱 300 文。不能如期归还则没收抵押品。

太宗雍熙年间以后，多令商人入粮草于塞下，根据道路远近以高于市价的价格给予交引。商人凭交引到京师取钱，或到江、淮、荆、湖领取茶、盐，后来还可领取香药、象牙、矾等。端拱二年（989 年）又在京城设折中仓，商人输粟入仓，给以优价，凭券到江、淮领取茶、盐。此外，宫廷和官府购买用物，也常采用赊买的办法。

北宋政府对粮草、布帛、盐、茶、矿产等都曾采用预付款的办法以保证供应。农民因事先得钱，尚"未以为病"。后来给的预付款越来越少，而且搭配茶、盐、布等。北宋的茶，除川、峡等地自由买卖但禁止出境外，其余由国家垄断经营，先收钱，后发茶。商人将钱或金帛交给京师或江南六榷务，领取交引，到十三茶场领茶。

政府卖盐也是先收钱，后发盐。仁宗庆历八年（1048 年），范祥在解池行钞盐法，商人买盐，给予盐钞，凭盐钞到解池领盐。采用预收茶、盐款的办法也曾引发商人不能及时取货及交引、盐钞贬值的情况。

南宋官府卖盐往往实行摊派，先支盐，分层包销，然后收款。赊卖如拖欠，就要追还欠款。淳熙十二年（1185 年）南郊赦文规定，追欠只能以欠人及牙人的物产折还，不能追及其亲戚及已改嫁的妻子。度宗咸淳四年（1268 年），陈宜中指出，摊派赊卖的食盐"杂以灰泥，减其斤两。沿门强委，克日责偿。前欠未消，后逋踵至"[1]。这种赊卖是对百姓的强制掠夺。官府籴粮仍有预付款的情况，如总领所将钱预支给富民或揽户（承包户），由他们置场收籴，再将收籴的粮食交总领所。预买绢政策在南宋进一步变质，诸路多不给买绢钱。高宗建炎三年（1129 年）曾下诏给钱，违反的要加重处罚。这一年预买的绸绢改为折钱交纳，每匹折钱 2 000 文，称为"折帛钱"。预买变成了支钱还钱的高利贷。

市易法是由政府设置专门机构市易务，直接收售物资，参与交易，以平抑市场物价的办法。在京师，由市易务招募各行铺和牙人充当市易务行人，由官府贷钱供收购滞销商品，贷款年息 2 分。行人要以产业金银作抵，5 人结成一保。遇有商人因商品滞销而愿意卖给市易务时，由勾当公事官、行人、牙人和商人共同议定价格，根据行人的需要用官钱购买，或用官物调换。购进的商品根据行人抵押品的多少分赊给行人。行人若半年归还货款，出息 1 分；一年归还，出息 2 分。

---

① 王圻：《续文献通考·征榷二》，转引自李飞等主编《中国金融通史 第 1 卷 先秦至清鸦片战争时期》，中国金融出版社，2002，第 30 页。

过期不还，每月加罚钱 2%。行人不需要的商品可以收藏或变卖的，亦可由市易务购买，以后按市价出卖，不得求过高利润。

市易法意在防止大商人垄断、稳定物价及增加政府收入。所定利率比青苗钱低一半，而又无钱、粮折算的问题。后来市易务还直接向商人贷钱。元丰元年（1078 年）规定借市易务钱货的，可用金帛作抵，收息不超过 1.2 分。元丰二年（1079 年），针对有人不肯还债的情况，取消了"立保赊钱法"。抵押贷款年息 1.5 分。但立保赊购商品的办法仍在继续使用。

市易法在执行中也有一些缺点，主要是变私人垄断为国家垄断，使有的商品按国家的垄断价格出售。许多赊购商品款和贷款拖欠不还，取消"立保赊钱法"后仍不能消除此弊。元丰三年（1080 年）都提举市易司王居卿指出："宿贷新赊，岁增月累，其间消折不能备偿者十有四五，则与赊取现钱同归于弊。"①

3. 京债与账局

隋唐科举制为平民子弟入仕打开了一扇大门。有些借贷资本将其业务拓展至放款给在京的新选官吏，待其到任后归还，名为"京债"。唐武宗会昌二年（842 年）规定得官者可连环相保，向户部借两个月的料钱，希望他们到任时"不带息债"，可以保持清廉。北宋真宗大中祥符元年（1008 年）曾下诏禁止京债。仁宗庆历元年（1041 年）放宽政策，规定每一外任官允许借私债 50 贯。庆历三年（1043 年），参知政事范仲淹分析了候选官因生活困难而借京债及京债和吏治的密切关系，指出他们待阙几年，很多人"男不得婚，女不得嫁，丧不得

---

① 李焘：《续资治通鉴长编》卷三〇八元丰三年九月甲子，转引自李飞等主编《中国金融通史 第 1 卷 先秦至清鸦片战争时期》，中国金融出版社，2002，第 228 页。

葬"，衣食不足，不得不"贷债以苟朝夕"。到任以后，债主必来逼债，"至有冒法受赃，赊举度日，或不耻贾贩，与民争利"。他主张用厚俸来养廉洁。

明弘治元年（1488 年）夏昂奏言："吏部听选官吏、监生人等守候日久，往往称贷十人，名曰'官吏债'，其利皆取偿于民。"① 弘治二年（1489 年）陈实在部听选，托人向放官吏债者李纪借债。李一次借给陈银 10 两，借契上写 25 两；一次借银 5 两，借契上写 10 两。后来陈实还李纪银 23.5 两，李仍扣住陈的吏部文凭不还，要他还银 60 两。可见官吏债盘剥之严重。此案中借贷双方都被判有罪。以后官吏债问题越来越严重。王世贞说嘉靖五年（1526 年）自己考取进士时，岁费近 300 两，同年中节省的用银不到 100 两；而万历时进士"赀见大小座主，会同年，及乡里官长酬酢"等种种费用，一年达六七百两，"无不取贷于人"。因此王世贞发出了"将来何以教廉"之叹！夏昂还说："京师富室专事放债，各卫指挥等官用度不足，辄往借之，名曰'揭俸钱'。关俸之时悉为债主所有，仍复借与，俟后偿还。岁月相延，以致军职日贫。"② 他要求准时发放俸银，并究治放债者和借债者。明代借京债的不限于候选官。刘瑾掌权，各省司官朝觐至京要送礼，每省达银 2 万两。"往往贷于京师富家，复任之日，取官库所贮倍偿之，其名为'京债'。"③

清道光时梁章钜说："今赴铨守候者，所借京债之息，以九扣三

① 《明孝宗实录》卷一四，转引自叶世昌著《中国经济史学论集》，商务印书馆，2008，第 393 页。

② 《明孝宗实录》卷一四，转引自叶世昌著《中国经济史学论集》，商务印书馆，2008，第 392–393 页。

③ 《明武宗实录》卷四六，转引自叶世昌著《中国经济史学论集》，商务印书馆，2008，第 391 页。

分为常，甚有对扣、四扣、三扣者。得缺莅任之初，债主已相随而至，剥下不足，遂借库藏以偿之。欲求其为良吏循吏，其势甚难，则京债之为害大矣。"[1] 京债利息重，危害大，朝廷屡下禁令。从乾隆十四年（1749 年）开始，还实行了得缺官员可向户部借银的政策，但有些赴任官既借官款，又借京债。

4. 公廨本钱与生息银两

中国历代王朝皆有将政府暂时不用之钱用于生息以作为财政收入或补贴办公经费的做法，俗称公廨本钱与生息银两。

唐初高祖武德元年（618 年）十二月在京师设公廨本钱，由各司的令史主持，号"捉钱令史"。每司 9 人，每人给以本钱 4 万~5 万文，每月纳利钱4 000文，相当于月息 8~10 分，年满授官。朝廷用利息收入作为官吏的料钱（津贴），后因谏议大夫褚遂良批评年满授官的办法，使许多"惯于求利"的人得官，造成很大弊病而被朝廷叫停。高宗永徽元年（650 年），朝廷又在全国推行公廨钱，由典史负责经营。

据玄宗开元六年（718 年）秘书少监崔沔对公廨钱的批评，可知当时每一经营者的本钱是 5 000 文，利率月息 7 分。据宪宗元和九年（814 年）的统计，京师 32 司的食利本钱共约 53 953 贯。因有些捉钱户积欠本利很多，决定对纳利已达 10 倍以上的，本利都免；纳利 5 倍以上的，免收所欠利息。穆宗长庆三年（823 年）诸司食利本钱共84 500贯，利率则降到了月息 4 分。捉钱户免服徭役，诸司诸使的捉钱户犯罪时由本司本使科责，地方官无权处罚。因此，有些人宁愿不

---

① 梁章钜：《退庵随笔》卷七，转引自叶世昌著《中国经济史学论集》，商务印书馆，2008，第 394 页。

要本钱，也要充当捉钱户，照纳利钱，代代相承。有些捉钱户则加入私人资本放债。有些甚至收钱归己，拖欠则算官钱。元和十一年（816年）规定捉钱户的私本不得超过官本，超过部分没收入官。

清政府以取利为目的进行公款贷放，其本银名为"生息银两"。早期还包括经营商业、农业的本钱，后来则完全成为获取利息的银两。交商生息的部分，基本上是低利贷款，也可以看作政府对商人的存款。在商人需要资金时，接受这种存款对经营是有利的；但在商人不需要资金时其则会成为一种负担。清朝的生息银两制度从初期的政府或军队经营演变为以交商生息为主，反映了清代市场经济的发展和商人经济实力的增强。

5. 官负民债——中国最早的国债

东汉和帝以后，对外战争中的战费开支达320余"亿"，桓帝永康元年（167年）以后对羌族战争花费44"亿"。政府财政困难时也向民间或王侯、官员借钱，这是中国最早的国债。东汉永初四年（110年）已"官负人债数十亿万"。顺帝永和六年（141年）和汉安二年（143年）向王、侯借国租一年，永和六年（141年）向民间富户每户借1 000钱，桓帝延熹五年（162年）向公卿以下官员借俸禄等。南朝刘宋在元嘉二十七年（450年）的宋、魏大战中曾向民间借债。当时规定扬、南徐、兖、江四州财产满50万的富有之家和满20万的僧尼，都要将财产的1/4借给朝廷。

唐德宗建中三年（782年），朱滔等起兵叛唐，朝廷想筹措军费500万贯，决定向商人借钱。由户部侍郎赵赞判度支负责此事。凡资本超过万贯的钱都要借给朝廷。京兆少尹韦桢等搜刮京师富商，也只借到88万贯，又从"僦柜纳质钱及粟麦粜于市者"强借1/4，引发了

"长安为之罢市"，也才借到 200 万贯。后唐末帝清泰元年（934 年）为了筹措赏军费用"预借居民五个月房课，不问士庶，一概施行"。后晋出帝天福八年（943 年）派遣内外臣僚 28 人分往各地率借粟麦，凡有隐瞒的就处死。开运元年（944 年）又向各州率借钱帛，限时完成。成德军（治今河北正定）节度使杜重威也在州内"括借钱帛"，"吏民大被其苦"。

（五）金融市场

西汉长安设有金融市场，由子钱家放款。隋唐时期国都长安不仅是国内贸易中心，也是当时世界上最大的都会之一，客商云集。为之服务的货币经济及各种金融事业应运而生。就其信用机构而言，有质库、柜坊、寄附铺、金银铺、飞钱等，从事存款、放款、汇兑等金融业务。下面分别以质库和柜坊为例做进一步说明。

质库，即当铺，在唐代已由寺院兼业发展成为私人专业经营的金融行业，主要办理抵押放款业务。

柜坊是专门收受和替人保管钱财的信用机构。客商来长安经商，携带大量钱财既显累赘又不安全，多存之于柜坊，需要时支取。商人在购买商品时也可以写张书帖，列出付款数目、出帖日期和收款人姓名，签署后由收款人凭帖去柜坊取钱，类似今天的支票。金银铺以制作和买卖金银器皿、首饰为主要业务，兼营生金银买卖。买卖生金银既含有货币兑换的性质，也兼营存放款。

各级官府也利用公款（"公廨钱"）进行放款和其他商业活动，所得收益供官吏的薪俸、膳食或官府的修理费之用。这种官府放债活动称为"捉钱"，并设置捉钱令史。唐代各地方政府在京师均设有办事处，称为进奏院。商人在长安出售货物所收之钱，可交给本道进奏院，由它们发行一纸文牒或公据，商人返还本道时，领回货款。进奏院收下之钱，作为地方官府向中央缴纳赋税和其他开支之用，由此消除了公私双方在运输钱财过程中的费用、劳累和风险。

唐、宋以前的信用，仅有放债而无存款，因古人积余钱财多被窖藏，不习惯钱财存入他处。放款业务多以民间私人借贷为主，偶尔也发生在官府与民间、官府与王侯之间，含有财政调拨和筹集款项的性质。这种放款业务是否按时清偿还不得而知。

两宋金融中心由长安移至汴京（今开封）、临安（今杭州）。在放款方面，流行最广的还是借贷信用，称为贷息钱、出子本钱、赊放、称贷等。在政府放款方面，王安石制定的市易法针对商贩贷款，由商人以田宅、布帛等为抵押，或联名结保向政府的市易务请求贷款。制定推行此法的初衷是平抑物价，但也给一些贫民获取低利贷款提供了渠道。

青苗法所涉及的是农业贷款，每年在夏、秋两熟以前，由各州县地方政府两次发放现钱或实物给农民，分别随同当年的夏、秋两税于六月及十一月归还贷款，贷款利息照所借的数月加纳二分，即合年利四分。

市易法、青苗法是为了抑兼并、济贫民，客观上起到了打压大地主、大商人的作用，但也受到保守派的激烈抨击。随着变法的失败，市易法、青苗法也分别停止实施。

除用银之外，宋代还使用铜钱、铁钱等，因而需要兑换业务，加上盛行纸币、钱币，还需要有金银铺这类代理店中介。与之性质相近的还有南宋的交引交易铺。

所谓钞引，是一种贩卖特许证。商人向京师榷货务缴费领取茶引或盐钞后，方被允许到茶场或盐场去贩卖茶盐谋利。茶引和盐钞作为一种有价证券，既可以转让，又可以买卖，也可以兑换货币。柜坊到宋代已趋衰落和变质，多与赌博有联系，开柜坊者也多是京师无赖之辈，他们替赌徒保管钱财或开展与此有关的借贷业务。

明、清时期的典当，除经营个人抵押放款外，也开展普通放款、买卖军粮、兑换铜钱等业务。经营者多为官僚、地主、商人。投资经营，表明他们的财富已不再完全用于窖藏或购买土地，而有转化为高利贷资本的趋势。明朝法律规定，凡私放钱债及典当财物，每月收利不得超过3分。而典当的高利贷剥削，更多地体现在处理死当、重进轻出、截留调色等方面。清代的典当除主要收当和取赎外，也接受存款、发行信用货币。在官银钱号设立之前，国库及地方各库款项，往往发给大典商取利生息，或直接以库款投资开设当铺，称为官当。其在国内经济中曾起到货币周转中心的作用。典当有时不付现钱、现银，而是付给可以随时兑现的钱票、银票，信用好的典当所发的钱票、银票，能在一定范围的市面上流通，成为信用货币。清代典当业势力强大，每遇钱荒，政府都得借其力量稳定物价。

明正统年间，因大明宝钞跌价而取消用银禁令，银钱合法流通。随着货币制度越来越复杂，银钱种类数量多，成色不一，价格时有变动，产生了以评定成色为基础、开展钱币兑换的钱庄，这些钱庄在明末清初已成为当时主要的信用机构，从事金、银、钱三者间的相互兑换业务。

山西商人在从事国内外贩运贸易的同时，也兼营汇兑业务。其好处是大大降低了异地货物贸易的交易成本，让物资生产、商品流通类企业把注意力集中在它们的特长商品上，把异地支付的挑战留给票号经营商，体现各自专业分工的好处。在交易成本降低之后，跨地区贸易市场快速发展。

清朝道光初年（1821 年），山西平遥日升昌颜料铺最早将兼营改为专营，由此带动了山西票号的发展。票号最初仅为商人办理埠际汇款，后又经营政府和官吏的公款汇兑，以及存放款，而且存放款业务变得更加重要。票号利润来源既有汇水、存放款利息的差额，又因各地银两成色平砝不一，可巧取平色收入；等等。其业务以汇兑为主，采取总分号连锁制，多在各地设立分庄或联号，经营则大多采用独资或合资的无限责任制，股本分为银股（出资）和身股（出力），将投资者和经营者的利益捆绑在了一起。

由放京债产生了新的金融机构——账局，后来亦称"账庄"，"账"或作"帐"。乾隆末年李燧说，山西汾州、平阳人多以贸易为生，放官债可获利 10 倍。"富人携赀入都，开设账局，遇选人借债者，必先讲扣头。如九扣，则名曰一千，实九百也。以缺之远近，定扣之多少，自八九至四五不等，甚至有倒二八扣者。扣之外，复加月利三分。以母权子，三月后则子又生子矣。滚利叠算，以数百金，未几而积至盈万。"[①] 由此可知最初的账局是为了经营京债而开设的放款机构。

中国最早的账局是山西汾阳商人王庭荣于乾隆元年（1736 年）在张家口开设的祥发永账局，资本银 4 万两。嘉庆二十年（1815 年）明令禁止的理由也是候选官员向账局"借用重利私账"，而账局则要

---

① 李燧、李宏龄：《晋游日记 同舟忠告 山西票商成败记》，山西人民出版社，1989，第69 页。

"潜赴外省官员任所索欠"①。道光十六年（1836 年）江宁知府善庆欠京债银 5 万余两，债主是北京恒太成账局。经两江总督陶澍和江苏巡抚林则徐奉旨审理，将向账局借京债的责任推给善庆家人，"善庆照管束不严例降一级调用"。

（六）利息与利息率

借贷资本是以让渡货币一定时期的使用权来获取利息的本钱。利息的性质所揭示的是借贷信用中人与人之间的关系。在不同的社会形态中，因利息来源不同，其性质有所区别。

1. 利率是迫使自耕农走向破产的加速器

在中国传统农业社会，地租是剩余劳动的通常形态，商业利润则主要来源于对地租的瓜分；借贷资本主要同农民家庭经济发生联系，因而其利息主要来源是农民的必要劳动。

当自耕农的生活与生产发生困难的时候，他们总是企图借助于借贷，以解燃眉之急，并寄希望于未来的经济恢复，但这种借债等于饮鸩止渴。古人云："凡人之敢于举债者，必谓他日之宽余可以偿也；不知今日之无宽余，他日何为而有宽余。"② 由于借债后增加了一重利息的负担，自耕农的债务就像是一个包袱，越来越重，"宽余"反而逐渐减少，生计愈加窘迫了。

利息是迫使自耕农走向破产的加速器。利息普遍高于地租。债权人贪得无厌，不仅要求得到利息，甚至逐渐取得了对农民的劳动条件

---

① 《清仁宗实录》卷三〇八嘉庆二十年七月丁酉，转引自李飞等主编《中国金融通史 第 1 卷 先秦至清鸦片战争时期》，中国金融出版社，2002，第 597 页。

② 袁采：《袁氏世范》卷三《治家》，上海人民出版社，2017，第 139 页。

本身的所有权，即土地、房屋等的所有权。自耕农一旦落入高利贷罗网，还本付息就会吞噬他的生产资料，直至妻、子被掠为奴婢。因此，自耕农在借债时就已经在借贷资本面前把土地当作偿还债务的担保，将来兼并这块土地的人实际上就是他的债权人。土地典卖往往比直接的土地买卖对兼并者更为有利，债权人只是使自耕农推迟了出售土地的时间，使他在将来更不利的条件下出卖土地。这种情况说明，从借贷信用建立、以土地为担保开始，土地所有权就已经逐渐地离开原来的主人向债权人过渡。因此，债权人所借出的资本相当于一个预付了的低廉地价，自耕农支付的利息相当于一个预纳了的高额地租。自耕农的一部分必要劳动正在向佃农的剩余劳动转化。

佃农在力所能及的范围内提供的剩余劳动是一个常数，在简单再生产能够维持的场合，这部分剩余产品已全部作为地租被地主占有。因此，在简单再生产无法维持、佃农必须借债的情况下，利息就只能从他的必要劳动中扣除。佃农没有土地用来抵当，所以在破产后高利贷者就剥夺他的财物、农具，直至掠买其妻、子以抵偿债务。完全破产的佃农已经失去了一切生计，无法再进行农业生产，从而不能再向地主提供地租。从这一意义上讲，利息是在"挖地租的墙脚"。

地主为了寄生性消费借债，他所付的利息是从地租中分割出来的。这种剩余产品再分配的形式一目了然。但这种利息在全部利息总额中微不足道，因为地主借债是极其稀少的。商人借债时所支付的利息是从利润中分割出来的。在全部利息总和中，商人提供的利息同地主提供的利息相比，所占的比重更小。

在中国传统农业社会，年地租量与地价之比为地租率。历史记载表明，利息率比地租率高得多。地价一般相当于几年的地租总量，有的时候甚至相当于二十年以上的地租总量。如果按照净租计算，二者间的差距就更大。历代利息率一般都在百分之一百左右，故从汉代以来多称之为"倍称之息"。唐代捉钱户借官本五十贯以下四十贯以上，"每月纳利四千，一年凡输五万"[①]，大致也是本息相当。宋代一般情况是"私家举债，出息常至一倍"[②]。元代农民借债"自春至秋，每石利息重至一石，轻至五斗"，一年总计也在一倍左右。李兆洛在《皇清经世文稿》一书中说："清代'称贷者，其息恒一岁而子如其母'。"可见百分之一百的年利息率是历代的普遍现象，比地租率高若干倍。

为什么农耕时代利息率远比地租率高？这是因为地租是地主所占有的一个纯所得，他可以把大量地租当作闲置财富储存起来，并不一定要全部用来购买土地或当作生息资本使用。地主在偶然的场合动用一部分地租购买土地或放债之时，并不会在地租率和利息率之间进行比较；同样的道理，商业利润率也不会受地租率的限制，而且前者往往超过后者，所以商人充当高利贷者时，只会在利润率与利息率之间权衡轻重，而不会使地租率成为利息率的界限；利息率最终取决于借贷资本供求状况和农民的付息能力，前者是决定利息率的内部因素，后者是其外部条件。农民借债是由于再生产已无法照常进行，是生产反常的结果，因而利息率比地租率高就具有不正常的特点，这也是前者特别高的主要原因。自耕农和佃农在生计、生产发生严重困难，逐步走向破产的条件下借债，"不以重利，惟得是图，且救目前之急"[③]，处于"唯恐不得，莫敢较者"的不利地位；高利贷者因而得以利用个

---

① 王溥：《唐会要》卷九一《内外官料钱上》，（北京）古籍出版社，1955，第101页。
② 范质、谢深甫等：《宋会要》卷17551《食货四·青苗》，《续修四库全书》第781册，上海古籍出版社，2002，第625页。
③ 脱脱等：《金史》卷五十《食货五》，中华书局，1975，第1119页。

体生产者的迫切心情，最大限度地提高利息率。农民究竟借债多少、能够忍受多高的利息率，最终取决于他的负担能力和财产状况。在负担能力为定量的前提下，利息率越高，债额就越低，二者呈反比例增减。马克思说："高利贷者除了货币需要者的负担能力或抵抗能力外，再也不知道别的限制。"[1] 这是导致高利息率的重要原因。

地主借债是出于寄生性消费的需要，有不少腐化奢靡的贵族地主也往往在困厄之境况下典卖土地，乃至破产。因此，在地主借债的场合，地租率仍然不是利息率的界限。在这个问题上，地主阶级的寄生性起了决定性作用。

小手工业者是个体生产者，其生产目的不是获得厚利，而只是为了维持自己的生活以及简单再生产。在这一点上他们与农民很相似。因此，小手工业者因再生产发生困难而向高利贷资本家借债时，决定利息率的内部条件也是高利贷资本的供求状况，其外部条件也是借方的实际负担能力。在传统社会，利息率主要由农村的借贷关系决定。所以，城市的利息率也不会很低，否则，资本就会从城市流往农村。城乡的利息率是会发生竞争的。因为商业利润率并不必然高于借贷利息率，借债经商往往得不偿失，所以商人大多也是借贷者，而很少成为债务人。

地租率不能限制利息率，后者的高度主要取决于借方与贷方之间的竞争，而农民的负担能力和抵抗能力又千差万别，所以，尽管"倍称之息"通行于各代，但即使在同一时期利息率也很不稳定，高低悬

---

[1] 中共中央马克思恩格斯列宁斯大林著作编译局：《马克思恩格斯全集》第25卷，人民出版社，1995，第677页。

殊。马克思说："在中世纪，任何一个国家都没有一般的利息率。"①汉代无盐氏的"什倍"之息与"倍称之息"同时并存，就说明了此点。

地租率虽然不是利息率的界限，但地租是传统农业社会主要的剩余劳动表现形式，高利贷资本远少于土地财富，因而地租总量必然远远超过利息总量。地产被称为"本富"，高利贷资本被称为"末富"，其原因就在于此。

只有到社会转型之时，随着生息资本的职能发生变化，利息率才会逐渐降低，高利贷资本才能被服务于工业资本的借贷资本代替。

2. 高利贷对社会的危害

在地主和商人借债的场合，借贷资本也加剧了地主和商人对农民的剥削。利息率特别高也会使借债的地主和商人走上贫困化的道路。为了削弱这种不利趋势，他们就必然会设法转嫁，加强对小生产者的榨取。在这一意义上，生息资本通过剩余产品的再分配大大加剧了地主、商人同农民、手工业者之间的阶级矛盾。

近现代社会中，金融资本是为产业资本服务的。它把闲置的资金集中起来借给产业资本家，以便投入生产，使之发挥职能资本的作用，在参与剩余价值的分割中，它所获取的是平均利润率，即等量资本获取等量利润。中国传统农业社会的借贷资本，则因其供给不足而稀缺，获取侵占农民必要劳动的超额利润，使小生产者永远不能翻身，使传统农业生产方式"精疲力竭""虚弱不堪"，并迫使再生产在每况愈下的条件下进行。它不是发展生产力，而是使生产力萎缩。

---

① 中共中央马克思恩格斯列宁斯大林著作编译局：《马克思恩格斯全集》第25卷，人民出版社，1995，第675页。

由于借贷资本破坏社会生产力，利息同地租往往结合、重叠在一起对农民进行竭泽而渔的剥削，所以，在激烈的经济利益对抗中，农民为了改善其再生产的条件，不但要求减租，而且还力争减息。农民为争取减息而进行的斗争，对社会进步起着推动作用。

在资本主义兴起之时，借贷资本会加速促进资本原始积累。一方面，它会瓦解旧的生产方式，为新的生产方式的发展、改进排除障碍；另一方面，它会推动形成独立的货币财产，并把劳动条件占为己有，使旧劳动条件的所有者破产，对形成产业资本的前提是一个有力的杠杆。直到明、清时期，中国的原始积累还没有大规模进行，所以民间借贷资本在社会生活中所起的主要是反作用。

3. 政府限息

借贷资本不但一般地破坏生产力，而且会加剧土地兼并、激化社会基本矛盾。在某些激进的年代，政府会禁止放贷取息。如东汉和帝永元五年（93 年），夏阳侯窦瑰因假贷贫民而改封罗侯。明帝、章帝时，州郡官吏将"走卒钱"贷给贫人，受到弹劾。唐玄宗开元十五年（727 年）曾禁止各州县官放债。天宝九年（750 年）规定以后追债在一匹以上的州县官要解除官职，财物纳官。宋真宗时曾"诏禁命官取息钱，犯者勿偿"。大中祥符五年（1012 年）知考城县皮子良"贷京师民钱十七万，到官即自首"，仍被罢官。明洪武时规定公侯、内外文武四品以上官员不得放债。监临官吏不得在所部放债、典当财物。禁止听选官吏、监生等人借债。清初即禁止佐领、骁骑校（副佐领）、领催等在本佐领或兄弟佐领下"放印子银"，"所得利银，勒追入官"。"民人违禁向八旗兵丁放转子、印子、长短钱，扣取钱粮，及旗人举放重债勒取兵丁钱粮，并非在本佐领下放债者，或经告发，或被兵丁首出，除所欠债目不准给还外，将放债之人照讹诈例从重治罪。"① 不许放债与赴任之官及外官放债与民。"放债之徒用短票扣折违例巧取重利者，严拿治罪，其银照例入官。"②

在屡禁不止又法不责众之时，则对利息率做出强制性的限制。如西汉时旁光侯刘殷、陵乡侯刘沂一个因"取息过律"，一个因"贷谷息过律"，均被免去侯爵职位。

北宋太宗太平兴国七年（982 年）规定"富民出息钱不得过倍称，违者没入之"③。淳化四年（993 年）除再次规定"贷息不得输倍"，还规定未交纳赋税的"不得先偿私负，违者加罪"。贫民负债无力归还时，债主往往会逼债或强夺财产、牲畜以至家人抵债。大中祥符九年（1016 年）下诏："民负息钱者，不得逼取其庄土、牛畜以偿。"虽有此规定，强夺财物抵债的事仍常有发生。

明朝规定：放债及典当财物每月取利不得超过三分，年月虽多，不过一本一利。豪势之人不得不经告官强夺借债人的孳畜产业、准折借债人的妻妾子女。但多数放债者都以获取高额利息为目标，一年要收一倍的利息。

清朝顺治五年（1648 年）谕户部："今后一切债负，每银一两止许月息三分，不得多索及息上增息。"乾隆年间，琼州客民向黎民放债，酿成黎民仇杀客民大案。署两广总督杨廷璋和广东巡抚王检在议定善后事宜中规定："如系重利盘剥，将收过一本一利后，余息追出充公。"同时永禁客民入黎放债。道光年间，又有四川、湖北、广东

---

① 叶世昌著，李飞等主编《中国金融通史 第 1 卷 先秦至清鸦片战争时期》，中国金融出版社，2002，第 568-569 页。

② 叶世昌著，李飞等主编《中国金融通史 第 1 卷 先秦至清鸦片战争时期》，中国金融出版社，2002，第 569 页。

③ 李焘：《续资治通鉴长编》第 3 册卷一七至卷三二，中华书局，1995，第 522 页。

等省的"穷苦之民"到云南、贵州租种苗人土地，通过贸易等手段使苗人入不敷出，然后以土地为抵押借高利贷给他们，最后将佃种的土地占为己有。道光十八年（1838年）对此进行了查禁。

国家也以利率与民间借贷资本争夺生息资本市场。如王莽改制时曾实行过"赊贷法"，法令规定利息"无过岁什一"。王安石变法时推行的"青苗法"，半年取息二分，年息四分。这两次官债的利息率显然比私债的"倍称之息"低得多。这说明中国传统社会的法律对借贷还是给予了一定保障的。如唐令规定，"负债违契不偿"要受法律的制裁[1]。限制利率说明较低的利息率得到了法律的承认。同时，法令从来不表彰、不提倡高利借贷，对高利贷资本始终持打击、抑制态度。

4. "常利"趋向降低

利率的高低还取决于借贷资本的供求状况。在商品经济较发达的城市，随着借贷资金的供应增加，市场通行的"常利"会趋向降低。据万历时李乐《见闻杂记》卷九所记，唐顺之的宗侄调查市场，发现商人的资本十有六七是借来的。这种借入资本的利率不会很高，因为商人无利可图就不会借债经商。这一记载，反映了明代信用制度的发展。同时，明代也不乏放债取利不高的记载。如徽州人程锁在溧水经商。当地的风俗是"春出母钱贷下户，秋倍收子钱"，而程放债"终岁不过什一，细民称便"，争着向他借债。有的放贷者甚至主动放弃债权。如苏州一位陈姓富翁，在荒年利率上涨时，他少收利息，无力归还的欠粟八百余斛，"皆为之折券"。

随着商品货币经济的发展和利率的降低，清代江苏松江府和苏州

---

① 长孙无忌：《唐律疏议》卷二六《负债违契不偿》，《四库全书》第672册，上海古籍出版社，1987，第320页。

府，浙江杭州府、嘉兴府和湖州府，湖南鄱阳湖地区，江西洞庭湖地区的农民，已开始利用"米谷花豆质当"和"以物质谷"进行借贷，或"以济口食"，或"资其工作"，以进行经常性的生产周转。借贷遂由农民为应对天灾人祸的临时救急措施，进一步进入社会再生产过程，成为经常发生作用的环节。

从法定利率来看，唐开元间、宋庆元间均规定私债月息四分，元、明、清三代均规定私债月息三分。清代典当"以物质谷"的利率，在全国范围内一般不超过月息三分，并向江南地区的月息二分看齐。

借贷利率相对较低，对社会进步的积极作用会大一些。陆深在《燕闲录》中说："江南放债一事，滋豪右兼并之权，重贫民抑勒之气，颇为弊孔。然亦有不可废者，何则？富者贫之母，贫者一旦有缓急，必资于富，而富者以岁月取赢，要在有司者处之得其道耳。"[①] 他认为按律例处理好双方的关系"亦是救荒一策"。这实际上是说：民间借贷也有支持商人资本、促进经济发展的作用。

---

① 陆深：《燕闲录》，载王云五主编《金台纪闻 春雨堂随笔 愿丰堂漫书 燕闲录》，商务印书馆，1936 年，第 13 页。

二、社会转型中的中国近代金融

自 16 世纪以来，伴随着地理大发现出现的对外贸易扩张，以及在此之后发生的工业革命，使西欧产生了具有资本主义性质的近代银行保险业。1842 年中英鸦片战争结束之后，以银行为主体的西方金融势力进入中国，并以其强大的实力操控了中国经济命脉。中国传统金融机构日渐衰落，有些通过服务于外国在华资本业务而得以苟延残喘。1895 年以后，在实业救国、收回利权、民族独立复兴的旗帜下，产生了民族资本银行业，其既服务于外国资本在华业务，也扶持国内新生的民族资本主义工商业。1927 年 4 月 18 日南京国民政府成立后，通过建立国家金融体系以及控制货币发行和金融业务，垄断了整个金融行业。

（一）外国金融势力入侵

1845 年，英国丽如银行在广州设立分行，这是在中国设立的第一家服务于对华贸易的外资银行。19 世纪 60 年代末，外国银行在中国已设有 42 个据点，并逐渐代替洋行成为中国通商口岸金融市场的主要力量。

1. 外资银行与保险公司

1860 年以后的上海外滩，矗立着一幢幢巍峨的大楼。这些大楼构成了一个不规则的环形建筑群，它们大都是外资在华银行的营业大厦。

五口通商以后，由于上海居长江三角洲的中心位置，这里是丝织、土布、制茶等传统手工业的集中生产地，又是长江自西向东的入海口、中国南北洋航线交汇处，具有联结海外与内陆的得天独厚的地理位置，所以上海很快便替代广州成为中国对外贸易的最大商埠。此后，外资在华设立银行时，大都选择以上海为据点。1895 年，外资已在华设立8 家银行、16 个分支机构。其中有英国的有利银行（1854 年）、麦加利银行（1857 年）和汇丰银行（1867 年）；阿加剌、汇川、利生、利华、利升、汇隆 6 家英国银行在 19 世纪 60 年代的金融恐慌中停业；还有日本的横滨正金银行（1893 年）、德国的德华银行（1889 年）以及沙俄的华俄道胜银行（1895 年）。其主要为进出口贸易服务。

原汇丰银行大楼耗资 1 000 余万元，位于外滩 12 号，建成于 1923 年，建筑面积达 22 000 平方米，有 7 层楼，是所谓希腊式建筑。特别引人注目的是大楼门前两边有着两只闪亮的铜狮子。据说这是在英国铸造的。铜狮铸成之后，铸模被毁掉。英国人夸耀称这幢希腊式大厦是从苏伊士运河到远东白令海峡的一座最讲究的建筑。外滩 24 号建筑是原日本横滨正金银行的营业大楼，外滩 18 号建筑是原英国麦加利银行大厦。外滩 15 号建筑则是原沙俄华俄道胜银行大厦，其在第一次世界大战前建成，也是外滩最早建成的大楼之一。美国花旗银行 1902 年在上海设立分行时已没有空地，只好到附近选择地皮建大厦。

汇丰银行总行设在香港。起初它在上海只是搞些汇兑结算等业务，资金周转欠灵，曾经因投资股票失利险些倒闭。随着英国侵略的进一步深入，它依仗着清政府授予的治外法权，可以拒绝民众对存户的调查。许多军阀、官僚、地主也都把汇丰看作最安全的保险库，将历年搜刮所得存进去。它像一条巨型吸血虫，吮吸着中国的民脂民膏。从19世纪80年代起，每年的纯利都在100万元以上，1890年曾达267万余元。当时英国在上海的喉舌《北华捷报》曾以羡慕的口吻说：如此大的利润，是伦敦任何合股银行未曾有过的。1923年，外滩12号新建大楼落成之后，年利润仅上海一地就达500万元。1929—1933年，即使在资本主义世界经济危机时期，其平均年纯利润也能达到1 663万元，1930年高达2 072万元，超过其本身的资本总额。其存款余额在1865年只有300余万元，1913年即达2.9亿元，猛增约96倍；1936年高达8.3亿元。

汇丰把特殊存户存入的大量资金用于对清政府放债。1874—1890年，清政府共借外债26笔，汇丰一家就独占了17笔。这些借款不但利息高（最高曾达1.5分），期限短（最短的不到1年），而且在交付借款时，还要先打折扣（最高的折扣为83%），名义上借100两银子，实际上到手只有83两，被扣的部分也要计息。

汇丰以其雄厚的资金扶持外资洋行。仅上海一地就有40多家英国企业与其保持密切的信贷关系，其中怡和、太古、老沙逊等洋行与它的关系更为密切。这些洋行能优先取得汇丰的低利贷款，可以利用它的信用透支进行投机倒把，牟取暴利。汇丰还把大量资金贷放给这些在华的进出口洋行，支持廉价收购猪鬃、桐油、茶叶、大豆、蚕丝及矿产等重要原料和物资，并转手倾销洋货，从而控制了近代中国的进出口贸易，垄断了市场。它的资金一般是不贷给中国民族企业的；即使贷给，利息也总在八厘以上，而且往往要有二倍、三倍以上的不动产作抵押，到期不能归还时，就把这些不动产据为己有。

外资企业垄断了旧中国的进出口贸易，一切进出口贸易往来大多集中在汇丰结汇。1893年，郑观应在《盛世危言》中惊呼："若今之洋商所用银票，并不由中外官吏验看虚实，不论多少，惟（为）所欲为。闻英商汇丰银行在粤通用之票百余万，该行已获利二百万之谱。"①

随着西方资本主义国家对华商品输出的加快，船舶运输频次和货物仓储量不断增加，水灾、火灾在所难免，保险企业也紧随其后在华建立分支机构。鸦片战争以前，清政府只限于通过广州口岸进行对外贸易，英国商人于1835年在广州组建裕仁保险公司，1842年在香港注册，不久又建立广州保险公司（由怡和洋行代理）及中国火灾保险公司。19世纪70年代以前，英商扬子保险公司（子公司有华北保险公司和远东保险公司）在上海成立。裕仁保险公司在上海以保安保险公司名义设立分公司（子公司有不列颠商人保险公司）。1884年美国的纽约保险公司也来华设立分公司。

就人寿保险而言，最早有英商永福和大东方两家于1846年前后来华设立机构。这些保险公司作为资本主义对华经济侵略的重要力量，不仅维护其商品输出免受损失，而且掠夺了大量的货币资金。

2. 外资在华金融资本掌控中国经济命脉

19世纪末，西方资本主义完成了向垄断阶段的过渡，对中国的经济侵略开始由商品输出为主转向以资本输出为主。其在本国外交政策

---

① 郑观应：《盛世危言》，华夏出版社，2002，第262页。

和武装力量的配合下，成为国际金融资本，并和多国联合组建银行团，加强对中国的工矿企业、铁路运输、国际贸易、房地产投资，在中国历史上显示了近代金融对经济乃至政治的掌控威力。

（1）扩展金融势力

《马关条约》签订后，为服务于对华资本输出，华俄道胜银行首先于 1896 年在华成立。该行由俄、法共同投资 600 万卢布（约合 521.83 万银元），其中法国资本占 62.5%，俄国资本占 37.5%。

为了给华俄道胜银行挂上中俄合办的招牌，1896 年，沙俄诱使清政府签订《入股伙开合同》。该行以中国为侵略对象，享有征收中国税款、经营清朝国库与地方金库有关的各项事业、铸造发行货币、代付公债利息、铺设中国境内铁路等权利，取得了修筑经营东清铁路的特权。这家银行实际上是俄国财政部的分支机构，从一开始就以控制中国财政经济命脉为其目的。

1899 年，日本在台北设立台湾银行，不久就将其势力扩展到福建等东南沿海省份，并大量发行台伏票和龙洋票。台湾银行的主要任务是控制台湾经济，操纵台湾、华南及东南亚各国的贸易。由于台湾与闽、粤仅一水之隔，它的业务活动范围侧重于福建、广东一带。

法国东方汇理银行也在上海设立分行，并竭力向广西、云南、贵州等地扩展势力，企图控制中国华南、西南等地区的金融业。

1902 年，美国在上海设花旗银行。同年，荷兰银行和华北银行在上海开业。1906 年出现了中日合资形式的正隆银行。1895—1913 年，外资在华共设立 13 家银行和 85 个分支机构，1914—1926 年又设立 44 家银行以及 125 个分支机构（特别是日本在这一时期后来居上，占到 1/2 左右）。加上甲午战争以前设立的，外资在华银行的总行数达到了

65 家，分支机构共 226 个（日本银行占 42 家，分行 80 个）。其中，以英国的汇丰、德国的东方汇理、日本的正金、美国的花旗等银行为主体，它们成为列强对华政治压迫和经济侵略的堡垒。

《马关条约》为帝国主义对华进行大量资本输出开辟了通道。在这种历史条件下，19 世纪末 20 世纪初，在主要资本主义国家中，原来起支付中介作用的银行通过与工业资本融合，已变为万能的垄断者。它们在中国设立的银行，除继续为本国对华商品输出和掠夺中国原料服务外，更主要的是推进本国对华资本输出，成为各国在华进行各种经济活动的总部。外资在华银行以本国在华资本代理人的身份，在中国经营存放款、垄断汇兑、发行纸币、操纵金融，经手对中国政府的贷款，投资铁路、航运、贸易、工矿业，控制中国财政经济命脉。

（2）资本输出

甲午战争后，帝国主义对华输出资本成为其在中国划分势力范围、控制中国财政经济的主要手段。帝国主义对华投资的形式，大致可分为借贷资本（间接投资）和产业资本（直接投资），但无论哪种投资都通过外国在华银行进行。外国银行在帝国主义向中国输出资本过程中的作用，主要表现为经手政治贷款、插足铁路借款和控制实业贷款、经营房地产、加强对产业的直接投资或贷款。

其中，政治贷款被用于对外赔款和军事、行政开支。甲午战争以后，这种贷款是帝国主义国家侵略中国的主要手段之一，也是它们相互之间争夺中国政治、经济、军事等各种权益的工具。通过政治贷款，它们一方面输出本国的剩余资本，从中国榨取超额利润；另一方面从中国勒索某种政治经济权益，如控制中国税收、垄断中国资源、霸占势力范围等。

甲午战争以前，清政府举借的约 5 263 万元外债中，外国银行经手的占 74%。甲午战争后，大规模的政府借款主要有向日"赔偿"战争费用和赎辽费而产生的大借款。《马关条约》签订后，清政府为了偿付对日本的总计约 3.03 亿元的赔款和赎辽费，于 1896—1898 年向帝国主义国家借了三笔款。其中，俄、法得到一次贷款权，英、德得到两次贷款权。俄法贷款由沙俄 4 家银行和法国 6 家银行承贷，贷款实交时折扣达 94.125%。俄法借款促使俄、法两国金融资本进一步勾结起来。在俄法借款签订的第二天，俄法金融资本集团就开始酝酿并成立了"和平侵华"的工具——华俄道胜银行。英德借款由英国汇丰银行和德国德华银行各承担半数，折扣 94%。英德续借款仍由汇丰和德华两银行承借，这笔借款的实交折扣低至 83%，而汇丰银行和德华银行在市场上为筹措借款数额的债券的发行价格至少要比折扣高出 1%，仅凭此一项差额银行便获利丰厚。它典型地表现出外国银行利用经手借款之机对中国进行的掠夺。除对日赔款的三次大借款外，清政府还向汇丰等银行进行过几次数量较小的借款。如英国麦加利银行 1895 年借给清政府 100 万英镑，除年息 6 厘外，麦加利银行还获得优厚的折扣利益。此款清政府实收 95.5%，但债券在伦敦市场的售价远高出票面额，面额 100 英镑的债券售价达 106 英镑。

《辛丑条约》签订后，外国在华银行又通过庚子赔款转成的借款，进一步控制了清政府的关税、常关税等。1913 年 4 月，英、法、德、俄、日五国银行团与北洋政府签订"善后大借款"协议，以中国全部盐税和部分关税为借款担保。从此，外国银行取得了中国盐税的保管权。外国银行团经手此笔借款，仅利息一项就获得 4 285 万英镑，"善后大借款"债券在国外发行价格为票面额的 90%，较实交 84% 折扣高出 6%，仅此一项可得 150 万英镑，此外还有名目繁多的各种手续费等。

日本银行在日本寺内内阁对华"西原借款"中，十分活跃。1917年1月和9月，日本兴业银行、朝鲜银行、台湾银行3家银行两次共借给交通银行2 600万日元。借款条件是聘用日本这3家银行的代表藤原政任交通银行的顾问，监督该行业务的运作。北洋政府两大财政金融支柱之一的交通银行，实际上已被日本控制。1918年2月，中日合办中华汇业银行。该行名为"合办"，实权却操在专务理事柿内常次郎的手里。到1928年，中华汇业银行代理日本3家银行的放款达8 747万元，占汇业银行全部资产的75%。

1894—1926年，清政府及北洋政府共举借外债29.4亿元，其中70%（约21亿元）经由外国银行承借。外国对中国政府贷款，要求提供种种保证。1917—1926年，关、盐两税税收总额高达16.6亿元。1913年"善后大借款"成立后，北洋政府将关、盐两税作为保证品抵押净尽，北洋政府真正能够动用的只有3.6亿元左右的关余、盐余，占两税总额的1/5左右。外国在华银行经营政治贷款不仅使自己得到了超额利润，而且推动了对中国的资本输出，通过扶持清政府与北洋政府，加强了对中国财政和经济的控制。

通过铁路借款夺取中国铁路权。外资在华银行夺取中国路权的办法之一便是以强制手段对中国进行铁路贷款。1894—1911年，与清政府议定的铁路借款共有28项，其中主要有芦汉铁路借款和湖广铁路借款。

芦汉铁路借款由比利时银团承借，总额为450万英镑，年利率为4.4%，折扣90%。借款条件规定，由比利时国银行工厂合股公司承建芦汉铁路及展筑支线，代购筑路材料，监督财务；铁路修通后，比利时国的公司所派经理有调度管理权，公司每年分取20%的余利，借款收支专由华俄道胜银行经理。通过这笔铁路借款，比利时银团和华俄道胜银行实际上控制了这条铁路。

湖广铁路借款总额为600万英镑，借款、材料供给以及佣金等，由美、英、法、德四国银行团平均分配，正、副总工程师的委派，由四国划分区段具体分担。为了加强争夺铁路借款的力量，1898年，汇丰银行与怡和洋行各出1/2股金合组中英银公司。1898—1911年，中英银公司先后独揽和参与了沪宁铁路、广九铁路、沪杭甬铁路、津浦铁路等多项铁路借款。1918年9月，日本兴业银行、朝鲜银行等3家银行承揽了济（南）顺（德）铁路借款2 000万日元。外国在华银行经手铁路借款，使帝国主义各国攫取了中国铁路的勘察权、修筑权、管理权。

美国银团、英国汇丰银行、德资德华银行、法资东方汇理银行还平均分揽了1911年4月在北京确定的币制实业借款。通过这次借款，美、英、德、法四国获得参与中国币制改革，东三省农垦，对畜牧、森林、矿产资源开发的特权。

经营房地产既是外国在华银行资金运用的一个重要方面，又是它们一种重要的掠夺手段。在这一时期，外资银行特别热衷于"道契"的买卖。所谓"道契"，即租界的地产凭证，可以抵押、转让和买卖。1902年，外国银行在上海的房地产投资为5 000万美元，1914年剧增至13 500万美元。外国在华银行还大力进行产业资本输出。它们或向在华外资洋行、企业提供巨额资本，或直接投资于企业，插手中国的工矿、交通、运输。汉冶萍公司是亚洲最早的钢铁联合企业，日本为了使它与日本制铁所的"关系更加巩固"，从而长久地侵占和掠夺中国的钢铁资源，多次以借款的形式插足该企业。1904—1927年，日本兴业银行、横滨正金银行等对该企业贷款分别达 4 200 多万日元和 5 200 多万日元，终于控制该企业，将其变为日本钢铁业的原料基地。1895—1926 年的 30 年间，外国银行对中国工矿、交通业的直接投资由不到 5 亿元上升到 25 亿元左右，增加了 4 倍。

（3）就地增资控制中国财政与金融

19 世纪末 20 世纪初，帝国主义对中国的经济侵略由以贸易为主转向以资本输出为主。但是，外国在华资本的主要部分，不是来自其国内，而是在中国国土上聚敛的。截至 1902 年底，清政府借入的外债共约 6.8 亿美元，其中庚子赔款和筹付对日本赔款所借外债 5.2 亿美元，约占 76%，这些贷款并非全部来自帝国主义列强本国。外国在华银行的资本亦如此。外国在华银行的资本构成大体分两种：一是帝国主义列强国内垄断资本家和金融寡头的直接投资，二是外国银行在中国的盈利积累和凭特殊手段集中起来的货币资本，后者是其主要部分。

甲午战争后，在华外资银行千方百计扩大其资本，除了追加直接投资外，主要通过吸收存款、滥发纸币、垄断外汇、投机地产、保管税收等手段扩大运营资本，加强对中国的金融掠夺。它们依仗治外法权，大肆搜刮民脂民膏。中国人存款在汇丰，汇丰仗着特权可以拒绝中国政府对存户进行调查。因此，当时许多军阀、官僚、地主便把汇丰看作最安全的保险库，将历年搜刮来的血腥钱统统送存进去。据统计，汇丰的存款余额，1865 年只有 300 余万元，1913 年即达 2.9 亿元以上，猛增约 96 倍。1936 年更增至 8.3 亿元。

汇丰有了如此庞大的存款来源，便更加有恃无恐。凡是数额大的存款，它"咸表欢迎"，而对数额小的存款，则"不屑一顾"。本来，银行存款的期限可长可短，由存户随己所需自主安排，然而，汇丰却凭借其优越条件，把存款期限拉得很长，对期限短的则拒之于大门外，以便充分利用中国这些特殊存户的大量资金。它还依仗帝国主义的特权，规定对一部分中国人（当然是达官显贵、富商巨贾之流）的巨额存款不付利息，甚至向这些特殊存户收取所谓"手续费"或"保险金"。

公款主要是依恃各种特权强行收存的作为外债抵押的关税、盐税、厘金等收入。在北洋政府时期，每年有 15 700 万元左右的关、盐税款，要通过汇丰银行转拨。因此，在汇丰等银行年底结存的款项每家达 2 200 万元左右。私款主要是官僚、军阀、商人的存款。1891 年 4 月，李鸿章一次存入德华银行约 65.8 万元。由于大量吸收中国存款，1895 年，汇丰银行的存款余额高达 1.43 亿元。1925—1927 年，仅汇丰银行吸收的中国人存款，几乎就等于当时英国在华的全部投资。法国万国储蓄会开办时并无分文，全靠"有奖储蓄"吸收中国资金，后成为有 1 000 多万美元资本的金融机构。1925 年，外国银行已由 30 年前的 8 家增至 63 家，分支机构共 175 处，并以中外合办名义设立了合办银行 17 家，分支机构共 53 处。这些银行运用中国的资本和公积金 2.4 亿余元，较 30 年前的 0.35 亿元增加约 5.9 倍，超过同期中国银行业实收资本和公积金 2.05 亿元的 17.07%，在中国吸收的存款总额超过 9.1 亿元。

外资在华银行在其入侵之初，便凭借特权发行纸币。甲午战争后，汇丰银行的纸币发行额 1894 年为 997 万元，1913 年增加为 2 483 万元，1924 年上升为 4 961 万元。该行纸币在中国境内流通的数额，1890 年为 432 万元，1910 年为 1 066 万元，1916 年为 1 950 万元，1924 年为 3 307万元。以 1911 年的纸币发行额为例，麦加利银行发行 28 万英镑，东方汇理银行发行 6 316 万法国法郎，花旗银行发行 34 万美元，横滨正金银行发行 165 万日元，华俄道胜银行发行 285 万卢布。1925年，外资银行凭借特权在中国滥发纸币的数额约为 3.23 亿元。

从纸币发行量增长速度来看，花旗银行 1922 年为 1907 年的 30倍，日本横滨正金银行 1918 年为 1907 年的 4 倍。在 20 世纪最初的 30年里，汇丰银行发行额增加 39 倍，麦加利银行增加 3 倍，东方汇理银行增加 50 倍。外资在华银行用纸币的办法积聚和扩大运营资本，增加放款数额。由发行纸币带来的放款增加，无须支付存款利息，从而为外资在华银行带来更大的利润。1928 年 9 月，华俄道胜银行倒闭，它所发行的各种纸币成为分文不值的废纸，仅上海一地就损失约 354.16万元，使无数中国商民倾家荡产。

由于外资洋行垄断了近代中国的进出口贸易，所以一切进出口贸易往来大多集中在汇丰结汇。由于经手近代中国政府的大部分借款和战争赔款，掌握了中国关税、盐税等大宗财政收入的保管支拨权，汇丰操纵了近代中国的金融市场，垄断了外汇。全国通商口岸的外汇牌价以上海为准，上海以汇丰的挂牌价为准，这就使得汇丰可以利用汇价涨落牟取暴利。每当交付中国政府借款时，抬高外汇牌价可少付银两；在收取借款本息或赔款时，压低外汇牌价可从中多收银两。1921—1925 年，汇丰就以此套取了 189 万余两银子。对中国商人同样如此——压低汇价，可以引诱中国商人多订外货；交货付款时，汇价上涨，必须多付银两才能偿清英镑贷款。

甲午战争后，中国的外债大部分以关税作为保证。1898 年，英国人控制的总税务司将中国的海关收入直接交付各债权国，剩余的部分即"关余"再移交中国政府。1911 年辛亥革命爆发，各国在华银行组织"银行国际委员会",决定由汇丰、德华、华俄道胜 3 家银行直接保管上海关税税收。作为中国财政主要收入之一的关税自此开始由外资银行直接支配。

1913 年 4 月袁世凯举借"善后大借款",规定盐务收入须存入汇丰、东方汇理、德华、华俄道胜、横滨正金等 5 家外资银行,中国的盐税收入又落入外资在华银行之手。关税和盐税是当时中国政府的主要财政收入。在 1913 年的财政预算中,关税收入占 20.4%,盐税收入占 23.2%,两项合计接近总收入的 1/2。这些巨额税款存放外资银行,被其用于放款以追逐高额利息。仅从"善后大借款"中,外资在华银行就得到高放息低存息的差额约 250 万英镑。

外资在华银行对中国钱庄业的控制表现在三个方面。

一是接受钱庄发放的庄票。庄票是钱庄发出的到期给予兑现的票据,可以在市面上流通,实际上起到支付手段和流通手段的作用。19 世纪 50 年代以后,洋行普遍利用庄票推销洋货,此后,外资在华银行往来结算中也接受钱庄庄票。洋行接受庄票大大有利于洋货倾销,使钱庄业务带有买办性质,而外资在华银行接受庄票则不仅便利了金融的结算,而且由此使钱庄与自己发生联系,为控制钱庄开了方便之门。

二是外资在华银行通过银行买办作为媒介向钱庄拆借款项。在上海,外资在华银行对钱庄的贷款一般是两天结算一次。外资在华银行对钱庄贷款,使钱庄在运营资金上对其依赖愈来愈深;外资在华银行对钱庄的控制也越来越紧,只要收缩贷款,钱庄就会出现周转失灵。

三是随着接受庄票和对钱庄贷款,外资在华银行全权对应收的庄票和应付的支票进行轧抵,加强了其在往来结算中的地位,其控制中国金融的力量日益扩张。

（4）跨国银行团

1910 年 10 月 28 日，美国与清政府草签"币制实业借款"合同。美国为了实现入侵中国东北的野心，对日、俄施加压力，拉拢英、法、德三国共同参加贷款。时任美国银团驻北京代表司戴德专门去伦敦与英、法、德金融资本家商谈，同意共同承担"币制实业借款"。作为协调四国金融侵略利益的产物，四国银行团成立了。

辛亥革命后，西方各国争夺对中国贷款权的斗争愈演愈烈。在不联合日、俄则四国银行团就不能有效地开展业务的情况下，四国银行团开始拉拢日、俄，并于 1912 年 6 月成立六国银行团——包括英国的汇丰银行、法国以东方汇理银行为代表的 8 个单位、德国的德华银行、美国以摩根公司为代表的 4 个单位、俄国以华俄道胜银行为代表的 8 个单位及日本横滨正金银行。

六国银行团成立以后，于 1912 年 12 月与袁世凯达成"善后大借款"协议。在这笔交易中，各国银行代表为了争夺对中国的财政监督权而相持不下。美国因为没有捞到预期的好处，于 1912 年 3 月 18 日宣布退出。六国银行团变为五国银行团。

第一次世界大战爆发后，五国银行团中的德国被除名。1917 年 11 月俄国发生"十月革命"。在这种形势下，1918 年 5 月，美、英、日、法组织新四国银行团。加入银行团的各国银行，美国 36 家，英国 7 家，日本 19 家，法国 9 家，美国取得领导地位。在短短的十余年中，银行团频繁改组，反映了西方各国之间激烈的利益争夺；一再重新组合，则表明了它们之间的短暂妥协和对中国的"共管"。这也是外国在华银行金融势力扩张的重要标志。

3. 东北金融的殖民地化

1931 年日本侵占东北后，扶植成立了伪满洲国，并决定对允许开张营业的东北地方金融行号委派监理官进行监督。由日本关东军成立统治部，负责筹建以日本为主的东北地区金融新体系，决定成立所谓的"满洲中央银行"，控制东北的金融。此后，日满公布所谓的"中央银行法"。在攫取东北原有的东三省官银号、吉林永衡官银号、黑龙江省官银号、边业银行和四行号联合发行准备库的基础上，设立"满洲中央银行"。总行设在长春，在沈阳等大城市设立分行，在县以上城市设立支行及办事处，总分支机构共计 128 处，初成立时资本定为满币 3 000 万元，实缴 750 万元。

"满洲中央银行"成立后，相继设立了兴农金库等，以加强其垄断势力和对中资银行的控制。1933 年 11 月公布"银行法"，对原有银行、钱庄以及新建银行强行进行登记并审查。凡开业的中国资本行、庄应将存款余额的三成转存"满洲中央银行"。对关内银行，如中国银行、交通银行，虽准许营业，但强迫其切断与关内总行的关系，并用两行大量的资财充实"满洲中央银行"资本。这样，就从组织上、资金上控制了中资银行。

"满洲中央银行"是日满金融的中枢，按照日满"中央银行法"，具有参与伪满政府有关金融计划、指导统制金融业吸收和运用资金、统制国外资金引进、整顿金融以及保持其与产业紧密联系的作用。银行主要业务为：发行日满货币，回收旧有货币。"满洲中央银行"在东北发行的满币以银为本位，在 1935 年的白银风潮中，改为金汇兑本位，以 1∶1 的比价依附于日元，从而实现了日满货币一体化。"满洲中央银行"于 1932 年 7 月开始回收旧货币，满币与旧货币的收兑到

1935 年完毕。对中国银行、交通银行货币的收兑则到 1935 年才开始，1937 年完成。"满洲中央银行"经营存款，发放贷款，推销公债，支持军事工业的开发，推行金融统制和资金统制，加强对金、银、外汇的管理。1933 年 6 月公布的"产金收买法"规定：黄金、白银一律国有，必须集中交给"满洲中央银行"。1935 年公布的"汇兑管理法"规定，民间不准私自兑换外币，需要兑换者，须经"满洲中央银行"审查。"满洲中央银行"还代理日满国库业务、承办战时特殊财政金融业务、支付日本关东军军费等。1936 年 2 月 3 日，伪满洲政府公布"满洲兴业银行法"，将东北的日资银行、朝鲜银行分支机构和正隆银行、满洲银行的总分行加以合并，成立伪满洲兴业银行，资本为满币 3 000 万元，后增至 1 亿元，实收 9 000 万元。其主要业务是：应募或承受地方债以及以开发东北产业为目的的公司债；办理国债或股份的募集及款项收付事宜，发行伪满洲兴业银行债券；办理公司债权人担保的贷款；营业有盈余时，可购买公债券、地方债券以及其他由经济部指定的有价证券。除此以外，其也经营一般银行业务。

4. 外资在华金融势力的衰落

1927 年，南京国民政府建立国家金融体系后，外资在华金融扩张势力受到遏制。二战结束后，德、意、日三国在华银行被中国政府接管，英、法金融实力削弱。美国在华银行与大量的美援有关。根据美国经济合作总署的规定，美援中的金融业务只准委托美国银行办理，因而由大通银行和花旗银行独占大量结算和汇兑业务。又由于当时主要是美援，对外贸易的绝大部分也都是对美贸易，所以通过美国银行进行中、美之间的国际汇兑业务比通过其他外国银行具有更便利的条件。美国在华的银行发展最快，势力最强。

伴随着国民政府统治地位的动摇，法币和金圆券严重贬值，外国在华银行随之收缩分支机构，把业务重心移向上海。1949 年 10 月 1 日，中华人民共和国成立，之后取缔外国银行在华特权，禁止外币流通。在国民党政权被推翻后，除了英国汇丰、麦加利银行仍在上海设点外，其他各国银行皆从中国撤走。

（二）中国传统金融机构的兴衰与调整

随着外国资本主义势力的入侵，中国资本主义经济逐渐发展，19 世纪七八十年代以来，传统金融机构典当、钱庄和票号以各自不同的职能，被卷入各类经济活动中，逐渐在性质上发生变化。

1. 典当业

光绪年间，北京大约有 200 家当铺，八国联军入侵北京时被劫掠一空。在上海，南、北两市和租界共有当铺 150 多家。辛亥革命以后，典当业虽仍保留，但随着钱庄和新式银行的发展，已不如以前兴旺。以山西为例，《中国实业志》中记载，全省当铺自清末以后逐渐减少：1887 年有 1 713 家，1921 年有 731 家，1935 年有 436 家。全省典当业资本共计 2 294 479 元[①]。

典当业的衰落除客观原因外，还由于本身存在的种种弊端。其一，缺乏新的经营意识，囿于陈规陋习，墨守成规。无论社会环境发生何种变化，一味抱残守缺，恪守传统的经营方式，跟不上时代前进的步伐，丧失市场的适应能力和竞争能力。其二，行业形象不佳。典当商唯利是图，重利盘剥，书写当票时都预留日后同送当者争执的余地。

---

① 山西地方志编纂委员会办公室编《山西金融志（上）》，（出版者不详），1992，第 2-3 页。

章元善在《典当论·序》中说："在经营典当业者，以为非苛刻剥削，不足以获得利润，非获得利润，则不足以达到典当业之目的。于是日夜孜孜，思所以获得利润之道，从而遭社会之厌弃也亦愈甚。"[1] 其三，实行扼杀人才的升级制度。典当业的人员升迁以其进入典当的时间先后为唯一标准，不得破格提升。庸劣无能的只要没有重大闪失，尽可长居要位；勤奋有为的得不到奖掖，无法脱颖而出。在这功过不分、勤懒无别的氛围中，职工的积极性受到打击，造成人才寥落的后果。

典当业日渐式微，但仍能在银行、钱庄的缝隙中生存、逐利。这是由于它的放款对象主要是处于下层社会的贫民，有着一定的群众基础，而银行、钱庄一般不办理小额贷款。银号（钱庄）侧重对人信用，放款数额较大，对小额拆放不屑一顾，贫民信用更难得银号之青睐。银行虽重押品，但贷与贫民需要之小额款项，非典当莫属。在广大人民生活水平十分低下的情况下，典当业同他们的生计有着密切的联系：当遇到生活困难时，他们不得不依赖典当以解燃眉之急，尚无其他可代替的行业。调剂资金的灵活性，是典当业为人称道的显著特点，自然对送当者的榨取也是很厉害的，小押尤为严重。

民国时期，山西的当业获准发行信用货币——称为"兑换券"。全省158家（占总数的36.2%），当铺发行兑换券1 346 247元，为其资本额的3倍，而发行此项兑换券的现金准备只需40%。这无异于凭空追加资本，用于接当放债。忻县的民生当铺为山西军阀阎锡山所开，资本只有1.5万元，但发行兑换券高达27万元，后者是前者的18倍，可见其"生财有道"。

---

① 章元善：《合作文存》上册，中国合作图书社，1940，第103页。

1935 年 4 月，中国农民银行成立以后，由该行主办的"农民抵押贷款所"则是旧式典当的变种。除建立自营机构外，也改良旧式典当，由中国农民银行控制其业务并给予资金支持。来到农民抵押贷款所当东西的，除了贫困农民，还有城市贫民。质物的种类有牲畜、农具、家具、地上作物、蚕丝、铜锡器等，质押折扣规定不得超过时价的五成，期限不得超过 1 年，还要有可靠的保证人。农民把抵押品送上门，典当 100 元，年利 20~30 元，还要付栈租 1~2 厘甚至 5~10 厘——美其名曰"救济农村"，实则残酷剥削农民。这种典当式的"农民抵押贷款所"，1936 年底已在湖北、江西、安徽、浙江、江苏、陕西、甘肃、湖南、四川等省成立 20 处，并贷出农民动产抵押放款 141 万元，其中有来自农民银行的资金 85 万元。

抗日战争全面爆发后，官僚资本和民族资本纷纷转向内地。在一片发"国难财"声中，典当业的押品尤其是其中的不动产难以实现资本转换，古老的典当业开始趋向没落，一蹶不振。

2. 票号起落

19 世纪 70 年代以来，外资在银行插手埠际汇兑业务，票号受到威胁。1900 年八国联军攻占北京，慈禧太后西逃，票号对其资助颇多，换取了她的信任。清政府岁入各款如税项、军饷、协饷、丁漕等，大部分存于票号，使它实际上起着代理国库的作用。官吏宦囊、富绅家藏也大量存于票号，使其资本充裕，营业机构迅速增多，清末设在北京的票号达 30 余家，分布于全国各地的分号多达 450 家。有的票号还在新疆、东北、香港等边远地区及国外的东京、横滨、大阪、仁川等地设立分号。其汇兑业务除为清政府汇解饷需、丁银、赋税等业务之外，还承担了部分外债、赔款等还本付息的汇解。1862—1893 年，票号承汇的公款每年平均约为 203 万元。山西祁县、太谷、平遥三帮票号，每年营业资本约为 10 万两，而盈利却在二三十万两以上。票号的存款分为定期和活期。定期 3~6 个月，利率为月息 4~8 厘，活期为 2~4 厘。放款利率为 5~10 厘。

票号在经营活动中，也为国内资本家服务。1887 年，中国铁路公司为修筑铁路，曾求助票号资本支持。云南天顺祥禀号经理王炽为云南铜矿承担过招股任务，这是票号与国内资本主义企业的初步接触。

1908 年各省官办银钱号兴起，将票号经办的官款收解存放业务全部拿去；1904 年清政府创办户部银行，将官款改存于这家银行，票号业务大受影响。自火车、轮船通行后，不但银行承做汇兑，邮局和信局也办理汇兑，票号更是日趋衰落。辛亥革命推翻了清王朝及其官僚机构，票号也因贷出之款难以收回而宣告倒闭，随之终结。

3. 钱庄兴旺

钱庄经营较为灵活、重信用，不用抵押，又发行庄票，使一般中小商人调剂资金比较灵活方便，从而在商界有较深厚的基础。

1842 年，《南京条约》签订之后，中国进出口贸易逐年扩大，金融流通的需要日增。钱庄除经营普通存放款业务之外，也多少受外商银行的影响。当时市面上流通的钱庄票据有期票、庄票、汇票、银票等，钱庄开办了过去没有的"贴现"业务。在近代中国多元货币制度下，铜圆、银圆、银两、纸币混杂于市，钱庄经营货币兑换，有利可图。随着沿江、沿海地区商品经济的发展，钱庄的活动中心也逐渐转移到长江流域尤其是上海。

随着国内民族资本主义工商业的兴起，20 世纪以来，钱庄或对近代工商企业放款，或直接投资设厂，从而推动了国内资本主义的发展。

在这个过程中，钱庄的资本结构和资金运营发生了变化，影响和加深了它的资本主义性质。

1908 清政府颁发的《银行通行则例》中所列举的银行经营的业务，如票据贴现、短期拆息、存放款、买卖生金银和兑换、代收票款、发行汇票和银钱票等，皆适合钱庄经营。由于以上原因，1897 年国内银行和其他新式金融机构建立，也未能立即动摇钱庄的地位。在上海等地，钱庄仍操纵着货币兑换和银钱拆借市场，与外国银行、国内银行形成三足鼎立之势。

从电影《林家铺子》中我们能看到近代钱庄的影子。林家铺子儿经惨淡经营终于濒临破产，林老板逃之夭夭，惊动了与之往来的大大小小的债权人，大家都吃了倒账。而捷足先登封存林家铺子底货的便是恒源钱庄。该电影讲述的是 1931 年发生在江南一个小镇上的故事，当时中国金融资本活动情况由此可见一斑。

4. 保险与镖局

自然灾害和人的生老病死是客观存在的，在生产力水平低下的社会形态里，它们对人类社会生活的影响尤其强烈。

（1）萌芽状态中的保险思想

中国农耕时代普遍存在的"养儿防老"观念，以及家庭积蓄、礼尚往来、邻里互助，皆可视为一种保险行为和意识。传统的保险可看作一种补偿和分摊意外损失的经济手段，其思想萌芽可上溯至先秦。《礼记·礼运》曾描述过古人对于"大同"时代的理想，其间就有丰富的传统保险思想："大道之行也，天下为公；选贤与能，讲信修睦。故人不独亲其亲，不独子其子；使老有所终，壮有所用，幼有所长；

鳏、寡、孤、独、废疾者皆有所养。"①

如果说《礼记·礼运》更多反映的是人类自身的生存和再生产保险问题，那么，随着社会生产力的提高，人们便开始思考社会生产方面的保障问题，由此产生了社会保险思想。《逸周书·文传》指出："天有四殃，水旱饥荒。其至无时，非务积聚，何以备之?"② 这"备""水旱饥荒"的"积聚"，显然就是一种社会保险。该文还引用了夏禹规诫之书《夏箴》里的话："小人无兼年之食，遇天饥，妻子非其有也；大夫无兼年之食，遇天饥，臣妾舆马非其有也；国无兼年之食，遇天饥，百姓非其有也。"③ 这说明早在部落联盟时代，我们的祖先就认识到粮食贮备对于国君、大夫和平民百姓的重要性了。

相传周文王在位时曾遭遇严重灾荒，《逸周书·序》称文王曾召集百官商讨"救患分灾"的对策。这些对策特别注意的是"分灾"两字。"分"是指分散灾害损失，它表明商周时期就已产生分散危险、管理危险的保险观念了。中国传统保险思想的一个明显特征是，古代已有较为完善的荒政思想和系统的仓储制度。上述社会保险思想，基本上都可归纳为贮粮备荒的荒政思想。

（2）镖局

19世纪中叶《天津条约》签订后，营口成为东北地区对外开放的通商口岸。外洋及关内从海路运往东北地区的物资，都要先集中于营口，再通过辽河水运或从陆路运至东北各地。营口不仅成为南北物资交流的集散地，而且也成为西方列强掠夺东北物资和倾销商品的交通枢纽，商运日益频繁。但东北匪患猖獗，货物在运输途中时常遭到抢

---

① 陈绍闻主编《中国古代经济文选》第一分册，上海人民出版社，1980，第56页。
② 杨树达：《杨树达论语疏证》，吉林人民出版社，2013，第223页。
③ 杨树达：《杨树达论语疏证》，吉林人民出版社，2013，第223页。

劫，在此社会背景下产生了镖局。

1889 年《黑龙江述略》记载："东三省马贼充斥，故商贾往来，辄以镖手护行。齐齐哈尔、呼兰、黑龙江三城，皆有行局。大率直隶沧州人为多。官家亦每倚以为用，不假练军之力。由奉天出法库门，经蒙古草地，往往竟日不逢一人。镖手执快枪，骑而从，沿途顿宿皆熟谙，可少戒心，其价每人十金，凡百在内，若有损失，行局认赔。由法库门至郑家屯而北，食物皆须自带，旅寓仅供水薪而已。郑家屯，蒙古科尔沁部所辖，民户万余，为第一集镇。旅寓之大，视内省数倍，冬季之夕，每停车数百乘，宿人千余辈，不觉其扰。"① 仅营口一地，就有日升、福顺等数十家镖局。由此可见当时东北地区的镖局盛极一时。

经营镖局的一般都为武林中人，与土匪多有联系。镖局运货，土匪很少侵扰。货主交运的货物称为镖码（保险标的），镖局根据货物种类和数量确定镖力（保险费）并签发镖单（保险单）。车上插一面镖局的三角小旗作为标志，并派人护送。到达目的地后，收货人按镖单验收无误、镖单签字盖章后交护送人带回。偶尔因镖局与土匪联络不周或遭遇散匪拦截时，护送人先与土匪谈判，继用财物疏通，如均无效，最后才用武力解决。护送人如被打败而弃货逃走，所损失镖码由镖局按市价赔给货主。

镖局是以民间武力保护财产运输安全的组织。它的责任仅限于防止匪盗抢劫，而对其他各种自然灾害和意外事故造成的损失则不予负责。其承保手续，与现代保险大致相同。这种在特定历史条件下形成的中国特有的原始保险形式，对促进物资交流、推动生产发展曾起过一定的积极作用。20 世纪初，东北开通火车，货物运输日趋迅速和安

---

① 徐宇亮等：《黑龙江述略》，黑龙江人民出版社，1985，第 83 页。

全，且运价低廉，大车、船舶运输逐渐式微，镖局的生意越来越萧条，终于为历史所淘汰。

（3）人寿保险

针对东北地区的水上运输，曾出现过船会组织。船会又称艚船会、艚船联保会，营口、安东等地都曾有过。经营船舶运输的皆系水上居民，他们终年在水上作息，面临的风险和威胁相当大。一旦遭遇匪盗抢劫或水险，他们往往倾家荡产。《东北年鉴》记载："艚船之水运业者，多山东、天津及沿海土民所经营。因浮家泛宅，生活危险。一朝遇难，家业荡然。故由同乡船户组织船会以为互助……据船会规则，各种帆船、小艇，均须缴纳会费，由船会储存生利，以便船只遇难时出公费救济。"①

船会具有现代保险的某些属性，但规模较小，组织单纯，地方色彩浓厚，不像现代保险业那样规模巨大，组织复杂，业务范围广。每个参加船会的会员，都具有保险人和被保险人的双重身份，对当时保证东北地区水上运输的正常运行是有积极意义的。

在西方近现代保险传入之前，原始的人寿保险已经在中国出现。比较重要的有福州的父母轩、闽西永定的孝子会等。

父母轩是福州地方的同业互助保险组织，产生于同治年间。商号将伙计每月工薪的一小部分存入行业的公积金。如入轩者遇死亡、疾病等情况，行业可从公积金里提出部分作为救济费。光绪年间，福州父母轩盛极一时，会员已不再限于本行业伙计，同一行业也往往有好几家父母轩。入轩者每人每月交纳小洋 3 角，以 100 月为满期，期内身故，可领回小洋 300 角。倘距满期尚缺若干月，领款人须予补交，

---

① 李晓主编《中国保险百科全书（一）》，中国环境科学出版社，2001，第 20-21 页。

使成满额，或直接从应领的 300 角中扣除。而期满仍健在者亦只收回
300 角。这样，父母轩便转化成一种无利息的零存整取储蓄，成为主
持人牟利的工具，此后渐趋衰败，不久便绝迹。

孝子会是光绪年间由闽西永定县（今福建省龙岩市永定区）林氏
宗族创立的，凡乡里农作收入可靠的成年人，都可成为会员。其股份
总额多少，视各人认股量而定——多至百股，少亦数十股。至于各人
认股多少，则以有长辈几人健在为标准。每股合大米 2 升或制钱 200
文，民国后改为小洋 2 毫。主持人由会员公推，系义务之职。会员有
长辈去世，即可向主持人索取会员名册，按各人所认股额，挨户收取
米钱，以作丧葬救济。民国成立后，其逐渐为现代人寿保险所代替。

（三）新式金融机构兴起

近代中国金融机构的产生，系以下几方面共同作用的结果：一是
外资金融机构具有示范作用；二是自洋务运动以来，中国人对西方金
融有了初步的认识；三是为了以此生利，缓解清政府当时面临的财政
经济危机。

1. 对近代金融的认识

在中国传统农业社会，手工作坊生产规模较小，技术落后，不提
折旧基金，内部积累少，旧式金融组织已能满足其要求。近代产业活
动的开展及其发展，一方面能创造可充作银行存款的货币资本，另一
方面也需要银行在资金方面予以调剂。在西方近代金融机构大举进入
之后，一部分国人才对以银行为主体的西方近现代金融机构有了初步
的认识。

（1）对银行的认识

在中国，"兴银行"的主张虽然最早出现在19世纪60年代初太平天国后期洪仁玕主政时写下的《资政新篇》中，但影响甚微。直至19世纪70年代以后，真正对西方银行制度进行认真研究、细致分析的则是买办出身的郑观应、陈炽、梁启超等人。

郑观应说："商务之本莫切于银行。泰西各国多设银行以维持商务，长袖善舞，为百业之总枢，以浚财源，以维大局。"[①] 银行具有吸收存款、融通资金、调节货币流通、支持国家建设、代理国库和省库等作用。"便于人者如此其多，获于己者如此其厚，所谓以美利利天下者，莫要于斯矣。"[②] 银行的划分仅根据所有制的不同进行。他提出月息3.5厘，按本月存入的最少数为准。这种计息办法对储户很不利。但他认为："此则银行之于中取利也。然此原不足为银行病也。盖人向银行存款……若百元以内，其细已甚。银行意主便民，收此奇零之数，存银之人或今日存入，明日支出，彼亦不得不为代劳，是不啻众人之总账房，苟不予以沾润，谁乐为之？"[③]

郑观应肯定了汇丰银行的做法，认为立法之善，无以复加焉。他对汇丰银行的批评则是"虽有华商股份，不与华商往来"的歧视华商态度，指出这是"西商操其权，而华商失其利；华商助以资，而西商受其益"。对于这种"倒持太阿，授人以柄"现象，他认为"今为之计，非筹集巨款创设银行，不能以挽救商情而维持市面也"。

---

① 郑观应：《盛世危言》，转引自叶世昌著《近代中国经济思想史》，上海人民出版社，1998，第145-146页。

② 郑观应：《盛世危言》，转引自叶世昌著《近代中国经济思想史》上册，上海财经大学出版社，2017，第140-141页。

③ 郑观应：《盛世危言》，转引自叶世昌著《近代中国经济思想史》上册，上海财经大学出版社，2017，第141页。

郑观应认为，银行的第一难事是用人，亦宜仿照西例。"一切应办事宜，由股商中慎选一精明干练、操守廉洁之人综计出入，另举在股董事十人襄赞其成。重其事权，丰其廪饩，激以奖劝，警以刑诛，庶利多而弊少耳。"① 若人才良莠不齐，偶有疏虞，即生弊窦。"宜仿西法：凡银行所用之人皆由公举，不得私荐，责成官绅及诸股东各就所知保荐才能廉洁之士。荐而作弊，举主坐之；倘有亏蚀，荐主罚赔。以众人之耳目为耳目，以天下之是非为是非，则弊绝风清，当亦庶乎其可也。"② 如举荐不当，举荐者要负连带责任。此外，银行经营抵押放款也易产生弊端，欲救其弊，亦必以西法为归。他还提出由朝廷下令，必须由政府的专责部门推行，所以又说："欲设银行仍必自建立商部始。"③

陈炽指出："善贾者未必多财，多财者不皆善贾，不有周转流通之地，则两全无策，必致两妨。"④ 他提出成立银行有"六便"：便一，所出钞票以 5 元至 100 元为度。另存钞本，随时取银，诚实无欺，以昭大信。钞用机制，款式精工，不能伪造。人皆不用银而用钞，不存银而存钞，1 000 万金可得 2 000 万金之用。便二，挟巨资以行万里，用汇票可周历万国，不携一文。便三，中国因无银行，不易成立公司。有银行则股本可存银行生息，千万百万，如取如携，登高一呼，四方响应。便四，人有金银，可存银行生息，随时取用的月息 3 厘，存 3

---

① 郑观应：《盛世危言》，转引自叶世昌著《近代中国经济思想史》上册，上海财经大学出版社，2017，第 141 页。

② 郑观应：《盛世危言》，转引自叶世昌著《近代中国经济思想史》上册，上海财经大学出版社，2017，第 142 页。

③ 郑观应：《盛世危言》，转引自叶世昌著《近代中国经济思想史》上册，上海财经大学出版社，2017，第 142 页。

④ 陈炽：《续富国策》，转引自叶世昌著《近代中国经济思想史》上册，上海财经大学出版社，2017，第 164 页。

个月的 4 厘，5 个月以上的 5 厘。3 元、5 元均可存放，有母必有子，既便富民，尤便贫民，银行不啻为众人营运。便五，房屋、地亩之类产业，留之无利，售之无人，至银行估价押银，自作贸易，获利仍可赎回。化板为活，化滞为灵，则败落之家均有谋生之路，而商务益兴。便六，国家有大工役、大政事急须筹款，赋税不能再加，度支不能节省，可由银行为之筹借国债。借票一出，购者纷来，取之不禁，用之不竭，每一举事，弹指即成。发展经济要有充足的资本，资本的筹集和融通要靠银行。因此，陈炽说："通商而不设银行，是犹涉水而无梁，乘马而无辔，登山而无屐，遇飘风急雨而无寸椽片瓦以栖身，则断断乎其不可矣。"[1] 他希望政府参酌中外情形，取长补短，订立条规，得人治理，创设中国自己的银行；不可粗心大意，有始无终，致被外人所笑。

梁启超说："银行为国民经济之总枢纽，所关者不徒在财政而已。"[2] 发展银行的目标，一是要使银行在全国普及，二是使人民食银行之利。银行主要靠利差收入，存入之银利息低，贷出之银取息高。但在风气未开之地，有财者不肯将银存入银行。银行只能周转自有资本，获利不如他业，所以银行业不能兴盛。发钞币不用付利息，银行如果能发 100 万元钞币，即相当于有 100 万元不付利息的存款。"苟善于经营，则利用此'存款'，常可以得一分二厘之利，是每年可赢十二万元也。钞币之利，在此而已。"[3]

---

[1] 陈炽：《续富国策》，转引自叶世昌著《近代中国经济思想史》上册，上海财经大学出版社，2017，第 164 页。
[2] 梁启超：《中国改革财政私案》，转引自叶世昌著《近代中国经济思想史》上册，上海财经大学出版社，2017，第 273 页。
[3] 梁启超：《中国改革财政私案》，转引自叶世昌著《近代中国经济思想史》上册，上海财经大学出版社，2017，第 274 页。

在风气未开的国家，除允许发钞外，别无鼓励银行发展的办法。世界各国的发钞之权，或专归一中央银行，如英、法、德、日等国；或委诸多数国民银行，如美国与英属加拿大、澳洲联邦，及以前的英国、日本。由一中央银行掌管全国金融总枢纽，利益固不可胜言，但行之于小国易，行之于大国难，行之于交通不便的大国则更难，因此中国只能行国民银行制度。中国政府即使不给人民所立银行以发钞权也无妨，实际上民间早已擅自行之。"即以北京论，满城之银票、钱票，其数何止数百万两，其在外省亦莫不皆然。发此等票之银号、钱店，其资本多少，官不知也；其所发出之票多少，官不稽也。其中岂无一二老号，顾永远之利益而常守信用者，然其多数皆贪目前之小利，滥发多票，以致倒账频仍，摇动市面。"[1] 此积弊难以骤然禁止，只有奖励设立合法的银行以抵制之。而银行有发钞权，市民有此新货币流通，银根骤松。各种事业都有起色，银行则贷出纸币以求利息。"银行愈多，争竞愈盛，市场利率愈减，营业者易于得资，而各种工商业皆将缘此而浡兴，我国民将来能以商战雄于世界，其枢机皆在是矣。彼美国与日本，实前事之师也。"[2] 有人认为，已经存在的"度支部银行"（大清银行），如欲办成中央银行，则非大变规模不可，不如暂时仍沿袭原有习惯。

参考美国、加拿大的《国民银行条例》和日本的《国立银行条例》，梁启超为中国的银行制度拟定了一个章程：银行资本不少于5万元；发行纸币的银行，可将其资本的80%购买公债券，准许度支部银

① 梁启超：《中国改革财政私案》，转引自叶世昌著《近代中国经济思想史》上册，上海财经大学出版社，2017，第274页。
② 梁启超：《中国改革财政私案》，转引自叶世昌著《近代中国经济思想史》上册，上海财经大学出版社，2017，第274页。

行发行同额的纸币；发行纸币的银行需存贮通行货币（包括正币和政府发行的不兑现纸币）为准备金，且不少于纸币发行额的 20%；纸币由度支部银行制造发给，银行需交制造费；纸币凡完粮纳税及其他交易一切通用，与正币无异；若遇该银行倒闭，持有该银行纸币者，可向各地官私立银行换取正币或其他银行纸币。

实行此制度，银行可得两方面利益：一是公债的利息收入，二是以纸币辗转借贷的利息收入。政府可放心发行公债而获得其他直接、间接的收入。对于原来银号、钱庄的银票、钱票，可以暂时不予过问，待新银行发展后，它们也会成为银行。梁启超说："启超敢信此银行章程颁布之后，不及数月，而国中必有极大之数银行出焉，即山西票号所联合组织者是也；京都及各省城与夫诸大市镇必各有数家之中等银行出焉，即前此该地之银号、钱庄等所联合组织者是也。"[1]

1914 年，梁启超对中国的银行制度有了新的设想，并且加强了理论分析。他说："现今世界各国发行银行制度分为两种：一曰单一银行发行制，一曰多数银行发行制。单一银行发行制者，谓国家以兑换券发行之权，畀诸一银行，而其余银行均无发行之权，世所称为中央银行制者即此也。多数银行发行制者，谓国家定一发行银行之条例，凡依此条例设立之银行，皆得发行兑换券，而别无中央银行之设立；其条例中最重要之点，则在银行必须以与发行额相当之公债票提供于政府，作为发行之保证，即所称为国民银行制者是也。"[2] 他认为中国国情特殊，这两种制度对中国都不完全适用。若采用纯粹单一制，市

<hr />

① 梁启超：《中国改革财政私案》，转引自叶世昌著《近代中国经济思想史》上册，上海财经大学出版社，2017，第 275 页。

② 梁启超：《银行制度之建设》，转引自叶世昌著《近代中国经济思想史》上册，上海财经大学出版社，2017，第 275 页。

场中缺乏私立银行，仅靠一中央银行，难以照顾市面。而且中央银行直接放款给商人，极为危险。前大清银行放款之滥，几至不可收拾，可以为鉴。"是故设立中央银行，固为不易之政策；而奖励私立银行之发达，尤为当今之急务……为今之计，惟有执衷二者之间，定一通融办法，以纯粹单一制为最后之目的，而以兼采多数制为过渡之手段。"① 采取这种办法，一是足以唤起国内对公债的需要，二是足以销却各省之纸币，有利于财政。他指出，美国银行制度的缺点在于无中央银行，使兑换券缺乏伸缩能力，难以操纵市面，而他的主张可以矫正美国之弊。最后梁启超还在其《银行制度之建设》中说："吾闻今日国中人士对于银行制度，主张专采用单一发行制者颇不乏人，故特深长言之，而不觉其词之费也。"②

（2）对信用的认识

在中国近代金融中心上海，云集了外商银行、华商银行、钱庄这三大金融势力下的众多金融机构。钱庄历史悠久，有些制度为银行所沿用，但银行更重视制度创新。章乃器在参加制度创新实践的同时积极提出自己的主张，并做出理论分析。1932年3月，他应邀参与筹划成立中国征信所，提出"它的目标，是在研究信用调查的方法，促进信用调查的技术，交换信用调查的资料"③。

关于业务方针，中国征信所的方针是根据"一切的事业要从积极的方面找出路"的原则。他说中国人事业观念的最大错误就是把大部

---

① 梁启超：《银行制度之建设》，转引自叶世昌著《近代中国经济思想史》上册，上海财经大学出版社，2017，第275页。
② 梁启超：《银行制度之建设》，转引自叶世昌著《近代中国经济思想史》上册，上海财经大学出版社，2017，第275页。
③ 章乃器：《四个月间中国征信所》，转引自叶世昌著《近代中国经济思想史》下册，上海财经大学出版社，2017，第394页。

分精力用在消极的节流工作方面，而把积极地发展事业放在脑后。

关于工作规律，章乃器介绍中国征信所的规条有三：一是审慎以求"真"，二是详尽明晰以求"美"，三是忠实公正以求"善"。时人多以为征信所是介绍放款投资的机关。章乃器表示："征信所的调查报告，的确可能一面使金融界得到稳妥放资途径，而一面使需要资金的工商业者得到适宜限度的资金的融通。然而，这是征信所的工作自然的结果，而不是征信所工作的直接目标。这是间接的、不期然而然的效能，而不是一种业务。"① 还有人以为征信所不应该把中国工商业家的内容"和盘托出"地告诉洋商会员，这更是错误得不可思议。"在贸易上不使对方彻底了解我们的内容，条件上一定要非分的吃亏……征信所的报告也许要告诉别人若干内容不良的工商业者，然而同时告诉别人许多内容优良的工商业家。这样，我们把这大堆的'统货'按等级整理清楚了，总价格自然马上要抬高……中国目下的大患，就是大家对于技术的疏懈；而社会的不安定，一面往往不能维持一种技术机关的存在，一面又要使人民没有恒心去做抱残守缺的技术上的钻研。所以到了今日，社会上尽多万能之人，而没有专能真能之人。"② 他说，中国征信所的设立，既表示中国人对技术需要有了觉悟，又表示中国人的技术工作能力能改变旧习而趋向科学的手段。

（3）对金融市场的认识

金融市场包括了两个抽象的市场——银钱市场和资本市场。银钱市场的效用，在于供给一种活动所需资金；其主要方法，就是票据的

① 章乃器：《四个月间中国征信所》，转引自叶世昌著《近代中国经济思想史》下册，上海财经大学出版社，2017，第395页。
② 章乃器：《四个月间中国征信所》，转引自叶世昌著《近代中国经济思想史》下册，上海财经大学出版社，2017，第395-396页。

贴现。资本市场的效用，在于供给一种产业所需资本；它的主要方法，是股票和公司债的投资。章乃器认为："在世界进步市场中，贴现已成金融业放资方面之最重要业务。而流通票据，则已成为现代金融制度之枢纽。一般所谓信用云者，殆可谓流通票据之作用而已耳。""总之，票据之在今日，已成为现金之代用品，而现代货币学者，果亦认票据为通货之一部分也。"[1]

1935 年，章乃器提出了信用统制的办法：①金融业对于押款和押汇的抵押品定一限制，使不需要的洋货不能得到抵押融通。②工商业向金融业支用信用借款时，金融业可以调查进货内容，甚至在拟订借款契约时，就加入"借款人进货，须征得银行同意"的条文。③对于某种营业，绝对不予融通。将来在票据贴现制度确立时，还得保持这种办法的一部分或全部。"倘使我们能够把信用放款改为票据贴现，那末，在金融业自身，因贴现而取得的票据，可以用再贴现方法取得资金的补充——票面债权自身就是能流通的，和不能流通的账面债权绝对不同。再因为可以在票面侦知借款人——贴现人——底营业情形，心理上不容易因怀疑而起了恐慌。而票据贴现，所用的往往是汇票，除了贴现人以外，至少还有承兑人可以负责，更可以比较的放心。这样，就可以把恐慌原因灭除了一部分。"[2] "我们虽然有了一个证券市场，然而这个金融市场所买卖的，只有国债。股票的买卖，只有在信交风潮时代，开了许多虚伪的而且凌空的股票行市；以后差不多就不大容易看见了。公司债事实上更是没有上过市场。一个没有股票和公

---

① 章乃器：《信用制度革新论》，转引自叶世昌著《近代中国经济思想史》下册，上海财经大学出版社，2017，第 396 页。

② 章乃器：《当前的金融问题》，转引自叶世昌著《近代中国经济思想史》下册，上海财经大学出版社，2017，第 397 页。

司债的买卖的市场，不能算是资本市场。因为只有股票和公司债的投资才能把金钱输到生产资本上去。"①

（4）对资本市场的认识

在学习西方先进技术的洋务运动中，股份公司、证券与信托等现代金融制度和技术也被引入中国。薛福成、盛宣怀、张之洞、李鸿章等人都意识到要做洋务就必须广泛融资，要广泛融资就必须采用西方股份有限公司制度，发行股票。薛福成在《论公司不举之病》中谈道："公司不举……则中国终不可以富不可以强。"

1910 年，梁启超在《再论筹还国债》中提出设立股份懋迁公司的主张。他解释说："股份懋迁公司者……其性质专主居间以买卖各公司之股份及各种公债，而取其酬劳金，实为现今各文明国最大最要之营业，为一国中最有力之金融机关，与银行相辅而完其功用。"② 文中列举了设立股份懋迁公司的 12 种利益。

1913 年，康有为在《理财救国论》中，热情洋溢地介绍了他在 1901 年参观纽约股票交易所的观感，指出："今吾国公司不为人信，则股票不盛，而大工商业不成。若有股票市易所以流转股票焉，令大股东为董事者得务其实业，又时其涨落以获利，自不屑为欺盗之举；令小股东竞买股票而日售之，不理公司之赢亏与否，自不致视公司为不信用也。"③

近代中国没有自己的资本市场，却有外商的资本市场。1919 年，外商在上海设股份公所（洋商股票掮客公会），其具有证券交易所的

① 章乃器：《承受业务与信托事业之前途》，转引自叶世昌著《近代中国经济思想史》下册，上海财经大学出版社，2017，第 397 页。
② 梁启超：《西哲学说一脔》，商务印书馆，1916，第 300-301 页。
③ 康有为：《理财救国论》，上海长兴书局，1912，第 63 页。

雏形。1907 年，外商又设立上海众业公所，在该所开行市的有 150 余种外国工商业股票和公司债，其中有些产业远在南洋群岛。据 1933 年 12 月 31 日国民政府财政部的统计，购买股票和公司债的中国人占 69%。章乃器指出："购买产业远在南洋群岛的橡皮种植公司的股票，是资本的飞走；而购买外人在华工商业的股票，更是资助外国资本向中国作经济侵略——表面上资本并没有飞走，而实际上较资本的飞走影响更为严重。"[①] 他又列举欧美证券市场作为比较："我们倘使把欧美的证券市场来分析一下，就会见到他们所做的买卖，主要的算是股票和公司债，国债的买卖反而比较的很几微。这样的一个证券市场，才配算为资本市场。在上海倒是洋商经营的众业公所，专门在那里做在华外国公司的股票和公司债的买卖。这也可见中国目下的生产事业，大权还在外国人的手里；也可以说外国人会想法子把中国人的金钱输到他们的产业上去，而中国人却一点都不曾注意到把国人的金钱运用到生产事业上去。"[②]

章乃器认为建设资本市场，信托业的责任比银行业还重。他指出，要建设一个资本市场，还必须有一个健全的承受业务。他主张信托业和银行业合作，共同担任这个繁重的工作。所谓承受业务，就是股票和公司债的发行，要先由金融业承受下来，再逐渐通过证券市场分散到社会中去。这样做的意义，从产业方面讲，是为股票和公司债的发行开辟了一条康庄大道；从社会方面讲，指导人民投资是金融界的责任。他说："倘使我们有组织严密的承受机关，就不至有过去的橡皮

---

① 章乃器：《经济统制与银行》，载章立凡编《章乃器文集》上卷，华夏出版社，1997，第 398 页。
② 章乃器：《承受业务与信托事业之前途》，载章立凡编《章乃器文集》上卷，华夏出版社，1997，第 71 页。

股票风潮和信交风潮。金融业对于股票和公司债的承受，自然要经过严密的审查。所以，不可靠的股票和公司债，自然就不会有人承受……自然也就没有人敢于投资。所以，金融业的承受和不承受，无形中就给一般人以一个指针。"① 要实行承受业务，必须判断发行股票或公司债的公司的事业前途，组织、设备和营业的情况，公司董事和高级职员是否有作为等。承受以后，还要派人管理被承受公司的账目和财产，派人参加公司的董事会。这样一笔投资，比通常的放款还要稳妥。当然也要考虑自己的实力，不要承受过大的数额。至于承受业务的利益，则是将股票或公司债适当加价出售，可能还有被承受者给予的手续费。他认为："金融业在这个时候，倘使能够放大眼光，大规模地举办承受业务，建设起来一个有力量的资本市场，供给生产事业以需要的资金，那才真算是把握着发展产业的枢纽。"② 他以上所说的金融业，包括信托业和银行业，而不包括钱庄。

2. 金融与财政的关系

时任南京国民政府财政部部长的孔祥熙指出："金融与财政之关系，最为密切，有健全之金融，而后始有健全之财政，诚以金融与国家经济、社会民生，息息相关。如金融不健全，一切事业无从进行。"③ "金融似流水，应使之融会贯通，亦犹如人之血脉，遍行全身，血脉不流通，人必致死亡。金融乃国家之血脉，其与财政，表里为用，

---

① 章乃器：《承受业务与信托事业之前途》，载章立凡编《章乃器文集》上卷，华夏出版社，1997，第72页。

② 章乃器：《承受业务与信托事业之前途》，载章立凡编《章乃器文集》上卷，华夏出版社，1997，第73页。

③ 孔祥熙：《对党政训练班讲词》，载沈云龙、刘振东编《孔庸之（祥熙）先生讲演集》（上册），文海出版社，1972，第227页。

关系綦切。"① "抗战（全面爆发）以来……即以财政之力量，控制金融，方可导入正轨；以金融之力量，扶助经济，方可促其发展；更以经济发展之力量，充裕财政，方可巩固其基础。盖财政、金融、经济三者，必须呵成一气，方可收相互为用之功。"② "金融之机构如血液之脉络，血液运转必赖脉络，金融流通必赖机构，无健全之金融机构，以司主管运筹之枢纽，仍不能视为完善之金融制度。"③ "并将银行业务，重行划分，除中央银行规定为银行之银行外，中国银行为国外汇兑银行，办理对外贸易及汇兑，交通银行为实业银行，办理工商业放款，以促进工商业的发展，扩充农民银行，成立农本局，组织合作社，实行农村低利放款。"④

1935 年 11 月 4 日宣布实行法币政策时，孔祥熙发表了简短的宣言，承诺："现为国有之中央银行，将来应行改组为中央准备银行，其主要资本，应由各银行及公众供给，俾成为超然机关，而克以全力保持全国货币之稳定。中央准备银行，应保管各银行之准备金，经理国库，并收存一切公共资金，且供给各银行以再贴现之便利。中央准备银行并不经营普通商业银行之业务，惟于二年后，享有发行专权。"⑤ 他提议将中央银行的商股总数扩充至资本总额的 60%，"以示与民共有而使中央银行处于超然地位，尽银行之银行的职务"。"设法

---

① 孔祥熙：《战时财政与金融》，载沈云龙、刘振东编《孔庸之（祥熙）先生讲演集》（上册），文海出版社，1972，第 253 页。

② 孔祥熙：《抗战四年来之财政与金融》，载沈云龙、刘振东编《孔庸之（祥熙）先生讲演集》（上册），文海出版社，1972，第 320 页。

③ 孔祥熙：《战时财政与金融》，载沈云龙、刘振东编《孔庸之（祥熙）先生讲演集》（上册），文海出版社，1972，第 257 页。

④ 孔祥熙：《敌我财政现状之比较》，载沈云龙、刘振东编《孔庸之（祥熙）先生讲演集》（上册），文海出版社，1972，第 183 页。

⑤ 中国人民银行总行参事室：《中华民国货币史资料第 2 辑 1924—1949》，上海人民出版社，1991，第 179 页。

增加其活动能力，俾其资金充裕后，得以供应正当工商企业之需要"。

3. 民营商业银行与保险业兴起

外资在华银行攫取的高额利润，诱发了中国人兴办银行的欲望。甲午战争后，巨额的战争赔款使清政府财政破产。在"仓猝聚亿万之财，收亿万之利"动机下，洋务派重臣唐廷枢、丁日昌、李鸿章等人曾试图创办银行。

1896 年 11 月，督办铁路大臣盛宣怀上奏说："非急设中国银行，无以通华商之气脉，杜洋商之挟持。"此奏议获户部批准，1897 年 5 月 27 日，中国第一家银行——中国通商银行正式成立。

中国通商银行的创办资本是招商股，约为 658 万元，先收半数约 329 万元，并商借户部库银约 131.6 万元。总行设在上海，同时在北京、天津、汉口、广州、汕头、烟台、镇江等地设分行。初期的业务除经营存款、贷款外，还享有发行纸币、兼办代收国库收支的特权。该行号称商办，实际管理权操纵在官僚盛宣怀手中，成立伊始的 9 个总董中多数是官僚、买办。该行的组织制度和经营办法模仿汇丰银行，在总行和重要分行中，除华人经理以外，还设洋经理（洋大班），并聘请外国商人做该行"参议"。

1904 年户部奏定《试办银行章程》，次年成立户部银行，1908 年改称为"大清银行"。1907 年，清朝政府邮传部奏准设立交通银行，该行具有专业银行的特征。

1898—1911 年，相继设立具有地方银行性质的官银钱局号与一般商业银行。此后，中国银行业迅速发展，从 1911 年的 12 家发展到 1926 年的 141 家，增加了 10 倍多。1911—1920 年，平均每年的银行增加率为 13.8%；1921—1925 年，每年的增加率为 8.9%。银行实收资本额年增长率，1912—1920 年为 15.9%，1921—1925 年为 13.9%。

辛亥革命以前，官办银行占多数，商办银行并不占重要地位。辛亥革命后，官办银行信誉扫地，1916—1920 年新设的官办银行只有 8 家，但倒闭的却有 10 家；而商办银行迅速发展，到 1926 年底，商办银行达 130 家，实收资本额达 9 300 多万元，在本国银行业中的比重、家数上升到 82.3%，资本额上升 55%。这一时期增设了上海银行、盐业银行、金城银行、中南银行、大陆银行、聚兴诚银行等一批银行，并逐渐形成了"南三行""北四行"等银行集团。"南三行"即指上海银行、浙江实业银行与浙江兴业银行，投资者系江浙金融资本家。盐业银行、金城银行、中南银行、大陆银行等"北四行"是操纵华北金融业的规模庞大的资本集团。

早期中国银行业的投资方向以公债为主。1912—1926 年，为缓解财权外移和下移所导致的财政危机，北洋政府共发行 27 种内债，实际发行额高达 6.12 亿元。

银行承销政府公债的好处，首先是利息高。这一时期内债债息一般高达 6%~8%。其次是折扣大。政府将公债券向银行抵押时打五六折发行。最后是银行承销公债，既能解决资金出路问题，亦可将债券作为发钞的准备金多发钞，还能在证券市场进行公债券投机，套取暴利。因此，所有银行皆趋公债之利，并且有专与政府交易公债而设立的银行。1918—1921 年是公债发行最多的年份，也是银行设立最多的年份。内债本息的偿还情况直接影响到银行的存亡。1912—1927 年，新设银行 186 家，而停业倒闭的就有 135 家。

但是，也不能因此而否认这一时期中国银行业与本国工商业的联系及其扶持作用。上海蒲亚储蓄银行创设后提出"服务社会、辅助工商实业"的口号。其 1928 年的放款余额达 3 400 万元，其中工业放款占各项放款的 1/5，加上商业放款，占全部放款额的 3/4。金城银行对工商业的放款占到放款总额的 50% 左右。四川出口的桐油、生丝、猪鬃、川盐、丝绸、矿业等行业皆仰赖重庆聚兴诚银行放款。银行对工商业的放款促进了本国资本主义的发展。

在洋务运动中，李鸿章等眼见用保险公司的招牌可以发财，便于 1889 年开设仁和与立济和两家保险公司，后合为仁济和保险公司。这个保险公司在英商保险公司的强大压力下，加上洋务派官僚的腐败，短命夭折。未几，合众、华兴、华安、华成、万丰、福安等保险公司先后成立，1905 年上海保险公会成立。但是华商保险业始终未摆脱外商机构的掣肘。

4. 股份公司、证券与信托

最初，在上海租界，外国注册的洋行向当地居民以及外国商人发行股票，如美国旗昌轮船公司、英国汇丰银行等在租界或境外设立，受外国法律和法院机构的管辖。这些证券发行和交易基本不受中国本土制度架构的局限。李鸿章等人主张推动本土并受中国法律约束的华人公司发展，但对这些外来的"公司""股票"，靠什么"水土"或制度来支持却并不清楚。中国人历来重血缘关系，要他们把自己辛苦赚到手的钱财投资给别人办洋务企业还是一件不容易的事情。

首先，现代"股份有限公司"是一个"法人"，是一个由一堆契约构建的法律主体。没有契约执行和权益保障制度，这种法律主体就没有意义。股票的发行和交易面向全社会，行政、立法与司法必须相互独立并互相制约，否则，相关法律和司法难以在涉及公司、证券权益纠纷中保持中立，社会对契约、证券中规定的权益和权利就没有信心，就不会信任，信用交易就难以发展。所以，证券权益、契约权益的保障问题实际上也是一个政治制度问题。其次，投资者的责任有限，亦即他们的损失最多不超过最初的投资。有限责任是现代公司的基本特征，如果没有它兜底，外部投资者就不愿意投钱。最后，现代公司的核心是所有权和控制权的分离，是众多的外部投资者将资金交与公司管理层，后者对公司资产有实际的支配权。对于只相信血缘亲戚的中国人来说，这又是一件陌生的事情，他们很难相信这些陌生人会尽心尽力、尽职尽责地去经营自己的资产。

因此，建立支持证券交易的制度体系不但涉及政治改革、制度变革，而且不是短期内能完成的。但在"富国强兵"的压力下，晚清改革者必须找到某种解决"近渴"的信用增强机制，以弥补契约制度的缺失，让老百姓多少愿意出资购买陌生人公司的股票。这就是"官商合办""官督商办"洋务公司模式推出的背景，由政府参股，并由政府和官员做直接或间接的信用保障，出了事政府必须负最后责任。只有这样，外部持股人才能承担有限责任，他们才有信心投资。

1872年，李鸿章创立轮船招商局，这是中国近代历史上的第一个现代公司。开办时，李鸿章从直隶军费中拨款13.8万两白银作为政府的投资①。个体商人答应出资10万两，但实际到位的只有1万两。1873—1883年，政府提供给轮船招商局的年贷款为8万~100万两。在轮船招商局成立后的10年里，又有15家公司上市——主要来自矿业、制造和交通业。它们的股票在上海的街头和茶馆里交易。由于缺乏公司信息，股票本身又是一种新东西，投资者无从区分公司好坏，

---

① 李玉：《晚清公司制度建设研究》第二章一节《"官督商办"机制重心的转移》，人民出版社，2002，第48页。

股票也就自然为投机提供了环境，认为股票只是符号而已，见股就买。炒股狂热导致了 1882 年中国的第一次股市泡沫，很多股价上涨超过 100%。紧随股市繁荣的则是 1883 年的股灾。1883—1884 年，股价平均下跌超过 70%，以至于为股票投机提供资金的许多钱庄破产，引发了上海和其他城市的严重金融危机。

早期的"官商合办""官督商办"的确给洋务企业提供了部分信用支持，但代价很大。这些公司与其说是商业企业，还不如说是政府官员的"自留地"。公司亏损时，这些官员会通过政府帮忙减少亏损或弥补亏损；公司盈利时，政府和官员个人又会以不同名目转走利润。官府的介入使公司成为腐败的工具。由于当时也没有成熟的会计制度，更没有公司法或证券法，信息披露几乎不存在，所以，1872 年后的几十年间，中国的股市不如赌场。制度欠缺，在外部股东与内部管理层间的委托—代理关系建立、在股东与官府之间的利益冲突及其解决，都缺乏独立第三方的保障。

1904 年，清政府推出《公司律》，它是中国第一部专门的商事法律。到民国时期，国家立法、司法和行政相互制衡的权力架构开始出现，在制度设计上，法院至少能阻止行政权力对公司、对外部股东权益的干预。1929 年，国民政府修订了公司法并推出证券交易法，为股份有限公司的成立以及证券的发展进一步铺路。在法治运作经验方面，长进也较多，特别是在上海，商事契约以及权益纠纷的当事人可以选择民国法院，也可选择租界法院作为仲裁方，间接迫使民国法院面对竞争，促使中国律师、司法制度加快走向成熟。在 20 世纪 30 年代，上海已有了相当熟练的律师群体。此外，从晚清开始，上海钱业、银行业、证券业等行业自律公会也发展很快，通过行规以及准入与处罚机制规范会员行为，增强了各金融业的信誉。

1912—1930 年是中国证券业与其他金融业发展的黄金时期，有 1 984 家现代工矿业公司建立，每家都有超过万元的股本资金，总共有 4 589 万元的投资，311 家现代股份银行建立。除上海的证券交易场所之外，在 20 世纪 30 年代，天津股票交易所、北平股票交易所、宁波股票交易所、汉口股票交易所、重庆股票交易所和青岛股票交易所相继成立。一个相对有规模的跨地区的金融中介网络在中国出现。不论是在规模上还是在范围上，这些发展将中国的工业结构提升到了一个新的水平，后因南京国民政府大举介入金融业以及抗日战争爆发而中断。

信托公司是受客户委托，以为客户代理公私财务、经营证券买卖、经办房地产交易、承募股票债券、调查信用、代办法律事项为主，并兼营银行、储蓄和保险业务的机构。1921 年，上海出现第一家信托公司，当年 5 月至 7 月便发展到 12 家，资本额达到 8 100 万元。信托业产生后，经营不稳，不久相继倒闭，仅余中央信托公司、通易信托公司、通商信托公司 3 家。其中 1921 年绍兴帮钱庄组织的中央信托公司影响最大，资本初定为 1 200 万元，先收 1/4，1923 年改为实收资本 300 万元。1920 年，全国银行仅 97 家，总资本 8 700 余万元。信托公司和交易所的资本接近或超过银行的总资本。

（四）国家金融资本体系

清末至北洋政府统治时期，战争赔款和借款，加上地方割据、任意截留中央税收，中央财权不断外移和下移。中央权力式微，导致清末创办的户部银行，北洋政府统治时期创办的中国银行、交通银行等国家金融资本机构，对中国政治与经济的影响力弱小。1927年南京国民政府建立后，通过对外争夺权利，对内铲除地方割据势力，再度强化了中央集权。为了稳定其统治地位，国民政府开始调整国家财政收支并着手建立国家金融资本体系，通过金融垄断实现它对国民经济命脉乃至社会、政治、军事、思想、文化的全面控制。

1. 清末与北洋时期的国家银行

甲午战争以后，清政府为了支付巨额的战争赔款和满足财政的需要，举借与发行大量的外债，财政日益困难。统治集团中有不少人主张创设官办银行，以整理币制，并发行纸币，来满足当时财政的需要。

1904年，财政处奕劻上奏试办银行，户部草拟了试办银行章程，由户部尚书鹿传霖等奏请迅速筹办。1905年8月在北京成立了户部银行。同年在天津、上海设立分行，1906—1907年在许多城市相继创办分行。该行开办之初，额定股本为库平银400万两，分为4万股，每股库平足银100两，户部认半数，民间持半数，因此该银行为官商合办银行。1908年，户部改为度支部，户部银行亦改称"大清银行"，添招股本600万两，拟订《大清银行则例》24条，重申该行由国家授权发行货币、代理国库，另有经理公债及代公家办理各种证券的特权，并明确规定该行的八大业务：短期拆息、各种期票之贴现或卖出、买卖生金银、汇兑划拨公私款项及货物押汇、代收票据、收存各种款项及保管紧要贵重物件、放款、发行各种票据。同时，在原有户部银行机构基础上，增设分支，在全国各地设立分号35家。

1907年，清政府邮传部奏准设立交通银行，资本额定为500万两，邮传部出资银200万两，300万两招商入股，因此为官商合办银行。1908年1月于北京设立总行，全国各大城市设有分支机构。该行成立的目的，是想设置一个附属于邮传部的银行，办理轮船、铁路、电报、邮政四业的款项收付，办理存款、汇兑、借款等，改变各款分头存储、不能互相调剂的状况，以便集中资金，妥为运营，并可筹措资金，经理债票、股票，以振兴轮船、铁路、电报、政邮四业，避免依靠举借外债。该行是在当时社会呼吁收回利权、提倡兴办新式工业企业，中国人民反对铁路借款、要求自办铁路的运动推动下，为适应清政府财政的需要而诞生的。其业务除四业所属各局、所的存款、汇兑、拆借等外，还经营普通商业银行的存款、放款、汇兑、贴现、买卖金银、代客保管贵重物品、发行兑换券及市面通用平色的各种银票等。

辛亥革命后，清政府掌控的国有金融资产为中华民国政府继承。大清银行改组为中国银行，除经营一般银行业务外，还代理国库、经理和募集公债、特准发行钞票、铸造银币等。交通银行除继续经理其特有的轮船、铁路、电报、邮政四业存款外，还取得了代理金库、经付公债本息、代收税款、发行纸币等权利。

北洋政府的财政是典型的赤字财政。袁世凯统治时期（1912—1916 年），北洋政府的两项主要税收——关税和盐税大部分被帝国主义银行团把持，用于偿还巨额赔款，而袁世凯要复辟帝制，加上各地内战频繁，财政支出浩大。面临危急的财政状况，北洋政府只能大举借债，包括外债、内债和银行垫款。

据统计，1913—1914 年，北洋政府共举借外债 20 项，计约 3.76 亿元。1916—1918 年，中华汇业银行又对中国政府贷款 8 亿日元。1917—1918 年，日本横滨正金银行连续三次向北洋政府提供善后续借款，共垫款 3 000 万日元。1912—1926 年，北洋政府先后发行内债 20

多种，共计6.12亿元，同时，北洋政府还发行各种国库券，以盐税余额为担保向银行借款，并向银行举借各种短期借款、垫款、透支等，到1925年底，这类借垫款合计17 200余万元。在北洋政府大举借债的过程中，中国银行和交通银行成为政府的财政支柱。袁世凯通过控制中国银行、交通银行两行实行六成现金准备制，两行大量垫款后，库存空虚。两行发行的钞票在市面上流通额约有7 000万元，而存现银仅2 000万元，不足30%，加上政局动荡，市场银根奇紧，社会信用开始不稳，部分省市出现挤兑。北洋政府被迫以国务院名义于1916年5月12日下令停止兑现。此令立即引起市场骚动，物价上涨，币值下跌。

2. 地方省银行

甲午战争后，清政府财政陷入困境，拟借发行钞票解决困难，因而鼓励地方兴办官银钱局号。各省纷纷设立的官银钱局号，实际上是地方银行。这些官银钱局号，起初由地方政府招商入股，为官督商办，不用省名，后来陆续改为官办或官商合办，冠以省名。官办或官商合办的官股资本从省库中拨给，资本额多的数十万两，少的只有几万两。它们不受朝廷约束，各自为政，除经营普通银行业务外，发行纸币为主要目的。其所发行纸币种类不一，有银两票、银圆票、铜圆票、制钱票等。后来因各地方政府滥发钞票图利，币值惨跌。各省官银钱局号在清末开始改称"银行"，如浙江官钱局在宣统元年（1909年）改为浙江银行，广西官银号在宣统二年（1910年）改为广西银行等。这些省银行皆为地方军阀所操纵，成为军阀的私库。

各省银行大多由地方当局从省库中拨官款等设立，属于官股官办，只有少数属于私股。除经营普通银行业务外，都发行钞票，有的还发行变相钞票，如汇兑券等。各省银行都代理本省金库，为军阀垫付庞大的军政开支，为弥补财政亏空大量发行纸币，导致币值暴跌、物价暴涨。各省银行成为各省军阀割据的财政支柱，不受北洋政府和所谓国家银行的制约，自立制度，与普通银行竞争，垄断地方金融。它们还直接开设钱铺、当铺、粮栈、工矿企业、印书局、报馆等企业，直接操控省内经济。

3. 南京国民政府建立国家金融体系

1927 年，南京国民政府在江浙财阀支持下成立，随即便着手对北洋政府的两大金融支柱——中国银行和交通银行进行改组。一是将两行的总管理处从北平移至上海，便于就近控制。二是增加国家资本。1927 年向中国银行加入资本 500 万元，1928 年向交通银行加入资本 200 万元（实际只交了 100 万元），使国家资本占两行资本的 1/5。1935 年，以金融公债方式向中国银行增拨资本 1 500 万元，向交通银行增拨资本 1 000 万元，至此，国家资本占中国银行全部资本的 50%，占交通银行全部资本的 55%，居于优势。三是通过调整人事的办法，委派董事长、总经理，使两行听从政府的指挥。四是重颁条例，规定两行是具有国家银行性质的特别专业银行——中国银行为特许的国际汇兑银行，交通银行为特许的发展全国实业的银行。

国民政府于 1927 年 10 月颁布《中央银行条例》，规定中央银行为特殊的国家银行，并开始筹建中央银行。1928 年 11 月 1 日成立中央银行，总行设在上海，享有发行兑换券、铸造与发行国币、经理国库、募集或经理内外债的特权。

1935 年 6 月颁布的《中央银行法》规定：①将资本 2 000 万元增为 1 亿元；②将原招集商股的数额不得超过 49% 改为 40%；③总行应

设于首都。同时发行金融公债 1 亿元，将其中的 3 000 万元拨给中央银行，作为增资，使中央银行成为当时全国银行中财力最雄厚者，成为"银行之银行"。财政部部长宋子文兼第一任总裁，第二任总裁为孔祥熙。

中央银行凭借其积累的巨额财富，成为垄断全国金融事业的最主要的银行。中国农民银行的前身为 1933 年 4 月设立的豫鄂皖赣四省农民银行，总行设在汉口，享有发钞的权利；所发行的流通券，强行使用。1936 年 4 月，农民银行改组为中国农民银行，总行迁至南京，蒋介石任董事长。它是经营农村金融的专业银行，进行抵押贷款和推进合作社贷款活动，并获特许发行钞票 1 亿元，与法币同样使用。农民银行与中央银行、中国银行、交通银行并列，成为全国四大银行之一。四行的实力雄厚，在全国金融业中居于垄断地位。1936 年，在全国 184 家银行的指标体系中，四行所占的比重分别为：实收资本 42%；资本总额 59%、各项存款 59%，发行兑换券 78%；纯收益 44%。

中国政府于 1896 年创办邮政局，1898 年开办汇兑业务，1908 年开办储蓄业务。至 1929 年，通汇局、所共有 2 374 处。1930 年 3 月，国民政府以这一庞大的信用机构为基础，在上海成立邮政储金汇业总局，直属交通部管辖。1935 年 3 月改名为邮政储金汇业局，在隶属关系上改为隶属邮政总局，通汇局、所增至 9 500 处以上，成为社会储蓄和汇兑资金的机构。其主要业务为举办储蓄、邮政汇票、电报汇款、抵押放款、贴现放款、购买公债或库券、办理保险业务等。

中央信托局原为中央银行的附设机构，成立于 1935 年 10 月，总局设于上海，资本为 1 000 万元。其业务经营范围主要有：办理公务员、军人储蓄及其他储蓄，并设立中央储蓄；办理国际易货事务以及各级政府机关、国营事业或公共团体委托的购买业务；办理企业信托、存款信托、基金信托、投资信托、证券买卖及房地产租售等；办理公有财物及政府或公共机关重要文件契据等的保管。此外，中央信托局还办理国内外汇兑及其他银行业务。它的经营范围虽广，但实际上其主要业务是为国民政府从国外统一购买军火。

中央信托局成立后，为扩大资金来源，追求丰厚的保险盈利及保障自身资金的安全，于成立的次月，由中央银行一次拨款 500 万元，增设保险部，办理火险、水险、兵盗险、汽车险、寿险、一切财物及人身意外险，并经营分保业务。

中央银行、中国银行、交通银行、中国农民银行四大银行（简称"四行"）以及邮政储金汇业局、中央信托局（简称"二局"）的建立，标志着国民政府控制的金融垄断体系基本形成。它们是垄断全国金融的中心支柱。国民政府授予它们经理国库、发行兑换券、铸发国币、经募内外债等各种特权，将其金融统治广泛地延伸到国民经济各个部门，并控制私人银行，从而确立了国家金融资本的垄断地位。全国大小银行及金融界的活动，都是在它们的直接指挥下进行的。四大银行系统操纵着国家经济命脉。

"四行"在金融网形成的过程中，还把势力渗入许多有实力的中小银行，使国民政府能够直接或间接控制它们。1928—1936 年，在全国 2 586 家银行机构中，"官办"银行有 1 971 家，约占 76%，其余较大的私人资本银行，被国民政府加入官股而成为官商合办银行。如1935 年 6 月，利用金融危机时银行发生挤兑的困难，以"救济"和"补助"为名，对被称为"小四行"中的中国通商银行、四明银行、中国实业银行 3 家银行加入官股，使之变成官商合办银行，并由中央银行派去总经理，使其成为政府的附庸；1936 年，趁广东银行宣告倒闭的机会，取消所有商业银行原有的货币发行权，利用雄厚的资本实力，通过业务往来，实行间接控制。

通过人事交流控制私人银行。例如中央银行总裁孔祥熙兼任上海商业银行的董事，中国银行总经理贝祖诒兼任浙江实业银行的监察人。盐业银行总经理吴鼎昌兼任中国银行董事，上海商业银行总经理陈光甫兼任中央银行与交通银行董事及中国银行常务董事，浙江兴业银行董事长兼总经理李铭兼任中国银行与交通银行的董事及中央银行的监事，等等。各银行采取人事交流手段，把许多中等银行变成了"四行"的卫星行。就这样，中国一些比较有实力、有影响的商业银行及其所控制的银行，再加上省市银行，在全国金融业中处于优势地位，操纵着全国的银行业，从而巩固其金融垄断地位，形成了国家金融资本的金融垄断体系，支配了全国的金融业。

"四行"的统治地位确立后，成为同外资在华银行竞争的一股力量。但是，"四行"只有依靠外国银行的支持，才能维护其国家银行的地位。如法币政策的实施，除中央银行、中国银行、交通银行三行原有存银外，又将国内白银收归国有，作为法币准备金，法币以外汇为本位，其信用由外汇价格决定，这就使三行和外国银行（特别是英、美银行）结下了不解之缘。

1936 年以前，中国的外汇汇率，一直是由汇丰银行上海分行每日挂牌决定的。全国各地的汇丰银行分行，又参照上海的牌价，结合当地外汇供求状况，决定各地的外汇市价。汇丰银行掌握这种特权，随时可以利用外汇牌价的涨落，对中国进行巧取豪夺。国民政府于 1935 年进行币制改革后，外汇牌价名义上由中央银行挂牌公布，但实权仍由汇丰银行操纵。国民政府的外汇平准基金存于外国银行，中央银行当然不可能有决定汇价的权利。外资在华银行通过对中国国际汇兑业务的垄断权，给予其本国的进出口公司以办理外汇的优惠待遇，使它们能顺利地收购原料、倾销商品，从而操纵中国的进出口贸易。

外资在华银行利用"白银风潮"引起中国白银外流的时机，大量收购白银运往国外，以牟取暴利。而中国金融业对于白银外流所造成的恐慌，未能采取有效对策进行平息。国民政府迫于舆论压力，虽下令取缔外汇投机，防止白银外流，但外汇业务操纵在外资银行手中，这种法令效果不大。外资在华银行大都在中国发行钞票，国民政府实行法币政策以后，虽将全国的货币发行权集中于中央银行、中国银行、交通银行、中国农民银行四行，但汇丰银行发行的货币仍能在中国境内流通，面对这种掠夺行径，"四行"也无能为力。

近代中国历届政府向外国借款大都以关、盐税作为担保，将这两项重要税收存放外资在华银行转拨备用。中央银行成立后，取得了代理国库的权利，关税、盐税收入大部分转给中央银行保管，外资在华银行仍保留部分关税保管权。外资在华银行利用中国社会资金，吸收大量存款。近代中国历届政府的达官显宦以及新旧军阀都乐于将其赃款存入外资在华银行，"四行"无法与之竞争。"四行"与外资银行虽然存在某些矛盾，但仍未摆脱其附庸地位。

（五）国民政府对金融经济的垄断

1927 年南京国民政府成立后，运用国家权力，通过废两改元与废银币行法币的两次币制改革，建立了新的货币制度；通过建立以国家银行为中心的全国金融网，控制私人银行，操纵金融命脉，扩大国家金融资本积累，为控制国民经济命脉奠定了基础，并在此后的抗日战争中发挥了重要作用。但是，其也支持发动反人民的内战而招致灭亡。

1. 对大后方金融的垄断

所谓"大后方"，是指抗日战争时期国民政府有效控制的地区，面积占全国的 1/2 以上，人口约为 2 亿。抗战全面爆发前，中国的近代工业几乎全部集中在沿海和长江中下游地区。据国民政府经济部统计，抗战全面爆发前，除东北地区外，中国新式工厂有 3 935 家，资本总额为 37 335.9 万元，工人总数为 456 973 人；其中属于西南、西北六省和湖南的工厂仅有 237 家，资本总额为 1 523.4 万元，工人 33 108 人。

抗战全面爆发后，国民政府迁都重庆。东南沿海主要工业生产区相继沦陷，在国民政府的紧急动员之下，一部分企业迁往内地。1938—1942 年底，由上海、青岛、武汉等地迁往四川、湖南、陕西、广西、云南等地的民营工厂共计 639 家，机器设备 12 万吨，技术工人 12 000 多名[1]。民族工业大迁徙揭开了开发大后方的序幕，这些内迁工厂的生产，刺激了四川经济的发展。旧有生产方式的改进，开发了四川的地力和物力，虽然没有把整个四川经济彻底改变过来，但至少也把四川的经济发展加速了几十年。

1937 年 8 月，中央银行、中国银行、交通银行、中国农民银行"四行"在上海设立联合办事处即"四联总处"。这是具体核批贷款的业务机构。在"四行"承担的贴放数额中，中央银行、中国银行两行各占 35%，交通银行占 20%，中国农民银行占 10%。贴放方式有贴

---

① 高德步：《中国经济简史》，首都经济贸易大学出版社，2013，第 249 页。

现、重（再）贴现、放款和转抵押放款四种，贴现和重贴现的对象为商业跟单汇票及中央政府债票的中签票或息票，放款和转抵押的担保品为农、工、矿产品。8月26日，财政部颁布《中、中、交、农四行内地联合贴放方法》，"四行"联合办事处即在南京、汉口、重庆、芜湖、杭州、宁波、南昌、广州、无锡、郑州、长沙、济南等地先后设立贴放分会，办理当地联合贴放业务①。1938年，四联总处迁至重庆。

随着中国政治、经济重心的内移，中国金融业也在大后方获得了发展的契机。1939年3月，财政部拟订了《完成西南、西北及邻近战区金融网之二年计划》，规定：①凡后方与政治、经济、交通及货物集散有关之城镇乡市，如无"四行"的分支行处，责成四联总处至少指定一行前往设立机构；②地点稍偏僻处，"四行"在短期内或不能顾及，则责成省银行务必前往设立分支行处，以一地至少一行为原则；③在各乡镇筹设分支行处的过程中，以合作金库及邮政储金汇业局辅助该地金融周转及汇兑流通；④邻近战区地方亦同此设立分支行处。在1939年9月，《巩固金融办法纲要》又提出"扩充西南、西北金融网，期于每县区设一银行，以活跃地方金融，发展生产事业"。1940年3月，四联总处又增订第二、三期西南、西北金融网计划，要求"四行"在西南、西北设立分支机构应力求普遍、周密，但须避免重复。"四行"则从交通不便、人员缺乏、房屋难觅、治安问题等方面考虑，在筹设金融网上进展缓慢。抗战时期增设的省银行只有西康省银行和绥远省银行。

1939年9月8日，国民政府颁布《战时健全中央金融机构办法纲

---

① 重庆市档案馆、重庆市人民银行金融研究所合编《四联总处史料》（中册），档案出版社，1993，第340页。

要》，规定中央银行、中国银行、交通银行、中国农民银行四大银行合组联合办事总处，负责办理战时金融政策有关特种业务。理事会由中央银行总裁、副总裁，中国银行、交通银行两行董事长、总经理，中国农民银行理事长、总经理及财政部代表组成。理事会设主席 1 人、常务理事 3 人，均由国民政府特派。主席总揽一切事务，常务理事襄助主席执行一切事务。联合总处设秘书长 1 人，由主席任命。财政部授权理事会主席在非常时期代行"四行"职权。理事会下设战时金融委员会和战时经济委员会。金融委员会设发行、贴放、汇兑、特种储蓄、收兑金银、农业金融六处，经济委员会设特种投资、物价、平市三处。各地的联合贴放分会改为四联分处。中央信托局和邮政储金汇业局也于此时加入四联总处，但在机构名称上未标明。改组后的四联总处位高权重，由蒋介石任理事会主席。它的成立标志着国民政府金融垄断势力的进一步加强。1942 年 9 月对此做了修正：原来的财政部代表改为财政部、经济部、交通部、粮食部部长；取消常务理事、秘书长，改设副主席 1 人，襄助主席办理一切事务。副主席由孔祥熙担任，1945 年改由宋子文担任。

国民政府注意推广县市银行，1940 年 1 月 20 日颁布《县银行法》，规定县银行"以调剂地方金融，扶助经济建设，发展合作事业为宗旨"。县银行营业区一般是本县各乡镇，特殊情况下可由二县以上或一县连同附近的邻县乡镇合并为一营业区，在营业区内设分支行或办事处。从《县银行法》的内容来看，其业务性质同商业银行没有区别。这样，既可以弥补国家银行和省银行分设行处的不足，又可以配合政府发展内地金融网。

抗战期间，许多银行内迁，新银行和分支行在内地设立，金融中心从上海转移到了重庆。据 1945 年 8 月国民政府财政部的统计，大后方银行总行已达 416 家，比抗战全面爆发前全国总行数 164 家约增加 153.7%；分支行 2 566 家，比抗战全面爆发前的全国分支行数 1 627 家约增加 57.7%。在大后方的银行中，国营银行总行只有 7 家，仅占总行数的约 1.7%，但分支行 853 处，约占分支行数的 33.24%。按地区分，四川有总行 215 家，约占总行数的 51.7%，分支行 921 处，约占分支行的 35.9%；其次是陕西、云南。西南、西北的其他六省，总行数依次为贵州 8 家，西康 7 家，甘肃 3 家，广西 2 家，宁夏、新疆各 1 家。县市银行总行共计 284 家。其中四川有 123 家，约占 43.3%；陕西 56 家，约占 19.7%；云南 49 家，约占 17.3%；湖北 22 家，约占 7.7%。四省加起来已达 88%。

大后方银行的发展仍然存在着不平衡性。不仅省与省是如此，省内各地区之间也是如此。国家银行和省银行的分支机构只能设在工商业比较繁华的地区，贫困地区仍不会去设立。商业银行从盈利考虑，更不会在各县广设分支机构。即使在设立银行最多的四川，也没有实现每县区设一银行的计划。

抗战时期，大后方的保险业也有很大的发展。除原有的保险机构内迁外，还成立了许多新的保险机构。其中有交通银行于 1943 年在重庆设立的太平洋产物保险公司，中国农民银行于 1944 年在重庆设立的中国农业特种保险股份有限公司。至此，"四行""二局"除中央银行外都有了自己的保险机构。据国民政府财政部统计，1945 年，大后方的保险机构达 59 家。

同时，国民政府加强了对一般银行的监督管理，限制新商业银行的设立。1940 年 8 月，财政部颁布《非常时期管理银行暂行办法》，规定：凡经营收受存款及放款、票据贴现、汇兑或押款各项业务之一而不称银行的视同银行；银行经收存款，除储蓄存款按《储蓄银行法》办理外，普通存款应以存款总额的 20% 为准备金，转存当地中央银行、中国银行、交通银行、中国农民银行"四行"中的任何一行，由收存行给予适当存息；银行运用资金以投放于生产建设事业暨产销押汇，增加物资供应，及遵行政府战时金融政策为原则；承做抵押放款应以经营本业并已加入同业公会的商人为限；放款期限最长不得超过 3 个月，每户放款不得超过该行放款总额的 5%，限满请求展期的，其货物如系日用重要物品，应限令赎取出售，非日用重要物品展期以一次为限；银行不得经营商业或囤积货物，不得以信托部名义或另设商号经营或代客买卖货物。1941 年 12 月国民政府又对此办法做了修正，规定新设银行除县银行外一概不得设立。1942 年 5 月颁布《商业银行设立分支行处办法》，规定商业银行设立分支行处应先呈报财政部待核，总行资本超过 50 万元的才可以设立分支行处，每超过 25 万元增设一处；运营基金数额视业务范围大小酌拟，呈财政部核定。

1942 年 5 月，四联总处理事会对"四行"业务做了进一步的划分。中央银行的主要业务为：集中钞券发行；统筹外汇收付；代理国库；汇解军政款项；调剂金融市场。中国银行的主要业务为：受中央银行委托，经理政府国外款项的收付；发展与扶助国际贸易，办理有关事业的贷款与投资；受中央银行委托，经办进出口外汇及侨汇业务；办理国内商业汇款；办理储蓄、信托业务。交通银行的主要业务为：办理工矿、交通及生产事业的贷款与投资；办理国内工商业汇款；公司债及公司股票的经募或承受；办理仓库及运输业务；办理储蓄、信托业务。中国农民银行的主要业务为：办理农业生产贷款、投资；办理土地金融业务；办理合作事业放款；办理农业仓库、信托及农业保险业务；吸收储蓄存款。国民政府先后颁布了一系列管制金融的法令。财政部在各重要城市设置银行监理官办事处，在省地方银行和重要商业银行设置银行监督员，对地方银行和商业银行加强监督和检查。

上述发展国家资本银行和限制商业银行的一系列措施，极大地强化了国家对大后方金融的垄断。以存款为例，1943 年，国家资本银行的存款总额为 417 亿元，占全国银行存款总额的 90%[1]。国家资本银行势力不断壮大，成为发展国家金融资本的有力支柱。

1942 年 5 月重新划分"四行"业务以后，国民政府规定全国钞券发行集中于中央银行办理，省地方银行发行钞券限期结束，中国银行、交通银行、中国农民银行三银行发行的钞券由中央银行接收；除外汇的统筹管理及用途考核由财政部办理外，所有外汇收付集中由中央银行调拨；政府机关贷款经四联总处理事会核定后，交由中央银行核洽承做；三行需要贷款时，可商请中央银行随时接济；由中央银行协助财政部管理金融市场，尤其应注意调剂资金供求，推行票据制度，督促各银行缴纳存款准备金，考核各银行、钱庄的放款、投资及存款、汇款业务是否遵照《非常时期管理银行暂行办法》及其他有关法令办理。"在'四行'专业化以前，中央银行与其他政府银行立于同等之地位，共同完成中央银行应有之使命。自'四行'专业化以后，中央银行方成为信用最后之泉源，中央银行最后贷款者之地位方始确立。"[2] 而此后中央银行乃须单独负起执行国家金融政策、稳定金融、扶助生产之重责。

---

[1] 本书编写组编《上海金融史话》，上海人民出版社，1978，第 158 页。

[2] 林崇墉：《二十年来中央银行贴放业务之演进》，《中央银行月报》1948 年第 10 期。

1942 年 7 月 1 日实施统一发行，所有法币的发行均由中央银行集中办理。中国银行、交通银行、中国农民银行三行未发行的新券移交中央银行，发行准备金限期交中央银行接收。省地方银行发行的钞券和准备金也要交中央银行，但"如因供应需要，得由各该省地行拟具运用计划及数目，呈经财政部核准照缴准备，向中央银行领回发行"[①]。统一发行后，中央银行成为大后方的唯一发行银行。这本应是货币制度的一大进步，但此事发生在法币恶性膨胀时期，中央银行成了滥发纸币的机构。

集中存款准备金是中央银行的职能，改变存款准备金率可以调节市场利率，限制或增强商业银行贷款、派生存款的能力。1940 年 8 月《非常时期管理银行暂行办法》规定 20% 的存款准备金转存于当地"四行"中的任何一行，则"四行"都执行了中央银行的职能。1942 年 5 月重新划分"四行"业务后，由中央银行督促各银行缴纳存款准备金，但存款准备金分存"四行"的办法没有改变。直到 1944 年 12 月，国民政府对《非常时期管理银行暂行办法》进行修正时，存款准备金分存"四行"的规定仍予保留，准备金率也照旧不变。这说明了中央银行实行存款准备金制度的不彻底性。1942 年 1 月，中央银行理事会通过《中央银行办理票据交换办法》。再贴现也是中央银行的职能，中央银行可以通过调整再贴现率调节金融运行。1943 年 4 月 2 日，财政部颁布《非常时期票据承兑贴现办法》，指定先在重庆、成都、贵阳、桂林、衡阳、昆明等 19 个地区施行。办法规定票据分为工商承兑汇票、农业承兑汇票和银行承兑汇票三类，经背书后可以买卖

---

① 中国人民银行总行参事室：《中华民国货币史资料第 2 辑 1924—1949》，上海人民出版社，1991，第 350 页。

或向中央银行请求重贴现，中央银行核定各银行重贴现的最高额，贴现率由中央银行公告。

中央银行成立之初，仅掌握了财政部会计、国库二司的出纳工作。1938 年 6 月 9 日，国民政府颁布《公库法》，规定中央政府的公库称国库，由中央银行代理。1939 年 10 月正式施行《公库法》，从此国家的一切税收由纳税人直接缴纳给代理国库的银行。国家的一切经费支出亦由国库凭支出机关签发的公库支票直接付给债权人。以前收解领发及坐支抵解、互相拨解等办法一律废除，所有解款完全解库，所有拨款由国库拨付。国库现金、票据、证券的出纳、保管和转移以及财产契约、收据等的保管事务，均由中央银行代理。"国库以外之各级公库事务，除有特殊情形外，应先尽所在地之中央银行代理之。"①1942 年 7 月，中国银行、交通银行、中国农民银行三行不再对政府负垫借款项的责任，国库完全由中央银行独家办理。自《公库法》施行后，中央银行的国库数与年俱增，1939 年底为 75 个单位，1940 年为 212 个单位，到 1945 年已达 1 502 个单位，约为 1939 年的 20 倍②。

上述中央银行政策的实施，反映了其实行的多是西方中央银行制度，但距真正的中央银行要求还相差很远。此时的中央银行主要是实行金融垄断的机构，为聚敛财富服务，还没有成为调节金融运行的"银行之银行"。

2. 从金融垄断到经济垄断

抗战全面爆发后，国民政府在军事委员会下设立"工矿调整委员会"，规定调整工矿之主要方式为协助所有国营厂矿资本不足运用或新设国营厂矿资本尚待筹措者；对于原有或新设之民营厂矿，采用接

---

① 杨承厚编《中国公库制度》，中央银行经济研究处，1944，第 301 页。
② 中央银行经济研究处编《公库法施行细则》，载《金融法规大全》，商务印书馆，1947，第 344 页。

管或加入政府股份的办法，由政府统筹办理或共同经营之。这就是说：第一，扩张"官"营工业；第二，吞并民营工业，从而加强了国家金融资本在工业中之垄断地位。

金融垄断对工业进行垄断的方式是：①银行向企业加入股本，控制工业。如当时有名的贵州企业公司，由中国银行、交通银行、中国农民银行三银行投入的资本，称为"股"，占全部资本的68%。又如四川川康兴业公司，全部股额为70万股，其中商股30万股中又以"四行二局"及四川省银行认股最多，总计超过商股的1/2，这样四大银行就在工业企业中取得了优势。②银行直接投资开办工业。如中国银行于1940年起在陕甘一带创办雍兴实业公司，其所属工厂生产类型包括纺织、棉花打包、面粉、制革、酒精等，不到几年就发展到近30个单位，为西北工业的托拉斯[①]。根据1943年国民政府经济报告，大后方共有工厂3 758家，其中官营的656家，民营的3 102家，但官营工厂资本平均每厂为200万元，而民营工厂资本每厂则不到20万元[②]。除官营工业外，国家资本还拥有许多商办形式的工业，如以孔家为主的中国兴业公司，1939年7月成立时资本额为1 200万元，到1943年增为12亿元，为后方资本额最大的公司[③]。陈家的大华企业公司、华西建设公司、中国工矿建设公司等，也是规模巨大的垄断企业。无论官办工业，还是"商"办企业，都是以其金融垄断为基础的，有了雄厚的金融基础，才能实现它们的工业垄断。反过来说，有了工业垄断，就进一步加强了金融垄断。

在控制商业的过程中，很多官僚资本也是通过金融活动进行的。

---

① 谭熙鸿主编《十年来之中国经济》中册，中华书局，1948，第96-98页。
② 严中平等编《中国近代经济史统计资料选辑》，科学出版社，1955，第345-346页。
③ 陈风：《四大家族完全档案》，九州出版社，2011，第171页。

尤其是在抗日战争中，国民政府以储备物资为名义，就更有利于金融资本加强对商业的控制。1939 年 12 月，国民政府借口抗日战争时期要平抑物价，曾设置"平价购销处"，其购销商品的范围很大，批发和零售机构遍布大后方。平价购销处的资本由四联总处拨给。其账目直接受四联总处稽核和监督。它无疑是四联总处附设的投机商号。

国民政府要员以各自的金融系统对商业进行投资。如在抗战全面爆发的前夕，宋子文通过中国银行组建中国棉业公司，控制了全国棉花、纱布的贸易，并通过他所控制的金融系统投资于重庆中国国货公司、四川丝业公司、四川畜产公司、西宁兴业公司等。孔祥熙在重庆以裕华银行为中心，把其祥记、广茂兴及恒义升三家商店联合在一起，进行商业投机垄断。

抗日战争时期，重庆是大后方的商业中心，各大银行、公司、行号均设于此，银行控制着商业。据 1942 年 9 月国民政府财政部调查统计，重庆市金融业对商业的投资，虽仅占金融业各种投资的 26.38%，但金融业对商业的贷款，却占金融业各种贷款的 52.19%，重庆市的商业企业借入资金占全市工商及运输等企业借入资金总额的 77.62%。这些商业投资、贷款或借款，主要由国民政府的"官"办银行掌握，它们控制了重庆市的主要商业企业①。

抗战全面爆发后，国民政府军事委员会下设置"农产调整委员会"，通过统购统销控制农村的经济作物。同时，还由中国农民银行举办各农业公司以加强对农业的控制，如农工企业公司、肥料公司、农具公司、农业机械公司、农业保险公司、中国林木公司、大企业公

---

① 时事问题研究会编《抗战中的中国经济》，中国现代史资料编辑委员会，1957 年翻印版，第 295 页。

司、华西建设公司，以及与各省合办的新疆林垦公司、广西水利垦殖公司等。

通过发放"农业贷款"来控制农业。抗战全面爆发前，国家金融资本虽插手农村高利贷活动，但所占的份额不是很大。据 1934 年国民政府财政部在 22 个省的调查，各省农民借款主要来自钱庄、商店和地主、富农、商人，合作社与银行仅占 5%。抗战全面爆发后，这种情况发生了变化。据国民政府财政部对大后方 15 个省的调查，在农民借款来源中，受国家金融垄断资本直接操纵的银行、合作金库所占的比重，1938 年为 27%，1939 年为 33%，1941 年为 51%，1943 年为 59%，1945 年为 44%[1]。这样，它们结合对农业经济作物的统制，对整个农业施加控制并对农民进行掠夺。

（六）近代中国城乡金融网

20 世纪 30 年代，在遍及中国城乡的金融网络中，有外资在华银行、中国国家资本银行、中国私人资本银行、钱庄与银号、典当和私人借贷等，各处于不同的地位。

外资在华银行分属英、美、日、法、德、意、荷等国。其活动范围与业务在金融业中居于主要地位。南京国民政府建立后，各国逐渐将其在华银行的部分业务转移至中国的银行。

国家投资的银行在农村、在内地比外资在华银行的势力更强大。20 世纪 30 年代，它们渗入农村，支持国民政府对农产品的统制，并大办农业贷款，扶持高利贷资本。它们在农民借贷所、农业仓库、合作社等金融机构，与农村高利贷相结合。向农民发放的贷款，绝大部

---

①　谭锡鸿主编《十年来之中国经济》中册，中华书局，1948，第 147 页。

分是抵押贷款。农业仓库的业务实际上是储押放款。农民将农产品或农具储于仓库，取得贷款，还清本息后取出所储之物。农业仓库将农民抵押储于仓库的农产品，高价时向外趸卖，低价时从外买进，从中渔利。合作社从银行取得贷款，提高利率后转贷给农民。入股和经营合作社的多是乡村的地主、商人。通过合作社与银行结合，国家垄断资本的银行将触角伸向了农村。

1928—1931 年，银行代理发行国民政府的巨额公债，获利颇丰，新设银行也较多。同时，内地资金集中于上海，游资颇多，银行则将其大量用于公债和地产投机。在"九一八"事变和"一·二八"事变的影响下，公债和地产跌价，银行随之衰落。1932—1935 年，农村经济残破，内地资金匮乏，上海游资充斥，多有将其用于开办银行的。一旦受到世界经济危机和美国白银政策的打击，银行业又随之衰落。1936 年工商业逐渐好转，银行又逐渐兴起，到 1938 年共有 98 家，拥有资本 1.15 亿元，约占私人金融业总资本 3.16 亿元的 36.4%。1936 年，投资于工业的游资不过 13%，投放于商业的不到 30%，而投放于公债和政府机关的超过 40%。国民政府用种种行政命令支配私人资本银行，如指定业务；命令私人银行向国家银行交纳保证金、分配信贷等，使私人资本银行受制于国家银行。由于其资本比钱庄大，分支机构也较多，私人资本银行逐渐取代了银号在金融网中的地位。

1936 年，钱庄银号尚有 1 500 多家，拥有资本 1 亿元，占私人金融资本总额的 32%。钱庄遍布大小城镇，到处可以通汇。小工商业者资金的周转依赖于它。银行通过钱庄与农村基层高利贷资本联系起来，把势力伸向农村。钱庄在城乡货币流通中起着重要的作用。

私人借贷到处皆有，典当分布也很广。1936 年，全国有典当行

5 000多家，多由官僚、地主、大商人开设，拥有资金6 000万元，占私人金融资本总额的19%。在农村，农民于急困时把器物作为质品，向典当行借钱，月息在3分左右。到期不还，质品便被没收。典当虽是独立经营，但以商人、钱庄和银行的放款为周转资金，成为高利贷网的组成部分。私人借贷在农村，出贷人是三位一体的地主、商人和高利贷者。他们除自有资本和实物外，还将银行、钱庄的放款转贷给农民，私人借贷月息常为3~4分，是金融网和高利贷剥削网的农村基层点。

（七）金融风潮

金融风潮的实质是信用危机。在市场经济中，一般交换以现货为主体，不存在未来谁要付给谁钱的问题。相比之下，一旦交易的内容是今天一方付钱、另一方在未来某个时间（或发生某种事件时）才给以回报性支付，或者交易双方都是在未来，但是在不同时间给另一方支付价值，那就是金融交易。

金融交易与一般现货交易的区别在于：金融交易是以金融合同形式实现的契约交易，涉及未来支付兑现的问题。因此，金融合同是否能执行、合同保证的支付能否兑现，交易双方能否彼此信任、所提供的信息是否真实，对金融交易的发生和发展十分关键。如果说实物交易中存在假冒伪劣，那么金融交易的假冒伪劣和不诚信就"更上一层楼"，欺诈的空间会增大许多倍。以信用作为基础的金融业，所联结的是社会上无数的货币供给者和需求者。任何一家金融机构在经营过程中，无论因何种原因有意或无意造成的信用缺失，都有可能使整个社会运转失灵，导致经济秩序混乱，甚至引发严重的经济危机、社会危机乃至政治危机。

1. 棉业投机引发金融风潮

1861—1865 年，作为世界主要棉花产地的美国，发生了南北战争，整个资本主义世界为之卷入棉业投机热潮。不少境外巨商来华设立银行，支持从中国本土收购棉花。他们纵容自己的买办和钱庄勾结起来，将钱庄作为获得赊销洋货乃至周转投机头寸的工具。1865 年美国南北战争结束，世界棉花市场价格猛烈下跌，金融危机由伦敦迅速波及中国。随着金融投机而来的诸多外资银行一齐倒闭。曾经大涨特涨的银行股票行市直线下跌。这次由外国银行金融投机引起的风潮，自上海扩散到各通商口岸和商业部门，甚至连远离上海的福州也没有躲过它的影响。此后，受外国银行、洋行的操纵及银钱投机活动的影响，又多次出现货币奇缺、银根紧张的局面，如 1878—1879 年的货币恐慌，均在商业、金融和投机中心的上海爆发，向全国各城市辐射。

2. 胡光墉丝业投机失败引发金融风潮

1883 年的金融风潮是由上海大买办、投机商人胡光墉的丝业投机失败引起的。胡光墉，杭州人，经商致富，纳资为道员，做了左宗棠上海采办转运局委员，于沪、杭各营大宅，置田万亩，除开设典当铺 29 个外，又开设泰来、通泉钱庄，阜康、通裕、裕成、乾裕银号和阜康票号于京师、上海、福州以及两湖等地。各省公款及达官贵人私蓄多存于中。胡光墉以此金融后盾，投机丝业，令其典当各号在"江浙两省之育蚕村镇而一律给予定银，令勿售外，完全售予胡氏。一面在伦敦组织机关"，推销生丝。不料"伦敦抑价一成有半，而上海各洋行且完全停顿，不收新茧，一时茧价大跌。胡不得已而折本售出其所收之茧。然已亏耗至 1 000 万两以上"①。

1883 年 10 月初，杭州泰来钱庄首先倒闭，亏欠 8 家西帮票号 7 万多两。风声四播，上海阜康票号存户争相提款，阜康票号无法应付，被迫关门，各省分号相继倒闭。通裕、通泉各钱庄银号被官府查封，信用链条中断，累及千家万户。据当时报纸披露，仅京师分号共倒官私各项 1 200 万两，年初上海金嘉记沉号丝栈，因亏折款项 53 万两，突然倒闭，钱庄被累及者共 40 家。市面骤起恐慌，月内倒闭商号 20 多家，倒欠款项 156 万两，钱庄因受累停业清理者竟占 1/2。而作为胡光墉事业之基的泰来、阜康的倒闭，更是骇人听闻。各处富户纷纷向钱庄提回存款。西帮票号于 10 月忽然收账，外国银行停止拆借。钱庄无处通融，纷纷关门，于是上海南、北两市各行业及钱庄倒闭者达数百家之多。金融危机由上海沿江而上，波及汉口。汉口在这年年底，出现了一个历史上从未有过的商业危机，一些有名的茶行倒闭，不少钱庄因之被迫关闭。京师自阜康票号倒闭后，大为恐慌，富室巨商纷纷"持帖钞前往店庄取银"，"市面为之大紧"，倒闭者接二连三，一些钱铺负责人等，见现钱已罄，乃四处遁逃，持票者入店寻之，已无一人。各城区为了防止抄抢逃匿而"派有官役昼夜弹压"。其他如福州、杭州、金陵、天津、宁波、镇江以及非通商口岸的长沙、南昌等城市的银钱业均一蹶不振。

金融恐慌立刻危及商业、农业、手工业。据《申报》载，杭州上城之各衣庄、绸庄及皮货庄交易零星，尚不足以敷伙食，至于城东丝

---

① 《论胡雪岩》，转引自叶青编著《证券史与证券税制研究》，武汉大学出版社，1994，第 120 页。

行、下城各箔（养蚕用具）作坊、各扇庄、机坊全部停歇，或则十有五六停闲。甚至补钞文渊阁《四库全书》的工作也因阜康倒账，经费无从支取而不得不停止。

3. "贴票风潮"与橡皮股票

由盲目投机和诈骗酿成的金融风潮，在进入 19 世纪 90 年代以后仍然频繁出现。1897 年，上海钱庄也曾因盲目投机而出现"贴票风潮"。"贴票"起初由协和钱庄创办，以现金 90 元存入，半月后持庄票可到钱庄兑本息 100 元。这种办法易吸收大量存款。一些投机奸商利用人们贪图厚利的心理，骗取大量存款。投机贴票的钱庄日多，而贴票到期不兑现，互相牵连，造成大批钱庄倒闭。

1910 年，英国人麦边在上海用各种手段鼓吹购买其橡皮股票可获厚利。许多商人竞相向钱庄借款购买橡皮股票，钱庄也有投以巨资的，争购的结果是使橡皮股票价格上涨了 20 多倍。麦边乘机将股票全数抛售，换得巨款后逃匿。这场骗局使购买橡皮股票的商人和钱庄纷纷破产，钱庄倒闭的有 20 家。

4. 1916—1921 年中国银行、交通银行挤兑风潮

中国银行和交通银行是北洋政府的两大金融支柱，辛亥革命后，为了给袁世凯复辟帝制提供巨额经费，并为北洋政府提供垫款而滥发钞票。它们大量发行钞票却没有足够的准备金。袁世凯复辟帝制失败，引发了挤兑风潮。北洋政府于 1916 年 5 月 12 日下令中国银行、交通银行两行一律不准兑现付现。停兑令发出后，储户纷纷抛出中国银行、交通银行两行纸币，抢购商品。市场上以钞票易银圆每元要贴水一两角甚至更多。其他银行也出现了不同程度的挤兑。对于停兑的命令，

中国银行、交通银行两行在天津、济南、重庆、成都、广州、张家口等地的分支行多数是执行了的。但两行的上海分行的态度却不同。交通银行上海分行遵令停兑，直到1917年4月才开始以西原借款的一部分作为准备金恢复兑现。而中国银行上海分行在江浙金融资本家和英、美在华势力的支持下，坚持照常兑现。这次挤兑风潮一直蔓延到1920年3月，才由北洋政府发行"整理金融公债"6 000万元，以3 600万元收回钞票、2 400万元偿还政府对银行的欠款而平息。

1921年11月，中国银行、交通银行两行挤兑风潮又起。原因仍是大量垫款给北洋政府以及新发钞票缺乏准备金。在第二次挤兑风潮中，中国银行亏空不太大，借洋400万元，于次年1月勉强度过挤兑风潮危机。银行与政府和财政的这种关系，使得银行业的生存与发展主要不是受经济的影响，而是受政局变化、统治集团更迭、政府债信高低的制约。国内银行受外资在华银行控制，还表现为仿洋行制度，重用洋人，借用洋款，便利洋商进出口贸易，在帮助推销洋货和掠夺原料的活动中获得佣金或津贴，其性质类似买办手续费。这些银行的发展未能从外资银行手中收回金融权利。此外，银行分布不合理。1925年，在全国141家银行中，有44家集中在江苏，37家集中在河北，33家集中在金融中心上海，23家集中在北洋政府所在地北京。

三、计划经济时期的国家金融

　　中华人民共和国成立后，开始建立自己独立自主的金融体系。为使金融服务于国家工业化，集中信用于国家银行，建立了集中管理的货币投放回笼计划制度、集中统一的利率管理体制以及高度集中的外汇管理制度，收到了一定的成效。但是，在计划经济体制下，经济计划部门决定着全社会的资源配置，自然也决定着全社会的资金配置。传统体制下"大一统"的金融体系只是执行金融计划的部门，以银行为主体的国家金融机构，主要面向国家经济建设，提供资金调拨，其基本的金融功能没有得到应有的发挥。中国人民银行不是真正意义上的商业银行，更不是真正意义上的中央银行，只是全国的信贷中心、结算中心和现金出纳中心，只是算账、当会计，没有起到银行的作用。

（一）计划经济时期的中国金融体系

　　中华人民共和国成立后，根据《中国人民政治协商会议共同纲领》中关于没收官僚资本归中华人民共和国所有的决定，将官僚资本银行和保险公司的资财移归国家所有；取消在华外商银行的特权；对民族资本金融业进行整顿和社会主义改造，在广大的农村地区试办农村信用合作社。到1951年，基本建成了"大一统"的金融体系。

在金融组织体制方面，中国人民银行是全国唯一真正的金融机构，其分支机构遍布各地，既负责制订信贷计划、管理金融，又经营存款、贷款、结算、现金出纳等具体业务。

中央政府也做过建立专业金融机构的尝试。为了有计划地支持农业合作化运动，保障农业建设的顺利进行，我国于1955年和1963年两度设立中国农业银行，但由于农村金融业务量普遍不大，再加上与中国人民银行的城乡职能划分不清，中国农业银行又于1957年和1965年两度撤销，并入中国人民银行。为了适应国家基本建设的需要，中央政府于1954年6月18日批准建立中国人民建设银行。就其成立的背景和行使的职能来看，中国人民建设银行并不是真正意义上的银行，而是负责国家基本建设拨款的拨付、监督、结算的财政性机构。

继续留存中国银行。中国银行虽一直保持对外独立存在的形式，但是它实际上只是中国人民银行对外业务的一个分支机构，主要办理由中国人民银行划出范围的对外业务。

在没收官僚资本保险公司及改造民族资本私营保险公司的基础上，我国于1949年10月建立了中国人民保险公司。其隶属于中国人民银行，1952年划归财政部领导，1958年人民公社化运动后，停办国内保险业务，其金融职能随即丧失。

组建农村信用合作社。农村信用合作社由中国人民银行开办，直到1978年底改革前其一直处于中国人民银行的领导之下，实际上可以看成中国人民银行在农村的基层机构。

总体来说，在整个计划经济时期，尽管也有其他金融机构存在，但仅仅是名义上的和形式上的存在。

在金融管理体制方面，建立了纵向型的国家银行信贷管理体制。取消了商业信用，集中信用于国家银行；建立了集中管理的货币投放回笼计划制度；建立了集中统一的利率管理体制；建立了高度集中的外汇管理制度。

在计划经济体制下，经济计划部门决定着全社会的资源配置，当然也决定着全社会的资金配置。传统体制下"大一统"的金融体系只是执行金融计划的部门，按照计划部门的预算拨付基本建设基金和计划内流动资金，其基本的金融功能实际上没有得到应有的发挥，金融市场根本就不存在。中国人民银行是全国的信贷中心、结算中心和现金出纳中心，不是真正意义上的商业银行，更不是真正意义上的中央银行。

（二）计划经济时期的金融思想

1. 社会主义银行的性质、职能与作用

关于社会主义银行的性质，一种观点认为银行是国家机关，银行虽然采取经营的形式，但并不考虑盈利、核算等经营因素，因此，银行绝不是企业；另一种观点认为国家银行具有两重性质，既是国家机关又是社会主义性质的国营企业。

刘鸿儒、戴乾定认为，社会主义银行的存在不只是资金运动中借贷的需要，更重要的是由国民经济有计划按比例地、高速度地发展的要求所决定的。社会主义银行具有双重性质：一方面，在企业单位之间、各部门之间调剂资金，表现为借贷关系；另一方面，社会主义国家将信用作为国家预算的补充，有计划地分配资金，并对国民经济活动进行监督。讨论的结果似乎是第二种意见占了上风，因为 1949 年 10 月后我国银行在管理上完全等同于行政机关，而经营上又要讲经济核算。关于银行性质的争论，表面上看不过是概念之争，但它对以后我国银行工作发展的影响，却至关重要。

关于社会主义银行的职能，主导观点是"三大中心论"，即银行是全国的信贷中心、现金发行与出纳中心、结算中心。基于这个原因，尽管人们都认为财政与银行是社会主义国家的两个"钱袋子"，但财政实行的是分级管理，而银行则实行集中管理即"条条管理"。不仅如此，"三大中心论"还包含了取消商业信用和实行现金管理这两个更具有现实意义的命题。当然，取消商业信用和实行现金管理就其初衷而言，各自又有不同的具体背景和原因。

刘鸿儒、戴乾定主张，社会主义国家将信用作为国家预算的补充，有计划地分配资金，并对国民经济活动进行监督。这决定了社会主义银行具有如下职能：①有计划地调剂资金的工具；②有计划地再分配预算资金的工具；③经济活动的综合反映工具；④创造信用流通的工具。

社会主义银行的作用，一般包括：①调节现金运动或货币流通，保证生产周转和商品流通的正常进行；②组织和集聚社会闲置资金，满足流动资金需要；③通过转账结算节省流通费用，加速资金周转；④对国民经济的运行情况进行反映并对其实行监督。

2. 社会主义信用、信贷与利息

关于社会主义信用，一种观点认为，信用存在的基础是商品、货币关系。另外一种观点认为，如果只把社会主义信用看作解决资金余缺矛盾的手段，还不足以说明为何不能对全民所有制企业的全部资金都实行财政拨款制而是通过信用来分配一部分财政资金等问题。其论证信用存在的原因包括：①就计划分配资金而言，信用与财政结合最节约、最合理；②就挖掘社会资金潜力而言，信用必不可少；③就公有制的全民所有与集体所有两种形式而言，信用也必不可少。另外，关于信用的职能或作用，一般认为它是有计划地调剂资金的工具、有计划地再分配预算资金的工具、经济活动的综合反映工具以及创造信用流通的工具。

一些人主张彻底取消一切商业信用，其理由是：①商业信用是一种脱离计划、脱离监督的盲目资金分配，妨碍银行成为全国信贷中心。②不需要资本主义社会的抵押放款方式，因为企业与银行均为国家所有，并未改变资金的所有权，所以社会主义银行信用的物资保证只意味着银行贷款具有物质基础，而不限制企业动用这些保证物资。③在现实业务中，社会主义银行从未创造账簿信用，也就不具有创造信用的能力。此外，还有人认为我国的非现金结算与资本主义国家不同，前者的基础是真实的商品物资供应的实际运动过程，而后者则有很大一部分属于投机行为，因此，我国不能在非现金结算的基础上发展像资本主义国家那样的票据业务。

20 世纪 50 年代，一些学者开始对财政资金和信贷资金、流动资金和固定资金这两对范畴开展研究。他们提出信贷资金与流动资金具有三个共同特点，即都具有流动性或周转性、季节性、返还性。因而，银行信贷资金主要用于满足企业流动资金的需要，银行主要发放流动资金贷款。比较一致的意见是，银行信贷资金不能用作财政开支或长期基本建设开支，必须严格区分财政资金与信贷资金的界限。

1951 年，许涤新发文指出：在东欧人民民主国家中，银行是国有的，因此利息纯为国家银行的收入，已经克服了资本主义的剥削性，而处于社会主义的范畴；而在我国，由于尚存在私营行庄，故利息既具有社会主义性质又具有资本主义性质，其发展趋势是资本主义性质将逐渐被克服而代之以单纯社会主义的内容①。

1952 年以后，理论界讨论的重点转入阐述利息。社会主义的利息是国民收入分配的补充形式，不存在剥削性；银行对国营、集体企业贷款所收取的利息，是社会主义纯收入的一部分；对储蓄存款支付利息，则是因为储蓄者的行为有助于国家社会主义工业化的资金集聚和积累，有助于国家计划的实现，因此国家应当给予物质奖励，而储蓄存款利息就是这种物质奖励的一种形式，亦即不具有剥削性。

从有关利息性质的讨论中，又可以引申出利息对于不同的对象，具有不同的作用。支付给国营经济和合作经济的利息，其基本作用在于加速企业资金周转，促进经济核算；支付给私营部门的利息，是国家经济团结领导私营工商业的工具之一；支付给农村的利息，其作用在于活跃农村经济，保护新兴借贷关系，促进新生产方式的发展；支付给居民储蓄的利息，则是为了鼓励人民节约消费，支援国家建设；等等。

理论界似乎并不重视如何决定利率问题，认为利率高低与资金供求之间不存在直接的联系，主要体现的是政府意图。韩雷在 1952 年发文认为，新民主主义国家利率政策的出发点和旧银行是没有共同之处的，"它的特点是在金融工作范围内，不但通过行政办法，并且通过业务方

---

① 许涤新：《人民经济的借贷关系与利息》，《新建设》1951 年第 3 期。

法来完成政治任务"①。

此外，理论界还一直认为应该实行低利率政策，鼓励生产发展。如韩雷认为，公营存款采取低利率是为了鼓励资金充分运用，不鼓励资金转作存款。杨培新则分析利率下降的原因，是利率只起着鼓励企业尽快存款、督促用款、奖励储蓄的作用，利息已不再具有分配利润的性质。曾凌还论证我国人民的储蓄是一种爱国行为，起决定作用的因素是人民政治觉悟的提高和经济状况的不断改善，利率高低对储蓄发展虽有一定影响，但不是决定性因素。

3. 财政、信贷、物资的综合平衡

综合平衡理论是我国计划经济体制下最重要的理论成就之一，其发展始于 20 世纪 50 年代初，到 80 年代中期发展成熟。在 20 世纪五六十年代，这一理论的发展显示出如下几个阶段性特征：

（1）中华人民共和国成立之初的平衡思想。1951 年 4 月 25 日，在全国合作会议上，中央财政委员会计划局局长宋劭文在报告中提出我国计划经济需达到以下几种平衡：物的平衡，即生产与消费的平衡；工业与农业的平衡或城乡的平衡；进出口平衡；货币的平衡，包括财政收支的平衡、货币数量与商品数量的平衡以及季节的平衡；劳动力与干部的平衡，即人的平衡。这里所说的平衡，还是指各自的平衡，尚未对财政、信贷等范畴作统一的考察；也就是说，当时已有了平衡思想的萌芽，但还没有形成综合平衡的思想。

（2）关于财政结余能否动用的讨论。1953 年 2 月，中央人民政府委员会通过《关于 1953 年国家预算的报告》。报告分析了 1952 年国家

---

① 韩雷：《论国家银行的利率政策及三年来的市场利率情况》，《中国金融》1952 年第 7 期。

财政总收入大于总支出的结余情况，因而计划将 1953 年预算内基本建设拨款安排比上年的增长幅度，超过同年预算财政收入比上年的增长幅度，即动用上年结余来搞建设。预算公布不久，财政和信贷资金周转就出现了困难。针对这一情况，理论界人士指出，财政结余存在银行，银行已经将这笔钱以贷款方式动用了，如果财政再做安排，则这笔钱本来只有一份相应的物资，现在有两笔钱要买，造成"一女二嫁"的局面。这是理论界第一次注意到财政、信贷以及物资之间的相互关系。但是，当时仅仅论及财政结余能否动用以及如何用的问题，仍未明确提出综合平衡的概念。

（3）"三平"思想的提出。1956 年国民经济再次出现过热现象，对此，陈云指出："只要财政收支和银行信贷收支是平衡的，社会购买力和物资供应之间，就全部来说也会是平衡的。"[①]

（4）对"三平"思想的深入研究。1958 年为追求"大跃进"，在社会实践中遂不再受"三平"思想的制约，从而使这一研究中断。同时，对财政结余不能运用的观点也重新进行了讨论。如认为综合平衡是动态平衡，不平衡是绝对的，平衡是相对的；或者根据财政支出与信贷资金之间存在着互为消长的关系，主张可以动用结余，因为财政支出多了，信贷资金需求就会相应减少，工商部门归还贷款也会增加，从而仍能实现总的平衡；或者提出信贷收支平衡可以从积极方面找出路，即靠吸收储蓄来平衡，而不必仅依靠财政增拨信贷基金；等等。这些讨论对于以后辩证地认识综合平衡思想不无裨益。但是，在"大跃进"的刺激下，在社会实践中任凭财政"大收大支"、银行"大存大贷"，结果导致严重的通货膨胀。直至 1961 年，在"调整、巩固、

---

① 陈云：《陈云同志文稿选编 1956—1962》，人民出版社，1980，第 34 页。

充实、提高"的方针下，才把"三平"思想提上议事日程。

（5）综合平衡的理论观点基本形成。综合平衡的理论主要包括几个方面。其一，财政、信贷、物资三大平衡，不仅要各自平衡，而且要相互平衡，即预算资金与信贷资金的综合平衡，预算、信贷资金作为一个整体同国家通过预算信贷所能分配的物资之间的平衡。其二，平衡的要求是财政略有结余，货币略有投放，物资库存略有增加。其三，三大平衡之间的相互关系是：只要财政平衡了，信贷大体上可以平衡；只要财政与信贷平衡了，物资也大体上可以平衡。财政是主导，物资是基础。其四，达到综合平衡的途径是坚持财政资金和信贷资金的分口管理、流动资金与基本建设资金的合理安排。中心问题是处理好财政与信贷在供应企业流动资金上的关系，财政负责经常占用部分，信贷负责季节性周转部分。据此，有人还提出"大财政"概念，认为财政应包括国家预算、银行信贷、企业财务三方面内容。

关于"三平"思想的研究，到 1965 年左右，受其他非经济因素的影响，再一次中断。

"文化大革命"期间，强调要建立健全各级财政、银行、税收和企业财务部门的班子，制止金融混乱局面。1968 年 2 月，中共中央通知全面冻结各企事业单位存款，除特别规定的几项外，不得动用。一年以后，财政部于 1969 年 2 月 4 日宣布，对上年冻结的 70 亿元存款按"统筹兼顾、适当安排"的方针，区分不同情况，区别对待，大部分上交国家财政，小部分留给各单位按原则处理。这一精神与"文化大革命"前倡导综合平衡理论的若干结论是一致的。1972 年 5 月，国务院指出不能用流动资金和银行贷款等办法搞基本建设，这同样是继续沿用了综合平衡理论的基本思想。

1974—1975 年，国家计委在给国务院的报告中反映当年商品可供量与社会购买力之间存在 40 亿元的差额，提出通过增加轻工、农副产品生产，增加进口或出口转内销，减少库存等方法来回笼货币，控制货币发行。其范围不仅涉及财政、信贷、物资，还包括外汇收支平衡的内容，这实际上是对综合平衡理论的具体运用和发展。

综合平衡理论能够在"文化大革命"期间"反对经济主义""反对管卡压""反对条条专政"等批判声中延续，除了这个理论本身确有其独到之处外，还在于在动荡时期，必须实行高度的计划管理，而综合平衡理论正是适应了这一需要。

四、当代中国金融

　　自 1978 年底实行改革开放以来，一方面，随着产品经济、计划经济向商品货币经济、市场经济的转型，出现了一切物品商品化、一切商品货币化的趋势；另一方面，随着中国经济的转型和升级，由票据交易产生的证券化，使当代金融在社会生产与生活方面起到了资金转化、资源优化配置、提高经济发展质量的重要作用，极大地促进了国家的资本市场建设。

（一）金融与个人生活

　　在计划经济时代，以银行为主体的国家金融机构，主要面向国家经济建设提供资金调拨。由于物资产品匮乏，在生活消费方面，国家计口授粮，提倡勤俭节约，量入为出地安排自己的生活。除将有限的剩余存放银行，支持国家的社会主义经济建设之外，金融和我们个人的生活几乎不发生直接联系。1978 年以来，伴随着以市场化为导向的改革开放，金融作为一种基本的经济活动逐渐进入人们的日常生活，与人们的购物、理财、储蓄、置产、投资等都发生了日益紧密的联系，并且成为人们生活的重要组成部分。

1. 银行开办个人信贷业务

社会主义生产的目的，是以满足人民群众对社会物质和精神产品不断增长的需求，来推动社会经济的发展。改革开放伊始，银行便启动了针对个人生活消费的信贷业务，但受经济发展水平和人们消费观念等因素的制约，直到 1997 年我国消费信贷余额才达到 172 亿元，仅占全部贷款总额的 0.23%。为应对当年金融危机对经济的不利影响，政府制定并实施了扩大内需的金融政策。为了拉动民间消费需求，中国人民银行出台了一系列政策措施，鼓励商业银行加大消费信贷的力度，正式要求以商业银行为主的金融机构面向广大城市居民开展消费信贷业务。

1997 年以来，我国个人消费贷款有了快速发展。截至 2023 年末，我国银行对个人消费性贷款余额为 19.77 万亿元①，为 1997 年的 1 149 倍。随着我国银行消费信贷规模的不断扩大，个人消费信贷空间不断拓展，个人住房消费贷款、汽车消费贷款、助学消费贷款、个人旅游贷款等业务迅速发展。

2. 住房按揭贷款

购买房屋是大多数人一生中最大的投资之一。住房按揭贷款对老百姓一辈子的生活的影响是重大的。

陈志武在其《金融的逻辑》一书中说，一个人一生中创造的财富

---

① 吴雨、黄桷苪：《中国人民银行：2023 年末我国住户消费性贷款余额达 19.77 万亿元》，http://finance.people.com.cn/n1/2024/0213/c1004-40177338.html，访问日期：2024 年 5 月 8 日。

可分为两个部分：一部分是流动性资产，如存款、房地产和股票；另一部分是人力资本，是未来工资和其他收入流的总折现值。两者是有差别的。

有了金融市场和证券市场，有了金融工具的帮助，就可以将未来收入变现，这不仅能让个人在心理上感到很富有，而且至少有一部分是他今天就能消费的，如住房抵押贷款。如果没有住房按揭贷款，他想在上海买 100 平方米、每平方米价格为 5 000 元的房子，他就要在未来 10 年里每年要存 50 000 元，而且还要等上 10 年。其结果是在他最需要的时候却不能买房。也许他的单位能分房，但条件是必须先结婚，为了得到房子而提前结婚，或许会给他留下终生的遗憾。如果有了住房按揭贷款，由于他未来的收入流很好，容易申请到按揭贷款，他马上就能买到自己的房子。

通过贷款、抵押贷款等方式购买房屋已成为当今大多数人改善住房条件的首要选择。

3. 养老与医疗保险

对于金融在家庭养老与医疗保险中的作用，陈志武也举例给予了说明：在市场规则、信用交易保障体系均不发达的社会，家庭是一个以血缘亲情为信用的隐形的内部交易市场。儒家"三纲五常"名分等级秩序则是信用交易的文化制度保障。"孝道"文化是这种个人未来生活安全保障体系的别称。"养儿防老"、亲友间"礼尚往来"、生老病死时的相互帮助，这些都是保险、养老、信贷、投资等的具体实现形式，"血浓于水"的信念是强化这种体系的信用基础的文化价值。

随着中国经济与社会结构的转型、文化价值观的变化，原来依靠血缘亲情实现的家庭隐性交易，正在被社会显性金融交易的形式取代。

原因有以下几个：其一，人口流动使过去以血缘、家庭提供的经济保障和养老互助功能越来越不可靠，必须以正式的金融交易产品取而代之；其二，多年来所执行的独生子女政策也使单纯的家庭、家族养老互助体系无法胜任，特别是随着人均寿命的增加，一对年轻夫妇有自己的下一代，若还要负责双方上两代老人的生活，几乎是不可能的，从而使得以血缘为基础的家庭保障体系的效果会越来越差；其三，在文化价值观上，当代中国年轻人越来越追求个人自由和经济独立，把未来的生活保障尽量掌握在自己的手里，通过各种金融产品的组合安排，把未来各类经济需要事先设定好，使自己在经济上独立。

因此，越来越多的中国人开始依赖金融市场。当今中国借贷行业、养老行业、基金行业、证券行业业务量上的增长，也部分得益于由传统家庭、家族实现的隐性金融交易正在逐步显性化。也正是由于这些经济利益交易功能会进一步走出血缘网络，中国的各类金融业在今后必然会更快地发展。

金融产品日益丰富，市场提供的各类保险、借贷、养老和投资理财产品越来越多，家庭就只需定位在感情交流上，未来生活的保障功能正在进一步从血缘体系中淡出。

4. 投资理财

在没有金融投资理财的情况下，人们的剩余多用于窖藏或银行储蓄，以备个人和家庭成员的不时之需；或用于购地收取地租、放债取息；或用于从贱买贵卖中获取商业利润；或用于生产经营，生产出产品再卖出去以获取大于其投资的收益。

在当代，人们手中剩余的大多数收入只能用于储蓄。通过银行将这些存款用于投资，自然会为国内生产总值的增长带来贡献。但银行有了太多的呆账、坏账之时，就不愿意去做新的投资，其有可能会被用于购买政府的公债，把民间存款转变为国家可以控制的钱。由政府来替老百姓花钱，一些官员可能会将它用于自己的"政绩工程"。如果让老百姓花自己的钱，花得划算不划算，不需要做表面功夫，也不会浪费。如果我们的资本市场发达，则人们不仅可以把钱投放到银行之外的证券投资品种上，而且也可以更好地安排自身的消费。这些都比把钱全部交给他人去安排使用的效果好得多。

当代金融通过出售股票、基金、债券、保险、信托、外汇、贵金属等投资理财产品，帮助人们对这一生中不同时期的收入流做出更好的安排。金融发展的好处是帮助人们摊平一辈子的消费水平，从而能提高整个人生的幸福感，进而提高全社会的福利。

5. 金融成为人们生活的重要组成部分

金融对我们的购物有着深刻的影响。通过信用卡、借记卡等支付工具，我们可以方便地购物消费。信用卡还可以帮助我们建立良好的信用记录，让我们获得更多的信贷机会。

随着互联网的发展，人们可以通过互联网金融平台、移动支付等方式进行理财和储蓄，这些新的方式可以提供更高的收益和更加便捷的服务。金融还可以帮助我们规划理财和储蓄目标。通过金融产品，我们可以为家人和自己的未来做出更好的规划，例如为子女的教育、家庭的医疗健康等做出储备。这些金融工具可以帮助我们提高生活质量。

（二）当代金融对社会的影响

随着经济体制改革的推进以及国民经济的发展，金融活动在社会经济活动中的作用越来越重要。1978 年以前，通过金融渠道虽然已经聚集了近 2 000 亿元的信贷资金，但与财政相比，它实际上处于次要的、配合的地位。金融体系每年向国民经济提供的工商贷款总额，在 1953—1978 年的 26 年间，平均说来，只相当于财政用于经济建设方面支出的 20%～25%。工业经常占用的定额流动资金和全部固定资产投资都由财政供给，折旧基金也基本上由财政进行再分配。因此，信贷活动的领域只是每年必须增补的流动资金的一部分，其中主要还是商业流动资金和季节性的资金需求①。

进入 1979 年以后，金融体系聚集资金的力量急剧增大。与 1979 年相比，信贷资金来源在 1980—1985 年的 6 年间增长了 3 726.85 亿元，平均每年增长 621.14 亿元。金融活动的规模，与财政用于经济建设的支出相比，已不相上下。随着信贷资金来源的增加，银行贷款占企业流动资金的比重愈来愈大，在固定资金贷款方面也有了迅速的增长。1985 年底，除中国人民建设银行外，金融体系用于固定资产方面的贷款余额已从 1979 年底的 7.82 亿元增长到 432.72 亿元②。

1. 促进经济增长与维护社会稳定

金融市场是一个国家经济的重要组成部分，它为企业和个人提供资金，推动经济的增长。在这个过程中，金融机构的投资、贷款、股票交易等行为对经济的发展起着至关重要的作用。

金融行业在许多发达国家都是一个庞大的行业，不仅有银行、保险公司等传统金融机构，还涌现出了许多新兴的金融科技公司。这些公司通过创新金融产品和服务，为社会提供了更多的就业机会。金融

---

① 中国大百科全书出版社编辑部编《中国大百科全书》经济学卷 1-3，中国大百科全书出版社，1988，第 1315 页。

② 中国大百科全书出版社编辑部编《中国大百科全书》经济学卷 1-3，中国大百科全书出版社，1988，第 1315 页。

机构在为企业和个人提供资金、投资等服务，从而扩大社会生产规模的同时，也扩大了社会的就业面，减少了社会的不平等和贫困现象，由此维护了社会的稳定，保障了社会的安全。

2. 房地产"资本化"带动了中国经济增长

从本质上看，1998 年的房地产改革是一个具有划时代意义的转折点，为中国的土地、资源以及老百姓未来劳动收入的资本化打开了大门。1997 年时的住房按揭贷款余额是 196 亿元，2023 年底升到 38.17 万亿元①。也就是说，所有住房按揭贷款票据所代表的资本总值为 38.17 万亿元，这是许多家庭未来收入流的折现值。至此，这次改革提供了至少 38.17 万亿元的金融资本。如果没有住房按揭贷款，人们未来的收入照样会有，但无法变成现在的资本。

虽然住房按揭贷款已将劳动者的部分未来收入资本化，但那只是一小部分，38.17 万亿元的住房按揭贷款只是中国 2023 年 GDP 的 30%。所以中国的个人收入资本化空间还很巨大。其他消费信贷还在起步阶段，汽车信贷、信用卡借贷、助学信贷等都可看成是将个人未来收入流提前资本化的金融契约。

3. 金融证券将对中国经济发展产生重要影响

（1）金融证券在中国的发展

金融证券是那些消费和投资支出大于当前收入的单位（家庭、企业或政府）开出的借据或收据。它是金融行业类和证券行业类票据的汇总，包括股票、债券等。

股票是股份有限公司在筹集资本时向出资人发行的股份凭证。股

---

① 《央行：2023 年末个人住房贷款余额 38.17 万亿元，同比下降 1.6%》，https://finance. sina.com.cn/jjxw/2024-01-26/doc-inaewctc4176768.shtml，访问日期：2024 年 5 月 8 日。

票代表着其持有者（股东）对股份公司的所有权。这种所有权是一种综合权利，如参加股东大会、投票表决、参与公司的重大决策、收取股息或分享红利等。每个股东所拥有的公司所有权份额的大小，取决于其持有的股票数量占公司总股本的比重。股票一般可以通过买卖方式有偿转让，股东能通过股票转让收回其投资，但不能要求公司返还其资本。股东与公司之间的关系不是债权债务关系。股东是公司的所有者，以其出资额为限对公司负有限责任，承担风险，分享收益。

债券是政府、金融机构、工商企业等机构直接向社会借债筹措资金时，向投资者发行，同时承诺按一定利率支付利息并按约定条件偿还本金的债权债务凭证。债券的本质是债的证明书，具有法律效力。债券购买者与发行者之间是一种债权债务关系，债券发行人即债务人，投资者（或债券持有人）即债权人。

金融证券是社会化大生产的产物，是西方资本主义发展中最重要的金融工具，在西方已有 400 多年的历史。直至 1840 年后随西方资本主义金融势力进入，金融证券才为中国人所知。

1872 年李鸿章创办轮船招商局时，引入了有限责任公司和股份制。相应地，证券交易市场、法律法规、从业人员也逐渐配套。中华人民共和国成立初期，在一些城市还留存着一部分实行股份制的企业，少数大型股份公司股票可以在一定范围内上市流通转让。随着经济与社会形势的变化，1952 年证券交易所停业。在对私人资本主义工商业进行社会主义改造中，股份制企业被改组为公私合营企业或国营企业，股票市场也完成了它的使命。

（2）当代中国金融证券

改革开放以后，农村推行家庭联产承包责任制，部分地区的农民

451

自发采用"以资代劳、以劳代资"的方式集资，兴办了一些合股经营的股份制乡镇企业。在城市，部分优质企业被纳入股份制试点。1984年11月18日，飞乐音响向社会发行1万股，成为中国第一只公开发行的股票。

为了适应国债发行和交易以及股份制试点改革的需要，我国的证券市场应运而生。1986年9月26日，静安证券业务部开张，成为我国第一个证券交易柜台。1987年9月，深圳特区证券公司成立，成为我国第一家专业证券公司。1990年11月26日，经国务院授权，由中国人民银行批准，上海证券交易所成立，并于1990年12月19日正式开业，成为中华人民共和国成立以来改革开放后第一家证券交易所。此外，深圳证券交易所于1990年12月1日成立，并于1991年7月3日正式营业。2021年9月3日，北京证券交易所成立，11月19日正式营业。上海证券交易所和深圳证券交易所、北京证券交易所的设立为证券行业的发展奠定了基础，推动了证券市场的发展。同时，我国证券公司数量迅速增加，规模迅速扩大，业务范围也迅速扩大。

1992年初，邓小平在视察深圳时，对证券市场的建立发表了重要讲话。他说："证券、股市，这些东西究竟好不好，有没有危险，是不是资本主义独有的东西，社会主义能不能用？允许看，但要坚决地试。看对了，搞一两年对了，放开；错了，纠正，关了就是了。关，也可以快关，也可以慢关，也可以留一点尾巴。怕什么，坚持这种态度就不要紧，就不会犯大错误。"①

历经多年发展，我国证券行业逐步走上规范经营、风险管理的可持续发展之路，奠定了较为良好的发展基础。特别是近10年来，我国

---

① 邓小平：《邓小平文选》第3卷，人民出版社，1993，第373页。

证券市场规模显著扩大，市场深度和广度大大提高。2004—2023 年，我国上市公司数量从 1 377 家增长至 5 346 家[①]。与此同时，我国沪、深两市上市公司总市值呈现波动上升的趋势，从 2004 年末的 3.72 万亿元上升至 2023 年 12 月 31 日的 77.31 万亿元[②]。伴随着证券市场上市公司数量的增加和市值的提升，我国证券市场交易日趋活跃，沪、深两市股票总成交额从 2004 年全年的 4.15 万亿元增长至 2023 年全年的 212.21 万亿元[③]。

伴随着我国 A 股市场成交量的日趋活跃，我国证券市场的融资功能持续提升。据"第一财经"发布的消息，沪、深交易所 2023 年股票筹资额为 10 427.87 亿元[④]；2023 年，我国债券市场共发行各类债券 71.0 万亿元[⑤]。我国股票市场和债券市场融资能力的提升，显著地提升了证券市场的活跃程度，增强了证券市场对我国实体经济发展的推动作用。

4. 当代金融与科学技术的融合

随着科学技术的进步，当代金融也在不断地创新和变革，为我们的生活带来更多的便利和效率的提升。

移动支付是一种无现金交易方式，它通过智能手机等移动设备来完成。它可以让我们在任何时候、任何地点都能进行支付，不需要携带现金和信用卡，所以更加便捷和安全。

---

① 《中上协：截至 2023 年 12 月 31 日境内股票市场共有上市公司 5 346 家》，https://www.sohu.com/a/755670161_222256，访问日期：2024 年 5 月 8 日。

② 《2023 年沪深 A 股图谱：IPO 募资额降四成》，https://baijiahao.baidu.com/s? id=1786891958355121527，访问日期：2024 年 5 月 8 日。

③ 《2023 年沪深 A 股图谱：IPO 募资额降四成》，https://baijiahao.baidu.com/s? id=1786891958355121527，访问日期：2024 年 5 月 8 日。

④ 《2023 年沪深 A 股图谱：IPO 募资额降四成》，https://baijiahao.baidu.com/s? id=1786891958355121527，访问日期：2024 年 5 月 8 日。

⑤ 《2023 年金融市场运行情况》，https://www.gov.cn/lianbo/bumen/202401/content_6929047.htm，访问日期：2024 年 5 月 8 日。

互联网银行是一种新型的银行服务方式，它通过互联网和移动应用程序等电子渠道提供各种银行服务，如开户、存款、贷款、投资等。它可以让我们在任何地方都能享受到银行服务，大大提高了效率和便利性。

区块链技术是一种分布式账本技术，它可以记录和验证交易信息，具有交易安全性和可追溯性。它可以应用于金融领域，如数字货币、智能合约等，让金融交易更加安全和透明。

人工智能可以通过对大量数据的分析和处理，提高金融机构的风险管理和投资决策能力，让金融交易更加智能化和高效。

（三）中国金融体系与金融监管

1. 中国金融体系

中国人民银行是国务院领导的管理全国金融事业的国家机关。其主要职责是：研究和拟定金融工作的方针、政策、法令、基本制度，经批准后组织执行；审批金融机构的设置或撤并；协调和稽核金融机构的业务工作；管理金融市场。中国人民银行与专业银行和其他金融机构在行政上不是隶属关系，但在业务上是领导与被领导的关系；前者对后者主要采取经济办法进行管理，并加强金融监督。我国实行法定存款准备金制度，财政性存款归中国人民银行支配使用，其掌握40%~50%的信贷资金，以调节平衡国家信贷收支。

中国银行的市场化改革，首先是逐步恢复、设立了中国工商银行、中国建设银行、中国农业银行、中国银行四大国有专业银行和一大批专业性和地方性商业银行，建立起了以四大国有商业银行为主体的中国金融体系，并且通过引进竞争机制，改善金融服务，支持国民经济发展。

货币市场是一年以下短期资金融通的市场，包括同业拆借市场、银行间债券市场、债券回购市场、商业票据市场、外汇市场以及黄金市场等子市场，是金融机构调节流动性的重要场所，也是中央银行货币政策操作的基础，对于宏观经济健康发展和金融体系正常运行发挥着重要作用。同业拆借市场是指金融机构之间以货币借贷方式进行短期、临时性头寸调剂的市场。

在中华人民共和国成立之初的国民经济恢复时期，由于金融业中有大量的私营银行和钱庄，所以那时存在金融业拆借市场。随着私营金融业改造的完成、中国人民银行"大一统"体制的形成以及信贷计划体制的推行，资金融通主要由中国人民银行实行系统内纵向计划调度，横向的资金拆借就失去了存在的基础。改革开放后，中国同业拆借市场从 1984 年起步，并得到了极大发展。货币市场的另一个重要子市场是票据市场。票据市场是以票据为媒介的金融市场，是货币市场中与经济实体密切相关的子市场，其发展对于拓宽企业融资渠道、提高商业银行信贷资产质量、加强中央银行调控功能都发挥了重要作用。在计划经济时期，中国排斥和限制商业信用，这就使得票据市场失去了它形成和发展的基础。改革开放后，中国票据市场经历了试办、发展、停办、再发展的曲折过程。

资本市场的产生和发展是与社会化大生产紧密相连的，它不仅是现代市场经济发展的必要条件，也是衡量现代市场经济发达程度的重要标志之一。资本市场的发展推动了市场配置资源机制的形成和完善，实现了社会资源的优化配置。

国债在中国有很久的历史。中华人民共和国成立初期，为了弥补财政赤字，先后于 1950 年、1954—1958 年发行过"人民胜利折实公债"和"国家经济建设公债",此后,国债在中国销声匿迹。改革开放后,为了弥补大规模经济建设资金的不足,从 1981 年开始恢复发行国债,中国国债市场开始发展并活跃起来。

2. 金融监管

信用是金融的立身之本和生命线。没有信用就没有金融。一旦有信用,就有透支。透支就是杠杆。如银行的存贷比、期货交易、股票市场融资融券等,都是一种杠杆比。

一切金融创新的本质都是放大杠杆比,但杠杆比过高就会产生风险。一旦出现某种风险,不仅会使本行业中的银行、基金公司、证券公司等破产,让许多人的投资血本无归,还会导致工厂倒闭、工人失业、就业困难,并造成投资人信心减弱、投资环境进一步恶化的恶性循环。所以,金融的精髓就是把握好信用、杠杆、风险三者的度,在推动金融扩张的同时,又必须加强对金融机构科学、有效的风险管理,从而保障金融市场的稳定与安全。

中国特色社会主义市场经济建设目标的确立,正式拉开了中国真正意义上的金融监管序幕。1984 年 10 月 17 日,国家制定了金融机构的市场准入和市场退出的法律准则。之后,中国人民银行又将稽核监督部门从行政监察部门中分离出来,设立稽核机构。1986 年初步明确了人民银行的金融监管职责,并以法律的形式固定下来。这一时期的金融监管实行的是集中制监管,即中国人民银行是唯一的监管机构,行使监管职能,对银行、证券和保险进行全面的监管。它主要依靠行政手段管理全国的金融活动。

在经济体制改革和国家鼓励竞争的金融政策下,大量金融机构纷纷建立,业务竞争空前激烈,出现了严重的混业经营状况,带来了一系列问题。1992 年下半年，金融业秩序混乱，金融运行风险增大，直接影响到金融体系的安全和稳定，同时也增加了中央银行实施货币政策的难度，削弱了宏观金融调控的力度。

为了治理金融混乱，防范金融风险，从 1993 年起，中央开始整顿金融秩序。同年 12 月 25 日，国务院发文要求金融业实行分业经营、分业管理，其中，银行业、信托业的监管仍由中国人民银行负责，证券业和保险业的监管从中国人民银行分离出去。这是分业监管体系形成的政策基础。

证券监管体制是随着证券市场的建立、发展而逐步建立和完善的。1992 年 5 月，中国人民银行成立了证券管理办公室，负责证券业务监管。同年 8 月国务院成立证券委员会（简称"证券委"），对全国证券市场进行统一管理。同年 10 月，国务院又决定将证券监督管理职能从中国人民银行分离出来，成立中国证券监督管理委员会（简称"证监会"），依法实行证券市场统一监管。证券委和证监会的成立，标志着中国金融业集中监管阶段的结束，开始了分业监管的新阶段。随着经济和证券业的发展，证券委和证监会的职权范围不断扩大。1993 年 11 月，国务院决定将期货市场的试点工作交由证券委负责，证监会具体执行；1997 年 8 月，国务院又把上海证券交易所、深圳证券交易所统一划归证监会监管；同年 11 月，原来由中国人民银行监管的证券经营机构也划归证监会统一监管。1998 年 4 月，证券委并入证监会。至此，集中统一的全国证券监管体制基本形成。

1997 年东南亚金融危机爆发，加快了中国金融监管体系建设的步伐。为培育和完善中国保险市场体系，加强保险业监管，防范和化解保险风险，促进中国保险业的健康发展，中国保险监督管理委员会（简称

"保监会") 于 1998 年 11 月 18 日正式成立，接管中国人民银行对保险业的监管职能，使得保险监管也从中国人民银行金融监管体系中分离出来，形成了集中统一的全国保险监管体制。

2001 年中国加入世界贸易组织，并承诺金融业将在五年内对外全面开放。为了保证改革顺利进行，2003 年，国家将中国人民银行对银行、资产管理公司、信托投资公司及其他存款类金融机构的监管职能分离出来，并与中央金融工作委员会的相关职能进行整合，成立中国银行业监督管理委员会（简称"银监会"）。此举标志着中国"一行三会"金融监管体制的正式形成。

金融监管部门各司其职：中国人民银行负责对货币市场、反洗钱、征信体系等方面进行监管；而银监会、证监会、保监会则分别对银行业、证券业、保险业实施监管。同时为了避免在金融监管时出现重复监管和监管缺位现象，四部门也在金融协调监管方面做了大量的工作。随着银行、证券、保险交叉经营的趋势越来越明显，整个金融领域出现了混业经营的局面。为适应金融业综合经营发展的需要，中国人民银行和财政部尝试与银监会、证监会、保监会等部门协调监管金融市场，以促进监管理念的创新和监管手段的完善，推进监管标准与国际标准一致，保证中国金融市场长期健康、稳定发展。

2008 年由美国次贷危机引发的全球金融危机，充分暴露了美国金融监管体制方面的重大缺陷。这次金融危机为中国金融风险的防范与金融监管提供了很多有益的教训和启示，尤其是引起了人们对中国住房按揭贷款市场潜在风险的高度关注。中国在这次席卷全球的金融危机中学到了许多有利于完善中国金融监管的经验，也吸取了其中的不少教训，从而得以在监管制度建设及监管力度、监管方式等方面更上一层台阶。

（四）转轨时期的金融思想

1. 对金融体制改革的高度关注

1979 年 10 月，邓小平在省、自治区、直辖市第一书记座谈会上提出："银行应当抓经济，现在仅仅是算账，当会计，没有真正起到银行的作用"；"银行要成为发展经济、革新技术的杠杆。"[①] 1991 年初，邓小平根据我国经济体制改革和金融体制改革的实践指出："金融很重要，是现代经济的核心。金融搞好了，一着棋活，全盘皆活。"[②] 这一精辟论断，为加快金融改革步伐指明了方向。

改革开放以来，在金融体制改革方面，出现了一系列思想大讨论，比如，关于"大财政，小银行"的讨论；关于发展商品经济与银行改革的讨论；关于金融改革突破口和经营管理机构"企业化"的讨论；关于金融改革应超前、应延后还是同步进行的讨论；关于中国金融业要不要引进海外战略投资者的讨论。

通过对中国转轨时期金融问题的大讨论，基本上形成了以中国人民银行为领导、国有股份制商业银行为主体、多种金融机构并存且分工协作的金融机构体系，建立了运用多种手段、调节有力的金融宏观调控和监管体系，培育了间接融资和直接融资相结合、国内市场和国际市场相联结的金融市场体系，使金融在推动社会经济繁荣、国家强盛方面发挥着日益重要的作用。

---

① 张小军、秦立军、马玥：《知行金融 曾康霖》，华中科技大学出版社，2016，第 118 页。
② 《防治通货膨胀财政政策》课题组：《九十年代防治通货膨胀的理论思路与政策取向》，《管理世界》1993 年第 2 期。

2. 政府主导型金融体制促进中国经济起飞

出口导向型工业化的经济增长方式在性质上属于由外部技术引进和推动的国内要素和资本积累。张磊认为，中国现行的动员性货币金融体制为政府主导型金融体制，在性质上属于由国家提供的使金融中介免于破产的隐性担保、信贷利率管制以及信贷利率补贴相配合的集中性信贷均衡①。

对此，曾康霖提出，应关注人们的资产回报，合理确定利率水平，还要关注不同阶层的不同金融需求。陈昆亭等认为，信贷利率管制意味着信用风险程度不同的借款人（企业家）支付相同利率（信贷集中性均衡的实质），国家隐性担保维持了信贷市场的存在，信贷利率补贴则激励了低风险的借款人（企业家）进入信用市场，有助于提高借款人（企业家）的整体质量，降低信贷市场的维持成本。政府主导型金融体制的优点在于能够对所有合格借款人提供充分的信贷支持，最大限度地动员资源，推动出口导向型工业化。与此同时，出口导向型工业化则提供了与政府主导型金融体制最为匹配的增长方式，加强了相应的金融风险控制②。

王广谦通过对中国改革开放以来金融发展与经济增长的实证分析，论证了金融数量扩张对经济的推动作用和金融效率较低对经济带来的负面影响。

固定资产投资过度引发信用和通货膨胀问题由蒋跃最先提出。王一江通过政府追求产出最大化、政府参与企业资源配置、政府与企业存在资源配置的信息不对称等一系列假定，论证了这一理论的可能

---

① 张磊：《后起经济体为什么选择政府主导型金融体制》，《世界经济》2010 年第 9 期。
② 陈昆亭等：《利率冲击的周期与增长效应分析》，《经济研究》2015 年第 6 期。

性①。钱彦敏从企业产权改革滞后和相应的内部人控制角度论证代表性国有企业产出高于社会最优水平，倒逼出过度信贷投放和货币供给的机制②。钟伟、宛圆渊通过引入预算软约束，构建了金融危机的信贷扭曲膨胀的微观基础，提出防范这种类型的金融危机，必须从减少政策性负担、弱化政府隐性担保和引入竞争性金融体系入手③。易纲、林明提出，国有企业事后的费用最大化从而事前的投资最大化是中国经济规模扩张的主要动力，但这种增长方式成本极高，其直接后果是形成了巨大的银行不良资产④。

金融与经济增长的关系在不同阶段具有不同的表现形式：在发达国家主要通过影响生产力来促进经济增长，而在发展中国家则主要通过资本积累来促进经济增长。

林毅夫等提出，一个企业（或投资项目）通常有三类风险：技术创新风险、产品创新风险和企业家（经营）风险。一个处于新兴产业的企业，主要面临技术和产品创新风险，而处于相对成熟产业的企业可能更多地面临企业家（经营）风险。考虑到金融市场在分散管理技术和产品创新风险时，通常更有效率，作为一个后起经济体，中国在完成经济赶超任务时，适宜选择银行主导的金融结构⑤。

余静文认为，在经济发展的初始阶段，一国在工业化以及基础设施建设方面具有更迫切的需求，政府参与金融资源的分配有助于经济起飞。市场化进程的推进以及法律制度的完善使得市场机制能够更好

---

① 王一江：《经济改革中投资扩张和通货膨胀的行为机制》，《经济研究》1994 年第 6 期。
② 钱彦敏：《论企业外部性行为与货币政策效率》，《经济研究》1996 年第 2 期。
③ 钟伟等：《预算软约束和金融危机理论的微观建构》，《经济研究》2001 年第 8 期。
④ 易纲等：《理解中国经济增长》，《中国社会科学》2003 年第 2 期。
⑤ 林毅夫等：《经济发展中的最优金融结构理论初探》，《经济研究》2009 年第 8 期。

地发挥资源配置功能，最优金融条件会提高；而继续采取金融抑制政策，将不利于经济的发展[1]。

3. 市场导向型金融体制转变的讨论

随着老龄化时代的到来，我国人口红利逐步消失，这对我们重构增长动力提出了挑战。中国经济增长前沿课题组认为，目前中国劳动力供给已经进入绝对减少的"拐点"区域，标志着增长方式亟待转变。

陈昆亭等认为，信贷扩张实质上相当于金融部门通过压低利润回报率而使相关投资项目获得较多的货币支持。由于缺乏消费者意愿储蓄配合，这最终将导致恶性通货膨胀而被迫终止。届时，随着利率跨期错配风险飙升，经济和投资将转而进行收缩调整。

简泽等考察了中国加入世界贸易组织后银行体制的变化对中国工业重构的影响，发现银行部门的市场化促进了企业层面的重构和全要素生产率的提高。银行与银行之间在相互拆借过程中可能存在的讨价还价也使得改革后的银行联合起来，使低效率的企业融资变得无利可图。于是，银行行为和信贷资本的配置方式开始发生重大变化[2]。

随着银行行为和信贷资本配置方式的变化，信贷资本被配置到盈利能力较强的企业，从而硬化了企业层面的预算约束。银行体制的变化对盈利能力不同的企业产生了不同的影响，在推动盈利能力较强的企业重构和全要素生产率提高的同时，加剧了产业内不同企业之间生产效率的分化，进而激发了产业层面的重组和跨企业的资源再配置。在这个创造性破坏的过程中，产出创造率远远高于产出破坏率，并且

---

① 余静文：《最优金融条件与经济发展》，《经济研究》2013 年第 12 期。
② 简泽等：《银行部门的市场化、信贷配置与工业重构》，《经济研究》2013 年第 5 期。

跨企业的资源配置效率呈现明显提高的趋势。银行部门的市场化推动了中国工业部门的增长和全要素生产率的提高。

金中夏等集中探讨了利率市场化特别是存款利率市场化的好处。他们研究认为：名义存款利率上升，通过提高存款实际利率和企业资本边际成本，将有效抑制投资和资本存量增长，提升消费占国内生产总值的比重，从而有利于改善经济结构并促进经济可持续发展；在面对外部冲击（无论是技术冲击，还是货币政策冲击）时，利率水平的上升可以通过经济结构调整减少宏观经济的波动，从而有利于宏观经济的长期平稳增长；利率市场化后，实体经济对货币政策冲击的敏感度将大大加强，这也意味着货币政策利率传导渠道将更加通畅[1]。

刘莉亚等探讨了利率市场化进程中竞争影响商业银行的作用机制，结论如下：①竞争有利于调整银行信贷结构，但会促使银行采取追求信贷扩张的冒险行为；②中小规模、低流动性水平、低资本充足率水平的银行的信贷结构调整更积极，并且更易寻求信贷扩张；③竞争加剧促使银行进一步增加对长期贷款的信贷资源配置，增加期限错配风险。因此，建议监管机构充分利用竞争和差异化监管手段，引导商业银行经营转型，并在宏观审慎管理的框架下，健全银行业风险管理措施[2]。

张勇、李政军、龚六堂的研究认为，在金融市场和商品市场效率没有根本性提高、非金融部门的预算软约束没有根除的条件下，硬化国有商业银行的预算软约束，推动利率市场化改革，不仅高的市场扭曲会推高融资溢价和融资成本，而且预算软约束的国有企业和地方融

---

① 金中夏等：《利率市场化对货币政策有效性和经济结构调整的影响》，《经济研究》2013年第4期。

② 刘莉亚等：《竞争之于银行信贷结构调整是双刃剑吗？——利率市场化进程的微观证据》，《经济研究》2017年第5期。

资平台会进一步挤压对利率敏感的私有部门的融资机会，加剧资金分配的无效率。因此，应该打破产业垄断，使国有企业真正成为自我约束和自我激励的市场经济主体，不断增强市场配置资源的功能；增加直接融资的比例，减少政府对私有融资部门的干预，减少金融市场制度性摩擦，提高金融市场的运转效率①。

马文涛等探讨了政府担保及其"稳增长"目标在地方政府债务中的作用。政府担保作用的发挥不仅依赖于其对产出增速的反应，还需借助地方竞争。若只考虑政府的担保，一方面可能导致产出增长，另一方面又可能因对企业效率的负面影响而抑制产出，从而可能步入"越担保就越需要担保"的干预陷阱。但如果进一步引入地方政府竞争，这一效应并非平均分配，而是存在着在地方竞争下因本区域政府担保提高资本收益率而对外区域形成负向溢出效应，从而加剧产出增速和债务扩张的大起大落。中央政府对地方政府的纵向担保，以及担保在地方政府间的分配，是在财政分权和金融分权的体制组合下进行的。在财政分权体制下，激烈的地方竞争将迫使地方政府不仅要追求"稳增长"，更要积极地为"稳增长"筹措资金。在中央与地方的事权与财权极度不对等的情况下，地方政府通过干预金融体系，为自己或者为存在政治关联的企业提供融资便利成为题中应有之义，政府担保正是政府干预金融体系的重要方式。由于金融放权引发的通货膨胀，加上金融风险由整体经济分担而好处却由单区域独享（如增加企业融资，国内生产总值增长更快），所以在理论上，金融分权与财政分权组合会弱化微观预算约束，增强金融分权的负面效应②。

---

① 张勇等：《利率双轨制、金融改革与最优货币政策》，《经济研究》2014 年第 10 期。
② 马文涛等：《政府担保的介入、稳增长的约束与地方政府债务的膨胀陷阱》，《经济研究》2018 年第 5 期。

很多学者研究了把握去杠杆的节奏、防止引发"债务—通缩"风险的重要性。彭方平探讨了债务陷阱的发生机制。

上述研究结论对中国的经济增长与金融稳定具有比较确切的政策启示。首先，应考虑从防患于未然的角度，前瞻性地加强金融杠杆的宏观管理，避免整个金融体系出现过度杠杆化的倾向。其次，在危机发生后"被动去杠杆化"的过程中，应尽可能地采取循序渐进的策略，充分考虑政策实施过程中应有的平滑操作，最大限度地避免金融杠杆急速下降所导致的经济衰退和金融不稳定。

面对经济起飞任务的完成以及人口老龄化时代的到来，我们迫切需要具备拓展市场的创新力和推动经济快速发展的驱动力。然而，利率市场化改革前路漫长，金融市场发展滞后，人民币汇率弹性不足和资本管制日渐失效共同作用，使得货币金融体制解构困难重重，造成资金配置扭曲，特别是不能有效进行创新融资，从而阻碍了中国经济增长方式的转变。更为关键的是，进一步深化金融市场化改革，需要建立在防范去杠杆可能引发的"债务—通缩"风险基础上。

4. 金融体系与国家治理体系现代化

徐忠将中国未来金融市场化改革的重点，概括为新时代背景下中国金融体系与国家治理体系的现代化。这一历史任务要求：①金融治理要与国家治理体系的其他治理更加密切地融合，包括财政与金融的关系，去杠杆与完善公司治理的关系，金融风险防范与治理机制完善的关系，人口老龄化、养老金可持续与资本市场的关系；②要依据金融市场发展一般规律，建设中国现代金融体系，明确中央银行与金融监管不可分离，建立激励相容的监管体系①。

2013 年 7 月，全面放开金融机构贷款利率管制；2015 年 10 月放开存款利率上限，标志着利率市场化改革取得重大突破。近 10 年来，尤其是在 2015 年"811 汇改"之后，人民币汇率形成机制的市场化程度越来越高。目前，人民币汇率双向浮动的弹性明显增强，汇率预期总体平稳，人民币汇率在合理均衡水平上保持基本稳定。

2015 年 11 月 30 日，国际货币基金组织（IMF）执董会认定人民币为可自由使用货币，决定将人民币纳入特别提款权（SDR）货币篮子，并于 2016 年 10 月 1 日正式生效。这是人民币国际化的重要里程碑，反映了国际社会对中国改革开放成就的高度认可。据环球银行间金融通信协会（SWIFT）统计，截至 2018 年 8 月末，人民币位列全球第五大国际支付货币，已有超过 60 个境外中央银行或货币管理当局将人民币纳入官方外汇储备。

2017 年，党的十九大报告中提出"健全货币政策和宏观审慎政策双支柱调控框架"，为此，要打好三大攻坚战，其中第一大攻坚战就是防范化解重大风险。这也是中国金融业再改革和再开放的前提和使命。易纲撰文阐述了如何兼顾防风险、促改革：中国人民银行积极履行国务院金融稳定发展委员会办公室职责，牵头制定打好防范化解重大风险攻坚战三年行动方案，出台资管新规及配套政策，加强金融控股集团监管，完善金融机构与金融基础设施监管制度，补齐制度短板；积极稳妥推动结构性去杠杆，把好货币总闸门，加强国有企业资产负债约束，严格落实差别化住房信贷政策，严控家庭部门债务、地方政

---

① 徐忠：《新时代背景下中国金融体系与国家治理体系现代化》，《经济研究》2018 年第 7 期。

府隐性债务和地方政府杠杆率过快增长；有序整治各类金融乱象，果断处置部分高风险金融控股集团风险，大力清理整顿金融秩序，持续开展互联网金融风险专项整治。

2018 年，习近平主席在博鳌亚洲论坛年会开幕式上发表重要讲话，宣布了一系列对外开放的新举措，并且指出"要尽快使之落地，宜早不宜迟，宜快不宜慢，努力让开放的成果及早惠及中国企业和人民，惠及世界各国的企业和人民"。

易纲据此对中国金融业改革开放的时间表和路线图做出了进一步的阐述：一是准入前国民待遇和负面清单原则；二是金融业对外开放将与汇率形成机制改革和资本项目可兑换进程相互配合，共同推进；三是在开放的同时，要重视防范金融风险，要使金融监管能力与金融开放度相匹配。这些措施都是经过慎重考虑后，在评估各项条件已成熟、监管已到位、数据已到位后，才进一步推进的。同时，中国人民银行还积极推进支付清算、债券市场、信用评级、征信等金融领域扩大对外开放。

在金融体制改革中，由于与金融相关的市场成熟度相对较低，以致现阶段的金融体制改革无法有效地满足创新型发展战略的要求。从投资方面的发展状况来看，对金融风险的控制还未得到有效加强。由于现阶段的金融市场仍然处于一个比较混乱的状态当中，所以资本市场的公开透明性受到一定的影响，进而导致投资无法有效开展。出现这种资本市场问题的主要原因在于资金压力大，使得相应的短期资本和长期资本无法有效参与到金融体制改革当中，这无疑是对金融体制改革的一种削弱。

金融融资对于金融体制的改革是一种有力的推动，而对金融融资的有效运用，能够充分获取各方面的资金支持。现阶段主要的融资形式包括直接和间接两种，只有在这两种形式得到平衡的条件下才能充分利用融资的优势，促进金融体制的改革。但是，这两种形式目前并没有得到有效的平衡，从而加大了银行贷款出现风险的概率，使得金融体系无法依正常的发展规律运行，为金融体制的改革埋下了一定的风险隐患。

建立金融机构体系的主要目的在于：建立金融机构以及企业改革的外部环境，并促进其对这种外部环境的适应，同时对这种独立于财政以及市场取向的金融机构体系的建立，能够充分为金融体制改革提供一定的动力支持。在金融体制不断改革的过程当中，需要明确商业银行的改革目标，加大对银行不良贷款的控制力度，从而能够有效发挥商业银行在金融体制改革当中的主导作用。中国银行保险监督管理委员会应忠实履行自身的职责，对商业银行贷款进行有效的考核和评价，从而对银行风险进行有效监管和控制，创造和谐良好的社会信用环境，提高商业银行的经济效益，为金融体制改革提供一定的资金支持。

（五）中国金融体制改革与发展取得的成就

到 21 世纪初，中国金融业改革和发展取得的成就如下：一是人民币币值稳定。近 20 年中，除 1993—1995 年发生严重通货膨胀、物价上升超过 10%外，其余 17 年物价上升绝大部分控制在 5%以下，特别是近 10 年物价年均上升不到 2%。二是建立了多种金融机构组成的多层次金融组织体系。四大国有控股商业银行已先后上市，市值位居世界上市公司前列。三是建立了多种产品的金融市场。2010 年，上海证券交易所上市市值已列世界第三位，IPO 总量列世界第一。四是金融调控和监管已基本达到世界水准，有些方面可以说已超过欧美发达国家。五是金融开放度已远远超过发展中国家的承诺。国际收支中的资本项目收支共分 7 大类 43 个子项，到目前为止，其中可兑换或基本可兑换项目已占全部项目的 60% 以上。中国金融业改革和开放，为中国的迅速发展和民生改善、为全面提高我国的国际地位做出了贡献。

参考文献

本书编写组，1985. 中国近代金融史［M］. 北京：中国金融出版社.

毕沅，2008. 续资治通鉴（文白对照全译）［M］. 北京：燕山出版社.

陈志武，2009. 金融的逻辑［M］. 北京：国际文化出版公司.

崔国华等，1995. 抗日战争时期国民政府财政金融政策［M］. 成都：西南财经大学出版社.

戴志强，载越，2019. 关于北宋交子的几个问题［M］. 北京：中华书局.

戈兹曼，2017. 千年金融史［M］. 张亚光，熊金武，译. 北京：中信出版社.

何平，2023. 成都"交子"产生的信任机制与"官方交子"发行的历史意义［N］. 光明日报，2023-09-11（14）.

贺立平，2023. 世界金融史［M］. 北京：中国金融出版社.

胡如雷，1979. 中国封建社会经济形态研究［M］. 北京：生活·读书·新知三联书店.

李焘，1986. 续资治通鉴长编［M］. 北京：中华书局.

李攸，1955. 宋朝事实：卷十五（财用）［M］. 北京：中华书局.

刘方健，杨继瑞，2016. 曾康霖学术思想考［M］. 成都：西南财经大学出版社.

刘鸿儒，1985. 经济大辞典：金融卷［M］. 上海：上海辞书出版社.

刘仲藜，1993. 当代中国经济大辞库：经济史卷［M］. 北京：中国经济出版社.

龙登高，2023. 市场中国两千年［M］. 北京：东方出版社.

马端临，1986. 文献通考［M］. 北京：中华书局.

彭信威，2007. 中国货币史［M］. 上海：上海人民出版社.

漆侠，2009. 宋代经济史［M］. 北京：中华书局.

四川省文史馆，1987. 成都城坊古迹考［M］. 成都：四川人民出版社.

孙大权，2006. 中国经济学的成长［M］. 上海：上海三联书店.

唐士耻，2018. 益州交子务记［M］. 北京：中华书局.

脱脱等，1985. 宋史［M］. 北京：中华书局.

万志英，2018. 剑桥中国经济史［M］. 北京：中国人民大学出版社.

吴承明，1985. 中国资本主义与国内市场［M］. 北京：中国社会科学出版社.

杨德才，2009. 中国经济史新论（1949—2009）［M］. 北京：经济科学出版社.

杨培新，1985. 旧中国的通货膨胀［M］. 上海：上海人民出版社.

叶世昌，2008. 中国经济史学论集［M］. 北京：商务印书馆.

叶世昌，潘连贵，2001. 中国古代近代金融史［M］. 上海：复旦大学出版社.

佚名，1988. 巴蜀丛书：第1辑［M］. 成都：巴蜀书社.

曾康霖，刘锡良，缪明杨，2018. 百年中国金融思想与学说史［M］. 北京：中国金融出版社.

张家骧，万安培，邹进文，2001. 中国货币思想史［M］. 武汉：湖北人民出版社.

张维迎，2008. 中国改革30年［M］. 上海：上海人民出版社.

张卓元，2018. 中国经济学四十年（1978—2018）［M］. 北京：中国社会科学出版社.

赵德馨，1988. 中国近代国民经济史教程［M］. 北京：高等教育出版社.

赵靖，1998. 中华文化通志·经济学志［M］. 上海：上海人民出版社.

赵学军，2008. 中国金融业发展研究（1949—1957年）［M］. 福州：福建人民出版社.

中国大百科全书出版社编辑部，1988. 中国大百科全书：经济学卷（1-3册）［M］. 北京：中国大百科全书出版社.

后　记

　　纸币交子是四川尤其是成都向世界展示其风采的独特的名片。当今成都在建设全国区域性金融中心之时，努力发掘其深厚的历史积淀，有助于增强成都乃至全川人民的自信心。2024 年是官交子发行千年的纪念年，有必要对近百年的交子研究作一小结，更重要的是向社会大众展示交子在中国货币发展历史上的重要地位，以及货币、金融与我们个人、我们的社会、我们的经济与政治之间的紧密联系。西南财经大学是以金融为核心的全国高等财经院校，有货币证券博物馆所收藏的实物作为支撑，且学校地处成都，自然应当为纪念官交子诞生千年做一点事，为成都区域性金融中心建设造势。

　　写作本书的想法萌生于 20 世纪 90 年代初。时任中国人民银行成都分行党组成员兼金融研究所所长的吴钦承先生，曾组织省内专家如贾大泉、谢元鲁、江玉祥、张学君、袁远福、刘方健、彭通湖、缪明杨、巴家云、孔凡胜等研讨过此事，并计划出版有关四川交子、四川铁钱、南方丝绸之路上的货币等系列丛书。此事后因吴老先生退休而中断。2004 年后西南财经大学筹建货币证券博物馆（2015 年更名为货币金融博物馆），得到学校老领导张寿宁，时任校长王裕国，曾康霖、袁远福教授，以及民间交子研究者罗天云先生等的鼎力支持，出版了《四川历史上的金融创新》，接受了成都市金牛区委宣传部委托的研究课题，在胡昭曦、张邦炜、谢元鲁、袁庭栋等教授的指导下，经考证确认官交子的印制地点为净众寺，即今天的中铁二局大院。2018 年刘方健教授应邀参加了成都交子金融博物馆的筹建，2023 年初，又应成都电视台的邀请在温江造币厂与他人做了一期有关货币文化的节目；中国钱币学会在成都召开年会之时，罗天云先生作为特邀代表，通过论证提出官交子正式诞生于 1024 年，为大会接受。得此信息，西南财经大学出版社委托刘方健教授、罗天云先生编写一部为百年交子研究成果作一小结的学术专著。刘方健教授提出，若就交子谈交子，"发思古之幽情"意义不大，最好能将其扩展延伸至中国货币金融史，货币、金融对经济的作用。西南财经大学出版社冯卫东社长出面邀请曾康霖、陈廷湘、谢元鲁、何志勇、缪明杨诸位教授座谈、论证，得到认同，确立了此书的写作方向，并且获得了四川出版发展公益基金会的资助，在此一并致谢。

本书的上、下篇分别由罗天云先生与刘方健教授撰写，其中第七章有关"电子货币与数字货币"的内容的撰写得到了西南财经大学姚凯博士的大力帮助，西南财经大学金融学双语实验班的肖瑶同学协助收集整理了交子的诞生、发展部分的相关资料，在此表示感谢！全书由刘方健教授统稿，谢元鲁教授、缪明杨教授、王庆跃教授、方行明教授审稿，罗天云先生查证史料。为配合本书的出版，我们亦邀请了著名的金融史学者何平教授为本书作序。学术乃天下之公器，本书仅为抛砖引玉。错漏之处，亦请读者诸君指正，使之渐臻完善。

谨以此书为西南财经大学百年校庆献礼！